OEuvre de l'Art Public

PREMIER CONGRÈS INTERNATIONAL BRUXELLES - 1898

CRÉER UNE ÉMULATION ENTRE LES ARTISTES EN TRAÇANT UNE VOIE PRATIQUE OU LEURS TRAVAUX S'INSPIRENT DE L'INTÉRÊT GÉNÉRAL ; REVÊTIR D'UNE FORME ARTISTIQUE TOUT CE QUI SE RATTACHE A LA VIE PUBLIQUE CONTEMPORAINE RENDRE A L'ART SA MISSION SOCIALE D'AUTREFOIS, EN L'APPLIQUANT A L'IDÉE MODERNE DANS TOUS LES DOMAINES PUBLICS

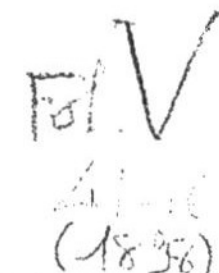

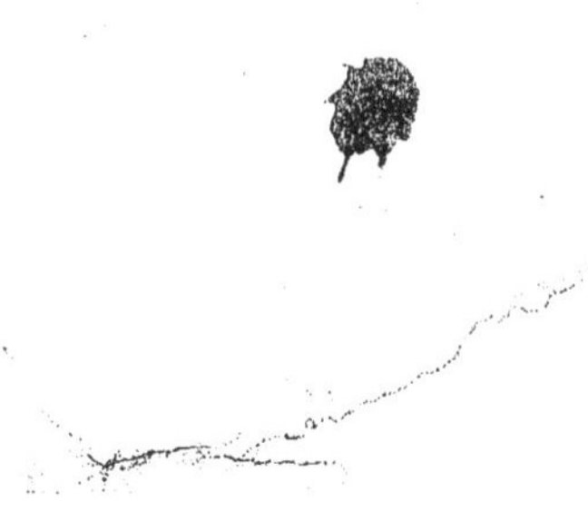

IMP. AUG. BÉNARD, LIÈGE

PREMIER CONGRÈS INTERNATIONAL

DE

L'ART PUBLIC

TENU A BRUXELLES DU 24 AU 29 SEPTEMBRE 1898

ORGANISÉ PAR

L'ŒUVRE NATIONALE BELGE

SOUS LE

HAUT PATRONAGE DE S. M. LÉOPOLD II

ROI DES BELGES

PRÉFACE

Ayant franchi les frontières, notre propagande pour la communion de l'art et du travail dans tous les domaines d'intérêt public, a pris contact avec les aspirations de rénovation artistique qui aujourd'hui se manifestent un peu partout.

Dès lors l'idée d'un premier Congrès International a surgi d'elle-même ; elle fut spontanément applaudie par ceux qui pouvaient en assurer le succès. Répondant avec enthousiasme à notre appel, des Gouvernements, des Municipalités, des Sociétés et des personnalités d'élite ont voulu nous accorder leur participation effective, et il en est résulté une brillante consécration de notre initiative.

Le Congrès a élargi la portée sociale de l'Œuvre de l'Art public en rendant internationale la force d'union qui avait assuré sa prospérité nationale. Par la cohésion de ses travaux, il a formé en cette fin de siècle agitée, un pouvoir moralisateur et apaisant. Il a posé les jalons juridiques, psychiques et techniques préparés par ses rapporteurs et ses sections. Ces jalons tracent la voie ascendante où déjà s'allument des feux généreux du Beau et du Bien qui seront la lumière et la chaleur de l'esprit pour la génération nouvelle.

Le Congrès, établissant la logique civilisatrice de l'Art, a préconisé un ensemble de moyens propres à en imprégner toutes les institutions sociales, à l'infuser à ceux qui pensent, conçoivent et élaborent dans toutes les sphères de l'activité.

Le présent livre est la fidèle image de cette démonstration sans exemple dans le passé. Il en reproduit toutes les phases, mettant ainsi en évidence le caractère philosophique et l'utilité des formules d'application et d'intervention qui les caractérisent. Il constitue un guide au point de vue des principes et un enseignement pour la pratique.

De plus, ce livre contient l'historique des prolégomènes du Congrès. On ne s'étonnera guère sans doute que la malignité se soit agrippée à l'Œuvre naissante. Les blessures qui lui ont été faites ne lui ont pas porté malheur ; des hommes éminents sont venus de toutes les nations civilisées pour augmenter notre force d'union et faire grand en l'honneur de l'idéal commun. Ceux qui ont beaucoup souffert pour apprendre ce qu'ils savent et pour s'être dévoués, ceux-là, ayant appris combien nous avions été éprouvés pour l'objet même de leur enthousiasme, sont devenus les vrais parrains de l'Œuvre. Ils l'ont d'ores et déjà fait comprendre et aimer dans leurs milieux et, grâce à leur sollicitude éclairée, elle jouit aujourd'hui de l'universelle estime.

L'Œuvre belge, en filleule consciencieuse, ne pouvait mieux exprimer sa gratitude à ses parrains du monde entier, qu'en dédiant, en leur nom, ce livre dont ils sont les collaborateurs, aux humbles de toutes les nations, au sort desquels ils se vouent avec tant d'âme.

Eug. BROERMAN.

LISTE DES PARTICIPATIONS

PARTICIPATIONS GOUVERNEMENTALES

Etats-Unis d'Amérique.
France.
Grande-Bretagne.
Hollande.
Hongrie.
Luxembourg (Grand Duché de).
Suède.
Belgique.

PARTICIPATIONS MUNICIPALES

Les villes de Paris, Vienne, Madrid, Rome, Stockholm, Florence, Venise, Washington, Amsterdam, New-York, Rotterdam, Fribourg, Aix-la-Chapelle, Nantes, Rouen, Lyon, Marseille, Dantzig, Leipzig, Gênes, Lille, Boston, Cologne, Nurembergh, Munich, Dresde, Glascow, Bournemouth, Nice, Belfast, Prague, Odessa, Bâle, Nîmes, Bologne, Strasbourg, Bourges, Montréal, Turin, San Francisco, Le Caire, Manchester, Mayence, Birmingham, Chicago, Christiania, Dusseldorff, Bruxelles, Anvers, Gand, Bruges, Liège, Mons, Namur, Tournai, Malines, Ypres, Audenarde, Charleroi, Courtrai, Verviers, Louvain, Hasselt, Dinant, Ostende, Spa, Nivelles.

SOCIÉTÉS PARTICIPANTES

L'Académie des Beaux-Arts de l'Institut de France.
La Commission du Vieux-Paris.
La Société Centrale des Architectes Français.
L'Union des Arts décoratifs de Paris.
La Société régionale des Architectes du Nord de la France.
La Société Provinciale des Architectes du Nord de la France.
La Ligue de l'Art Public aux Etats-Unis d'Amérique.
La Société d'Architecture de Berlin.
La Société d'Architecture de St-Pétersbourg.
La Société d'Architecture d'Amsterdam.
La Société d'Architecture de Stockholm.
La Société d'Architecture de Stuttgard.
L'Académie des Beaux-Arts de Rome.
L'Académie des Beaux-Arts de Milan.
La Société Populaire des Beaux-Arts, Paris.
La Société française d'Archéologie.
L'Institut Royal des Beaux-Arts de Bologne.
L'Institut des *Municipal Affairs* de New-York.
La Société de Dessin et d'Architecture de Nisch, détroit de Michigan.
« Fairmont Park Art Association » de Philadelphie.
Société Industrielle de Rouen.
Club des Architectes du Michigan, Amérique du Nord.
La Commission du District de Colombie.
Société Centrale d'Architecture de Belgique.
Cercle des Beaux-Arts de Liège.
Le Vieux-Liège.
Union des Arts Décoratifs de Belgique.
Alliance Artistique de Schaerbeek.
Wy Willen, de Gand.
« Art appliqué à la Rue » Liège.
« Art appliqué à la Rue » Charleroi.
« Art appliqué à la Rue » Namur.
Société des Beaux-Arts de Mons.
Cercle artistique de Tournay.
Cercle Artistique d'Anvers.
Société Nationale pour la protection des Sites et des Monuments.
Société Artistique *Lucas Gilde*, de Malines.
Société Artistique *De Eikel*, de Malines.
Société Artistique *Scalden*, d'Anvers.
Société Artistique *Kunst en Kennis*, de Gand.
Académie Royale de Médecine de Belgique.
Fédération des Entrepreneurs de Belgique.
Corporation d'Architectes pour l'Art appliqué, Bruxelles.

PRÉSIDENTS D'HONNEUR

MM.

Beernaert, Aug., Ministre d'État, Président de la Chambre des Représentants de Belgique ;

Bourgeois, Léon, Ministre de l'Instruction publique et des Beaux-Arts de France ; Représentant le Gouvernement Français.

De Bruyn, Léon, Ministre des Beaux-Arts et des Travaux publics ;

Vergote, Gouverneur de la province du Brabant ;

Buls, Charles, Bourgmestre de Bruxelles ;

MEMBRES D'HONNEUR

MM.

S. Ex. **M. Gérard**, Ministre de France en Belgique.

S. Ex. M. le Baron **de Wethnal**, Ministre de Belgique en Angleterre.

de Selves, Préfet de la Seine, Président de la Commission du *Vieux Paris*.

Docteur Navarre, ancien Président du Conseil Municipal de Paris.

Marquis Torregiani, syndic de Florence.

Prince Ruspoli, syndic de Rome.

Comte Grimani, syndic de Venise.

LES MINISTRES :

MM.

de Smet de Nayer, Ministre d'Etat, ancien Président du Conseil des Ministres ;

Schollaert, Ministre de l'Intérieur et de l'Instruction publique ;

Nyssens, ancien Ministre de l'Industrie et du Travail ;

de Favereau, Ministre des Affaires étrangères ;

Guillery, Ministre d'Etat, ancien Président de la Chambre des Représentants ;

Lambermont, (Baron), Ministre d'Etat ;

Tack, Ministre d'Etat ;

t'Kint de Roodenbeke, (Baron), Ministre d'Etat, Président du Sénat de Belgique ;

Woeste, Ministre d'Etat.

LES GOUVERNEURS :

MM.

de Kerchove d'Exaerde, Gouverneur de la Flandre Orientale ;

de Pitteurs-Hiegaerts (Baron), Gouverneur du Limbourg ;

de Montpellier (Baron), Gouverneur de la province de Namur ;

du Sard de Bouland, Gouverneur du Hainaut ;

Orban de Xivry, Gouverneur du Luxembourg ;

Osy de Zegwaart (Baron), Gouverneur de la province d'Anvers ;

Pety de Thozée, Gouverneur de la province de Liège;

Ruzette (Baron), Gouverneur de la Flandre Occidentale.

LES BOURGMESTRES :

MM.

Jan van Ryswyck, Anvers ;

Braun, Gand ;

MM.

Léo Gérard, Liège ;

Sainctelette, Mons ;

Visart de Bocarmé, Bruges ;

Ernest Mélot, Namur ;

Jules Audent, Charleroi ;

Comte Victor Carbonelle, Tournai ;

Reynaert, Courtrai ;

Müllendorf, Verviers ;

Lints, Louvain ;

Denis, Malines ;

Baron **Surmont de Volksberghe**, Ypres ;

Raepsaet, Audenarde ;

Portmans, Hasselt ;

Boullengé, Dinant ;

Pieters, Ostende ;

de Damseaux, Dr, Spa ;

Em. de Lalieux, Nivelles ;

Hollevoet, Molenbeek ;

Kennis, Schaerbeek ;

Vanderschrick, St-Gilles ;

Moreau, Anderlecht ;

Bockstael, Laeken ;

Hellinckx, Koekelberg.

LES ECHEVINS :

MM.

Emile de Mot, Echevin de Bruxelles ;

de Potter, Echevin de Bruxelles ;

L. Steens, Echevin de Bruxelles ;

Léon Lepage, Echevin de Bruxelles ;

Emile Bruylant, Echevin de Bruxelles ;

Smets, Aug., Echevin de Molenbeek ;

Huart-Hamoir, Echevin de Schaerbeek ;

Achille Jonas, Echevin à Anderlecht ;

de Somzée, Léon, Ingénieur, Député, Bruxelles ;

Membres Protecteurs de l'Œuvre et du Congrès

(ÉTRANGERS)

MM.

Adeline, Architecte, membre du Comité municipal des Beaux-Arts de Rouen.

Berger, Georges, Député, Président de l'Union des Arts décoratifs, Paris.

Bérardi, G., homme de lettres, Paris.

Benoit-Lévy, Président de la Société populaire des Beaux-Arts, Paris.

Boïto, Camillo, Professeur, commandeur, Directeur de l'Académie royale des Beaux-Arts, Milan.

Bandi di Vesme, comte, directeur de la Pinacothèque de Turin.

Blondel, Frantz, Président de la Société des Architectes du Sud de la France.

Carotti, Jules, docteur, Secrétaire de l'Académie royale des Beaux-Arts de Milan.

Cadolini, Eugène, Député, commandeur, Président honoraire perpétuel de la Société des Architectes et Ingénieurs du Royaume d'Italie, Rome.

MM.

Calzini, Egidio, Professeur d'histoire de l'Art à l'Académie royale des Beaux-Arts d'Urbino *Forli*, Italie.

Corsini, (Princesse **Lina**), Rome.

Comte, Jules, commandeur de la Légion d'Honneur, Directeur de la *Revue de l'Art ancien et moderne*, Paris.

Clark, T.-M., Architecte, Secrétaire général de la Ligue de l'Art Public des Etats-Unis, Boston.

Crane, Walter, Artiste-peintre et publiciste d'art, Londres.

Clason, J.-G., Architecte, professeur à l'Ecole Polytechnique, président de la Société des Architectes de Stockholm.

Cuypers, J., Architecte du Musée royal d'Amsterdam, architecte du Gouvernement hollandais et membre associé de l'Institut de France.

Cuypers, Th.-Jos., Architecte et ingénieur civil, président de la Société « Architectura et Amicitia », Amsterdam.

de Bortzell-Algernon, Conseiller Municipal, Intendant de la Cour de S. M. le Roi de Suède et de Norvège, Président de la Commission des Travaux publics de la ville de Stockholm.

de Suzor, Conseiller d'Etat, architecte en chef de la ville de Saint-Pétersbourg.

de Marsy, comte, président de la Société française d'Archéologie, Compiègne.

de Steurs, Victor, chevalier, Directeur des Beaux-Arts, à La Haye.

Destombes, Paul, ancien Président de la Société des architectes du Nord de la France, Roubaix.

De Foville, Directeur de l'Administration des Monnaies et Médailles, membre de l'Institut, Paris.

Ephrussi, Directeur de la *Gazette des Beaux-Arts*, à Paris.

Fischer, Dominique, Architecte de la ville de Munich.

Frizzoni, Gustave, Docteur, membre honoraire de l'Académie des Beaux-Arts de Milan.

Fierens-Gevaert, Homme de lettres et publiciste d'art, à Paris.

Gibert, E., Président de la Société impériale des Architectes de Saint-Pétersbourg.

Genoud, Léon, Directeur du Musée cantonal et industriel et de l'Ecole des Arts et Métiers de Fribourg, Suisse.

Güll, Gustave, Architecte du Musée national de Zurich.

Gilder, Richard Watson, Editeur du *Century*, à New-York, président de *Public Art League of United-States.*

Garnier, Ch., (feu) Membre de l'Institut, architecte du Gouvernement français, Paris.

Gurlitt, Cornélius, Docteur, conseiller à la Cour de Saxe, Dresde.

Hofstede de Groot, Directeur du Cabinet royal d'Estampes, à Amsterdam.

MM.

Hallays, André, de la *Revue de Paris*, publiciste d'art, à Paris.

Joseph, Docteur, professeur à l'Université nouvelle de Bruxelles, à Berlin.

Jenney, W., Architecte, à Chicago.

Lamouroux, Docteur, conseiller municipal de Paris, vice-président de la Commission du Vieux-Paris.

Loviot, E., ancien Président de la Société des Architectes diplômés de France, Paris.

Lucas, Ch., Architecte-expert près le Tribunal civil de la Seine, délégué de la Commission du Vieux-Paris et de la Société Centrale des Architectes français.

Larroumet, Gustave, Secrétaire perpétuel de l'Académie des Beaux-Arts de l'Institut de France, Paris.

Le Breton, Gaston, Directeur du Musée d'antiquités de Rouen, membre associé de l'Institut de France.

Mayer, E., Conseiller de l'Intendance des Bâtiments de la ville de Stuttgard, président de la Société des Architectes.

Müntz, Eug., Membre de l'Institut, conservateur des collections de l'Ecole nationale des Beaux-Arts, Paris.

Möller, Ch., Architecte du service de l'Administration royale des Edifices publics, Stockholm.

Maillard, Président de la Société régionale des Architectes du Nord de la France, à Lille.

Mayeux, H., Architecte, Membre de l'Institut, délégué de la Société centrale des Architectes français, Paris.

Normand, Alfred, Membre de l'Institut, président et délégué de la Société centrale des Architectes français, Paris.

Poeroëls, Ferd., Professeur à l'Académie des Beaux-Arts de Dresde.

Panzacchi, Directeur de l'Institut royal des Beaux-Arts de Bologne.

Pedro d'Avila, Architecte honoraire du Roi, architecte du Gouvernement du Portugal, à Lisbonne.

Pupikofer, Professeur, directeur de la *Revue suisse des Arts et Métiers*, à Saint-Gall.

Paugoy, Ern., Président d'honneur de l'Association provinciale des Architectes français, Marseille.

Rondani, Alb., comte, professeur, publiciste d'art à Parme.

Ribertz, Rodolphe, Professeur à l'Ecole des Arts décoratifs, à Vienne.

Régamey, Félix, Publiciste d'art, inspecteur de l'enseignement du dessin, à Paris.

Roujon, Directeur de l'administration des Beaux-Arts, Membre de l'Institut, à Paris.

Stübben, Architecte, conseiller intime royal, échevin de la ville de Cologne.

Schumann, Paul, Docteur, historien d'art et critique, à Dresde.

Santa Fiora, comtesse (née princesse **Santa-Croce**), dame d'honneur de S. M. la Reine d'Italie, à Rome.

Skinner, Conservateur du South Kensington Museum, à Londres.

MM.
Sédille, Paul, Architecte du Gouvernement, délégué de la Société centrale des Architectes français, Paris.
Sarradin, Edm, du *Journal des Débats*, publiciste d'art, Paris.
Tomassetti Giuseppe, Professeur, secrétaire perpétuel de l'Académie de Rome.
Trélat, Ern., ancien Député, directeur de l'Ecole spéciale d'architecture, Paris.
Thiersch-von Friedrich, Architecte, professeur à l'Ecole Polytechnique de Munich.
Von der Hude, Président de la Société des Architectes de Berlin.
Venturi, Adolphe, Directeur de la Galerie Nationale de Rome, membre correspondant de l'Institut de France, Rome.
Von Storck, J., Conseiller impérial, directeur du Musée des Arts décoratifs, Vienne.
Vachon, Marius, Publiciste d'art, rapporteur du Gouvernement français sur l'enseignement artistique en Europe, à Paris.
Valeri, comte, Docteur Francesco Malaguzzi, archiviste de l'Etat, Bologne.
Wallot, Paul, de Dresde, architecte du nouveau Parlement de Berlin.
Warner, Président du Comité des « Municipal affairs », à New-York.

Membres Protecteurs (Belges)

MM.
Jules Audent, Bourgmestre et Sénateur de Charleroi.
Victor Carbonelle, Bourgmestre de Tournay.
Louis Cavens, Propriétaire à Bruxelles.
Delvigne, (Chanoine), Président de la Commission Royale des Echanges d'art, à Bruxelles.
Jules de le Court, Président de la Cour d'appel, Bruxelles.
Léon de Somzée, Ingénieur et Député.
Fichefet, Député de Bruxelles.
Huart-Hamoir, Conseiller provincial, Echevin de Schaerbeek.
Oscar Landrien, Avocat, ancien Bâtonnier de l'Ordre.
Valère Mabille, Industriel, à Morlanwelz.
Orban de Xivry, Gouverneur de la province du Luxembourg.
Pety de Thozée, Gouverneur de la province de Liège.
Vanden Corput, Docteur, Sénateur.
Van Ypersele de Strihou, Avocat, Vice-Président de l'Association conservatrice de Bruxelles.

Comité Organisateur du Congrès

President: M. **A. Beernaert**, Ministre d'Etat, Président de la Chambre des Représentants.
Secrétaire général : M. **Eug. Broerman**, Artiste-peintre.
Trésorier : **Gérard**, Notaire, Conseiller communal.
Secrétaires et Trésoriers adjoints: MM. **Léon Clerbois, Eug. Wetrems, Guill. Devries, Léon Couplet.**

MEMBRES DU COMITÉ ORGANISATEUR

MM.
Angenot, Greffier provincial, représentant le Gouverneur de la province de Liège ;
Asou, Echevin et délégué de la ville de Tournai ;
Baron, Th., Artiste-peintre, directeur de l'Académie de Namur ;
Boddaert, Echevin des Beaux-Arts et délégué de la ville de Gand ;
Boveroulle, Architecte provincial et délégué du Gouverneur de la province de Namur ;
Boullengé, Bourgmestre et délégué de la ville de Dinant ;
Carton de Wiart, Député ;
Carlier, Jules, Président et délégué de la Société pour la protection des Sites et des Monuments ;
Cluysenaar, Alfr., Artiste-peintre, membre de l'Académie royale de Belgique, professeur à l'Institut supérieur des Beaux-Arts d'Anvers, directeur de l'Académie de St-Gilles ;
Combaz, Paul (Major), Président de la Société d'Archéologie de Bruxelles ;
Coppin, Edmond, Avoué, Président et délégué du Comité carolorégien de l'Art public ;
Cossoux, Léon, Ingénieur, Vice-Président de la Société *Bruxelles-Attractions* ;
Bribosia, Chef du Cabinet et délégué du Gouverneur de la province de Luxembourg ;
Delvigne, (Chanoine), Curé de St-Josse-ten-Noode, Président de la Commission royale des Echanges d'art ;
De Rudder, Is., sculpteur ;
de Somzée, Léon, Ingénieur, Député ;
Destrée, Jules, Publiciste d'art, Député ;
de Tombay, Alph., Sculpteur ;
De Vigne, Edm., Architecte, délégué de la Société Centrale d'Architecture, directeur de la section technique de l'Œuvre ;
De Wulff, Charles, Architecte et délégué de la ville de Bruges ;
Discailles, Ern., Professeur à l'Université de Gand ;
Dujardin, Jules, Artiste-peintre, Critique d'Art ;
Dumortier, Architecte provincial, Président et délégué de la Société Centrale d'Architecture ;
Engels, Adolphe, Architecte principal des Bâtiments civils, conservateur du Palais de Justice de Bruxelles ;
Félix, Jules, Docteur, professeur à l'Université Nouvelle ;
Fraigneux, L., Echevin et délégué de la ville de Liège ;
Frison, Maurice, Avocat, Vice-Président de l'Œuvre ;
Golenvaux, Echevin et délégué de la ville de Namur ;
Grandvarlet, Sculpteur, Vice-Président et délégué de la Société des Arts décoratis ;
Guilliaume, Echevin des Beaux-Arts et délégué de la ville de Spa ;
Hannon, Théo., Critique d'Art, Artiste-peintre ;
Harry, Gérard, Homme de lettres ;
André Hennebicq, Artiste-peintre, membre de l'Académie Royale de Belgique ;

MM.
Holbach, Conseiller communal à Anderlecht ;
Houtmortels, Echevin des Travaux publics et délégué de la ville de Malines ;
Huart-Hamoir, Echevin de Schaerbeek, membre d'honneur de l'Œuvre ;
Hymans, H., Conservateur du Cabinet d'Estampes, membre de l'Académie Royale de Belgique ;
Jonas, Ach., Echevin à Anderlecht, membre d'honneur de l'Œuvre ;
Lambeaux, Jef, Sculpteur ;
Lambert, Bourgmestre d'Anseremme ;
Landrien, Osc., Avocat ;
Le Roy, Hipp., Statuaire à Gand, délégué de la Société *Wij Willen* ;
Lescarts, Echevin des Beaux-Arts et délégué de la ville de Mons ;
Licot, Charles, Architecte, directeur de l'Académie de Schaerbeek ;
Lorand, G., Député ;
Losseau, Secrétaire et délégué de la Société des Beaux-Arts de Mons ;
Mabille, Valère, Industriel à Morlanwelz ;
Martha, Docteur, Conseiller provincial du Brabant ;
Mellery, Xavier, Artiste-peintre ;
Mestdagh, Président et délégué de l'Alliance artistique de Schaerbeek ;
Montald, C., Artiste-peintre, professeur à l'Académie de Bruxelles ;
Raepsaet, Bourgmestre et délégué de la ville d'Audenarde ;
Ramu, Phil., Echevin à St-Gilles ;
Robie, Jean, Artiste-peintre, directeur de la classe des Beaux-Arts de l'Académie royale de Belgique ;
Soil, Amédée, Président et délégué du Cercle artistique de Tournai ;
Soil, Eugène, Juge d'instruction à Tournai ;
Saintenoy, P., Architecte de S. A. R. Mgr le Comte de Flandre, professeur à l'Académie de Bruxelles ;
Sauvenière, J., Homme de lettres, délégué des Sociétés artistiques de Liège ;
Smets, Auguste, Echevin de Molenbeek, membre d'honneur de l'Œuvre ;
Solvay, Lucien, Homme de lettres ;
Sonveaux, Conseiller communal et délégué de la ville de Charleroi ;
Taverne, Henri, Directeur du Mont-de-piété de la Ville de Bruxelles ;
Thémon, Paul, Aquarelliste, Président et délégué de la Société des Sites de Namur et du Comité namurois de l'Art public ;
Vanden Broeck, J., Syndic d'industrie, Directeur de la Section de propagande de l'Œuvre ;
Vanden Corput, Docteur, Sénateur de Bruxelles, délégué de l'Académie royale de Médecine de Belgique;
Vanden Nest, Arth, Echevin et délégué de la ville d'Anvers ;

MM.
Vanderborgt, A., Avocat ;
Vanderlinden, J., Député ;
Vandevoorde, Président et délégué de la Société *Kunst en Kennis* de Gand ;
Van Haesendonck, Architecte, Conseiller communal, Président et délégué de la Société *De Eikel* de Malines ;
Van Mansfeldt, Architecte ;
Van Nylen, Conseiller communal à Saint-Josse-ten-Noode ;
Van Ypersele de Strihou, Avocat, Vice-président de l'Association conservatrice de Bruxelles ;
Vinçotte, Thomas, Sculpteur, Membre de l'Académie royale de Belgique, professeur à l'Institut supérieur des Beaux-Arts d'Anvers ;
Winders, Jacques, Architecte, Président et Délégué du Cercle artistique d'Anvers, Membre de l'Académie royale de Belgique, Vice-Président de l'Œuvre ;
Woeste, Charles, Ministre d'Etat.

BUREAU DU CONGRÈS :

PRÉSIDENT. — M. **Aug. Beernaert,** Président d'Honneur.

VICE-PRÉSIDENTS. — *Pour l'Allemagne* : M. **Stübben,** Architecte, Echevin de la ville de Cologne, Conseiller Royal Intime.

Pour les Etats-Unis d'Amérique : **S. E. Bellamy Storer,** Envoyé Extraordinaire et Ministre plénipotentiaire des Etats-Unis d'Amérique, en Belgique.

Pour la Belgique : M. **Emile Dupont,** Vice-Président du Sénat de Belgique.

Pour la France : M. **Lampué,** Vice-Président et délégué du Conseil Municipal de Paris.

Pour la Grande-Bretagne : M. **Purdon Clarck,** Directeur du South Kensington Museum de Londres, Délégué du Gouvernement anglais.

Pour la Hollande : M. le Docteur **Cuypers,** Architecte et Délégué du Gouvernement hollandais.

Pour l'Italie : M. **Lenci,** Ingénieur, Echevin et Délégué de la ville de Florence.

Pour la Suède : M. **Möller,** Architecte et Délégué du Gouvernement suédois.

SECRÉTAIRE GÉNÉRAL. — M. **Eugène Broerman,** Fondateur de l'Œuvre de l'Art public.

BUREAU DE LA PREMIÈRE SECTION :

Président : M. **A. Beernaert** ;
Vice-Présidents : MM. **Fittler,** Architecte et Délégué du Gouvernement hongrois ; **Raepsaet,** Membre de la Chambre des Représentants et Bourgmestre d'Audenarde.
Assesseur : **M. Broerman.**
Rapporteur-Secrétaire : M. **F. Holbach,** Avocat, Conseiller communal à Anderlecht.

BUREAU DE LA DEUXIÈME SECTION :

Président : M. **Lampué,** Vice-Président et délégué du Conseil municipal de Paris ;

Vice-Présidents : MM. **Charles Möller**, Architecte et Délégué du Gouvernement suédois ; **Valère Dumortier**, Architecte en chef de la Province de Brabant, Président et délégué de la Société centrale d'architecture de Belgique.

Rapporteur : M. **Henri Rousseau**, Secrétaire de la Section artistique de la Commission Royale Belge des Echanges internationaux.

Secrétaire : M. **C. Pinart**, Fonctionnaire communal.

BUREAU DE LA TROISIÈME SECTION :

Président : M. le Docteur **P.-J.-H. Cuypers**, Architecte du Gouvernement hollandais, à Amsterdam ;

Vice-Présidents : MM. **Purdon Clarck**, Directeur du South Kensington Museum, à Londres ; **A. Cluysenaar**, Professeur à l'Institut des Beaux-Arts d'Anvers ; **A. Engels**, Architecte, Conservateur du Palais de Justice de Bruxelles ; **Charles Lucas**, Architecte, Délégué de la Société Centrale des Architectes français et de la Commission du Vieux Paris ; **J. Stübben**, Conseiller intime royal, échevin à Cologne.

Rapporteur : M. **Marius Vachon**, Publiciste, à Paris.

Secrétaires : MM. **F. Van Ophem** et **P. Saintenoy**, Architectes, à Bruxelles.

MEMBRES DU CONGRÈS :
(ÉTRANGERS)

MM.

Adeline, Jules, Architecte-aquafortiste, chevalier de la Légion d'honneur, membre du Comité Municipal des Beaux-Arts, Délégué de la ville de Rouen.

Adeline, Mme, Rouen.

Bailey-Henry, Inspecteur du dessin de l'Etat de Massachussets, Délégué du Gouvernement de Washington ;

Biwer, Architecte de l'Etat et délégué du Gouvernement du Luxembourg ;

Blondel, Franz, Architecte, Président et Délégué de l'Association provinciale des Architectes français, à Versailles.

Berger, Georges, Député, président de l'Union des Arts décoratifs, Paris ;

Bartaumieux, Charles, Architecte, Trésorier de la Société centrale des Architectes français, Paris ;

Bérardi, G., Homme de lettres, Paris ;

Benoit-Lévy, Président et Délégué de la Société populaire des Beaux-Arts, Paris ;

Boïto, Camillo, Professeur, Commandeur, Directeur de l'Académie royale des Beaux-Arts, Milan ;

Bandi di Vesme, Direct. de la Pinacothèque de Turin;

Bourgeois, Léon, Ministre des Beaux-Arts de France, représentant le Gouvernement français, Président d'honneur du Congrès, Paris.

Baldwin, Délégué du Gouvernement des Etats-Unis, New-York.

Bennett, James Gordon, Délégué de la cité de New-York.

MM.

A. Bonnand, Professeur de dessin, à Privas.

Bonnaud, Architecte de l'Exposition Universelle de 1900, Paris.

Cuypers, Th.Jos., Architecte, Ingénieur civil, Président de la Société *Architectura et Amécitia*, Amsterdam.

Charriaut, Henri, Publiciste, Paris.

Carotti, Jules, Docteur, Secrétaire de l'Académie royale des Beaux-Arts de Milan ;

Cadolini, Eugène, Député, Commandeur, Président honoraire perpétuel de la Société des Architectes et Ingénieurs du royaume d'Italie, Rome ;

Calzini, Egidio, Professeur d'histoire de l'Art à l'Académie royale des Beaux-Arts d'Urbino, Forli, Italie ;

Corsini, (Princesse **Lina**), Rome ;

Comte, Jules, commandeur de la Légion d'honneur, Directeur de la *Revue de l'Art ancien et moderne*, Paris ;

Clark, T.-M., Architecte, Secrétaire général de la Ligue de l'Art public des Etats-Unis, Boston ;

Crane, Walter, Artiste peintre et publiciste d'Art, Londres ;

Clason, J.-G., Architecte, Professeur à l'Ecole Polytechnique, président de la Société des Architectes de Stockholm ;

Cuypers, J., Architecte du Musée royal d'Amsterdam, Architecte du Gouvernement hollandais et membre associé de l'Institut de France, Délégué du Gouvernement hollandais ;

Colt de Wolf, B., Consul général des Etats-Unis, en Belgique.

Cumming, Ch., Délégué de la ville de Boston.

Clarck, Purdon, Conservateur du South Kensighton Muséum de Londres, Délégué du Gouvernement anglais;

Dubosc, André, Critique d'Art, Délégué de la ville de Rouen.

de Wrangel, Comte, Chambellan du Roi de Suède et de Norwège, Stockholm ;

de Rute-Ratazzi, (Mme la Princesse), Directrice de la *Nouvelle Revue Internationale*, Paris;

de Börtzell-Algernon, Conseiller municipal, Intendant de la Cour de S. M. le Roi de Suède et de Norwège, Président de la Commission municipale des travaux publics de la ville de Stockholm ;

Dana, Délégué du « Fairmount Park Association », de Philadelphie ;

de Wethnal (Baron), Ministre de Belgique, à Londres;

de Suzor, Conseiller d'Etat, Architecte en chef de la ville de Saint-Pétersbourg ;

de Marsy (Comte), Président de la Société française d'Archéologie, Compiègne ;

de Selves, Préfet de la Seine, Président de la Commission du Vieux-Paris, Membre d'honneur, Paris ;

de Steurs, Victor (Chevalier), Directeur des Beaux-Arts, à La Haye ;

Destombes, Paul, Ancien président de la Société des Architectes du Nord de la France, Roubaix ;

MM.

De Foville, Directeur de l'Administration des Monnaies et Médailles, Membre de l'Institut, Paris ;

de Meester, publiciste d'Art, à Rotterdam ;

Ephrussi, Directeur de *Gazette des Beaux-Arts*, Paris ;

Fischer, Dominique, Architecte de la ville de Munich;

Fittler, Camille, Architecte et représentant du Gouvernement hongrois, Budapesth ;

Frizzoni, Gustave, Docteur, membre honoraire de l'Académie des Beaux-Arts de Milan ;

Fierens-Gevaert, Homme de lettres et publiciste d'Art, à Paris ;

Fort, Enrique, Professeur à l'Ecole supérieure d'architecture de Madrid;

Gosset, A., Architecte, Délégué de la ville de Reims ;

Godschalk, Echevin et Délégué de la ville d'Amsterdam;

Guernet, Officier de l'Instruction publique, doyen du Conseil municipal et Délégué de la ville de Rouen ;

Gibert, E., Président et Délégué de la Société impériale des Architectes de Saint-Pétersbourg ;

Genoud, Léon, Directeur du Musée cantonal et industriel de l'Ecole des Arts et Métiers de Fribourg, Délégué de la Municipalité de cette ville ;

Graham, Robert, Membre de la Municipalité et du Comité de la Galerie d'Art, Délégué de la ville de Glascow ;

Gull, Gustave, Architecte du Musée national de Zurich;

Gilder, Richard, Watson, Editeur du Century, à New-York, Président de la Public Art League of United-States ;

Gurlitt, Cornélius, Docteur, Conseiller à la Cour de Saxe, Dresde ;

Gargàno, du « Marzocco », Florence ;

Garnier, Ch. (feu), Archit., membre de l'Institut, Paris;

Grimani, (Comte), Syndic de la ville de Venise;

Gille, Philippe, du *Figaro*, Publiciste, Critique d'art, Paris ;

Gérard, Ministre de France en Belgique ;

Horn, E., Critique d'art de journaux russes et allemands;

Hermanin, Fédérigo, Docteur, Rome ;

Hofstede de Groot, Directeur du Cabinet royal d'Estampes, Amsterdam ;

Holban, Michel, ancien consul à Meharleni, Roumanie;

Hallays, André, de la *Revue de Paris*, publiciste d'Art, à Paris ;

Hirsch, Architecte, Directeur de l'Ecole d'Artisans, Délégué du Gouvernement du Grand Duché de Luxembourg :

Heywood, Summer, Délégué de Bournemouth ;

Jaffé, Délégué de Belfast ;

Joseph, Docteur, Professeur à l'Université nouvelle de Bruxelles, à Berlin ;

Jenney, W., Architecte, Délégué, Home Insurance Burlding, à Chicago ;

Kawamara, Junzo, Commissaire Général du Gouvernement Impérial du Japon, à l'Exposition internationale de Bruxelles 1897;

Lardier, E., Architecte, Paris ;

MM.

Le Breton, Gaston, Directeur du Musée départemental d'antiquités et du Musée de céramiques, Président de la Société des monuments rouennais, membre correspondant de l'Institut, Délégué de la ville de Rouen ;

Larroumet, Gustave, Secrétaire perpétuel de l'Académie des Beaux-Arts de l'Institut de France, Paris ;

Lampué, ancien Vice-Président du Conseil municipal, Déléguéde la ville de Paris ;

Longfils, Emile, Architecte de la ville de Paris, Expert, Diplômé du Gouvernement, Paris ;

Labusquière, John, Vice-Président du Conseil municipal de Paris, Conseiller Général de la Seine délégué de la ville de Paris;

Lenci, Ingénieur, Echevin des Travaux publics et Délégué de la ville de Florence ;

Lamouroux, Docteur, Conseiller municipal, Vice-Président de la Commission du Vieux-Paris ;

Loviot, E., Ancien président de la Société des Architectes diplômés de France, Paris ;

Lorch, Emil, du Museum Art School Detroit, Délégué de la Société du dessin et d'architecture, de Nisch, détroit de Michigan, Amérique du Nord ;

Lamm, Carl-Robert, ingénieur à Stockholm;

Lucas, Ch., Architecte-expert, près le Tribunal civil de la Seine, Délégué de la Société centrale des Architectes Français et de la Commission du Vieux-Paris;

Lyon, Th., Ingénieur, Londres ;

Möller, Ch., Architecte du service de l'Admnistration royale des Edifices publics, Délégué du Gouvernement suédois, Stockholm ;

Mayeux, H., Architecte, Membre de l'Institut de France, Délégué de la Société centrale des Architectes français, Paris ;

Mayer, E., Conseiller de l'Intendance des Bâtiments de la ville de Stuttgart, Président de la Société des Architectes ;

Maltbie, Milo., Secrétaire de la Commission des « Municipal Affairs » New-York ;

Mélani, Alfredo, Architecte, Professeur de l'Ecole supérieure d'Art appliqué à l'Industrie, Milan ;

Maillard, Président et Délégué de la Société régionale des Architectes du Nord de la France, à Lille ;

Müntz, Eugène, Membre de l'Institut de France, conservateur des collections de l'Ecole nationale des Beaux-Arts, à Paris ;

Nordström, Stockholm;

Normand, Alfred, Membre de l'Institut, Président et délégué de la Société centrale des Architectes français, à Paris ;

Normand, Ch., Architecte, Président de la Société des Amis des Monuments parisiens, à Paris ;

Navarre, Dr, Membre d'honneur, Président du Conseil municipal de Paris, Délégué de la ville de Paris ;

Naef, Albert, Architecte et Délégué de la Commission des Monuments historiques suisses ;

Novicoff, Jacques, Conseiller Municipal et Délégué de la ville d'Odessa ;

MM.
Novak, Joseph, Ingénieur, Echevin, Délégué de la ville de Prague ;
Ostberg, Architecte, Diplômé du Gouvernement suédois, Londres ;
Paugoy, Ern., Président et délégué de l'Association provinciale des Architectes français, Marseille ;
Poeroëls, Ferd., Professeur à l'Académie des Beaux-Arts de Dresde ;
Panzacchi, Directeur de l'Institut royal des Beaux-Arts de Bologne ;
Pedro d'Avila, Architecte honoraire du Roi, Architecte du Gouvernement de Portugal, à Lisbonne ;
Pupikofer, Professeur, Directeur de la *Revue suisse des Arts et Métiers*, à Saint-Gall ;
Régamey, Félix, Publiciste d'art, Inspecteur de l'Enseignement du dessin, Paris.
Richez, Alf., Architecte des communes, Valenciennes.
Rondani, Alb., Comte, Professeur, publiciste d'Art, à Parme ;
Ribertz, Rodolphe, Professeur à l'Ecole des Arts décoratifs, à Vienne ;
Richez, A., (Mme et Mlle) ;
Robert, Paul, Artiste-Peintre, Suisse ;
Roujon, Directeur des Beaux-Arts, à Paris ;
Ruspoli, (Prince), Syndic de Rome ;
Reinaud, Maire et Délégué de la ville de Nîmes ;
Scyboth, Directeur du Musée Hohenlohe, Délégué de la ville de Strasbourg ;
Schüman, Paul, Historien d'art et critique, Dresde ;
Sarradin, Ed., du *Journal des Débats*, Publiciste d'art, Paris.
Salm, A.
Stûbben, Architecte, Conseiller intime royal, Echevin de la ville de Cologne ;
Santa Fiora, Comtesse (née princesse **Santa-Croce**), Dame d'honneur de S. M. la Reine d'Italie, à Rome ;
Skinner, Conservateur du South Kensington Museum, à Londres ;
Sédille, Paul, Architecte du Gouvernement, Délégué de la Société Centrale des Architectes français, Paris ;
Bellamy Storer, Envoyé extraordinaire, Ministre plénipotentiaire des Etats-Unis d'Amérique, à Bruxelles en 1898 et à Madrid en 1899 ;
Tomassetti Giuseppe, Professeur, Secrétaire perpétuel de l'Académie de Rome ;
Torregiani, Marquis, Membre d'honneur, Syndic de la ville de Florence.
Trélat, Ern., Ancien Député, Directeur de l'Ecole spéciale d'architecture, à Paris ;
Thiersch-von, Friedrich, Architecte, Professeur à l'Ecole Polytechnique de Munich ;
Tamburini, Adjoint au Maire du XVIIe arrondissement de Paris ;
Vachon, Marius, Publiciste d'art, Rapporteur du Gouvernement français sur l'Enseignement artistique en Europe, Paris ;

MM.
Veltman, Bourgmestre et Délégué de la ville d'Aix-la-Chapelle ;
Von der Hude, Président de la Société des Architectes de Berlin ;
Venturi, Adolfo, Directeur de la Galerie Nationale de Rome, Membre correspondant de l'Institut de France, Rome ;
Von Storck, J., Conseiller impérial, Directeur du Musée des Arts décoratifs, à Vienne ;
Valeri, Comte, Docteur Francesco Malaguzzi, Archiviste de l'Etat, Bologne ;
Wallot, Paul, de Dresde, Architecte du nouveau Parlement de Berlin ;
Warner, Président du Comité des « Municipal affairs », New-York ;
Weber, Adrien, Avocat, Conseiller municipal et Délégué de la ville de Paris ;
Wood, W., Thomas, Président de l'Académie Nationale du Dessin de New-York, Délégué du Gouvernement des Etats-Unis d'Amérique ;

Membres du Congrès (Belgique)

MM.
Asou, Albert, Echevin et Délégué de la ville de Tournai ;
Audent, Jules, Membre d'honneur, Bourgmestre et Sénateur de Charleroi ;
Amand, Ch., Avocat, Charleroi ;
Angenot, Fél., Greffier provincial de Liège, Délégué du Gouverneur de la Province de Liège ;
Asou, Mme, Tournai ;
Bellis, Hubert, Schaerbeek ;
Baes, Edgar., Publiciste d'art, Ixelles.
Becquet, Alfred, Namur ;
Boschmans, Ixelles ;
Broerman, Eug., Artiste-peintre, Secrétaire général du Congrès, Bruxelles ;
Bauwens, Edouard, Artiste-musicien, Professeur au Conservatoire royal, Bruxelles ;
Baillet-de Tombay, Architecte, Embourg (Chênée) ;
Bockstael, Membre d'honneur, Bourgmestre de Laeken ;
Beernaert, Ministre d'Etat, Président de la Chambre des Représentants, Président d'honneur et Président du Congrès, Bruxelles ;
Boveroulle, Architecte provincial et Délégué du Gouverneur de la province de Namur ;
Bribosia, Chef du Cabinet et délégué du Gouverneur du Luxembourg, Arlon ;
Baetes, J., Graveur, Président et Délégué du « Scalden », Anvers ;
Baes, Henri, Peintre-Décorateur, Bruxelles.
Baes, Ch., Peintre-verrier, Bruxelles ;
Boddaert, Ch., Echevin des Beaux-Arts et Délégué de la ville de Gand ;
Bruggeman-Rosseel, Conseiller communal, Gand ;
Buls, Charles, Bourgmestre de la ville de Bruxelles, Président d'honneur de l'Œuvre et du Congrès, Bruxelles ;

MM.

Braun, Membre d'honneur, Bourgmestre de Gand ;

Baron, Th., Artiste-peintre, Directeur de l'Académie de Namur ;

Boullengé, Membre d'honneur, Bourgmestre et Délégué de la ville de Dinant ;

Billen, Peintre-verrier, Délégué de l'Alliance artistique de Schaerbeek ;

Brialmont, Lieutenant général, Bruxelles.

Benoit, Peter, Directeur du Conservatoire royal flamand, Anvers, Membre de l'Académie de Belgique;

Blockx, Jan, Compositeur, Professeur au Conservatoire royal flamand, Anvers ;

Bourotte, Auguste, Artiste-peintre, Bruxelles ;

Chansay, E., Bruxelles ;

Craps, F., Sculpteur-ornemaniste, Directeur de l'Académie de Cureghem-Anderlecht ;

Cossoux, Léon, Ingénieur, Vice-Président de Bruxelles-Attractions, St-Josse-ten-Noode ;

Castaigne, Editeur, Bruxelles ;

Cantraine, Editeur, Bruxelles ;

Court, Antoine, Koekelberg ;

Cluydts, Fr., Echevin, Malines ;

Carbonelle, Membre d'honneur, Bourgmestre, Tournai ;

Cavens, Louis, Propriétaire, Bruxelles ;

Choquet, Ingénieur des Chemins de fer, St-Josse-ten-Noode ;

Cluysenaar, Artiste-peintre, membre de l'Académie de Belgique, professeur à l'Institut supérieur d'Anvers, St-Gilles ;

Cloquet, Professeur à l'Université de Gand ;

Couplet, Léon, Nég[t]. Trésorier de l'Œuvre, Bruxelles.

Cardon, Félix, Peintre-décorateur, Bruxelles ;

Campion, Vilvorde ;

Carlier, J., Ancien Député, Président de la Société pour la protection des Sites, Ixelles ;

Coppin, Edm., Avoué, Président du Comité carolorégien de l'Art public, Charleroi ;

Coomans, J., Ypres ;

Clerbois, Léon, Chef de bureau, Secrétaire du Comité organisateur, Bruxelles;

Carton de Wiart, Henry, Avocat, Député, St-Gilles ;

Comhaire, Liége ;

Cousot, G., Docteur, Echevin, Dinant ;

Chambon, Alban, Sculpteur-architecte, Bruxelles ;

Combaz, Paul, Major, Professeur de construction à l'Académie de Bruxelles, Président de la Société d'Archéologie ;

Carpentier, Echevin et Délégué de la commune d'Anderlecht ;

Combaz, Gisbert, Avocat, Artiste-peintre, professeur de dessin de l'Etat ;

Courtens, Frans, Artiste-peintre, Bruxelles ;

de Noyette, Architecte, Ledeberg lez-Gand ;

Dagnelies, Mathieu, Négociant, Charleroi ;

Delfosse, Maurice, Ministre plénipotentiaire, Ixelles;

De Keyzer, Jan, Sculpteur, Professeur à l'Académie de Cureghem-Anderlecht ;

MM.

De Wulff, Charles, Architecte et Délégué de la ville de Bruges ;

Denys, Horace, Avocat, Marcinelle ;

Demeuldre, Président du Cercle Archéologique du canton de Soignies.

De Block, ancien Conseiller communal, Forest ;

Dillens, Julien, Statuaire, Bruxelles ;

De Brauwer, Bruxelles ;

Duquesne, J.-J., Architecte, Marcinelle ;

Du Bois-Petit, Peintre-décorateur, Bruxelles ;

Dieltens, Architecte, Anvers ;

De Witte, Ch., Peintre-décorateur, Ixelles ;

Dupret, Docteur en médecine, Charleroi ;

Daimeries, Mme, Bruxelles ;

De Mol, Mme ;

Du Bois-Petit, Mme, Bruxelles ;

de Nahuys (Mme la Comtesse), Bruxelles ;

Devries, G., Secrétaire, Bruxelles ;

des Essarts, Georges, Publiciste, Charleroi ;

de Borchgrave, Jules, Député, Bruxelles ;

Destrée, Jules, Député, Vice-Président du Comité de l'Art Public de Charleroi ;

De Tombay, Alph., Statuaire, St-Gilles ;

Discailles, Ern., Professeur à l'Université de Gand;

Dujardin, Jules, Artiste-peintre, Critique d'art, Directeur de l'*Art flamand* ;

De Beys, Sculpteur, Ferronnier d'art, Bruxelles ;

de Lannoy, Eug., Ingénieur ;

Deljeynst, Chef de Bureau, Malines ;

Dierickx, Ixelles ;

de Woelmont, (Baron L.) ;

de Somzée, Léon, Ingénieur, Député, Membre d'Honneur du Congrès ;

De Vestel, Architecte ;

de Vinck de Winnezeele, (Baron), Conseiller communal, Président de la Société Royale belge d'Archéologie, Anvers ;

de Lara, A., Ingénieur civil ;

de Bontridder, Fritz, Député, Vilvorde ;

de Bavay, G., Conseiller à la Cour de cassation, Schaerbeek ;

Dumortier, Valère, Architecte, Président et Délégué de la Société centrale d'architecture de Belgique, St-Gilles;

Delvigne, (Chanoine), Président de la Commission des Echanges d'Art, St-Josse-ten-Noode ;

De Ligne-Verlat, Peintre, Président de la Chambre syndicale des Peintres-décorateurs, Bruxelles;

Delhaye, Président et Délégué de la Fédération des Entrepreneurs de Belgique ;

Dubus, P., Attaché à l'Administration des Chemins de fer de l'Etat, section des travaux, Schaerbeek ;

Daimeries, Bruxelles ;

Dorgeloh, Henry, Bruxelles ;

de Sadeleer, Vice-Président de la Chambre des Représentants, Bruxelles ;

De Vigne, Edmond, Architecte, Délégué de la Société centrale d'Architecture de Belgique, Bruxelles;

MM.
Dessargues, Directeur d'Usine, Ixelles ;
De Rudder, Isidore, Artiste-sculpteur, Ixelles ;
De Plaen, F., Koekelberg ;
de Kerchove d'Exaerde, Membre d'honneur, Gouverneur de la Flandre Orientale ;
De Backer, Hector, Bruxelles ;
de Prelle de la Nieppe, Secrétaire de la Commission royale du Musée d'antiquités et d'armes, Archéologue, à Nivelles ;
De Wever, Auguste, Artiste-sculpteur, Molenbeek-St-Jean ;
De Tière, Nestor, Homme de lettres, St-Gilles ;
du Pont, Président du Conseil des Mines, St-Josse-ten-Noode :
Dupont, Emile, Vice-Président du Sénat de Belgique, Vice-Président du Congrès ;
de Le Court, Jules, Président à la Cour d'appel de Bruxelles ;
Defnet, Gustave, Député de Namur, Bruxelles ;
de Lalaing, Jacques, Artiste-peintre et sculpteur, Bruxelles, Membre de l'Académie de Belgique ;
Engels, Adolphe, Architecte principal des Bâtiments civils, Conservateur du Palais de Justice de Bruxelles, Ixelles ;
Ernotte, Victor, Bruxelles ;
Engels, Fernand, Ingénieur, Ixelles ;
Everard, Publiciste, Marcinelle ;
Ernotte, Mme, Bruxelles ;
Félix, Jules, Docteur, Bruxelles ;
Fichefet, Député, Bruxelles ;
Frison, Maurice, Avocat, Vice-Président de l'Œuvre, Bruxelles ;
Franck, Architecte, Anvers ;
Fraigneux, Echevin des Beaux-Arts et Délégué de la ville de Liège ;
Félix, Mme, Bruxelles ;
Fonson, A., Bruxelles ;
Frison, Antoine, Juge de Paix, à Péruwelz ;
Frison, Léopold, Député Permanent du Hainaut ;
Gérard, Notaire, Conseiller communal, Cureghem ;
Gurickx, Camille, Professeur au Conservatoire Royal de Bruxelles ;
Gilis, Alph., Artiste-sculpteur, Bruxelles ;
Gassée, P.-J., Directeur artistique de la Compagnie des Bronzes, Conseiller communal et délégué de la commune de Molenbeek-St-Jean ;
Gassée, Ch.-A., Dessinateur, Bruxelles ;
Geets, Willem, Artiste-peintre, ancien Directeur de l'Académie de Malines, Président et Délégué de la Société des Beaux-Arts *Le Lucas Gilde*, de Malines ;
Geernaert, H., Gand ;
Gomrée, Ch., Artiste-peintre, Bruxelles ;
Gruls, Direct. au Ministère de l'Agriculture, Bruxelles ;
Grafé-Lecocq, Négociant et Juge consulaire, Namur ;
Goffin, Auguste, Banquier, Charleroi ;
Grandvarlet, Sculpteur, Vice-Président et Délégué de l'Union des Arts décoratifs de Belgique, Bruxelles ;

MM.
Gorissen, Ypres ;
Golenvaux, Echevin et Délégué de la ville de Namur ;
Golenvaux, Médecin, Bruxelles ;
Graté, Joseph, Conseiller provincial, Namur ;
Gassée, Mme, Molenbeek ;
Gassée, Mlle, Molenbeek ;
Gorin, Emile, Secrétaire de la Société des Beaux-Arts, Dinant ;
Guilliaume, Echevin des Beaux-Arts et Délégué de la ville de Spa ;
Houtmortels, Pierre, Echevin des Travaux publics et des Beaux-Arts, Délégué de la ville de Malines ;
Hallet, Paul, Ingénieur de la ville de Malines ;
Heusers, H., Statuaire, Bruxelles ;
Homès, Agent de change, Bruxelles ;
Henry, L., Professeur à l'Université de Louvain ;
Hâlot, J., Industriel, Bruxelles ;
Halot, Avocat, Consul du Japon, Bruxelles ;
Hoste, Julius, Homme de lettres, Directeur du journal *Het Laatste Nieuws*, ancien Président du Willems-fonds, Bruxelles ;
Henry, L., Les Dames Blanches (Dinant) ;
Hanno, Fr., Artiste-peintre et critique d'art, Anvers ;
Haas, Georges, Avocat, Charleroi ;
Hymans, Professeur à l'Institut supérieur des Beaux-Arts d'Anvers, membre de l'Académie de Belgique, Bruxelles ;
Harmegnies, Délégué de la Société Populaire des Beaux-Arts de Paris, Ixelles ;
Heusers, Employé, Saint-Josse-ten-Noode ;
Huart-Hamoir, Membre d'honneur, Conseiller provincial, Echevin de Schaerbeek ;
Hellinkx, Membre d'honneur, Bourgmestre de la commune de Koekelberg ;
Hubert, Joseph, Architecte, Ingén. de la ville de Mons ;
Henry, Léon, Commissaire d'arrondissement, Dinant ;
Hannon, Théo, Artiste-peintre, Critique d'Art, Bruxelles ;
Harry, Gérard, Homme de lettres, Directeur du *Petit Bleu*, Bruxelles ;
Herdies, Industriel, Bruxelles ;
Ihro, Oscar, Ingénieur ;
Jonas, A., Membre d'honneur, Echevin et Délégué de la commune d'Anderlecht ;
Jacobs, A., Artiste-Peintre ;
Jonas, Mme, Anderlecht ;
Jacobs, Victor, Avocat, Anvers ;
Jacobs, Rédacteur à *L'Opinion*, Anvers ;
Kawamara Junzo, Commissaire du Gouvernement Japonais, Bruxelles ;
Kuhnen, Architecte, Schaerbeek ;
Kennis, Membre d'honneur, Bourgmestre, Schaerbeek ;
Klever, Peintre-Décorateur, Bruxelles ;
Loris, Sculpteur ;
Lyon-Claesen, Editeur, St-Gilles ;
Lechein, Louis, Bruxelles ;

MM.

Landrien, Oscar, Avocat, ancien Bâtonnier de l'Ordre, St-Gilles ;

Lambrechts, Artiste-peintre, Délégué de l'Alliance artistique de Schaerbeek ;

Luppens, Henri, Industriel, Conseiller Communal, St-Gilles ;

Leempoels, Jef, Artiste-peintre, Bruxelles ;

Losseau, Avocat, Secrétaire et Délégué de la Société des Beaux-Arts de Mons ;

Lambert, Bourgmestre d'Anseremme (près Dinant) ;

Leurs, Jean, Industriel, Conseiller communal, Bruxelles ;

Leyder, Professeur, Bruxelles ;

Lescarts, Echevin et Délégué de la ville de Mons ;

Leclercq, Georges, Echevin, Mons ;

Le Roy, Hip., Artiste-peintre et sculpteur, Délégué de la Société *Wij Willen* de Gand ;

Lannoy, Henry, Propriétaire, Charleroi ;

Leclercq, J.-B., Arlon ;

Lathouwers, Sculpteur, Bruxelles ;

Lambrechts, Mme, Schaerbeek ;

Lanneau, Artiste-peintre, Schaerbeek ;

Lambert, Joachim, Négociant, Anseremme ;

Legrand, Léon, Avocat, Dinant ;

Lambeaux, Jef, Statuaire, Bruxelles :

Lagae, Jules, Statuaire, Bruxelles ;

Licot, Charles, Architecte, Directeur de l'Académie de Schaerbeek ;

Lorand, Georges, Député de Virton, Bruxelles ;

Leclercq, Emile, Inspecteur des Beaux-Arts, Délégué de M. le Ministre des Beaux-Arts ;

Miller, Philippe, Conseiller communal, Malines ;

Mignot-Delstanche, ancien Président de l'Union Syndicale ;

Mortier, Architecte provincial, Gand ;

Mestdagh, H., Président et Délégué de l'Alliance Artistique, Schaerbeek ;

Mestdagh, Mme, Schaerbeek ;

Mélise, Avocat à la Cour d'Appel, Bruxelles ;

Meyer, Dessinateur, St-Gilles ;

Martin, Architecte, Ixelles ;

Montald, Constant, Artiste-peintre, Professeur à l'Académie de Bruxelles ;

Max, Adolphe, Conseiller provincial, Bruxelles ;

Meunier, Constantin, Sculpteur, Schaerbeek ;

Martha, Docteur, Conseiller provincial, Molenbeek ;

Masson, Echevin, Mons ;

Marcotte, Mlle, Artiste-peintre, Anvers ;

Maquet, H.-J., Architecte, membre de l'Académie Royale de Belgique, Bruxelles ;

Moreau, Membre d'honneur, Bourgmestre d'Anderlecht ;

Meert, Fabricant de bronzes, Bruxelles ;

Mabille, Valère, Industriel, Président de la Société Française de Bienfaisance à Charleroi, Morlanwelz ;

Mabille, Alfred, Directeur de la Division des Beaux-Arts de la ville de Bruxelles ;

Marckelbach, Artiste-peintre, Membre de l'Académie Royale de Belgique, Schaerbeek.

MM.

Meyer, Mme, Bruxelles ;

Mottet, Architecte à Liège ;

Morelle, François, Juge au Tribunal, Charleroi ;

Mellery, Xavier, Artiste-Peintre, Laeken ;

Naert, Jean, Archit., Profess. à l'Académie de Bruxelles ;

Opdebeeck, H., Conseiller communal, Malines ;

Orban de Xivry, Membre d'honneur, Gouverneur du Luxembourg ;

Orban de Xivry, Alfred, (Baron), Sénateur, Laroche ;

Otlet, P., St-Gilles ;

Petit, Léon, Décorateur, Uccle ;

Popelin, Mlle **Marie**, Avocat, Bruxelles ;

Pety de Thozée, Léon, Gouverneur de la province de Liège ;

Piron, L., Architecte, Bruxelles ;

Persy, Ferronnier d'art, Molenbeek-St-Jean ;

Peltzer, Bruxelles ;

Petit, Léon, Mme, Uccle ;

Petit, Mlle, Uccle ;

Peterman, Jacques, Conseiller communal, St-Gilles ;

Pieters, Membre d'honneur, Bourgmestre, Ostende ;

Pinart, Constant, Fonctionnaire communal, Président de la Fédération des Employés communaux du Brabant ;

Ronse, Alfred, Echevin et Député de la ville de Bruges ;

Rousseau, H., Architecte, Secrétaire de la Commission des Echanges Internationaux, Mousty (Ottignies) ;

Romberg, Ancien Directeur Général des Beaux-Arts ;

Raepsaet, P., Membre d'honneur, Bourgmestre et membre de la Chambre des Représentants, Audenarde ;

Rollier, J., Avocat et Conseiller communal ;

Rémont, A., Liège ;

Ramu, Philippe, Echevin de St-Gilles ;

Robie, Jean, Artiste-peintre, Directeur de l'Académie de Belgique, St-Gilles ;

Roze, Conseiller communal, St-Gilles ;

Roskam, Statuaire, St-Josse-ten-Noode ;

Rau, Jules, Architecte, Professeur à l'Académie de Mons, Bruxelles ;

Remouchamps, Emile, Liège ;

Ruttiens, Schaerbeek ;

Rans, A., Directeur du Théâtre Flamand, Bruxelles ;

Rens, R., Homme de lettres, Bruxelles ;

Rooses, Max., Homme de lettres, Secrétaire du *Kunst in het Openbaar Leven*, membre de l'Académie Royale de Belgique, Anvers ;

Raymaeckers, Président de la Société des Beaux-Arts de Mons ;

Ruyten, Architecte, Anvers ;

Ronner, Alfred, Artiste-peintre, Bruxelles ;

Radoux, Th., Directeur du Conservatoire de Liège ;

Salu, E., Sculpteur, Conseiller communal, Laeken ;

Struelens, Alf., D[r] en Chef de la prison de St-Gilles ;

Soil, Amédée, Président et Délégué du Cercle artistique de Tournai, Tournai ;

Saintenoy, Architecte de S. A. R. le Comte de Flandre, Professeur à l'Académie de Bruxelles, Ixelles ;

MM.
Stoffels, Avocat, Directeur des *Entr'Actes*, à Anvers ;
Soil, Eugène, Juge d'Instruction, Conservateur des Musées, Tournai ;
Segers, Guillaume, Architecte, St-Gilles ;
Stallaert, Peintre d'histoire, Ixelles ;
Samuel, Directeur du Conservatoire de Gand ;
Sauvenière, Jules, Homme de lettres, Délégué des Sociétés Artistiques de Liège ;
Société des Beaux-Arts, *Lucas Gilde*, de Malines ;
Simon, Bruxelles ;
Sygogne, Professeur, Bruxelles ;
Schaeps, J., Architecte, Anvers ;
Société des Beaux-Arts, *Scalden*, d'Anvers ;
Stroobant, Fr., Artiste-peintre, Directeur de l'Académie de Molenbeek ;
Stroobant, Artiste-peintre, Ixelles ;
Salu, Mme ;
Salu, Mlle ;
Simon, Mlle ;
Saintenoy, Mme, Ixelles ;
Sonveaux, Conseiller communal et délégué de la ville de Charleroi ;
Smets, Aug., Membre d'honneur, Echevin des Beaux-Arts et Délégué de la commune de Molenbeek ;
Solvay, Lucien, Homme de lettres, Rédacteur en Chef du journal *Le Soir*, Bruxelles ;
Taverne, Henri, Directeur du Mont de Piété de Bruxelles ;
Taverne, Mme, Bruxelles ;
T'Hoen, Banquier, Bruxelles ;
Thémon, Paul, Aquarelliste, Président et Délégué de la Société pour la protection des Sites de la Province de Namur et du Comité de l'Art Public, à Namur ;
Tempels, Auditeur général honoraire, à la Cour, Bruxelles ;
Thielens, Emile, Architecte, Bruxelles ;
Théodor, Député, Bruxelles ;
Urban, J., Ingénieur ;
Van Acker, Flor., Artiste-Peintre, Bruges ;
Vandewalle, Victor, Echevin de la ville de Malines ;
Van Boeckel, Ferronnier d'art, Lierre ;
Vanden Corput, Docteur, Sénateur, Bruxelles :
Vanden Broeck, Syndic d'Industrie, Directeur de la Section de propagande de l'Œuvre, Bruxelles ;
Vander Linden, Avocat-Député, Bruxelles ;
Van Haesendonck, Architecte, Conseiller communal, Délégué de la ville de Malines, Président et Délégué de la Société artistique *de Eickel* ;
Van Ypersele de Strihou, Avocat, Vice-Président de l'Association conservatrice, Ixelles ;
VanBellinghen, Directeur d'Assurances, St-Gilles ;
Van Vreckem, Sénateur, Meerbeeke lez-Ninove ;
Vierendeel, Ingénieur-Architecte, Bruges ;
Vanden Bussche, Artiste-peintre, Schaerbeek ;
Van Mansfeldt, Architecte, St-Gilles ;

MM.
Van Ophem, Franz, Architecte, Critique d'Art ;
Van de Voorde, Architecte, Président et Délégué de la Société d'Art *Wij Willen*, de Gand ;
Van Overbeke, E., Artiste-peintre, Bruxelles ;
Van Ravestein, Juge de Paix, Lierre ;
Vander Straeten, C., Mme (Douairière), Archéologue, Audenarde ;
Van der Borght, Avocat, Bruxelles ;
Van Ophem, Jean, Bruxelles ;
Vandevelde, Ernest, Directeur de la Bibliographie de Belgique, Bruxelles ;
Van Kuyck, Frans, Président de la Société *De Kunst in het openbaar Leven*, artiste-peintre, Echevin et Délégué de la ville d'Anvers ;
Van Wint, J.-B., Sculpteur, Anvers ;
Van Assche, Auguste, Architecte, membre de la Commission royale des Monuments, Gand ;
Vinçotte, Thomas, Statuaire, Professeur à l'Institut supérieur des Beaux-Arts d'Anvers, Directeur de la classe des Beaux-Arts de l'Académie de Belgique ;
Van den Nest, Arthur, Echevin et Délégué de la ville d'Anvers ;
Van Nylen, Graveur, Conseiller communal, à St-Josse-ten-Noode ;
Verdyen, Eugène, Artiste-peintre, Professeur à l'Académie de Bruxelles, Conseiller communal à St-Josse-ten-Noode ;
Vandervondelen, Sculpteur sur bois, Bruxelles ;
Van Even, Edouard, Archiviste de la ville de Louvain ;
Van Wensbrughe, Architecte, Délégué de la Corporation des Architectes et d'Art appliqué ;
Van Hooten, Bruxelles ;
Wetrems, Eug., Vérificateur à la Cour des Comptes, Secrétaire du Comité Organisateur, Bruxelles ;
Willems, Capitaine commandant du génie, Bruxelles ;
Wolff, Charles, Homme de lettres, ancien Secrétaire général de l'Œuvre, St-Josse-ten-Noode ;
Wertheim, Mlle, Statuaire ;
Wetrems, Adolphe, Industriel, Bruxelles ;
Weyemberg, Médecin, Koekelberg ;
Winders, Jacques, Architecte, membre de l'Académie Royale de Belgique, Vice-Président de l'Œuvre, Président et délégué du Cercle Artistique d'Anvers ;
Woeste, Ch., Député, Ministre d'Etat, Ixelles ;
Wouters, Directeur de l'Académie des Beaux-Arts de Lierre ;
Willems, Mme, Bruxelles ;
Willems, Mlle, Bruxelles ;
Wetrems, Mme Eug., Bruxelles ;
Wiener, L., Vice-Président du Conseil provincial du Brabant, Bruxelles ;
Watelet, Industriel, Bruxelles ;
Wautelet, Henri, Industriel, Charleroi ;
Zech-Dubiez, Editeur, Archéologue, Braine-le-Comte.

HISTORIQUE

DE

L'ŒUVRE DE L'ART PUBLIC

En 1880, le *Directeur des Beaux-Arts* de Belgique, feu Jean Rousseau, organisa une admirable Exposition qui donna naissance au Musée d'Art décoratif de Bruxelles.

Cette Exposition, fréquentée seulement par des initiés, ne fut guère visitée par ceux qu'elle devait surtout instruire, et le grand public l'ignorait. Son organisateur le regrettait vivement. Je lui soumis l'idée de combattre, dans le public même, cette indifférence, et de recourir à des mesures radicales pour lui apprendre ce qu'il doit savoir et lui faire oublier ce qu'il doit ignorer, en substituant, par exemple, aux expositions officielles de tableaux, des expositions d'art industriel.

Jean Rousseau répondit : « *Je devrais être soutenu pour cela par les artistes. C'est l'avenir ! Je fais tout ce qu'il est humainement possible de faire pour encourager les manifestations d'Art appliqué, mais, vous le voyez, je ne suis pas suivi. Pour le moment, nous sommes encore obligés de compter avec la routine.* »

⁂

En 1898, j'eus un entretien avec le *Directeur des Beaux-Arts* de France, M. Roujon, lorsqu'il accompagna son Ministre, M. Léon Bourgeois, au Congrès de l'Art public, à Bruxelles. Je lui fis part de la proposition que j'avais faite au Congrès d'émettre le vœu de voir étendre l'administration pour l'encouragement des Beaux-Arts, à tous les services publics et à toutes les catégories du travail. Il approuva vivement et dit : « *L'avenir est là !* »

⁂

En 1899, j'eus l'honneur d'échanger quelques idées avec le Secrétaire perpétuel de l'Académie des Beaux-Arts de l'Institut de France, M. Gustave Larroumet.

Je le remerciai pour le puissant appui qu'il nous avait prêté dans l'organisation du Congrès, en provoquant l'adhésion et les félicitations de l'Académie, et je lui fis part de notre projet d'exposition de Musée didactique.

Il me dit : « *Quand j'ai vu se produire votre initiative, j'en ai été profondément heureux. Je ne pouvais que vous apporter mon concours le plus dévoué. Lorsque j'étais directeur des Beaux-Arts, je me suis toujours attaché à combler le fossé qui sépare l'Art pur de l'Art industriel. Vous avez raison pour ce que vous avez fait et pour ce que vous vous proposez de faire : je suis avec vous de tout mon pouvoir.* »

⁂

Au lendemain de ma conversation, avec Jean Rousseau, il y a dix-neuf ans, je conçus le projet de fonder une association de propagande ayant pour objet la rénovation des traditions d'art utile à tous. Un voyage de cinq années en Italie, tout en me fortifiant dans cette idée qu'il fallait réagir au moyen d'une puissante concentration d'influences contre les pratiques artistiques de décadence, retarda cependant la mise en vigueur du projet.

A mon retour je me sentis trop isolé pour essayer de provoquer un mouvement.

Dès que je me fus remis en contact avec la vie de mon milieu, j'entrepris une campagne de presse pour démontrer la nécessité de donner à la protection officielle de l'art un objectif social nettement caractérisé. C'était en 1890. Les circonstances étaient propices pour traiter la question avec ampleur et netteté, pour y intéresser l'opinion publique, et pour impressionner tous ceux qui ont pour devoir de s'en soucier.

L'échec de la dernière exposition de peinture avait vivement ému la presse tout entière, tous les journaux étaient remplis des critiques les plus vives.

Le grand économiste liégeois, Emile de Laveleye, dans un article sensationnel « *la Question du Jour* », avait traité du désarroi des artistes et, après avoir constaté l'influence civilisatrice de l'Art, comparable, écrivait-il, à celle de la science, il avait fait l'apologie de l'image peinte, déclarant que les foules, qui n'aiment que les images, obéissent à la vraie raison d'être de l'Art !

Je répliquai dans *La Fédération Artistique*.

Le fait, m'écriai-je, de donner aux foules l'occasion de se fausser le goût, est d'autant plus condamnable qu'il cause la ruine des artistes. Dans ces expositions officielles, le nombre et la médiocrité dominent la qualité. L'art aimé des foules, aux bonnes époques, était toujours éducatif, il avait une base et un but par son utilité publique. A ce titre les autorités et la société ont le devoir de s'en préoccuper...

Cette polémique amorça une action intense en faveur d'un retour à la logique pour la protection des intérêts de l'Art, et bientôt les hommes consciencieux furent attentifs aux débats qui s'engagèrent.

***

Dans une critique sur une exposition générale des Beaux-Arts, puis, en des appels aux pouvoirs publics, faits en 1891, et surtout dans une étude intitulée, « *L'Art régénérateur* », parue en 1892, je ralliai à mes propositions de réformes radicales, bon nombre d'adhérents autorisés !

Voici les conclusions de cette étude :

« Nous voulons voir organiser des expositions et des musées *modernes* dans le genre des musées de l'art monumental et appliqué. Nous y réserverons des salons pour tableaux et sculptures, mais qui seront des œuvres d'art, et qui vaudront plus que les innombrables surfaces bariolées et statues banales, qui sont le lot habituel de la grande majorité des participants aux expositions générales.

Plus d'enseignement artistique superficiel ou faux, improductif ou nuisible dans tous ses effets, n'apprenant que ce que le jeune artiste doit oublier sous peine d'être un inutile ou un éconduit.

Plus de concours académiques, élémentaires ou supérieurs, sans but, sans raison, qui renouvellent l'ancien sur de mauvais clichés, et entraînent vers un art dénué de science plastique.

Plus de règlements administratifs qui maintiennent les concurrents dans des procédures compliquées, dans des données conventionnelles et déconcertantes.

Plus de faveurs pour les étalages disparates des novateurs de décadence.

Plus d'expositions où le nombre, la médiocrité et l'encadrement triomphent, à la satisfaction des bornés et au détriment de tout effort artistique utile, consciencieux et original.

Plus de ces subsides amoindrissants, de ces encouragements infructueux, prélevés en pure perte sur le trésor public par l'Etat, les Provinces et les Communes, pour aider des artistes, assimilés ainsi à des protégés de bureaux de bienfaisance, à continuer une lutte sans but.

Plus de préoccupations politiques dans les questions d'art qui doivent être traitées sur un terrain neutre où tous peuvent fraterniser.

Il faut créer un enseignement du dessin, de l'architecture, de la peinture et de la sculpture, excluant toute fantaisie et déterminant les connaissances pratiques indispensables pour être un artiste utile à son temps.

Il faut créer des échafaudages-ateliers dans des monuments modernes consacrés aux œuvres de charité, de justice, de science, de législation, d'industrie, de commerce ; il faut pratiquer sur place, dans tous les établissements qu'il est logique d'idéaliser.

Il faut créer des émulations collectives.

Il faut créer des expositions et des musées plus homogènes, où trouveront place et profit tous les éléments d'art, et où pourront être unis par leur application rationnelle, le dessin, l'architecture, la sculpture et la peinture.

En un mot : Il faut encourager efficacement les Beaux-Arts selon les besoins et les aspirations d'actualité, en s'appuyant sur les exemples qu'offrent à cet effet les grandes époques de l'art.

Nous avons foi dans le ferme concours des pouvoirs publics qui, en prévoyance de l'avenir, auront à prendre les mesures efficaces que comporte notre inquiétante situation artistique. »

***

A diverses reprises, j'essayai de réaliser mon projet d'association entre les autorités, les artistes et le public, pour les mettre en communion d'idée au point de vue de la raison d'être sociale de l'Art. Enfin, en 1893 j'eus la satisfaction de réussir dans ma tentative. Les circonstances m'avaient mis en relations avec des personnalités d'élite, je les avais gagnées à notre cause et j'avais été autorisé à faire figurer leurs noms célèbres en tête d'un Comité de patronage pour l'Œuvre à créer. La confiance publique était désormais assurée à l'Œuvre par des patrons tels que Frère-Orban, Van Beneden, Baron Lambermont, D^r De Roubaix, Abbé Renard, Verwée, Courtens, P. De Vigne, Vinçotte, Gevaert, Constantin Meunier, Slingeneyer, Comte de Lalaing, Fraikin, Clays, Brialmont, Peter Benoit, Beernaert, Paul Janson, Woeste, Bara, Mignon, Portaels, Beyaert, etc., etc.

Je réunis alors quelques confrères et amis :

Jean Robie, Jules de Borchgrave, Alfred Cluysenaar, Maurice Frison, Jul. Dillens, Jef Lambeaux, Edmond de Vigne, Victor Horta, etc. Avec leur aide je fondai « l'Œuvre de l'Art appliqué à la rue », après avoir, au préalable, organisé une fête (la fête lumineuse des Galeries St-Hubert) dont le produit pouvait nous permettre de couvrir les premiers frais de propagande.

Je soumis au comité un projet de programme qui fut adopté, ainsi que cette épigraphe :

Créer une émulation entre les artistes, en traçant une voie pratique où leurs travaux s'inspirent de l'intérêt général ;

Revêtir d'une forme artistique tout ce qui se rattache à la vie publique contemporaine ;

Transformer les rues en musées pittoresques constituant des éléments variés d'éducation pour le peuple ;

Rendre à l'Art sa mission sociale d'autrefois, en l'appliquant à l'Idée moderne dans tous les domaines régis par les pouvoirs publics.

Tel était et est le but de l'Œuvre.

***

Voici quelle est sa raison d'être :

L'Art public c'est-à-dire, *le sublime de l'utile dans la vie publique*, était anciennement une règle de civilisation à laquelle on ne dérogeait que sous peine de déchéance morale, tandis qu'aujourd'hui, il est une exception, et la *vulgarité de l'utile dans la vie publique* est devenue générale !

Les pouvoirs publics sont impuissants à combattre les excès publics du mauvais goût, alors que ces excès constituent une nuisance sociale !

Il est donc nécessaire d'étendre leurs devoirs et leurs droits à cet égard, afin que l'intervention officielle en matière artistique, soit à la fois *réparatrice, protectrice* et *préventive*, car elle devra assurer le libre développement de l'art dans tous les domaines soumis à la juridiction légale.

Les splendeurs urbaines et champêtres doivent désormais être préservées de toute spéculation profanatrice.

Les somptueuses cathédrales du moyen âge doivent être dégagées des bicoques dont elles sont affublées, et toutes les belles églises où l'iconographie commerciale a remplacé les applications monumentales, devront être esthétiquement assainies pour l'honneur de la religion.

Les grands monuments deviendront plus accessibles à l'esprit des foules lorsque leurs abords, au lieu d'être livrés au mercantilisme, en compléteront la beauté, et ainsi les monuments contribueront à l'émancipation intellectuelle et au relèvement moral des populations pour lesquelles ils sont édifiés !

Les objets d'utilité publique, quels qu'ils soient, doivent du reste, en des formes proportionnées et appropriées à leur destination et à leur affectation, être des sujets d'admiration et d'inspiration pour tous.

L'instruction publique, dans toutes les matières et à tous les degrés scolaires deviendra surtout fertile lorsque l'art et l'esthétique apporteront leur puissance d'intérêt, de logique, de pénétration, aux méthodes, aux procédés, aux moyens matériels d'enseignement.

Pour être infailliblement efficace, l'enseignement artistique ne peut se borner à des notions d'une théorie abstraite et générale. Il doit aussi comprendre la pratique ; non cette pratique conventionnelle qui dénature les tempéraments d'artistes, mais la pratique professionnelle, donnée, comme jadis, dans des ateliers, par des maîtres d'art et d'industrie qui, irrésistiblement, entraînent leurs élèves, leurs collaborateurs, vers la maîtrise.

***

Les traditions d'art dans les mœurs sont surtout délaissées depuis que l'organisation des Etats, par le système de la centralisation, coïncidant étrangement avec les grandes révolutions scientifiques, a neutralisé l'esprit de milieu et annihilé la fierté artistique des races.

Ces traditions ne pourront être rénovées sans la décentralisation de l'encouragement officiel donné à la production d'art de chaque nation ; sans l'extension de cet encouragement à toutes les communes, à toutes les catégories du travail ; sans l'organisation judicieuse et équitable des émulations artistiques libres, étendues à tous les services publics indistinctement ; sans l'observation rigoureuse des lois ethnologiques et des règles de science décorative dans l'élaboration des projets d'art public, et les précautions techniques d'application que comporte toute édification définitive ; sans l'amélioration des institutions et manifestations d'art, musées, expositions et concours considérés au point de vue de l'éducation publique, et enfin, sans la prohibition des laideurs qui déparent la voie publique.

***

En résumé, il faut instaurer un système complet de défense des intérêts de l'art dans le domaine public, non pour régenter les manifestations artistiques autrement qu'elles sont régentées, mais bien pour les libérer, pour leur rendre toute leur force impulsive dans le perfectionnement humain, pour faire renoncer à toutes les habitudes de décadence auxquelles les astreint la mise sous tutelle des choses de l'esprit, régime oppresseur des arts publics, — car, ils étaient presque totalement publics autrefois, les arts ! — régime qui a capté leurs sources si fraîches, si vivantes, si abondantes en idiomes plastiques, pour en constituer, hélas, des sortes de réservoirs académiques dont le rendement est réglé d'après un barême conventionnel !

On s'est insurgé, il est vrai, contre ce régime, mais en vain !

Des revendications se sont produites dans tous les centres ; elles sont restées sans effet dans leur ensemble, faute de cohésion et d'organisation pratiques pour les faire prévaloir.

Voilà pourquoi nous avons voulu opposer à la routine une association groupant tant d'énergies éparses, sous le patronage effectif des autorités publiques auxquelles incomberont désormais la charge et l'honneur de nous préserver de la vulgarité. Aidées des artistes-praticiens et des érudits, elles rétabliront en leur état originaire toutes les sources d'art et de prospérité ; elles leur rendront leur cours naturel depuis si longtemps détourné, et, de nouveau de merveilleux fleuves de civilisation sillonneront et féconderont la vie publique.

***

En avril 1894, dès la fondation de l'Œuvre, notre bourgmestre-artiste, M. Charles Buls, ayant accepté la Présidence d'honneur de notre Comité, présida avec un zèle infatigable les séances d'élaboration du programme des concours pour objets d'utilité publique.

Sur ces entrefaites le Comité de patronage s'était élargi et les participations de l'Etat, de la province de

Brabant, des villes de Bruxelles, d'Anvers, Nivelles et des communes de Molenbeek, St-Gilles, Anderlecht, Schaerbeek et Saint-Josse-ten-Noode furent acquises à nos efforts.

Les manifestations de l'Œuvre sont autant de faits qui doivent être interprétés les uns par les autres.

En 1894, fut élaboré et publié le programme d'action de l'Œuvre, comprenant des concours libres, pour les plus belles constructions d'une rue nouvelle de Bruxelles, la rue Joseph Stevens, et pour divers objets d'utilité publique.

En 1895, fut organisée son exposition de l'enseigne artistique ancienne et moderne, au Musée de Bruxelles, son concours de projets d'enseignes et son concours d'enseignes exécutées.

En 1896, fut organisé son concours pour la forme décorative des appareils servant à l'éclairage public.

En 1897, fut organisé son compartiment à l'Exposition universelle de Bruxelles, et la Conférence nationale de l'Art public.

En 1898, elle organisa le premier Congrès international de l'Art public.

***

L'Exposition et les concours d'*enseignes artistiques* sont les premières manifestations de l'Œuvre. Ce sujet fut choisi tout d'abord, afin de faire comprendre immédiatement l'utilité pratique de notre propagande.

Il est, en effet, une idée fausse et courante dans le public, c'est celle de croire à l'incompatibilité de l'art avec l'économie et les nécessités du commerce.

L'art utile est non seulement compatible avec l'économie, mais il souffre parfois par défaut d'économie, comme il arrive que le commerce souffre du manque d'art.

Notre première exposition avait surtout pour objet l'application architecturale de l'enseigne et elle constituait à cet égard, par les exemples qui la composaient, la plus rationnelle des critiques pour le résultat général du concours d'enseignes exécutées, inauguré simultanément.

L'enseignement qui en ressortait est celui de la logique, établissant dans l'espèce que l'enseigne doit être considérée par l'architecte et par le commerçant comme un élément de décoration d'ensemble pour les maisons de commerce, et que si elle ne participe pas à l'architecture d'une façade, elle ne peut que nuire à celle-ci et donner lieu à un enlaidissement de la voie publique, sans avantager la publicité.

C'est du reste dans cet ordre d'idées que furent élaborés les programmes des concours de projets d'enseignes, et l'Œuvre aurait pu être la première à se plaindre des lacunes et des fautes révélées par les résultats du concours d'exécution, mais elle a pensé avec raison que l'expérience aidant, on pouvait espérer des réalisations plus complètes dans l'avenir.

***

Pour le premier de ces concours elle exigea même la production d'un plan d'ensemble de la façade, comprenant l'application du projet d'enseigne.

Pour le deuxième, en raison de l'impossibilité de faire renoncer aux enseignes isolées, adaptées à des façades souvent banales du reste, elle réserva la première catégorie aux enseignes décoratives ayant un caractère architectural et pouvant nécessiter une transformation d'ensemble.

Dans le concours de projets, l'envoi de l'auteur du Vieil-Anvers, l'échevin et artiste M. VAN KUYCK, obtint les suffrages du jury et du public. Il consistait en un modèle d'enseigne avec hampe de drapeau, pour un estaminet d'Anvers : *In den Aap*.

Furent également distingués : un projet d'enseigne, aujourd'hui exécuté, de l'architecte GHYSELS, pour un magasin de cigarettes égyptiennes de la place de Brouckère, à Bruxelles, et une enseigne-vasistas en style Louis XV, exécutée par le ferronnier d'art Louis VAN BOECKEL, pour la porte d'entrée de la Maison des Arbalétriers de Lierre.

Pour les enseignes exécutées de la première catégorie, le jury conféra les premières distinctions à la *Maison de Blanc*, Marché-aux-Poulets ; à l'estaminet *A la Rose*, Marché-aux-Herbes ; à la cristallerie et faïencerie Rossum-Voet, Marché-aux-Herbes. Pour celles de la deuxième catégorie, les primes furent allouées aux maisons Symays, ganterie au Marché-aux-Poulets ; Couplet, Montagne de la Cour ; Altenloh, bijouterie ; Warlomont-Beckers, lingerie, rue de la Madeleine.

***

Les résultats de ce dernier concours furent sans doute trop élogieusement appréciés par certains organes de la presse, et six mois après, à cause d'une circonstance fortuite, ils furent violemment critiqués par ces mêmes organes.

L'Œuvre n'était pour rien dans l'exécution des enseignes louangées d'abord et vilipendées ensuite ; son enseigne à elle était la démonstration qu'elle avait réalisée sur ce sujet d'application, au Musée moderne, à la satisfaction de tous.

Les résultats de ce concours étaient loin, dans leur ensemble, de nous satisfaire sous le rapport de la science décorative. Nous l'avions déclaré les premiers, dans notre organe.

Mais il n'en est pas moins vrai que les journaux qui les avaient prônés, étaient les moins autorisés à les blâmer et à nous en faire grief.

Cela juge la tentative de vengeance d'un ou de deux journalistes, qui ourdirent un complot contre l'Œuvre. Ils prétextèrent, sans jamais le prouver, et pour cause, qu'elle avait mal agi à leur égard !

Quoi qu'il en soit, les devantures et les enseignes précitées, malgré leur imperfection, étaient les plus remarquables de Bruxelles en 1895, et, si depuis, des applications et des transformations heureuses se sont produites dans ce genre, certes l'émulation provoquée par ce premier concours n'y est pas étrangère !

L'enseigne de la maison Couplet semble être spécialement visée par les critiques. C'est cependant l'œuvre de l'immortel auteur de la rampe d'escalier du Musée moderne de Bruxelles et du *Taureau* de Liège.

Il est certain que feu Mignon s'est mépris quant à la proportion de son travail, mais il convient de dire que cette application devait être plus enchâstrée qu'elle ne l'est, et devait aussi être complétée, d'après un projet de l'architecte Janin, par la transformation totale de la façade qu'elle décore.

Nous exprimons l'espoir que cette décoration pourra être améliorée dans ce sens par l'homme de goût qui en avait confié l'exécution au regretté Mignon ; mais nous considérons qu'il est de notre devoir de protester contre certaines critiques judaïques, qui se font d'autant plus acerbes qu'elles visent des artistes de valeur.

Nous, nous rendons ici à la mémoire de ce grand artiste, un reconnaissant hommage pour l'exemple de sa participation à un concours libre, et pour n'avoir pas dédaigné de s'essayer dans une voie d'application toute nouvelle, inconnue de lui et de la plupart de ses distingués confrères.

Ces pratiques d'art sont délaissées et même méprisées depuis bien longtemps, hélas !

Afin de contribuer à les rénover, nous avons organisé un concours auquel tous nos grands artistes auraient, comme Mignon, dû se faire gloire de participer !

Nous avons voulu persuader tout d'abord les commerçants et le public de cette vérité que l'art constitue une ressource précieuse pour la prospérité des maisons de commerce et de la vie citadine, et demander aux artistes de leur fournir des preuves à l'appui de cette vérité !

***

Les maisons de commerce ne donnent-elles pas aux villes une caractéristique résultant de l'intensité de la concurrence et de la réclame commerciale, caractéristique de disproportions et de vulgarités lorsqu'elle est étrangère à l'art ?

Ne voit-on pas partout des enseignes monstrueuses, des rez-de-chaussée jusqu'au-dessus des toits, masquant portes, fenêtres, balcons et les formes d'architecture quand il y en a, se silhouettant même sur le ciel ?

Pouvait-on raisonnablement escompter des effets magiques d'un premier essai d'émulation, alors qu'on ne fait plus pour ainsi dire que de l'art en chambre, et que l'art public est à ce point méconnu dans les usages et coutumes de la vie moderne, qu'un de nos illustres peintres de genre a même été jusqu'à écrire qu'il faut être un médiocre artiste pour se mettre à faire des enseignes artistiques ?

L'enseigne du *Cygne* de la Grand'Place, de Bruxelles, est-elle le fait d'un médiocre artiste ? Les joyaux de sculpture, enseignes du Vieux Bruges, sont-ils de l'art médiocre ?

Cette opinion traduit du reste l'esprit de décadence contre lequel il faut réagir énergiquement. Dans notre cause comme dans toute autre d'innovation ou de rénovation, il faut commencer par vaincre la routine et la prévention.

Quant aux fautes commises à l'occasion du concours d'enseignes, ce ne sont pas des fautes routinières, mais des fautes d'inexpérience qui, elles aussi, prouvent combien il est nécessaire de s'exercer dans cette voie d'art utile et pratique appliqué aux besoins ordinaires de l'activité urbaine. Cette voie sera fertilisée par l'expérience ouvrière des artistes qui y acquerront des titres à l'admiration publique.

***

L'année suivante, en 1896, l'Œuvre adopta comme thème de propagande, la forme décorative des appareils pour l'éclairage public, et organisa un premier concours pour la décoration, par le luminaire, de places publiques désignées par les administrations participantes.

Ce concours fut divisé en deux épreuves, l'une pour la conception, l'autre pour l'exécution et le jury n'accepta à cette dernière que les projets dont la réalisation pouvait constituer un résultat sérieux.

Cette mesure avait pour but d'éviter aux concurrents évincés, des sacrifices inutiles et des pertes de temps dont ils n'auraient pu être compensés.

Un jury d'artistes d'élite, nommé par les administrations publiques et les concurrents, recommanda plusieurs projets pour l'exécution définitive.

Deux de ces projets, dont les modèles furent présentés de manière à pouvoir être réalisés pratiquement, ont été agréés par les communes de Molenbeek et d'Anderlecht, et bientôt ils seront réalisés sur les places auxquelles ils furent destinés.

Nous ne pouvions, pour cet essai d'émulation, compter sur la production de nombreux et merveilleux exemples.

Les artistes de renom n'aiment pas de se mettre en lice dans des joutes libres. Ils préfèrent alimenter directement leur activité aux sources de la répartition des travaux. Leur abstention était d'autant plus prévue qu'il s'agissait d'un sujet d'application à des conditions techniques d'éclairage, peu en rapport avec leur production habituelle.

Nous avions l'espoir cependant que des recherches et des trouvailles seraient faites par quelques jeunes artistes, et que leurs travaux constitueraient une indication précieuse et tangible pouvant déjà être opposée à la banalité courante dans ce genre très important d'objets d'utilité publique.

Nous avons été satisfaits par plusieurs concurrents, et il est incontestable que ce premier concours pour l'art appliqué aux appareils d'éclairage a eu, et c'est l'essentiel, une bienfaisante influence sur les administrations publiques.

⁂

Naguère, un seul candélabre réussi, conçu et exécuté par P. J. Gassée, pour la Place de la Monnaie, à Bruxelles, a été reproduit sur un grand nombre de places dans différentes communes. A tel endroit il est trop haut, à tel autre il est trop bas, trop lourd ou trop entassé, alors que le modèle est, dans son ensemble et dans ses détails, bien proportionné pour la place qu'il occupe.

Des usines internationales fournissaient aux administrations des travaux publics, d'après le choix qu'elles faisaient dans des catalogues illustrés, les mêmes types d'appareils, de proportion conventionnelle et de forme banale, pour toutes les villes des différents pays d'Europe !

Les administrations bien inspirées se décident aujourd'hui à ne plus avoir recours à cette industrie cosmopolite, et demandent à des artistes émérites de produire des œuvres décoratives appropriées à l'éclairage de leurs quartiers nouveaux ou transformés. C'est là un progrès !

Bientôt on remplacera par de véritables applications d'art, tous les manches à lanternes fixés le long des trottoirs.

En somme, ce sont les administrations publiques qui font exécuter ces objets d'utilité et, si la propagande de l'Œuvre fixe d'ores et déjà leur attention et les stimule dans leur rôle administratif, pour la beauté de ces objets, nous pouvons nous féliciter d'avoir fait de la saine et fructueuse publicité !

Le branle est donné ! On ne s'arrêtera pas en si bon chemin !

Ce premier concours est un bienfait qui en engendre déjà d'autres et de meilleurs, et ce n'est qu'un commencement !

⁂

L'Œuvre consacra sa quatrième année d'existence à une démonstration méthodique d'ensemble de son programme et organisa, à cet effet, le compartiment de l'art public, à la dernière Worlds'fair de Bruxelles.

Elle eut l'honneur d'associer à cette démonstration les villes d'Anvers, Gand, Liège, Bruges, Namur, Malines, Audenarde, Nivelles, Furnes et Lierre, dont le glorieux passé d'art fournit de magnifiques exemples.

Des documents, en originaux et en reproduction, furent disposés d'après une classification déterminée par ordre de genre et de sujet pour les applications de caractère architectural, les fragments étant placés en regard des ensembles.

1° Façades monumentales et décoratives avec leurs détails ;

2° Monuments commémoratifs, etc., etc. ;

3° Enseignes ;

4° Appareils pour l'éclairage et le pavoisement publics ;

5° Fontaines, puits, pompes, etc. ;

6° Applications monumentales de la sculpture et de la peinture ;

7° Décors pour fêtes publiques.

Il serait bien long de retracer en détail la physionomie de ces différents panneaux réunissant respectivement un choix de spécimens exemplaires, mais on peut dire que l'ensemble en fut une révélation pour le grand public.

Plusieurs projets primés au concours pour appareils d'éclairage public y étaient présentés en des modèles de grandeur d'exécution, et l'on pouvait ainsi se rendre aisément compte de leurs mérites et de leurs défauts.

Différents plans de restauration y étaient également exposés : ceux de l'architecte Paul Saintenoy, pour le Palais des Sociétés Savantes, au Ravenstein ; de Van Assche, de Gand, pour l'église Saint-Nicolas de cette ville ; de Baeckelmans, pour une église d'Anvers ; de Van Haesendonck, pour la tour Saint-Bavon et des maisons de Corporations de Malines ; de De la Censerie, pour le Minnewater, maison de l'éclusier, à Bruges, etc., etc., tous travaux d'art d'un haut mérite.

Un panneau montrait, en agrandissements photographiques, les chefs-d'œuvre d'art public exécutés en Italie par Jean de Bologne, le Flamand.

Des projets d'embellissement, de transformation et de restauration, émaillaient ce compartiment exigu et touffu, mais fort instructif !

⁂

Le grandiose projet de dégagement, en pleine voie de réalisation, du centre monumental de Gand, y avait été exposé selon les vœux de l'Œuvre, de manière à pouvoir être compris et admiré par tous !

Une vue à vol d'oiseau des monuments dégagés, aquarellisée par Armand Heins, entourée de vues photographiées des monuments entourés des constructions vulgaires qui les cachent en grande partie, et, en regard, les mêmes vues dessinées de ces monuments débarrassés de tout ce qui en obstrue le spectacle. C'était un contraste édifiant !

Cettre entreprise considérable, comprenant l'édification d'un beau théâtre flamand, élaboré par l'architecte Edmond De Vigne, et richement décoré d'un fronton en mosaïque, par Constant Montald, est un grand honneur artistique pour la cité des Van Artevelde, pour son bourgmestre Braun, dont ce projet fut un « don de joyeuse entrée ».

Anvers, à côté de son chef-d'œuvre en fer forgé, le puits de Quentin Metsys, montrait sa fontaine du Brabo, les charmantes enseignes du Vieil Anvers, quelques superbes réalisations et les joyaux décoratifs du Landjuweel.

***

Lierre, ses jolies décorations Louis XV et les enseignes merveilleusement exécutées par son ferronnier d'art, Louis Van Boeckel.

L'Œuvre fut en quelque sorte la marraine de cet artisan d'élite. C'est elle, en effet, qui lui procura l'occasion de se produire et de se rendre célèbre. Ce fait n'est certes pas le moins touchant de tous ceux qui ont marqué notre propagande.

Rappelons à ce sujet l'émouvante réception populaire que firent les Lierrois à leur fameux ferronnier, à la suite de ses victoires.

Le vœu national, peut-on dire, est de lui voir confier un travail décoratif qui sera pour nos descendants ce que le puits de Quentin Metsys est pour nous !

***

Rappelons encore le panneau d'Audenarde et les applications de son resplendissant Hôtel-de-ville qui, en 1900, à Paris, va valoir à notre pays un succès universel par le fait que ce joyau d'architecture y sera complètement reproduit en staff, pour servir de Palais belge ; enfin, les participations de Liège et de Nivelles ; la première ville avec sa somptueuse Cour du Palais des Princes-Evêques, ses délicieuses fontaines et les restaurations projetées et réalisées de l'architecte Jaspar, dont les vigoureuses recherches pour la rénovation de l'architecture locale adaptée aux exigences modernes, sont couronnées d'un significatif succès ! La ville de Nivelles avait fait exécuter, à notre demande, un grand tableau représentant sa Collégiale débarrassée des masures dont des autorités insoucieuses de l'art l'avaient jadis laissé encastrer. A côté de ce tableau figurait une vue photographique de son déplorable état actuel !

L'administration nivelloise, l'une des premières participantes à l'Œuvre, est toute pénétrée de souci d'art, et certes, on peut attendre beaucoup de sa vigilance esthétique.

L'Œuvre a réclamé l'intervention de l'Etat pour le dégagement et la restauration de cette belle église romane, restauration dont l'entreprise tarde à se faire en dépit de son urgence.

Ce compartiment de l'Art public, s'il a été une revue de splendeurs d'architecture ancestrale, a aussi été une revue des saines aspirations de nos jours, groupant le mieux possible, sur un espace trop restreint, les travaux et les projets de nos jeunes maîtres : Paul Devigne, Julien Dillens, Thomas Vinçotte, Jef Lambeaux, sans oublier la mise en évidence d'un méconnu, mort dans l'adversité et qui sera glorieux plus tard : Louis Delbecque, dont les fresques exécutées dans les Halles d'Ypres, sont des chefs-d'œuvre d'application monumentale.

Ce compartiment a eu, dans son ensemble, on peut l'affirmer, le plus franc succès, par les réflexions et les idées qu'il a fait naître chez tous ses visiteurs. Il a fait comprendre l'Œuvre par beaucoup de ceux qui ne la comprenaient pas encore. C'était une nouvelle étape de notre propagande !

***

La fin de l'année 1897 et le commencement de l'année 1898, furent marqués par l'organisation de la Conférence nationale, présidée par M. le bourgmestre Buls et à laquelle participèrent les délégués de tous les pouvoirs publics importants et d'un grand nombre de sociétés artistiques du pays.

La Conférence prit trois résolutions essentielles :

1° Organisation définitive de l'Œuvre en comités autonomes communaux nommant des délégués par province pour constituer des comités provinciaux dont les délégués composent le Comité national de l'Art public.

2° Création de Musées intercommunaux d'échanges d'exemples d'art public national, pour l'enseignement pratique de l'art dans toutes les villes du pays ;

3° Organisation d'un premier Congrès international de l'art public pour lequel le programme de l'Œuvre devait être converti en un questionnaire groupant respectivement les divers éléments d'études.

Dans l'ordre de la mise en pratique on donna la préférence au congrès international, et l'on se mit aussitôt à l'organiser.

La forme interrogative, même pour les principes du programme, était indispensable à la liberté d'opinion.

D'autre part, pour tracer une voie vraiment féconde vers l'avenir, il fallait établir les bases d'une action générale et pratique, nos desiderata intéressant directement tous les domaines d'intérêt public.

Il fallait aussi éviter la confusion qu'aurait pu provoquer le grand nombre de sujets à discuter, tous nécessaires cependant à la grande démonstration qui se préparait pour traduire d'une manière aussi complète que possible, la conception d'ensemble de l'Œuvre.

C'est pour cette raison que je proposai de diviser les travaux du Congrès en trois ordres de discussion se rapportant respectivement à la protection à la diffusion et à la technique de l'Art public.

Cette méthode nous a permis de convertir le programme de l'Œuvre en un triple questionnaire comportant des questions précises placées dans l'ordre de leur nature et de leur importance, et elle eut pour effet d'établir une concordance pratique entre toutes les collaborations.

Le Congrès fut servi à souhait par ses distingués rapporteurs. Grâce à leurs travaux préalables et à nos écrits, conférences, concours et expositions, et aussi à nos brochures et à notre organe *L'Art Public*, pensons-nous, l'homogénéité des vœux du premier Congrès de l'Art public s'est faite par la seule force de la logique.

Si tout n'a pas été discuté — il s'agit d'une œuvre séculaire —, il est néanmoins certain qu'une nouvelle et grande question sociale a surgi et s'est imposée à la conscience des peuples civilisés.

La moralité et l'utilité de notre propagande et le but élevé qu'elle vise, sont universellement admis et il dépend de la volonté de nos amis d'y associer pratiquement tous ceux qui pensent et agissent de par le monde !

Les futurs Congrès pourront spécialiser leurs travaux sans danger pour l'avenir, parce que le premier a fait honneur à la grandeur de sa mission, corroborant au surplus nos vœux et sanctionant ainsi notre initiative.

Tels sont les prolégomènes du deuxième Congrès de l'Art Public qui se tiendra à Paris, en 1900, et dont les délibérations seront appuyées par une exposition internationale de l'art public, organisée sur notre proposition.

Qu'importe si, au cours de toutes ces années consacrées à la diffusion des principes de l'Œuvre, et à la défense de son programme d'action contre tous les préjugés imaginables, nous avons été abreuvé d'amertumes !

Lorsque la médisance et la mauvaise foi s'attaquent à des idées saines, celles-ci sont heureusement soutenues par des mouvements de sympathie ; mais le dénigrement personnel fait malheureusement reculer des adeptes qui craignent de se compromettre en restant ostensiblement associés à ceux qu'il vise.

Vader Kats l'a dit :

» De man in goeden staat,
» Heeft ov'ral vele vrienden ;
» Maar als het kwalijk gaat,
» Zijn er geen meer te vinden !

Quand la fortune est bonne, l'homme trouve partout beaucoup d'amis ; mais dans le malheur il n'en a plus.

Et d'autre part, trop petit est le nombre des adhérents qui ont prêté à l'Œuvre un concours bien effectif. Une fois de plus s'est vérifiée cette juste observation du bon mais satirique La Fontaine :

» Ne s'agit-il que de délibérer,
» La Cour en conseillers foisonne ;
» Mais lorsqu'il faut exécuter,
» On ne trouve plus personne.

Si nous le constatons, qu'on veuille bien le croire, c'est sans acrimonie, uniquement guidé par le sentiment d'équité qui veut qu'honneur soit rendu aux vaillants qui, pour le succès de l'Œuvre, ont prodigué leur personne et leur temps, et qui sont toujours restés au poste de combat malgré les clameurs et les invectives de la cabale.

Et notre pensée reconnaissante s'en va d'abord à **Prosper Delin**, à **Pierre Dustin** et au **Docteur Goffin**, ces amis vénérés que nous avons eu le malheur de perdre.

Que leurs noms restent aux annales de l'Œuvre dont ils ont illustré les premières pages par un dévouement exemplaire !

Nous rendons également hommage à nos collègues de la première heure : MM. Jean Robie, Alfred Cluysenaar, Jules de Borchgrave, Maurice Frison, Julien Dillens Théo Hannon, Victor Horta et Jef Lambeaux, ainsi qu'aux chefs des pouvoirs publics participants et personnellement à MM. Charles Buls, Aug. Vergote, Léon De Bruyn, Aug. Smets, P.-J. Gassée, Achille Jonas, Frans Van Kuyck, Huart-Hamoir, Holbach, Notaire Gérard, Gustave Defnet, Docteur Vanden Corput, Houtmortels, Emile de Lalieux, Phil. Ramu, Charles Woeste, Julien Vanderlinden, Théodor; à nos Vice-Présidents: MM. Thomas Vinçotte, Jacques Winders ; à nos Directeurs de sections : MM. Edmond De Vigne et Jean Vanden Broeck; à MM. Adolphe Engels, Charles Wolff, Eug. Nève, Léon Clerbois, Constant Pinart ; aux Membres protecteurs Julius Hoste, Louis Cavens, Léon Couplet, Charles Van Wambeke ; à MM. Edmond Coppin, Oscar Landrieu, van Ypersele de Strihou, Jules Sauvenière, Henri Taverne, J. van Mansfeld, Gérard Harry, Lucien Solvay, Achille Chainaye, Raphaël Rens, Eug. Verdyen, les Docteurs Félix et Struelens, et enfin aux membres de la presse et à tous les amis qui ont collaboré *Ab imo pectore !*

Quant aux hommes éminents dont le concours effectif a assuré le succès universel du premier Congrès de l'Art Public, leurs noms restent naturellement attachés à leurs travaux qui font l'objet de ce livre dédié à tous ceux auxquels ils se dévouent.

EUG. BROERMAN.

Premier Congrès de l'Art Public

RAPPORTEURS

POUR LA PREMIÈRE SECTION :

P. Boveroulle, Architecte de la province de Namur.

F. Holbach, Avocat, Conseiller communal, Anderlecht-Bruxelles.

A. Naef, Architecte, membre de la Commission des monuments historiques de Suisse.

POUR LA DEUXIÈME SECTION :

Bonnard, Professeur de dessin, à Privas, France.

Isidore De Rudder, Statuaire, Bruxelles.

Valère Dumortier, Architecte provincial du Brabant, Président de la Société Centrale d'Architecture de Belgique.

H. Hymans, Professeur à l'Institut supérieur des Beaux-Arts de Belgique, membre de l'Académie Royale.

V. Tamburini, Publiciste d'Art, adjoint au Maire du XVIIe arrondissement de Paris.

P. Tempels, Auditeur général honoraire à la Cour, fondateur de la Ligue de l'Enseignement en Belgique.

Félix Regamey, Publiciste d'Art, Inspecteur de l'Enseignement du dessin, à Paris.

Henri Rousseau, Publiciste d'Art, Secrétaire de la Commission Royale des Echanges d'Art, à Bruxelles.

Jules Sauvenière, Publiciste d'Art, professeur à Liège, Délégué des Artistes Liégeois.

POUR LA TROISIÈME SECTION :

Alfred Cluysenaar, Artiste peintre, Directeur de l'Académie de St-Gilles, Professeur à l'Institut supérieur des Beaux-Arts de Belgique, membre de l'Académie Royale.

Enrique Fort, Architecte, professeur à l'Ecole supérieure d'Architecture de Belgique.

Paul Saintenoy, Architecte de S. A. R. Monseigneur le Comte de Flandre, Professeur à l'Académie des Beaux-Arts de Bruxelles.

Stübben, Architecte, Echevin de la ville de Cologne, Conseiller intime Royal.

Marius Vachon, Publiciste d'Art, Rapporteur du Gouvernement français sur l'Enseignement artistique en Europe.

O. Virendeel, Architecte, Ingénieur à Bruges, Professeur à l'Université de Louvain.

POUR L'ENSEMBLE DES QUESTIONS SOUMISES AU CONGRÈS :

Eug. Broerman, Artiste peintre, Directeur de l'organe de l'Œuvre « *L'Art Public* ».

Walter Crane, Artiste peintre, Publiciste d'Art, Directeur du « Royal College of Art », à Londres.

J. Grandvarlet, Délégué de l'Union des Arts Décoratifs de Belgique.

RAPPORTS

PRÉSENTÉS

AU CONGRÈS INTERNATIONAL DE L'ART PUBLIC

PREMIÈRE SECTION

L'ART PUBLIC

AU POINT DE VUE

législatif et réglementaire.

—

Rapport de M. F. Holbach, avocat, sur la question :

« Y-a-t-il lieu d'étendre les pouvoirs » des autorités administratives au point de » vue esthétique en ce qui concerne notamment la voirie et les bâtisses; et dans » l'affirmative quels doivent être ces pouvoirs? »

Afin de pouvoir apprécier s'il y a lieu ou non d'étendre les pouvoirs des autorités administratives au point de vue esthétique, il s'impose de mettre en évidence tout d'abord et de préciser quels sont actuellement ces pouvoirs, et d'examiner ensuite quels sont dans la pratique les inconvénients des lois en vigueur ou de l'absence de lois en certaines matières.

J'examinerai successivement la législation en ce qui concerne :

A. — 1° Les monuments et objets d'art appartenant à l'Etat, dans l'acception juridique la plus large de ce terme, et aux administrations publiques subordonnées à l'Etat; 2° Les monuments et objets d'art ou d'histoire appartenant à des particuliers (notamment les collections).

B. — Les monuments et objets d'art ou d'histoire enfouis ou ignorés (fouilles, découvertes);

C. — L'aspect des rues par le fait des particuliers: façades, véhicules, affiches, costumes;

D. — L'aspect des vastes perspectives de vue dans les villes et les campagnes: sites.

A. 1° **Monuments publics.** — La constitution belge dispose en son article 108: Les institutions provinciales et communales sont réglées par des lois. Ces lois consacrent l'application des principes suivants : ... 5° l'intervention du Roi ou du pouvoir législatif, pour empêcher que les conseils provinciaux et communaux ne sortent de leurs attributions et ne blessent l'intérêt général. — En exécution de ce principe constitutionnel, la loi communale du 30 mars 1836 a formulé le texte de son article 87: Le Roi peut, par un arrêté motivé, annuler les actes des autorités communales qui sortent de leurs attributions, qui sont contraires aux lois ou qui blessent l'intérêt général. C'est une question de fait, laissée à l'appréciation impartiale du Gouvernement, de juger en chaque cas spécial si la décision des autorités communales blesse l'intérêt général. Il lui serait donc possible, par la vertu de ce texte, de s'opposer aux actes de vandalisme que des conseils communaux peu éclairés et indifférents en matière d'Art, pourraient commettre.

Mais le législateur a eu soin de préciser et de multiplier les mesures de contrôle auxquelles sont soumises les autorités inférieures. La loi du 30 mars 1836 complétée par celle du 30 juin 1865, article 76 soumet, d'une façon expresse, à l'avis de la Députation permanente du conseil provincial et à l'approbation du Roi, les délibérations des conseils communaux concernant la démolition des monuments de l'antiquité existant dans la commune, et les réparations à y faire, lorsque ces réparations sont de nature à changer le style ou le caractère des monuments. L'article 77 de la même loi exige l'approbation par la Députation permanente, seule, des projets de construction, de grosses réparations et de démolition des édifices communaux.

Aux garanties résultant de la surveillance et de la tutelle hiérarchique des autorités, le législateur a joint, dans une certaine mesure, celles pouvant naître du contrôle de l'opinion publique.

Il a rendu obligatoire la publicité des séances des conseils communaux, lorsque les délibérations ont pour objet la démolition des édifices publics ou des monuments anciens, laissant cependant à une majorité des deux tiers des membres présents le droit de décider, par des considérations d'ordre public et à cause d'inconvénients graves, que la séance sera secrète. (Loi du 30 mars 1836 art. 71, 6°.)

Ces différents textes ne protègent pas seulement les monuments dont les communes disposent à titre de propriétaires, mais aussi ceux appartenant aux administrations publiques qui agissent sous la surveillance de l'autorité communale, tels les fabriques d'église, les bureaux de bienfaisance, les hospices civils. La loi du 30 juin 1865 a consacré législativement cette interprétation de la loi communale. La question a du reste perdu une partie de son importance depuis qu'un arrêt de la Cour de cassation du 11 novembre 1886 (Pas. 1886, I, 401) a proclamé que les églises paroissiales mises à la disposition du clergé par la loi du 18 germinal an X font partie du domaine public communal, de même que les objets d'art qu'elles renfermaient à l'époque de la remise qui en fut faite (avis du conseil d'État des 3 nivôse et 29 frimaire an XIII) (1). Les anciennes églises, existant en germinal an X, constituent presque toujours les principaux monuments de grand Art, au sujet desquels l'autorité communale peut être appelée à statuer.

Au surplus les églises et les monuments appartenant aux hospices et autres établissements de charité sont protégés par des dispositions spéciales.

D'après le décret impérial du 10 brumaire, an XIV, aujourd'hui encore en vigueur, les administrations gratuites et charitables des pauvres et des hospices, ne pourront faire soit au dehors, soit à l'intérieur des bâtiments hospitaliers, aucune construction à neuf, ni reconstruction de bâtiments qu'après en avoir obtenu l'autorisation du ministre de l'intérieur (ministre de la justice depuis l'arrêté royal du 30 octobre 1832) pour celles qui excéderont mille francs, et, sur son avis, celle de Sa Majesté pour les constructions et reconstructions de bâtiments qui pourront excéder dix mille francs en dépenses (art. 1). Dans les deux cas les projets de travaux doivent être soumis à l'avis du conseil communal et de la Députation permanente (circ. min. just. 17 novembre 1882). Les réparations de simple entretien exigent l'approbation de la Députation permanente.

Quant aux églises, un arrêté royal du 16 août 1824, défend d'élever ou bâtir de nouvelles églises ou de nouveaux édifices destinés à l'exercice du culte public, reconstruire ceux qui existent, ou en changer l'ordonnance, sans avoir obtenu préalablement le consentement du Roi. Les administrations des églises doivent simplement se borner aux réparations d'entretien nécessaires à la conservation des bâtiments (art. 2).

L'on ne peut également, sans le consentement du Roi, ou des autorités par lui désignées, détacher, emporter ou aliéner des objets d'Art ou monuments historiques placés dans les églises, de quelque nature qu'ils soient, ou en disposer en aucune manière, à moins qu'ils ne soient la propriété de particuliers, (déc., 16 août 1824 art. 5.)

Le décret du 30 décembre 1809, article 41 impose aux marguilliers des fabriques d'église de visiter les bâtiments avec des gens de l'Art au commencement du printemps et de l'automne et de veiller à ce que toutes les réparations soient bien et promptement faites.

La loi, ayant stipulé selon quelles mesures de contrôle la construction ou la réparation des monuments, une fois décidées, pourront s'effectuer, n'a pas laissé à l'arbitraire des autorités administratives inférieures la faculté de ne pas prendre de décisions quelconques au sujet des réparations nécessaires afin d'en éviter les frais. L'article 131 de la loi du 30 mars 1836, range parmi les dépenses obligatoires des communes (7°), l'entretien des bâtiments communaux, et le décret du 30 décembre 1809 impose aux communes la charge de fournir aux grosses réparations des édifices consacrés au culte (art. 92, 3°). Dans le cas où les conseils communaux se refuseraient à porter au budget les dépenses obligatoires, celles-ci y sont inscrites d'office par la Députation permanente du conseil provincial et à son défaut, par le Roi, qui fixe, le cas échéant, le nombre des centimes additionnels aux contributions directes à recevoir (loi du 30 mars 1836 art. 133).

Sanction pénale. — Lors de la discussion de la loi communale, le Gouvernement a exprimé l'avis (*Docum. parl.* p. 334) que les textes qui protègent les monuments publics trouvent une sanction pénale efficace dans la loi du 6 mars 1818. Cette loi punit de 10 à 100 florins d'amende et de 1 à 14 jours de prison les infractions aux règlements d'administration intérieure de l'État, dépourvus de sanction spéciale.

La Cour d'appel de Liége a confirmé cette interprétation par son arrêt du 17 juin 1882 (*Pas.*, 1882, II. 203), déclarant, à propos de la non-observation de l'arrêté royal du 16 août 1824 concernant les édifices religieux, que « sont passibles des peines établies par la loi du 6 mars 1818, le président du conseil de fabrique d'une église et le desservant de cette église, qui font effectuer à cet édifice du culte des travaux de démolition et de restauration, sans avoir préalablement obtenu l'autorisation du Roi ».

S'il s'agit non plus d'une démolition faite ou commencée sans les autorisations requises, mais d'une démolition opérée méchamment, notamment par haine politique ou antireligieuse, l'article 526 du code pénal devient applicable : « Sera puni d'un emprisonnement de 8 jours à 1 an et d'une amende de 26 francs à 500 francs, quiconque aura détruit, abattu, mutilé ou dégradé : des tombeaux, signes commémoratifs ou pierres sépulcrales; des monuments, statues ou autres objets destinés à l'utilité ou à la décoration publique et élevés par l'autorité compétente ou avec son autorisation ; des monuments, statues, tableaux ou objets d'art quelconques, placés dans les églises, temples ou autres édifices publics ».

Mesures d'exécution prises pour rendre efficaces les dispositions légales et leur faire produire leurs pleins effets. — Il résulte des textes cités que c'est en dernière instance le Gouvernement qui a la haute surveillance des monuments publics. Le ministre que la conservation des monuments concerne, ne peut évidemment veiller lui-même aux soins qu'elle exige, d'autre part le personnel ordinaire des bureaux pourrait manquer de la compétence spéciale et en tous cas de l'autorité indispensable pour se prononcer dans les questions fort délicates d'architecture et d'archéologie qui se présentent nécessairement à propos des constructions et réparations des monuments.

Il a donc été créé un collège spécial, une commission des monuments. L'arrêté royal du 7 janvier 1835, qui l'établit, s'exprime ainsi : « Vu les dispositions de l'article 2 de l'arrêté du 16 août 1824,

(1) Cette thèse est du reste fort discutable. Voir Ch. Woeste, *La Propriété des anciennes églises*.

relatif aux attributions des fabriques des églises ; considérant d'autre part qu'il importe d'assurer la conservation des monuments du pays remarquables par leur antiquité, par les souvenirs qu'ils rappellent ou par leur importance sous le rapport de l'art ; sur le rapport de notre Ministre de l'Intérieur,

» Nous avons arrêté et arrêtons :

» Article premier. — Une commission est instituée à l'effet de donner son avis, sur la demande du Ministre de l'Intérieur :

» 1° Sur les réparations qu'exigent les monuments du pays remarquables par leur antiquité, par les souvenirs qu'ils rappellent, ou par leur importance sous le rapport de l'art ;

» 2° Sur les plans relatifs aux constructions et réparations des édifices mentionnés dans l'article 2 de l'arrêté du 16 août 1824 et d'autres édifices publics. »

Cette commission ne constituant qu'un comité central, il parut bientôt opportun de créer des sous-comités dans toutes les provinces. Un arrêté royal du 31 mai 1860 institua dans chacune de nos provinces des membres correspondants de la commission royale des monuments, chargés de coopérer aux travaux de celle-ci. Ils recueillent les renseignements et donnent les avis qui leur sont demandés par la commission, et ils surveillent, s'il y a lieu, l'exécution des travaux qu'elle a approuvés. Ils peuvent aussi, d'office, appeler l'attention du Gouvernement ou de la commission sur les mesures qu'ils jugent nécessaires pour la conservation des monuments ou des objets d'art (art. 2 de l'arrêté).

Afin d'exercer une surveillance vraiment efficace et continuelle sur les monuments, le Gouvernement a cherché à créer dans la plupart des villes une commission locale. L'instruction générale du Brabant (du 1er mai 1893, n° 1221), sorte de vade-mecum officiel des administrations communales, invite les collèges des bourgmestre et échevins, dans les villes où la chose est jugée praticable, à nommer une commission composée d'artistes ou d'amateurs ayant les connaissances requises pour porter un jugement sur les objets d'art. Cette commission recherche les monuments et objets d'art ayant une valeur réelle et qui, n'appartenant ni à des sociétés particulières, ni à des individus, se trouvent dans les maisons communales, les églises, les hospices ou bureaux de bienfaisance et autres établissements publics ; elle dresse un inventaire de ces objets en l'accompagnant d'une notice historique relatant les particularités offrant quelque intérêt. Aucun des objets d'art ou des monuments historiques compris dans les catégories citées ci-dessus ne pourra être aliéné ni vendu sans une autorisation spéciale accordée par le Roi. (Règlement des États-Députés du Brabant, en date du 18 mai 1824, approuvé par arrêté royal du 4 juillet 1824, *Recueil des règlem. provinc.*, p. 113.)

La commission royale des monuments, composée d'hommes de haute compétence et d'indiscutable autorité rend au pays les plus grands services en matière d'art. Quant aux commissions locales, dont l'intervention pourrait être si utile, elles existent peu, pour autant que je sache, et en tous cas, elles font, à ma connaissance, défaut dans bien des villes où l'avis de personnes éclairées serait des plus précieux pour les administrations communales. Leur création dépendant de la bonne volonté des particuliers, se fera plus fréquemment à mesure que l'opinion publique s'intéressera davantage aux questions d'art. C'est seulement en tenant constamment les attentions en éveil sur l'intérêt supérieur présenté par les monuments et objets d'art, que la législation même la plus prudente et la plus complète, peut atteindre complètement son but. Et ce principe est aussi vrai à l'égard des administrations publiques que des particuliers.

Aussi, le Gouvernement, soucieux des intérêts artistiques, a-t-il fréquemment, surtout en ces dernières années, appelé l'attention des autorités provinciales et communales sur les devoirs que la loi leur impose, et excité leur zèle pour en assurer l'exécution.

Déjà en 1853 (31 mars), MM. les Ministres de l'Intérieur et de la Justice, invitaient les conseils provinciaux à prendre des mesures pour la conservation des objets d'art appartenant aux établissements publics, leur rappelant que la loi du 30 avril 1836, leur donne ce pouvoir par le fait qu'elle les autorise à faire des règlements provinciaux et d'administration intérieure (art. 85). (Circul. reproduite dans le *Nouveau diction. des bourgmestres de Wyvekens*, p. 290.)

Le 23 février 1861, le Gouvernement prescrit, par arrêté royal, qu'un inventaire général des objets d'art et d'antiquité, appartenant à des établissements publics, et dont la conservation intéresse l'histoire de l'art et l'archéologie nationale, sera dressé par les soins de la commission royale des monuments et de ses membres correspondants. La commission royale des monuments rédigera le plan de cet inventaire, qui sera soumis à l'approbation du Ministre de l'Intérieur (*Moniteur* du 24 février 1861).

Le 14 décembre 1866, le Gouvernement adresse aux autorités une circulaire ministérielle tendant à éviter qu'en sollicitant l'approbation d'un travail de voirie, les administrations ne fassent approuver en même temps par le Gouvernement et à son insu, la démolition d'un monument de l'antiquité.

L'expression fort critiquable de « monument de l'antiquité » désigne en fait dans la loi les monuments dont la conservation s'impose. L'inexactitude de cette appellation n'offre cependant pas d'inconvénient dans la pratique. Ce n'est pas, en effet, l'autorité communale seule, mais, en dernière et définitive instance, le Gouvernement qui décide si un édifice constitue ou non un monument de l'antiquité (voir Williquet et Bellefroid, Commentaire de la loi communale n° 673. Revue com. 1885, 68. Pand. B. V° Approb. adm. 210).

Le 22 octobre 1884, l'éminent homme d'état qui fait au Congrès d'Art public l'honneur de le présider et de prendre une part active à ses travaux, Me A. Beernaert, alors Ministre de l'Agriculture, de l'Industrie et des Travaux publics, écrivait aux gouverneurs de province la circulaire suivante :

« Monsieur le Gouverneur,

» J'ai l'honneur d'appeler particulièrement votre attention sur ce fait que des administrations communales, dédaigneuses de l'importance historique ou artistique de certains vieux édifices, croient devoir en débarrasser la voie publique sans prendre d'abord l'avis des autorités compétentes. Je vous prie, lorsque des faits de cette nature vous seront signalés, de faire stater immédiatement tout travail de démolition et de me prévenir en temps utile pour que des mesures soient prises à cet effet, ces sortes de travaux revêtant quelquefois un caractère de véritable vandalisme. Je désire qu'aucun édifice, soit religieux, soit civil, ne soit détruit sans qu'il en ait été référé d'abord aux autorités compétentes et à l'avis de la commission royale des monuments. Même insignifiantes en apparence, les constructions anciennes peuvent avoir une valeur artistique, archéologique, scientifique ou historique qu'il n'est pas donné à tout le monde de pouvoir reconnaître. »

Le 29 septembre 1895, M. le Ministre de Moreau invitait par circulaire les gouverneurs de province à rappeler aux administrations communales qu'elles ont à faire connaître, en temps utile, à l'autorité supérieure, les accidents ou dégradations qui sembleraient menacer les œuvres d'art quelconques qui se trouvent dans les édifices et établissements locaux. M. de Moreau disait avec raison : « Le contrôle que sont chargés d'exercer sur les objets d'art la Commission royale des monuments et ses membres correspondants, ne peut évidemment être efficace qu'avec la participation sincère des autorités locales, qui n'accordent pas toujours ce concours, soit par incompétence, soit par un sentiment mal compris de leurs droits. »

Une circulaire du 22 avril 1895, émanant de M. le Ministre de l'Intérieur J. de Burlet, prescrit, sur avis de la Commission royale des monuments, de faire photographier les monuments à réparer avant de procéder à aucun travail de transformation.

Enfin, une circulaire récente (26 juin 1897) de M. le Ministre De Bruyn invite les gouverneurs à attirer de nouveau l'attention des administrations communales sur leurs devoirs en matière d'art, en leur faisant remarquer que toute demande de subside ayant pour objet la restauration ou la conservation des monuments intéressant l'histoire, l'art ou l'archéologie, sera examinée avec bienveillance par le Gouvernement. (*Mémorial administratif du Brabant*, 1897, n° 164, p. 1085.)

La lecture de ces quelques circulaires et documents officiels suffira pour convaincre que le Gouvernement belge s'efforce à mettre en plein rapport esthétique le capital législatif dont il dispose en matière d'art. Au surplus, le patronage du Congrès d'Art public par presque tous nos ministres et par tous les gouverneurs de province, est une nouvelle et décisive manifestation du haut intérêt que le Gouvernement belge accorde aux arts. Malheureusement, j'aurai à constater dans les lignes qui vont suivre qu'il est plusieurs domaines de l'Art public où la législation laisse les autorités impuissantes. Il en est ainsi d'une façon générale, dès que les monuments ou objets d'art appartiennent à des particuliers.

Avant d'aborder cette question, je crois opportun de faire encore une remarque concernant les objets d'art placés dans les monuments publics. Elle est inspirée par les conclusions prises par M. le Procureur général Mesdach de Ter Kiele dans l'instance en cassation qui amena l'arrêt du 11 novembre 1886. L'article 537 du Code civil déclare que les biens qui n'appartiennent pas à des particuliers sont administrés et ne peuvent être aliénés que dans les formes et suivant les règles qui leur sont particulières (§ 2). Tel est le cas de tous les biens appartenant à l'Etat, aux provinces, aux communes, aux établissements publics. Parmi ces biens, certains sont asservis à des usages publics, soit par la nature elle-même, soit par la disposition formelle de la loi. (Giron, *Droit administratif*, t. II, p. 286.) Ceux-là font partie du domaine public de l'Etat. Ils sont hors du commerce et par conséquent (art. 1128 C. c.) inaliénables et imprescriptibles. Dans cet état juridique se trouvent notamment les monuments publics. Les mêmes principes doivent être appliqués en ce qui concerne les objets d'art qui se trouvent dans ces monuments. M. le Procureur général disait, à propos des tableaux qui décorent les églises paroissiales : « Ce qui est vrai de chacun de ces édifices ne l'est pas moins, et avec la même autorité de raison, des objets d'art qui les décorent, les complètent et facilitent l'accomplissement de leur destination. L'inéluctable loi en vertu de laquelle l'accessoire suit le sort du principal, s'impose ici avec toutes ses conséquences; car ce serait une anomalie sans raison que de régir par des principes contradictoires et opposés des choses de même nature, instituées dans un même but et répondant aux mêmes fins. Si la nation, tout en disposant de certains édifices, en a retenu devers elle le domaine inaliénable, comment en serait-il autrement des objets qui s'y incorporaient par identité de destination? Et quelle raison y aurait-il d'établir entre eux cette antithèse par l'effet de laquelle, tandis que l'édifice conserverait sa nature primitive et essentielle de domaine public national, les autres, au contraire, en seraient destitués pour passer dans un domaine étranger? Où il y a unité de raison, il faut aussi unité de disposition, sinon les choses qui tendent vers un même but, au lieu de se coordonner, viendraient à s'entrechoquer dans un désordre inextricable. Les lois, on ne saurait assez le redire, tendent à l'harmonie des institutions, et non à l'anarchie. »

Les objets d'art qui se trouvent dans les monuments du domaine public participent donc à leur caractère d'imprescriptibilité et ne sont aliénables qu'en vertu d'une loi. C'est là une garantie de conservation dont il est facile d'apprécier toute l'importance.

Monuments et objets d'art ou d'histoire appartenant à des particuliers. — Dès qu'un objet, meuble ou immeuble, est la propriété d'un particulier, l'autorité est absolument impuissante à en imposer la conservation, quel que soit du reste l'intérêt historique ou artistique que cet objet puisse présenter pour l'ensemble de la nation ou même pour tous les peuples civilisés. Le propriétaire peut le transformer, le détruire, en faire ce que bon lui semble. La loi (art. 544 C. c.) lui accorde le droit d'en disposer de la manière la plus absolue, et tous les commentateurs autorisés interprètent le texte avec la même rigueur. (Voir notamment Arntz, *Cours de droit civil*, t. I, n° 907 ; Laurent, t. VI, n° 101 ; Beltjens, *Encyclopédie de droit civil belge*, t. I, p. 419, art. 544). Seule une loi nouvelle (et les règlements faits en vertu de cette loi) pourrait modifier cette situation.

Dans une circulaire ministérielle du 31 décembre 1864 (*Journal des administrations communales*, voir Monuments publics, p. 433), le Gouvernement écrit qu'il est une catégorie nombreuse de monuments intéressants, sous le rapport historique comme au point de vue de l'art, qu'il est impossible, dans l'état actuel de la législation, de préserver par voie d'autorité, de la destruction ou de restaurations inintelligentes, que tel est le cas pour les constructions élevées dans nos provinces par les anciens corps de métiers, confréries, gildes et serments, et autres édifices civils qui sont devenus des propriétés privées. La circulaire invite les gouverneurs, conformément à un vœu émis par la Commission royale des monuments, à faire dresser par les correspondants provinciaux de cette commission une nomenclature, suffisamment détaillée, des édifices civils dignes d'être conservés et appartenant à des particuliers de la province. Le Ministre exprime l'avis qu'en ayant recours à la bonne volonté des propriétaires, éclairés par l'intervention intelligente des correspondants de la Commission des monuments, les administrations locales obtiendraient sans doute, moyennant de légers sacrifices, que ces monuments fussent respectés dans leur existence et dans l'intégralité de leur style.

Récemment, le 14 août 1897, l'honorable Gouverneur du Brabant, M. Vergote, demandait aux administrations communales de sa province, à M. l'Ingénieur en chef du service technique provincial, à M. Besme, Inspecteur général du service voyer des faubourgs de Bruxelles, de lui signaler les maisons ou bâtiments :

1° Tombant sous une servitude d'avancement ou de recul et qu'il importerait cependant de conserver au point de vue archéologique ;

2° Qu'il conviendrait de dégager et de maintenir à titre définitif en en introduisant les façades dans un groupe d'alignements à décréter.

M. le Gouverneur rappelait une circulaire ministérielle antérieure, disant : « Il arrive que les plans d'alignements décrétés ou à décréter par arrêté royal grèvent de servitudes des façades ayant une valeur archéologique. Quelquefois aussi, des alignements bien ménagés peuvent servir à dégager et à assurer le maintien de certaines œuvres architecturales.

» Dans l'un et l'autre cas, il est possible, à l'aide, par exemple, d'arrêtés royaux rectificatifs ou au moyen d'arrêtés du même genre bien étudiés et combinés, de sauver et de garder pour la postérité des témoins importants ou distingués de l'Art national aux époques si nombreuses de ses diverses manifestations ».

J'ai cité ces circulaires administratives pour bien mettre en évidence que l'impuissance des pouvoirs à agir par voie d'autorité en ce qui concerne la propriété privée, n'est pas seulement une affirmation des jurisconsultes, de valeur théorique, mais se manifeste dans la pratique. J'examinerai plus loin ce que les pouvoirs ont obtenu parfois d'un accord avec les propriétaires, notamment en ce qui concerne les servitudes maintenant des façades d'intérêt historique. En cette partie du rapport, il ne s'agit que des lois et des droits qu'elles confèrent ou refusent.

Collections. — Il arrive assez fréquemment que des hommes consacrent leur vie, ou tout au moins les loisirs de leur existence, à rassembler des objets mobiliers disséminés en différentes localités, parfois même en différents pays, et aboutissent après des années de recherches soigneuses à constituer un ensemble complet rappelant, jusque dans ses moindres détails, l'un des aspects de la vie d'autrefois.

Toute la valeur d'une collection de ce genre réside précisément dans la réunion des éléments qui la composent. Qu'arrive-t-il en cas de décès du propriétaire ? La loi a-t-elle sinon garanti au moins facilité la conservation de l'unité de pareille collection ? Nullement, elle tend au contraire à en provoquer un éparpillement détruisant en peu de jours le résultat précieux de toute une existence d'investigations attentives. Les héritiers ne peuvent être contraints à demeurer dans l'indivision, et le partage peut être toujours provoqué, nonobstant prohibitions et conventions contraires (art. 815 C. c.). La loi ne considère ni la nature ni l'origine des biens pour en régler la succession (art. 732 C. c.) Chacun des cohéritiers peut demander sa part en natures des meubles et immeubles de la succession (art. 826 C. c.). Cependant, si le défunt propriétaire ne laisse pas d'héritiers réservataires, ou si la valeur de sa collection ne dépasse pas la quotité disponible telle qu'elle est réglée par l'article 913 du Code civil, il lui est loisible de léguer à une seule personne, privée ou publique, la totalité de sa collection ; s'il a des enfants ou descendants, il peut, par acte entre vifs ou testamentaire régler le partage de ses biens entre ses héritiers et mettre la collection dans la part de l'un des héritiers, mais pour autant seulement qu'il n'en résulte pas pour les autres de lésion défendue par la loi (art. 1075, 1076, 1079, C.c.). Le plus souvent le maintien de la collection dans son intégralité sera fort difficile sinon impossible. La même situation se représente au décès de chacun des propriétaires successifs, c'est-à-dire en moyenne tous les vingt ou trente ans. Toutes les présomptions sont donc pour l'éparpillement rapide des collections particulières, et leur rassemblement apparaît comme un travail toujours à recommencer, qui ne se fait que pour être défait.

Aucune loi ne défend la vente à l'étranger et l'exportation des objets d'art.

Monuments et objets d'art ou d'histoire enfouis ou ignorés (fouilles, découvertes). — Le Code civil (art. 552) autorise expressément le propriétaire à faire au-dessous du sol toutes les fouilles qu'il jugera à propos, et à tirer de ces fouilles tous les produits qu'elles peuvent fournir, sauf les modifications résultant des lois et règlements relatifs aux mines et des lois et règlements de police. Le propriétaire du sol est donc le maître absolu des objets trouvés dans sa propriété par suite de fouilles faites intentionnellement et pour découvrir ces objets ; si la découverte est l'effet du hasard, l'objet trouvé est qualifié de trésor par le législateur (art. 716 C. c.), il appartient pour moitié à celui qui l'a découvert et pour l'autre moitié au propriétaire du fonds. Chacun fait de sa part ce que lui convient. Dût-il s'agir de la découverte de monuments archéologiques uniques dans le monde, d'objets constituant une révélation pour l'histoire des civilisations disparues, l'autorité n'a pas à intervenir.

Le Code pénal article 508 punit le fait de tenir secrète la découverte d'un trésor, mais seulement quand le secret a pour but de dépouiller de sa part légale le propriétaire du sol : « Seront punis d'un emprisonnement de 8 jours à 2 ans et d'une amende de 26 à 500 francs (§ 3) ceux qui, ayant découvert un trésor, se le seront approprié au préjudice des personnes auxquelles la loi en attribue une partie. »

A défaut de législation assurant la conservation d'objets enfouis découverts par hasard ou à la suite de fouilles et offrant un haut intérêt scientifique ou artistique, les pouvoirs publics ont pris des mesures pour empêcher au moins la destruction ou l'enlèvement clandestin des objets mis à jour par les travaux exécutés par les administrations publiques ou pour leur compte. L'instruction générale du Brabant du 1er mai 1893 pp. 249, 250 et 498, porte: « Il arrive fréquemment qu'en procédant à des fouilles pour l'exécution de travaux communaux, l'on découvre des objets d'antiquité quelquefois très intéressants et de nature à être conservés dans les collections de l'État. Il importe donc d'insérer dans les cahiers des charges spéciaux une clause stipulant que les objets découverts resteront la propriété de l'administration qui fait exécuter les travaux, et que ces objets lui seront remis immédiatement (n° 742).

» La découverte de médailles, d'objets d'antiquité ou d'objets d'art doit être immédiatement signalée au Gouverneur. En attendant, les administrations qui en sont les dépositaires doivent avoir grand soin de leur conservation (n° 265). »

De même, le cahier général des charges, clauses et conditions imposées aux entreprises de travaux, arrêté le 10 novembre 1890, par M. le Ministre de l'Agriculture, de l'Industrie et des Travaux publics et par M. le Ministre des Chemins de fer, Postes et Télégraphe, stipule en son article 29. « Tous les objets d'antiquité, d'histoire naturelle ou de numismatique, trouvés dans les fouilles ou dans les démolitions, sont la propriété de l'État et doivent être remis par l'entrepreneur ou par ses ouvriers au fonctionnaire dirigeant les travaux. Il peut être accordé, de ce chef, par le Département, une gratification proportionnée à l'intérêt que présenteraient les objets trouvés. »

Aucune loi n'autorise l'expropriation pour cause d'utilité publique des trésors ou objets mobiliers d'art ou d'histoire, ni autres quelconques, appartenant à des particuliers, sauf dans un ordre d'idées tout différent de celles que je considère ici. (Requisition militaire, matériaux pour construction de routes, papiers délaissés par certains fonctionnaires publics, plans de travaux publics.) (Voir Picard, *Traité de l'expropriation*, t I, p. 47.)

Aspect des rues par le fait des particuliers.

J'entends ici par particuliers également l'Etat, les provinces et les communes, lorsqu'ils agissent en qualité de personnes civiles et construisent ou font construire des bâtiments destinés à leurs différents services.

Façades. — C'est aux communes que les lois ont confié, en ordre principal, l'exercice de l'intervention autoritaire dans la surveillance des constructions, suivant les limites qu'elles ont assignées à cette intervention.

Le décret du 14 décembre 1789, article 50, *in fine*, attribue comme fonctions propres au pouvoir municipal de faire jouir les habitants des avantages d'une bonne police, notamment de la propreté, de la salubrité, de la sûreté et de la tranquillité dans les rues, lieux et édifices publics.

Le décret des 16-24 août 1790 précise ; Les objets de police confiés à la vigilance et à l'autorité des corps municipaux sont : 1° Tout ce qui intéresse la sûreté et la commodité du passage dans les rues, quais, places et voies publiques; ce qui comprend le nettoyement, l'illumination, l'enlèvement des encombrements, la démolition ou la réparation des bâtiments menaçant ruine, l'interdiction de ne rien exposer aux fenêtres ou autres parties des bâtiments qui puisse nuire par sa chute, et celle de rien jeter qui puisse blesser ou endommager les passants, ou causer des exhalaisons nuisibles.

D'embellissement des villes, de mission esthétique quelconque, il n'est pas question.

L'article 90, § 8 de la loi communale du 30 mars 1836, charge le Collège des bourgmestre et échevins de l'approbation, en ce qui concerne, tant la petite que la grande voirie, des plans de bâtisse à exécuter par les particuliers dans les parties agglomérées des communes, sauf recours à la Députation permanente du Conseil provincial, et, s'il y a lieu, au Gouvernement, sans préjudice du recours aux tribunaux s'il s'agit de questions de propriété. Le Collège sera tenu de se prononcer dans la quinzaine à partir du jour du dépôt des plans. (Texte tel qu'il est modifié par la loi du 15 août 1897.)

La loi du 1er février 1844, modifiée par celle du 15 août 1897, sur la voirie, porte défense de construire sans l'autorisation de l'administration communale, sur des terreins sujets à reculement. Elle punit d'une amende le contrevenant, et laisse, en outre, aux tribunaux qui infligent l'amende, la faculté d'ordonner la destruction des ouvrages construits sans autorisation ou exécutés contrairement à l'autorisation.

Le Collège des bourgmestre et échevins donne les autorisations en se conformant aux règlements votés par le Conseil communal, dont il a pour mission d'assurer l'exécution.

Les règlements communaux sur les bâtisses ne peuvent porter d'autres conditions que celles imposées en exécution des lois qui définissent l'étendue du pouvoir communal. (Voir Giron. *Dictionnaire de droit administratif et droit public*, t. III, p. 59.) Aucune loi ne confie d'une façon expresse aux conseils communaux le soin d'embellir les villes, ni même d'en empêcher l'enlaidissement. Aussi, la Cour de cassation a-t-elle décidé que l'autorité communale ne peut déterminer, *dans le seul but d'embellir la ville*, la hauteur minima des constructions que les particuliers sont autorisés à élever sur les places publiques ou le long des boulevards. (Cassat. 21 déc. 1868, *Belg. judic.* XXVII, 126.) Un autre arrêt de la Cour suprême du 7 mars 1853 (*Pas.* 1853, I, 310) affirme :

« Le droit de faire des ordonnances de police communale, consacré par l'article 78 de la loi du 30 mars 1836, est restreint à ce qui appartient à la police communale proprement dite, laquelle est définie par la loi des 16-24 août 1790, sauf les attributions introduites par d'autres lois. Conséquemment est illégale, comme ne pouvant se rattacher à aucun des objets compris dans l'énumération de la loi de 1790, la disposition du règlement communal qui interdit d'employer plusieurs couleurs ou certaines nuances pour la peinture extérieure ou le badigeonnage des constructions. »

Donc, aucun texte ne confie, d'une façon générale, aux administrations communales le soin d'embellir les villes. Cependant, il serait erroné de croire que le législateur a nettement refusé toute intervention de l'autorité communale qui aurait pour mobile des considérations esthétiques. Les lois du 1er juillet 1858 et 15 novembre 1867 autorisent l'expropriation par zones lorsqu'il s'agit d'assainir ou améliorer, en totalité ou en partie, un ancien quartier ou de construire un quartier nouveau. L'amélioration comprend évidemment l'embellissement. Et s'il est permis aux communes par un texte formel d'exproprier les particuliers pour embellir la ville, c'est à dire de prendre une mesure grave, étant donné le respect de nos lois pour la propriété, on ne saurait soutenir que le législateur ait voulu exclure les désirs d'embellissement des légitimes préoccupations des conseillers communaux. Du reste, déjà lors de la discussion de la loi communale, à propos des autorisations de bâtir, le rapporteur indiquait très nettement que les considérations esthétiques ne doivent pas rester étrangères aux administrations communales. Il s'exprimait ainsi dans la séance du 19 février 1835 (*Moniteur* du 20 février 1835) : « Je demanderai à ceux qui combattent l'article, à quoi devons-nous, à Bruxelles, la place Royale? A la nécessité où les particuliers ont été de soumettre aux communes les plans de bâtisse qu'il fallait faire. Que diriez-vous si un citoyen voulait bâtir sur la place Royale une échoppe avec un toit en paille? Vous trouveriez cela ridicule, et c'est ce qui arriverait si les plans de bâtisse n'étaient pas soumis à examen. »

Un jugement récent du tribunal de Bruges (19 nov. 1894, *Rev. de l'adm.*, 1895, p. 416), s'autorise des paroles du rapporteur pour dire : « Cette disposition (approbation des plans de bâtisse) a non seulement pour but d'assurer la viabilité des voies publiques, ainsi que leur sécurité et leur hygiène, mais encore d'empêcher que les rues ne soient enlaidies par des constructions disgracieuses ».

En conséquence, le Collège échevinal est en droit de rejeter un plan de bâtisse en se basant sur le motif « qu'un mur de clôture donnant sur la rue produirait un effet détestable ». L'un des attendus est spécialement à remarquer : « Attendu que des membres ayant exprimé la crainte de voir la disposition donner lieu à des abus, c'est précisément dans le but de mettre les citoyens à l'abri de l'arbitraire et des vexations qu'on leur a accordé la faculté d'en appeler à la Députation permanente, et, le cas échéant, au Gouvernement. »

Déjà en 1879, dans son traité du droit de police des conseils communaux, Sérésia s'était prononcé dans le même sens. Williquet et Bellefroid adoptent la théorie du tribunal de Bruges dans leur récent *Commentaire de la loi communale* (pp. 221 et 222, art. 90, 8°). La *Revue de l'Administration* fait suivre la publication du jugement de Bruges d'une note dans laquelle elle dit : « L'extension que le jugement ci-dessus reconnaît au droit d'appréciation du Collège en matière d'autorisation de bâtir, nous paraît légitime. Mais nous, nous demandons s'il appartient au pouvoir judiciaire d'apprécier cette légitimité : l'autorisation de bâtir, octroyée ou refusée, est un acte de souveraineté du pouvoir administratif émané du Collège échevinal sous le contrôle de l'autorité administrative supérieure et ne pouvant donner lieu à un recours aux tribunaux qu'en cas de lésion d'un droit civil. »

On voit combien les lois en vigueur sont susceptibles d'une interprétation extensive en faveur du pouvoir de l'autorité communale en matière esthétique.

En fait, même en n'invoquant pas le jugement de Bruges, l'autorité communale conserve une influence considérable. Sans qu'il soit souvent possible d'imaginer le rapport qu'il peut y avoir entre les nombreuses exigences des règlements communaux sur les bâtisses et la mission légale des autorités municipales en matière de sécurité et d'hygiène, ces exigences concernant même la construction intérieure des bâtiments, et réglant l'emploi des matériaux, le public exécute généralement les conditions imposées avec docilité.

Au surplus, il lui serait difficile de s'y soustraire. Imaginez qu'un particulier présentant un plan de bâtisse au Collège, subisse un refus d'approbation, le Collège voulant imposer un plan différent, que le particulier, à son tour, ne prétend pas exécuter. La loi assure un recours à l'autorité supérieure, mais si celle-ci confirme le refus du Collège, le particulier n'a d'autre alternative que de ne pas construire ou de se soumettre. En réalité, dit Giron (*Droit Admin.*, t. II, p. 121), le constructeur qui refuse d'adhérer aux changements que le Collège juge à propos de lui imposer se trouve dans l'impuissance de tirer parti de son terrain (1).

Bien plus, cette obligation de se soumettre aux volontés du Collège ne résulte pas seulement de l'impuissance dans laquelle le particulier serait mis, par une sorte d'abus d'autorité, consistant à refuser successivement tous les plans présentés, même irréprochables au point de vue de l'hygiène et de la sécurité, jusqu'à ce que, de guerre lasse, le constructeur obéisse et exécute le plan imposé.

Un arrêt de la Cour de cassation du 20 juin 1870 (*Pas.* 1870, I, 364), dont les conséquences sont considérables et qui me paraît plutôt étendre le sens de la loi que l'interpréter, affirme que « le pouvoir d'approuver les plans de bâtisse implique pour le Collège celui de modifier les plans ». Il s'agissait dans l'espèce de la forme extérieure d'un mur de clôture. Le demandeur en cassation faisait valoir (3e moyen) que l'arrêté qui défendait d'élever le mur ne se justifiait par aucune considération de salubrité, de commodité, de sûreté, de propreté, qu'il avait simplement en vue l'aspect de la clôture; que c'est là une question d'art et de goût qui n'est pas du domaine de l'autorité communale. La Cour ne s'arrête pas à ce moyen et prononce que le droit d'ordonner que les terrains soient clôturés, emporte celui de veiller à ce que les clôtures répondent à leur destination, et, par conséquent, le droit d'en déterminer les dimensions et les formes.

On comprend l'énorme portée de cet arrêt. La question de savoir si les bâtiments répondent à leur destination étant une question de fait et d'application dans laquelle les tribunaux n'ont pas à s'immiscer en vertu du principe de la séparation des pouvoirs, et emportant le droit de déterminer les dimensions et les formes des ouvrages, le Collège est, en vertu de cet arrêt, maître absolu de l'aspect des rues, quand bien même aucune loi ne lui con-

(1) Un jugement du trib. de Liége du 14 juin 1887 (B. J. 1887. 1517) déclare qu'en cas de refus arbitraire de l'autorisation de bâtir, le particulier a droit à des dommages intérêts. Ce jugement, du reste isolé, me paraît émettre un principe erroné, sauf, cependant, le cas où le refus d'autorisation serait doleux, et où l'intention méchante de nuire résulterait des circonstances de la cause.

fierait une mission esthétique. J'examinerai l'usage qui est fait de cet arrêt et les dangers éventuels que la mise en pratique de ses principes peut amener, dans la partie du rapport consacré à la critique.

On sait que les administrations communales, après expropriation par zone, imposent fréquemment aux acheteurs des terrains qu'elles revendent l'obligation de bâtir dans un délai déterminé et de construire des immeubles ayant un minimum de hauteur, autant d'étages, des balcons, et présentant telle ou telle apparence extérieure. Mais elles n'agissent plus alors en vertu de leur pouvoir d'autorité. Elles contractent, en qualité de personnes civiles, comme pourrait le faire tout particulier. Les acheteurs sont liés par le consentement qu'ils ont donné à la convention, et non par la soumission qu'ils doivent à l'autorité communale. Ce sont les principes ordinaires du Code civil sur les contrats qui, seuls, servent à l'interprétation d'une pareille convention et en assurent l'exécution.

Véhicules, affiches, costumes. — Ces trois éléments contribuent évidemment à l'aspect des rues. J'écarte toute considération ou examen des lois en ce qui concerne les affiches : cette question fort intéressante et de grande actualité a été confiée à un autre rapporteur et fera donc l'objet d'un travail spécial.

Des lois et arrêtés réglementent les dimensions et les formes extérieures des véhicules. Ces dispositions n'ont d'autre but que la conservation des routes, et visent à ce que des véhicules trop lourdement chargés ou ayant des roues trop étroites et par conséquent sans base suffisante, n'endommagent le pavement ou l'empierrement. L'autorité communale, à laquelle appartient la police de la voirie urbaine, réglemente la circulation des attelages et véhicules. Elle ne l'a fait jusqu'ici qu'en vue de la sécurité publique.

Quant aux costumes, à l'habillement des personnes qui circulent dans les rues, on pourrait s'étonner, tout en reconnaissant qu'il peut y avoir là un élément digne de considération au point de vue esthétique, de m'y voir faire allusion dans un examen purement législatif concernant les pouvoirs actuellement accordés aux autorités en matière de voirie. Les lois ne s'occupent pas en effet, de la manière dont s'habillent les citoyens et laissent aux grandes maisons de mode de Paris ou de Londres le soin de déterminer les exigences de la mode avec une souveraineté absolue à laquelle tout le monde se soumet avec empressement. Cependant, indirectement les lois peuvent exercer une influence considérable dans ce domaine, et il n'est pas interdit d'espérer qu'un jour cessera la triste monotonie de vêtements trop identiques et parfois fort laids, sans que le sentiment démocratique, qui a contribué le plus puissamment à l'usage toujours plus répandu d'un costume universel, ait à en souffrir. (Corporations ouvrières.)

Du reste, même sous la législation actuelle quelques classes de personnes restent soumises à l'obligation d'un uniforme professionnel. Qu'on songe aux militaires, aux religieux, aux magistrats et avocats. En ce qui concerne ces derniers le fait a cependant peu d'importance au point de vue de l'aspect des rues, il n'est pas d'usage qu'ils portent la robe, dont ils sont pourtant fiers, en dehors du palais de justice (1).

L'un des plus grands jurisconsultes du siècle, l'allemand Jhering, dans un ouvrage célèbre de haute philosophie juridique (*Der Zweck im Recht*, t. II, pages 311 à 329) a mis en évidence l'importance considérable au point de vue juridique de la diversité des costumes selon les sexes et les professions, il importe que l'attention des esthètes et des artistes soit également attirée sur cette question. Si elle n'offre pas actuellement un intérêt d'application immédiate, la situation peut se modifier dans un avenir prochain.

Aspect des vastes perspectives dans les villes et les campagnes : sites. — Aucun texte de loi ne s'occupe de cet objet. En ce qui concerne les sites qui pourraient être enlaidis ou les perspectives qui pourraient être supprimées en tout ou en partie par suite de constructions à élever dans les parties agglomérées des communes, où les plans de bâtisse doivent être approuvés par l'autorité (loi du 15 août 1897), la théorie du tribunal de Bruges et encore plus celle de l'arrêt de cassation rapporté plus haut en vertu de laquelle le Collège peut modifier les plans, permettent à l'autorité locale de conserver les sites et perspectives, pour autant que ce résultat puisse être obtenu en limitant la hauteur des constructions, ou en leur donnant un aspect extérieur qui soit en harmonie avec le paysage. En aucun cas on ne peut imaginer une interdiction absolue de bâtir, au moins dans l'état actuel de la législation, non plus qu'une réduction de hauteur telle que les bâtiments ne puissent être normalement utilisés pour l'usage auquel on les destine. Ce serait, à défaut d'indemnité une spoliation pure et simple d'un droit formellement reconnu par le Code civil, article 552 : « La propriété du sol emporte la propriété du dessus et du dessous. Le propriétaire peut faire au-dessus toutes les plantations et constructions qu'il juge à propos, sauf les exceptions établies au titre des servitudes ou services fonciers. » L'approbation des plans de bâtisse n'étant pas exigée dans les parties non-agglomérées des communes, il ne saurait en aucun cas être question pour l'autorité, quelle qu'elle soit, d'y défendre ou modifier des constructions par respect des sites. La seule intervention possible est celle de démarches amiables, et l'établissement par contrat, donc moyennant le consentement du propriétaire et probablement à titre onéreux, de servitudes de vue, *non altius tollendi*, ou d'obligations de se conformer à des plans déterminés.

On aurait tort, du reste, de croire qu'il suffit que l'autorité puisse intervenir pour que les choses se passent selon les désirs des esthètes et des gens de goût. Il arrive au contraire que ce sont précisément les travaux exécutés par les pouvoirs publics qui respectent le moins les paysages. Il suffit de lire à ce sujet le compte rendu de la séance de la Chambre du 26 avril 1898, pour être édifié. Mais en ce qui concerne ces travaux au moins, quand le mal est signalé, on cherche à y porter remède. Précisément dans cette séance du 26 avril dernier, M. le député Carton de Wiart, membre du Comité de l'Art public, et après lui d'autres députés, signalèrent à l'indignation de la Chambre certains travaux publics enlaidissant les sites de la Meuse.

(1) De même en Angleterre les religieux ne portent pas l'uniforme en rue. Une loi ancienne le leur interdit, paraît-il, et bien que l'on n'en exige plus l'observation, l'usage de l'habit civil en dehors des édifices du culte, s'est assez généralement maintenu.

Malgré le ton plutôt acerbe que certains députés donnèrent à leur acte d'accusation contre le Gouvernement et qui aurait pû expliquer une réponse de même allure, les ministres en cause firent part à la Chambre de la conformité de leurs intentions avec celles des députés qui les avaient critiqués et promirent de prendre en considération attentive les exigences de l'esthétique en ce qui concerne les travaux publics. Le Ministre des Beaux-Arts, M. De Bruyn, prit même l'engagement de soumettre à l'avenir les plans de travaux aux membres de la Chambre compétents pour en faire la critique artistique. Il serait donc injuste de ne pas reconnaître aux autorités supérieures une très grande bonne volonté et un vif désir de donner l'exemple du respect des beaux paysages. Au surplus, si la discussion que je viens de rappeler n'en témoignait une circulaire ministérielle, émanant précisément de M. De Bruyn, et antérieure au 26 avril, serait là pour manifester l'intelligente sollicitude du Gouvernement. Elle est trop caractéristique des préoccupations d'art qui règnent actuellement dans tous les milieux en Belgique, pour que je ne la cite pas en entier. Je crois cependant devoir signaler combien elle est timide quant aux moyens d'atteindre à son but, la protection des sites. En ce qui concerne notamment « l'aspect général des villes » elle semble ignorer la jurisprudence que j'ai rapportée plus haut, à moins cependant qu'elle ne préfère la passer sous silence, la trouvant trop audacieuse, trop innovatrice, pour qu'il soit opportun d'attirer sur ses théories l'attention générale des communes.

« Bruxelles, le 2 septembre 1897.

» *Monsieur le Gouverneur*,

» A diverses reprises dans ces derniers temps les artistes et le public en général se sont émus, à juste titre, de certains actes et de certains travaux ayant eu ou pouvant avoir pour résultat de dénaturer l'aspect des plus beaux sites du pays.

» Soit qu'il s'agisse de mise en exploitation de forêts ou de carrières, de création de voies de communication, d'érection d'établissements incommodes ou insalubres ou de démolition de constructions anciennes intéressantes, il ne peut être question, cela va de soi, de porter atteinte aux droits de la propriété, non plus qu'à la libre extension de nos industries; mais dans bien des cas il aurait été possible, tout en atteignant le but visé par les intéressés, de respecter un site ou un point de vue dont on regrette d'avoir vu détruire sans nécessité l'aspect pittoresque. Pour atteindre ce résultat, il suffirait souvent d'un conseil, donné en temps utile, par une personne compétente.

» C'est dans cet ordre d'idées que je vous prie, Monsieur le Gouverneur, de vouloir bien me donner autant que possible avis, en temps opportun, des projets des travaux du genre de ceux que je viens d'énumérer et de tous autres ouvrages intéressant l'aspect général des villes ou des campagnes que l'on se proposerait, à votre connaissance, d'effectuer dans votre province.

» Je crois devoir appeler votre attention sur le caractère officieux du rôle que les administrations publiques peuvent être appelées à jouer dans les affaires de cette espèce.

» Il importe que les intéressés se pénètrent bien de l'idée qu'il ne s'agit nullement de les soumettre à un contrôle ou à une contrainte quelconque, mais uniquement de sauvegarder, en même temps que leurs intérêts particuliers, les côtés pittoresques qui attirent et retiennent tant d'étrangers dans notre pays.

» *Le Ministre de l'Agriculture et des Travaux publics*,

» LÉON DE BRUYN. »

(*Mémorial administratif du Brabant*, 1897, n° 197, p. 1268.)

Principales dispositions des lois étrangères protégeant les monuments et objets d'art.

Je crois avoir fait un exposé suffisamment complet des dispositions législatives ou simplement réglementaires, mais dont l'exécution est assurée par soumission hiérarchique, en ce qui concerne la Belgique. Une étude complète des lois étrangères en matière d'art serait certainement fort intéressante et il est à espérer qu'une plume plus autorisée que la mienne nous la donnera. Elle serait peut-être prématurée, venant avant la réunion du premier Congrès international d'art public. Ce Congrès réunissant des hommes éminents de toutes contrées, qui ont porté leur attention compétente sur la situation des monuments et objets d'art dans leurs pays respectifs, fournira probablement un ensemble de renseignements, de critiques et d'approbations motivées, tel que l'on n'en pourrait trouver actuellement dans aucun ouvrage et qui éclaireront l'objet à étudier d'une lumière définitive. Ce sera là un résultat considérable qu'aura procuré cette grande réunion de compétences.

Cependant, ne fût-ce que pour renseigner ceux de mes compatriotes peu au courant qui pourraient lire ce rapport avant la réunion du Congrès, j'essayerai de mentionner tout au moins les dispositions des lois étrangères les plus intéressantes.

Les textes même des lois protégeant les monuments et objets d'art dans les pays étrangers ne sont pas publiés ou le sont rarement dans nos recueils de législation étrangère, ces lois étant considérées comme ayant un intérêt purement national, et ne pouvant donner lieu à aucune application dans les pays autres que celui où elles sont en vigueur. Cependant, l'*Annuaire de Législation étrangère* en a donné des résumés au fur et à mesure de leur apparition. De plus, M. Jules Challamel a fait précéder une étude sur la loi française du 30 mars 1887 d'un examen cursif des dispositions en vigueur dans les pays autres que la France (*Annuaire de Législation française*, 1888, p. 52 et suiv.). M. Louis Tétreau a également fait connaître sommairement la législation étrangère dans son étude sur la même loi du 30 mars 1887 qui protège les monuments et objets d'art (ouvrage intitulé : *Législation relative aux monuments et objets d'art dont la conservation présente un intérêt national au point de vue de l'histoire ou de l'art*). Je prendrai pour guides ces différents travaux en les contrôlant l'un par l'autre.

Italie. — Le premier souverain qui ait mis les objets d'art sous la protection des lois est le pape Pie II, par une bulle datée du 28 avril 1462. Cette bulle défendait sous peine de confiscation et de répression pénale l'exportation de tous objets d'art. Elle a procuré au Vatican, et à l'Italie en général, la conservation des admirables collections d'art qui attirent au delà des Alpes l'élite du public européen. La législation due à la bulle de Pie II a été imitée dans l'Italie entière et ne s'est modifiée que pour devenir plus stricte et plus absolue. L'édit Doria Pamphili de 1802, renouvelant la défense d'exportation de tous objets d'art, quels qu'en soient les propriétaires, exige une déclaration méticuleuse à l'autorité des objets d'art possédés par les particuliers et en réglemente la vente à l'intérieur des États pontificaux. En 1820, les deux édits Placca précisent et renforcent la sévérité des lois antérieures.

Le Gouvernement italien actuel a déposé, le 28 juin 1892, à la Chambre des députés, un projet de loi (probablement voté à l'heure actuelle, mais non encore publié dans l'*Annuaire de législation étrangère*) réorganisant la législation en vigueur, la complétant et s'inspirant des mêmes principes d'absolue souveraineté nationale sur les objets d'art, qui ont toujours été en faveur dans ce pays qui doit avant tout aux beaux-arts et à son passé d'intérêt européen, sa situation éminente.

Hongrie. — Loi du 28 mai 1881, ayant pour objet la protection des monuments d'art.

Dispositions à remarquer : à défaut par les communes ou les établissements publics d'entretenir en parfait état les monuments qui leur appartiennent ou sont administrés par eux, l'État agit d'office pour leur compte. Si la loi est violée, l'auteur est puni d'amende. Si l'auteur de la contravention est une assemblée délibérante (conseil municipal, conseil d'église), l'amende est encourue solidairement par tous les membres qui ont voté la décision n'observant pas le vœu du législateur.

L'expropriation est prévue, ayant pour motif des fouilles d'intérêt historique ou artistique. Elle peut être temporaire, mais ne peut conserver ce caractère au delà de trois ans.

Il existe une commission nationale des monuments.

Roumanie. — Loi du 15-29 novembre 1892 sur la conservation et la restauration des monuments publics.

Une commission des monuments dresse un inventaire, mis à jour et renouvelé tous les cinq ans, de tous monuments et objets d'art ou d'histoire dont la conservation s'impose. Les objets inventoriés sont l'objet d'une surveillance spéciable, leur administration conservatoire est réglementée. Il ne peut y être apporté aucune modification, ni fait aucune réparation sans autorisation. Le propriétaire qui refuse de soumettre à la loi les biens lui appartenant et inventoriés peut en demander l'expropriation.

Sanction : pénale (amende et, dans certains cas, prison).

Loi du 17-29 novembre 1892 réglant les fouilles. Elles sont défendues sans autorisation préalable.

Les objets découverts par hasard doivent être renseignés à l'autorité dans les trois jours. Le Ministre désigne, endéans le mois, les objets qui doivent être conservés.

Tunisie. — Décret du 7 mars 1886. Tous objets d'art ou d'histoire, appartenant aux particuliers ou non, sont classés, et dès lors surveillés pour en garantir la conservation. L'exportation est prohibée. Les fouilles ne peuvent être faites sans autorisation.

Sanction de toutes les défenses et dispositions : pénale.

Suède. — Loi du 29 novembre 1867. Défend toute modification ou réparation aux monuments anciens, même sur propriété privée, sans autorisation préalable et intervention conservatoire de l'autorité.

Finlande. — Loi du 2 avril 1883. Dispositions semblables à celles de la loi suédoise.

Angleterre. — Loi du 18 août 1882. Les particuliers peuvent signaler à l'autorité et demander à faire surveiller leurs propriétés offrant un intérêt national ; la loi prévoit des cessions amiables. En somme aucune garantie quelconque contre le fait des propriétaires.

Autres pays. — Il existe aussi dans la plupart des autres pays d'Europe des lois concernant les monuments. Ainsi en Grèce (loi du 10 mai 1834), en Espagne (décret du 30 septembre 1887), Danemark, Norwège, Allemagne. Mais, ou bien ces lois n'offrent aucune mention qui soit de quelque originalité ou puisse paraître efficace, ou bien, pour d'autres d'entres elles, je n'ai pu en connaître la substance par les documents dont je dispose.

France. — Je crois devoir accorder et solliciter un examen plus minutieux en ce qui concerne la législation française.

Ce n'est pas qu'elle soit plus originale ou plus efficace que les autres. Généralement, c'est plutôt le contraire qui est vrai, le législateur français ayant été fort timide.

Mais la France offre avec la Belgique une telle parenté quant au système général de législation en vigueur, que les dispositions prises dans ce pays sur une matière nouvelle doivent offrir un intérêt spécial en Belgique. Non seulement le Code civil français qui définit la propriété privée est en vigueur dans notre pays, mais les lois françaises de l'époque révolutionnaire, telle la loi du 16-24 août 1790, régissent encore notre droit public et sont l'un des principaux éléments qui délimitent les fonctions de nos autorités administratives, notamment communales.

J'insérerai donc dans l'intégralité de son texte la loi du 30 mars 1887, sur les monuments et objets d'art. La lecture de ce texte assez long donnera, je le pense, l'impression qu'elle n'ajoute aucun principe bien nouveau à la législation existante. A part les dispositions concernant les monuments appartenant à des administrations publiques, et qu'il est facile de protéger ne fut-ce que par des mesures d'administration, la loi n'innove me semble-t-il qu'en ceci : elle autorise l'expropriation des propriétés particulières, même mobilières, pour motif d'intérêt esthétique ou historique, de plus en Algérie et en pays de protectorat, elle déclare les objets d'art se trouvant sur et dans le sol du domaine public, même concédé, propriété de l'État. La sanction est un droit de l'État à des dommages et intérêts contre ceux qui auront violé les dispositions principales de la loi. Les autres dispositions de la loi, tel que le classement des monuments publics, sont plutôt d'ordre administratif que législatif. Je n'entends nullement prétendre que ces mesures ne soient pas recommandables, mais j'ai tenu à prévenir mes lecteurs auxquels les nombreux articles de la loi française pourraient à première apparence faire croire à un système complet de législation protectrice en matière d'art et à la révélation des principes qui doivent concilier d'une façon juridique l'intérêt particulier et l'intérêt national.

Je rappellerai aussi et l'on en conviendra si l'on veut se reporter à ce qui a été dit quelques pages plus haut au sujet de la législation belge, que la plupart des mesures de conservation énumérées dans la loi française existent aussi chez nous, seulement l'existence de ces mesures est moins apparente étant disséminée dans des lois différentes, dont elles constituent une disposition mêlée souvent à de nombreuses autres, ou résultant d'ordres administratifs qui restent assez généralement ignorés de tous autres que ceux qui ont à les observer.

Loi du 30 mars 1887 relative à la conservation des monuments et objets d'art ayant un intérêt historique et artistique. (Journal officiel du 31 mars.)

CHAPITRE PREMIER.

Immeubles et monuments historiques ou mégalithiques.

ARTICLE PREMIER. — Les immeubles par nature ou par destination, dont la conservation peut avoir, au point de vue de l'histoire ou de l'art un intérêt national, seront classés en totalité ou en partie par les soins du Ministre de l'Instruction publique et des Beaux-Arts.

ART. 2. — L'immeuble appartenant à l'État sera classé par arrêté du Ministre dans les attributions duquel l'immeuble se trouve placé. Dans le cas contraire, le classement sera prononcé par un décret rendu en la forme des règlements d'administration publique.

L'immeuble appartenant à un département, à une commune, à une fabrique, ou à tout autre établissement public sera classé par un arrêté du ministre de l'Instruction publique et des Beaux-Arts, s'il y a consentement de l'établissement propriétaire et avis conforme du Ministre sous l'autorité duquel l'établissement est placé. En cas de désaccord, le classement sera prononcé par un décret rendu en la forme des règlements d'administration publique.

ART. 3. — L'immeuble appartenant à un particulier sera classé par arrêté du Ministre de l'Instruction publique et des Beaux-Arts, *mais ne pourra l'être qu'avec le consentement du propriétaire*. L'arrêté déterminera les conditions du classement. S'il y a contestation sur l'interprétation et sur l'exécution de cet acte, il sera statué par le Ministre de l'Instruction publique et des Beaux-Arts, sauf recours au Conseil d'État statuant au contentieux.

ART. 4. — L'immeuble classé ne pourra être détruit même en partie, ni être l'objet d'un travail de restauration, de réparation ou de modification quelconque, si le Ministre de l'Instruction publique et des Beaux-Arts n'a donné son consentement.

L'expropriation, pour cause d'utilité publique, d'un immeuble classé ne pourra être poursuivie qu'après que le Ministre de l'Instruction publique et des Beaux-Arts aura été appelé à présenter ses observations.

Les servitudes d'alignement et autres qui pourraient causer la dégradation des monuments, ne sont pas applicables aux immeubles classés.

Les effets du classement suivront l'immeuble classé en quelques mains qu'il passe.

ART. 5. — *Le Ministre* de l'Instruction publique et des Beaux-Arts *pourra* en se conformant aux prescriptions de la loi du 3 mai 1841, *poursuivre l'expropriation des monuments classés ou qui seraient de sa part l'objet d'une proposition de classement refusé par le particulier propriétaire*.

Il pourra, dans les mêmes conditions, poursuivre l'expropriation des monuments mégalithiques, ainsi que celles des terrains sur lesquels ces monuments sont placés.

ART. 6. — Le déclassement total ou partiel, pourra être demandé par le Ministre dans les attributions duquel se trouve l'immeuble classé, par le département, la commune, la fabrique, l'établissement public et le particulier propriétaire de l'immeuble.

Le déclassement aura lieu dans les mêmes formes et sous les mêmes distinctions que le classement.

Toutefois, en cas d'aliénation consentie à un particulier de l'immeuble classé appartenant à un département, à une commune, à une fabrique, ou à tout autre établissement public, le déclassement ne pourra avoir lieu que conformément au § 2 de l'article 2.

ART. 7. — Les dispositions de la présente loi sont applicables aux monuments historiques régulièrement classés avant sa promulgation. Toutefois, lorsque l'État n'aura fait aucune dépense pour un monument appartenant à un particulier, ce monument sera déclassé de droit dans le délai de six mois après la réclamation que le propriétaire pourra adresser au Ministre de l'Instruction publique et des Beaux-Arts, pendant l'année qui suivra la promulgation de la présente loi.

CHAPITRE II.

Objets mobiliers.

ART. 8. — Il sera fait, par les soins du Ministre de l'Instruction publique et des Beaux-Arts, un classement des objets mobiliers appartenant à l'État, aux départements, aux communes, aux fabriques et autres établissements publics, dont la conservation présente au point de vue de l'histoire ou de l'art un intérêt national.

ART. 9. — Le classement deviendra définitif si le département, les communes, les fabriques et autres établissements publics n'ont pas réclamé dans le délai de six mois, à dater de la notification qui leur en sera faite. En cas de réclamation, il sera statué par décret rendu en la forme des règlements d'administration publique.

Le déclassement, s'il y a lieu, sera prononcé par le Ministre de l'Instruction publique et des Beaux-Arts et à la préfecture de chaque département, où le public pourra en prendre connaissance sans déplacement.

ART. 10. — Les objets classés et appartenant à l'État seront inaliénables et imprescriptibles.

ART. 11. — Les objets classés appartenant aux départements, aux communes, aux fabriques ou autres établissements publics, ne pourront être restaurés, réparés ou aliénés par vente, don ou échange, qu'avec l'autorisation du Ministre de l'Instruction publique et des Beaux-Arts.

ART. 12. — *Les travaux, de quelque nature qu'ils soient, exécutés en violation des articles qui précèdent, donneront lieu, au profit de l'Etat, à une action en dommages-intérêts contre ceux qui les auraient ordonnés ou fait exécuter.*

Les infractions seront constatées et les actions intentées et suivies devant les tribunaux civils ou correctionnels, à la diligence du Ministre de l'Instruction publique et des Beaux-Arts ou des parties intéressées.

ART. 13. — L'aliénation faite en violation de l'article 11 sera nulle, et la nullité en sera poursuivie par le propriétaire vendeur ou par le Ministre de l'Instruction publique et des Beaux-Arts, sans préjudice des dommages-intérêts qui pourraient être réclamés contre les parties contractantes et contre l'officier public qui aurait prêté son concours à l'acte d'aliénation.

Les objets classés qui auraient été aliénés irégulièrement, perdus ou volés, pourront être revendiqués pendant trois ans conformément aux dispositions des articles 2270 et 2280 du Code civil. La revendication pourra être exercée par les propriétaires et à leur défaut, par le Ministre de l'Instruction publique et des Beaux-Arts.

CHAPITRE III.

Fouilles.

ART. 14. — Lorsque, par suite de fouilles, de travaux ou d'un fait quelconque, on aura découvert des monuments, des ruines, des inscriptions ou des objets pouvant intéresser l'archéologie, l'histoire ou l'art, sur des terrains appartenant à l'Etat, à un département, à une commune, à une fabrique ou autre établissement public, le maire de la commune devra assurer la conservation provisoire des objets découverts et aviser immédiatement le préfet du département des mesures qui auront été prises.

Le préfet en référera dans le plus bref délai, au Ministre de l'Instruction publique et des Beaux-Arts, qui statuera sur les mesures définitives à prendre.

Si la découverte a eu lieu sur le terrain d'un particulier, le maire en avisera le préfet. *Sur le rapport du préfet*, et après avis de la Commission des monuments historiques, *le Ministre de l'Instruction publique et des Beaux-Arts pourra poursuivre l'expropriation du dit terrain en tout ou en partie pour cause d'utilité publique*, suivant les formes de la loi du 3 mai 1841.

ART. 15. — Les décisions prises par le Ministre de l'Instruction publique et des Beaux-Arts, en exécution de la présente loi, seront *rendues après avis de la Commission des monuments historiques.*

CHAPITRE IV.

Dispositions spéciales à l'Algérie et aux pays protectorats.

ART. 16. — La présente loi est applicable à l'Algérie.

Dans cette partie de la France, la propriété des objets d'art ou d'archéologie, édifices, mosaïques, bas-reliefs, statuts, médailles, vases, colonnes, inscriptions, qui pourraient exister sur et dans le sol des immeubles appartenant à l'Etat ou concédés par lui à des établissements publics ou à des particuliers, sur et dans les terrains militaires, est réservé à l'Etat.

ART. 17. — Les mêmes mesures seront étendues à tous les pays placés sous le protectorat de la France et dans lesquels il n'existe pas déjà une législation spéciale.

Disposition transitoire.

ART. 18. — Un règlement d'administration publique déterminera les détails d'application de la présente loi.

Critiques et réformes.

Depuis quelques années une sympathie grandissante se manifeste dans l'opinion publique pour les efforts faits en vue d'embellir les villes et de donner particulièrement à leurs quartiers nouveaux un caractère esthétique. Cette sympathie s'est manifestée à mainte reprise de façon non équivoque.

En 1893, l'honorable bourgmestre de Bruxelles, M. Buls, publiait un opuscule intitulé *L'Esthétique des Villes* et consacré plus spécialement à des considérations sur l'embellissement de notre capitale. Ce travail, d'une lecture fort intéres sante et rempli d'idées qui retiennent l'attention, eut à peine paru en librairie, qu'une seconde édition devint nécessaire et obtint le même succès que la première. Les habitants de Bruxelles avaient éprouvé une véritable joie à connaître d'une façon précise les sentiments de leur bourgmestre-esthète sur l'aspect qu'il aimerait à donner à leur ville.

Quand, plus tard, se fonda l'œuvre de l'Art appliqué à la rue, elle ne tarda pas à obtenir de précieux encouragements et de nombreux concours dévoués et convaincus. Malgré certaines hostilités de début, l'œuvre affirma sa vitalité, et son existence apparut comme étant d'utilité générale. Son fondateur, l'honorable M. Broerman, ayant entrepris, pour propager ses idées, une série de conférences, de vastes salles combles d'un monde attentif et bienveillant retentirent d'applaudissements approbateurs.

Un journal de propagande, *L'Art public*, celui qui est distribué actuellement aux congressistes, fut envoyé à tous les mandataires publics, et attira l'attention générale sur les questions d'Art envisagées surtout au point de vue de la voirie et des travaux publics. On entendit alors discuter au sein de conseils communaux de faubourgs et de villes secondaires des idées d'Art, qui jusqu'alors étaient restées étrangères à beaucoup d'entre eux ou du moins ne s'étaient jamais affirmées nettement et d'une façon bien consciente.

Aujourd'hui, le but principal de l'œuvre de l'Art public est atteint : l'esthétique des villes intéresse la généralité des citoyens. Si la loi ne déclare en aucun texte formel que l'embellissement des villes entre dans les attributions des autorités administratives, l'opinion publique, au contraire, le proclame bien haut. Et l'opinion publique est toute puissante en un pays où seuls ses élus peuvent détenir quelque parcelle du pouvoir. Elle l'est d'autant plus que ses aspirations en matière d'art sont conformes aux désirs, maintes fois exprimés, de ceux qui ont la haute et suprême direction des affaires du pays, les ministres et le Roi. Tous les Belges, et plus encore tous les Bruxellois savent combien le Roi s'intéresse personnellement aux grands travaux d'embellissement et M. Buls, dans son *Esthétique des Villes*, nous rappelle que c'est à l'intelligente munificence du Roi que nous devons le square du Rond-Point, le parc de Saint-Gilles et le parc de Laeken.

La beauté des villes apparaît, de plus en plus incontestablement, comme un objet d'intérêt public au même titre que l'hygiène et la sécurité.

Le nombre de personnes ne cesse d'augmenter pour lesquelles une évidende faute de goût en matière d'esthétique publique constitue une réelle souffrance. Beaucoup d'entre elles s'irritent de ce qu'il peut dépendre de l'esprit mercantile ou de l'ignorance indifférente d'un particulier, qu'une construction de laideur insolente vienne détruire l'harmonie architecturale d'une rue ou d'une place publique, qu'un bâtiment trop élevé supprime en le cachant un panorama admirable, comme il en est plusieurs à Bruxelles.

Elles s'attristent à l'idée que tant d'œuvres d'art, parfois uniques au monde, sont la propriété de particuliers qui, selon leurs caprices ou leurs intérêts, peuvent les vendre à l'étranger ou même les laisser périr faute de soins. Et dans le bel enthousiasme de leur culte pour l'art et la beauté, elles sont impatientes de voir l'autorité couvrir les belles choses d'une protection toute puissante, et empêcher de naître les laideurs qui sortent partout de terre comme les herbes mauvaises dans un jardin privé de soins.

C'est par ces passionnés d'art ou en leur nom qu'il est démandé au Congrès s'il n'y aurait pas lieu d'étendre les pouvoirs des autorités en matière esthétique. C'est plus qu'une question, c'est une prière; on sent que ceux qui la font implorent une réponse affirmative.

Certes, le fait des particuliers qui blesse violemment un sentiment légitime et respectable de la généralité, tel le culte des belles choses, doit être interdit et entravé. C'est un principe de droit que nul ne peut nuire à autrui, et que l'exercice du droit de l'un ne peut être un préjudice pour le droit de l'autre.

Mais, d'autre part, admettre l'intervention de l'autorité dans la libre disposition que la loi accorde aux citoyens sur leurs biens, c'est courir grand danger de tomber dans un mal considérable pour en éviter un moindre. On ne saurait oublier que le respect de la propriété privée par l'autorité constitue l'une des manifestations les plus extérieures et les plus bienfaisantes de la pleine reconnaissance de la liberté de l'homme et de la valeur des individualités. A trop entraver la liberté d'agir, tantôt en vue de résultats économiques, tantôt dans un désir de protection artistique, on prépare une société ou l'homme ne serait plus qu'un administré, un objet, vivant peut-être plus régulièrement et avec moins de souffrances, mais se dépouillant insensiblement de toute spontanéité et par conséquent de toute possibilité de progrès.

Chaque fois donc qu'il s'agit de limiter la liberté et de remplacer la volonté individuelle par la volonté impersonnelle d'une administration ou d'une autorité, il faut que la nécessité ou le grand avantage d'en agir ainsi soit démontré, et si la démonstration n'est pas suffisante pour renverser la présomption de principe qu'elle a contre elle, la liberté doit subsister accompagnée même de ses désavantages relatifs et de ses erreurs. Il importe cependant, notamment en notre matière, de reconnaître que l'intervention de l'autorité, dans les actes des particuliers, peut souvent se faire sans qu'il en résulte pour eux une diminution réelle de leur liberté d'agir, et surtout sans qu'ils soient obligés d'agir contrairement à leur volonté.

Ce sont ces principes qui me guideront dans l'examen des réformes législatives en matière d'art.

A. 1° **Monuments et objets d'art appartenant à l'État, dans l'acception juridique la plus large de ce terme, et aux administrations publiques subordonnées à l'État.** — J'ai fait connaître au début de ce rapport la législation et les dispositions réglementaires en vigueur dans cette matière. L'autorité est ici toute puissante, puisqu'il s'agit de son bien, et le Gouvernement exerce une tutelle efficace sur les corps publics de rang hiérarchique inférieur. Les dispositions législatives sont, il est vrai, disséminées et il serait souhaitable pour ceux qui ont à les appliquer qu'elles fussent rassemblées en une loi distincte ayant pour objet la protection des monuments publics et œuvres d'art. Mais ce serait une modification de pure forme qui aurait ce seul avantage de mieux manifester l'importance que le législateur attribue à la conservation des objets d'art. A moins de modifications aux principes en vigueur il n'en résulterait aucun avantage d'application. Ces principes ne me paraissent pas devoir être modifiés.

Certes, on peut constater, sous l'empire de la législation actuelle, des défauts regrettables d'entretien de certains monuments, mais ce ne sont pas les lois qui sont fautives. Le plus souvent il s'agit d'un manque de ressources ou de l'indifférence des mandataires publics par défaut d'éducation artistique. A ce dernier mal, le remède est dans la propagande des idées de l'Art public et dans les exigences de l'opinion générale qu'elle aura formée. Il arrive, il est vrai, que par hostilité religieuse, des administrations locales refusent d'intervenir dans les frais d'entretien des édifices religieux, mais la loi leur imposant cet entretien, le Gouvernement me paraît armé pour briser leur mauvais vouloir. Si je suis exactement informé, il s'abstient généralement de le faire; c'est là une manifestation de l'indépendance qu'il croit devoir laisser aux pouvoirs locaux et non une impuissance résultant de la loi.

A. 2° **Monuments et objets d'art ou d'histoire appartenant à des particuliers (notamment les collections).** — En cette matière, la législation est évidemment insuffisante et erronée.

La propriété privée est le *jus utendi et abutendi*, le droit d'user et d'abuser des choses, ce qui comprend celui de les abandonner à la destruction du temps ou de les détruire par une action volontaire et immédiate.

Donc le propriétaire d'un château historique, exemplaire peut-être unique d'une architecture peu connue, seule manifestation encore existante d'une organisation sociale disparue, qu'elle permet d'étudier et de mieux comprendre, peut le détruire. Le propriétaire d'une œuvre d'art, d'un objet historique, matérialisant des souvenirs communs à toute une nation ou dont l'existence constitue un titre de gloire pour le peuple entier et peut-être pour l'humanité civilisée, peut le détruire.

La conscience publique, tout au moins celle des hommes éclairés, se révolte à la pensée d'un pareil crime contre la civilisation. Cependant, celui qui commet actuellement ce crime, ne fait qu'user d'un droit que les lois erronées lui accordent. Certes, il arrive le plus souvent que les objets précieux sont détenus par des hommes trop intelligents et trop éclairés pour en agir ainsi.

Mais les hasards des successions peuvent les remettre en des mains peu dignes, ou les confier à des citoyens auxquels leur manque de ressources, sinon d'éducation artistique et intellectuelle, conseillera de les laisser tomber en ruines plutôt que de faire les frais, peut-être considérables, nécessaires à leur entretien.

Quand on songe à cette situation, on éprouve le même sentiment de crainte que l'on subit en voyant des enfants se livrer à toute la turbulence sauvage de leurs jeux dans un salon décoré de vases précieux et fragiles, ou des rustres pénétrer dans le laboratoire où un savant dispose ses préparations. On a l'impression pénible d'un danger permanent et irréparable.

On sent que la collectivité a un droit sur ce genre spécial d'objets précieux, ayant ce caractère propre d'être inséparables des souvenirs les plus chers de l'existence nationale, ou d'être un objet de gloire et d'orgueil pour le pays ou l'humanité. Mais comment définir ce droit et en régler l'exercice?

La solution brutale qui déclare les biens de cette nature purement et simplement propriété de l'État, moyennant indemnité, peut froisser les sentiments privés les plus légitimes et les plus respectables. Un souvenir de famille, pieusement conservé dans la mémoire de ses descendants, s'attache parfois à ces objets et proteste contre leur arrachement par la main toute puissante de l'Etat. Peut-être, en d'autre cas, le propriétaire n'aura-t-il acquis la possession qu'après de longues recherches et de grandes dépenses d'argent, qui lui ont permis de ramener de l'étranger ou de découvrir dans quelque lieu d'oubli le joyau que son âme d'artiste ou d'esthète convoitait avec une ardeur prête à tous les sacrifices. Serait-il tolérable de lui enlever son trésor dont la contemplation sera la récompense de ses peines, ou de l'obliger à le cacher comme s'il était le produit d'un vol?

De plus, l'Etat ne peut se charger de la possession de tous les objets et monuments offrant un intérêt public, sans grever lourdement ses budgets et sans augmenter le nombre déjà si considérable de ses fonctionnaires.

En ce qui concerne les bâtiments, s'il ne les laisse sans emploi, il ne pourra souvent en faire d'autre usage que d'y installer les bureaux de ses administrations. C'est là une manière de les utiliser qui sera rarement en harmonie avec le caractère architectural du bâtiment et contribuera bien mal à en exalter l'intérêt; elle tendra plutôt à en détourner l'attention et à diminuer l'impression d'art qu'il produit. Les services administratifs seront, du reste, installés de façon fort incommodes dans des édifices qui n'ont pas été construits et disposés à leur intention.

L'Etat belge, agissant par M. le Ministre Vandenpeereboom, admirateur passionné de l'art chrétien du moyen âge, a fait l'acquisition de plusieurs maisons de corporations, pour les soustraire à l'abandon et à la ruine. On y a installé des bureaux de postes et télégraphes. N'y a-t-il pas, dans ce rapprochement immédiat de choses symbolisant des époques si différentes, un contraste choquant, une prise de possession trop brutale d'une chose ancienne et vénérable, qui semble désireuse de repos et de calme, par les services d'une invention toute moderne, faisant naître précisément les idées contraires (1).

Si la propriété civile, telle qu'elle est définie par le Code civil, n'est pas le régime qui convient aux biens que je considère en ce moment, on voit que la propriété de l'Etat est également loin d'être sans reproches, au moins appliquée d'une façon générale et absolue à tous ses biens.

La solution me paraît se trouver dans la reconnaissance et la proclamation par la loi d'un droit de propriété spécial, de catégorie logique nouvelle et bien déterminée, qui réponde à la nature propre et à l'usage spécifique de ces biens : la propriété privée d'intérêt public.

Le droit actuel divise les biens au point de vue de la propriété en trois catégories : 1° ceux qui ne sont susceptibles d'aucun droit, tels que la haute mer, l'air, la lumière ; ils sont, au point de vue législatif, de peu d'intérêt pratique ; 2° les biens du domaine public de l'Etat, imprescriptibles, inaliénables, soustraits de façon absolue à l'empire des règles du droit civil ; 3° enfin, les biens susceptibles et objets de propriété privée dont les particuliers peuvent user et abuser, suivant les principes, du reste conservés, du droit romain. (Voir Arntz, *Droit civil*, t. I, pp. 528 et suiv.) Cette distinction logique est basée soit sur la nature même des biens, soit sur les dispositions du législateur. (Voir Giron, *Droit administatif*, t. I, pp 301 et suiv).

En reconnaissant l'existence d'une catégorie nouvelle de propriétés, déduite des mêmes principes de distinction, on ne bouleverse donc nullement les théories séculaires, mais, au contraire, on leur découvre une application nouvelle et utile qui en démontre la fécondité.

La propriété privée d'intérêt public se classe d'elle-même entre la propriété du domaine public et la propriété privée.

(1) La Ville de Bruxelles pour assurer la conservation des façades de la Grand'Place, a eu recours à un système moins onéreux que l'expropriation. Par conventi n passée avec les différents propriétaires une servitude a été créée en faveur de l'hôtel de ville imposant la conservation des façades. Pour mieux assurer ce résultat, la Ville se charge elle-même des travaux de réparation et d'entretien nécessaires, et ce moyennant une légère redevance ; elle intervient au contrat d'assurance des immeubles contre l'incendie. Un seul propr étaire a refusé de conclure pareille convention. La Ville poursuit l'expropriation de son immeuble. (Maison des Boulangers, à l'angle de la Grand'Place et de la rue au Beurre).

J'ajouterai à cette note ces renseignements intéressants. La Ville de Bruxelles a acheté par préoccupation d'art différents immeubls tels : la Maison du Roi, ancienne propri.té privée, la Tour Noire. le Cheval mari·. — *Place Royale*, les bâtiments qui entourent cette place sont frappés d'une servitude de non-modification en vertu d'un édit de l'Impératrice Marie-Thérèse en date du 15 avril 1779. Le même édit s'applique aux maisons entourant le Parc. D'autres immeubles, dont la liste serait trop longue, sont frappés de servitudes diverses se rapportant à l'aspect des rues (jardinet extérieur, hauteur limitée en vue de conserver le panorama : abords du Marché du Parc. En vertu d'un octroi de Philippe II, en date du 15 mai 1625, une servitude limite la hauteur des maisons rue Isabelle. Cependant, la Ville ayant voulu faire démolir la partie d'une maison dépassant la hauteur prescrite (maison Héger), un arrêt de la Cour d'appel du 29 juin 1875 a déclaré la Ville sans droit. (Voir *Bulletin communal de Bruxelles*. 1869, I, pp. 22 et s., 1875, II, p. 354).

Elle conserve de celle-ci le droit pour le propriétaire de jouir, d'user des biens, elle enlève celui d'abuser, de détruire (abutendi) comme incompatible avec l'intérêt public qui s'attache à la conservation de ces biens.

La distinction repose sur la nature même des choses d'intérêt public, elle permet de justifier le régime spécial qui leur est donné et qui leur convient, sans diminuer par des arguments généraux s'appliquant à tous les biens, le caractère absolu de la propriété privée.

Dès lors donc, qu'un objet meuble ou immeuble est reconnu avoir le caractère juridique d'une propriété privée d'intérêt public, celui qui le détient ne peut en faire un usage contraire à sa nature propre : il ne peut ni le détruire, ni le cacher. L'intérêt public exige sa conservation, et son exhibition au moins relative et périodique, telle que la loi la précisera, pour l'instruction et l'admiration des hommes. L'exhibition est tellement naturelle et imposée à la conscience que, même sous nos lois actuelles, la plupart des propriétaires de collections ou d'objets d'art remarquables se font un devoir et un plaisir de les montrer, souvent même aux premiers venus, fussent-ils étrangers, et s'ils agissent autrement un sentiment de réprobation générale flétrit leur égoïsme.

Qui dira si tel bien déterminé doit être rangé dans la catégorie des propriétés privées d'intérêt public? Il s'agit d'une constatation juridique. Ce seront donc tout naturellement les tribunaux qui prononceront, après plaidoiries, avis, expertises et toutes autres mesures utiles d'instruction, si la définition du législateur s'applique à l'espèce qui leur est soumise. La justice sera saisie par ceux qui représentent les intérêts de la collectivité, l'État, les provinces, les communes; à leur défaut, par les particuliers agissant au nom de l'intérêt général comme ils peuvent le faire déjà en matière électorale (loi du 28 juin 1894, art. 91) et en toute matière dans l'intérêt de leur commune (art. 150 de la loi du 30 mars 1836). Du reste, il arrivera le plus souvent que les propriétaires reconnaîtront de plein gré le caractère d'intérêt public de leur propriété, à la demande qui leur en sera faite par la commission chargée par le Gouvernement de rechercher l'existence des propriétés privées d'intérêt public et d'en dresser la liste. La reconnaissance du caractère d'intérêt public à une propriété privée, en augmente en effet considérablement la valeur et l'importance, tandis que les charges imposées sont uniquement en faveur de sa conservation et de sa renommée.

Le propriétaire pourra au surplus assigner l'État en reconnaissance du caractère d'intérêt public de sa propriété, dont il veut assurer la conservation par ses héritiers ou tous autres.

Un bien n'aura donc le caractère de propriété privée d'intérêt public que du consentement du propriétaire ou à la suite d'une décision judiciaire. Ce caractère dépendant de la nature de l'objet, lui reste inhérent en quelques mains qu'il passe, et entraîne les mêmes obligations pour les propriétaires successifs.

La sanction de ces obligations serait pénale s'il s'agit d'une violation volontaire ou méchante et consisterait en dommages et intérêts s'il y a négligence incompatible avec les soins que l'on est en droit d'attendre « d'un bon père de famille » suivant l'expression dont se sert le Code civil (art. 1374) au sujet du gérant d'affaires. L'inobservation de la loi entraînerait de plus le droit pour l'État, qu'il s'agisse de meubles ou d'immeubles, d'exproprier moyennant paiement préalable d'une indemnité en rapport avec le peu d'importance que le propriétaire attache à des choses qu'il ne juge pas digne d'entretien. L'État pourrait également exiger la vente publique aux enchères afin d'amener les biens en des mains plus dignes et plus soucieuses de les conserver.

L'exportation des propriétés privées d'intérêt public (objets mobiliers) doit être interdite.

Quant aux œuvres d'art même les plus remarquables qui ne sont pas classées dans cette catégorie juridique de biens, il convient de ne pas les soustraire à l'absolue liberté des transactions. Les pays riches et de culture esthétique développée, tels que le nôtre, attribuent à ces œuvres une valeur marchande élevée qui tend à en rendre l'exportation peu fréquente. Il serait du reste funeste en soi d'empêcher toute vente à l'étranger de nos œuvres d'art. Personne n'y songe en ce qui concerne la production contemporaine de nos artistes, ce serait limiter à leur plus grand préjudice le nombre de leurs acheteurs, et aggraver encore la situation souvent pénible qui leur est faite quant aux nécessités matérielles de l'existence. Mais, aussi en ce qui concerne des œuvres anciennes, leur possession constitue souvent, comme le fait judicieusement remarquer le célèbre économiste français Leroy-Beaulieu au sujet de tous les objets d'art, une épargne qui deviendrait inutile si elle ne pouvait être réalisée dans les temps difficiles. De plus, à les conserver trop jalousement dans le pays qui les a produites, on empêcherait la gloire nationale de se manifester au loin et de s'y faire rendre hommage. C'est du reste un devoir pour les peuples supérieurs en quelque domaine de contribuer à l'éducation de nations moins favorisées, ou soumises à une production purement matérielle. Des musées d'œuvres étrangères à défaut d'œuvres nationales doivent permettre la formation du goût esthétique.

B. **Monuments et objets d'art ou d'histoire enfouis ou ignorés (fouilles, découvertes).** — Les mêmes principes doivent être appliqués au produit des fouilles, aux choses découvertes, qu'à tous autres objets offrant un intérêt majeur pour la société entière. Il importe de déterminer pour ceux trouvés dans une propriété privée et que la loi attribue aux particuliers s'ils ont ou non le caractère d'une propriété d'intérêt public et doivent être soumis au régime légal de cette espèce de biens. Afin de permettre cet examen, toute découverte doit être déclarée à l'autorité dans un délai déterminé, et cela sous sanction pénale. Le Code pénal (art. 508) punit d'un emprisonnement de huit jours à deux ans et d'une amende « ceux, qui ayant découvert un trésor, se le seront approprié au préjudice des personnes auxquelles la loi en attribue une partie ». L'intérêt public a droit sans aucun doute à une protection au moins aussi efficace que l'intérêt privé.

On remarquera que les conséquences qui découlent de la reconnaissance du droit que j'ai nommé « propriété privée d'intérêt public » concordent souvent avec les mesures de protection accordées par plusieurs législations étrangères aux objets d'art. C'est que ces législations impliquent l'existence de ce droit par les applications mêmes qu'elles en font. N'ayant cependant pas, que je sache, proclamé ou mis en évidence suffisante le droit spécial dont les différentes dispositions légales ne sont que la réalisation et la mise en œuvre, ces textes de lois ne renferment aucun critérium qui permette d'en apprécier la valeur juridique, et satisfasse l'esprit en différenciant le droit de l'arbitraire.

C. **L'aspect des rues par le fait des particuliers.** — On est généralement désireux, en ce qui concerne les constructions urbaines, de favoriser les tendances toutes récentes soucieuses d'esthétique et de beauté, et l'on aimerait à voir se modifier l'état des choses encore existant.

Si tristes que soient les constatations à faire en cette matière, il suffit de quelques considérations pour montrer que la laideur et la banalité de la plupart de nos rues ne proviennent nullement des vices ou des lacunes des lois en vigueur.

La laideur, le manque de caractère des maisons particulières et des rues qu'elles forment sont le produit logique, et partout le même, des conditions économiques et sociales qui ont constitué la société contemporaine.

Un développement prodigieusement rapide de l'industrie en notre siècle, a enrichi rapidement beaucoup d'hommes sans éducation esthétique. Ils ont manifesté leurs richesses par des habitations somptueuses, mais banales et sans goût, qui suffisent à signaler leur opulence.

L'accroissement sans précédent des grandes villes amenant une plus-value longtemps constante des terrains, a fait édifier des quartiers par spéculation. La préoccupation du gain étant dominante au point d'exclure toute autre, les maisons ont été construites uniquement en vue d'offrir sur une surface déterminée le logement au plus grand nombre possible de locataires, ou tout au moins de pouvoir se louer avantageusement à des prix peu élevés. De là les maisons-casernes, les façades réduites à un simple mur percé d'ouvertures rectangulaires. Ces maisons n'étant pas habitées par ceux qui les construisent, le propriétaire reste inconnu du passant, et aucune réprobation ne l'atteint pour avoir enlaidi la voie publique.

De même que la laideur, la banalité s'explique par l'état social et les mœurs. La mobilité de la vie contemporaine a amené de nombreuses personnes qui auraient pu se construire une habitation à leur usage propre, à préférer prendre en location une maison existante. Les maisons ont donc été faites pour convenir à peu près à tout le monde et n'ont plus différé entre elles que par le degré d'opulence, toutes les maisons d'un même loyer étant sensiblement les mêmes.

Les idées égalitaires qui tourmentent les sociétés contemporaines, veulent de plus que la maison du pauvre prenne autant que possible l'aspect de celle du riche. La Société des Habitations ouvrières signale précisément dans son dernier rapport ce fait que les ouvriers auxquels on facilite la construction de maisons à bon marché, ont presque tous pour préoccupation principale d'avoir une habitation qui ressemble à celle d'un bourgeois et dont l'extérieur ne trahisse pas immédiatement un logis d'ouvrier.

Chose plus triste encore, la même tendance envahit les campagnes. Les jolies et caractéristiques demeures de nos fermiers et paysans font place à de vilaines réductions de nos maisons bourgeoises, de proportions mesquines et de matériaux insuffisants, n'invoquant à l'esprit que l'idée d'un impuissant effort d'imitation.

Cette constatation est absolument générale : tous ceux qui ont des supérieurs, c'est-à-dire presque tous, cherchent à cacher ce qu'ils sont par des dehors identiques à ceux de leurs supérieurs. Il en est résulté un grand désir d'uniformité dans l'habitation comme dans le costume, les plaisirs et toutes les activités et apparences extérieures.

Les tendances d'uniformité sont évidemment funestes au point de vue esthétique, surtout en architecture, où la beauté résulte en grande partie de l'heureuse révélation de la raison d'être, de la destination des édifices, maisons ou monuments.

Il n'est, je pense, au pouvoir de personne de modifier d'une façon profonde et durable, ce qui est la conséquence et la manifestation des caractères essentiels d'une civilisation avant que l'état social lui-même ne se soit modifié.

Mais le désir de cacher la condition de ceux qui habitent une maison peut se concilier avec l'adoption de formes plus gracieuses et plus esthétiques pour l'ensemble des habitations. Il suffit, pour que ce progrès artistique se réalise, que la société éprouve une répulsion générale pour la laideur dont elle acquiert conscience par suite de la propagande et des efforts enfin victorieux qu'ont fait les hommes de goût et les artistes, obéissant à leur mission sociale.

Ce phénomène se révèle en toute évidence aujourd'hui. Il ne s'édifie plus un quartier nouveau sans que les administrations communales, agissant avec l'approbation de tous, s'efforcent de procurer aux constructions un caractère esthétique. Des primes sont distribuées à ceux qui ont dessiné les plus belles façades et aux propriétaires qui les font exécuter ; souvent la commune, en revendant les terrains acquis par expropriation, se réserve contractuellement un contrôle efficace sur l'architecture des maisons.

C'est ainsi que parmi les conditions de vente de la nouvelle rue courbe du quartier de la montagne de la Cour (rue Caudenberg), on lit celle-ci : « Il est expressément stipulé par la ville venderesse, à titre de charge réelle que, sans préjudice de l'autorisation administrative, les plans des façades vers rue des constructions à ériger sur les terrains vendus devront, au point de vue architectural, être approuvés par le Collège. Les façades comporteront, sur la plus grande partie de leur longueur, des pignons triangulaires, de façon à réduire au *minimum* les corniches horizontales. Les murs pignons vers les voisins ne pourront recevoir ni inscription ni annonces ; ces pignons devront être d'un aspect satisfaisant et traités ainsi que les cheminées, dans le style des bâtiments. Ni les façades ni les pignons latéraux ne pourront être modifiés sans approbation « du Collège. En note, l'administration fait savoir qu'elle proposera au Conseil communal une série de primes à distribuer aux propriétaires des façades qui offriront le caractère le plus artistique (1).

(1) Je dois les renseignements concernant la ville de Bruxelles, disséminés dans ce rapport, à l'ama-

La distribution de primes n'est pas un usage nouveau ; on y eut recours déjà lors de la construction des boulevards du centre de la ville. Elle ne peut produire de résultats que pour autant que le goût architectural de l'époque ne soit pas absent ou mauvais, sinon le désir de surpasser les voisins ne fait qu'amener à exagérer encore, à rendre plus opulentes et plus criardes, les laideurs que le mauvais goût en honneur croit décoratives et belles.

La tâche qui m'a été confiée ne consiste pas à dire quels sont, en matière d'esthétique urbaine, les principes qu'il convient de mettre en pratique par opposition aux errements du passé. Le Congrès sera éclairé à ce sujet par des hommes compétents, de réputation européenne.

L'ordre modeste d'idées que j'essaie d'élucider se borne à apprécier, au point de vue juridique, l'intervention administrative, dans l'exécution des volontés et projets des habitants qui construisent.

Si je mentionne quelques principes d'esthétique, ce n'est donc qu'à titre d'exemples, afin d'examiner si la réalisation de principes analogues doit être confiée à l'autorité, ou s'il faut l'espérer de la bonne volonté et de l'initiative des particuliers.

J'ai rappelé plus haut un jugement de Bruges affirmant que l'esthétique urbaine entre dans les attributions des conseils communaux. Je crois la thèse de ce tribunal exacte, en théorie juridique abstraite, autant qu'en droit positif actuel. Mais il importe de préciser et de mettre en évidence quels sont les actes de la compétence de l'autorité communale ou qui doivent l'être pour lui permettre de favoriser l'embellissement des villes.

Il est certain que l'autorité ne peut se faire juge des différentes tendances esthétiques, ni imposer un style pour en proscrire un autre, au moins d'une façon générale.

Empêcher une transformation de l'aspect des habitations, qu'on le fasse ou non pour protéger l'apparence esthétique, c'est peut-être entraver en même temps une modification bienfaisante des usages de la vie sociale. Ainsi, il semble que, par un retour à une manière de faire d'autrefois, le nombre augmente des petites industries qui s'exercent sous les yeux des passants. Je songe aux fabricants de cigares, de pipes, de chaussures, de dentelles, aux relieurs, horlogers, copistes à la machine et autres que l'on voit dans certaines de nos principales rues exercer leur métier dans un local de magasin, à proximité immédiate d'une vitrine libre permettant de les voir à l'œuvre. De même on étale aux regards, dans des locaux ouverts, les robustes machines qui produisent la lumière et la force motrice pour de grands établissements (Grand Hôtel, Passage du Nord) et qui sont imposantes et belles par l'idée de puissance et de progrès qu'elles évoquent. Si cet usage devait se répandre, la partie des villes où s'exercent les métiers et manufactures devenant une ruche travailleuse à jour, prendrait un caractère nouveau d'un vif intérêt et modifierait sans doute son architecture pour l'approprier aux exigences de ces ateliers de travail extérieur.

L'autorité communale serait funeste si elle pouvait entraver des transformations de ce genre. Il est d'autant plus prudent pour les pouvoirs publics de s'abstenir de prendre parti, à titre d'autorité, en faveur d'une tendance esthétique ou contre elle, qu'il est toujours difficile sinon impossible d'apprécier le bon ou le mauvais goût à l'époque à laquelle on vit et dont on a respiré l'atmosphère.

Cependant il est des fautes de goût tellement évidentes (rapprochements contradictoires et choquants) qu'elles doivent nécessairement blesser tout homme ayant quelque sens du beau et cela indépendamment de ses préférences de style ou d'école en matière d'art. Eviter des productions de ce genre, c'est répondre au vœu unanime de tous les habitants. L'autorité a pour mission d'y veiller.

Ainsi, qui ne se scandaliserait si l'on tolérait qu'un original vînt installer une étable Place Royale, Avenue Louise ou dans quelque autre des plus belles artères.

La beauté des villes exige des aspects d'ensemble. Il doit donc être permis d'exclure de certains quartiers ou de certaines rues ce qui est admis en d'autres. L'harmonie et le caractère d'un vaste ensemble de constructions ne peuvent être brutalement rompus par la fantaisie ou la sottise d'un particulier. Introduire une construction d'aspect choquant ou malpropre au milieu d'habitations belles et décoratives c'est causer un préjudice matériel à tous les voisins, et enlever une jouissance esthétique aux passants. Il y a là une véritable lésion du droit d'autrui, l'interdiction s'impose.

L'art, comme le remarque fort bien Guyau (*L'Art au point de vue sociologique*, p. 56), n'est pas seulement destiné à produire des sensations agréables de couleur, de forme, de son, mais il peut aussi devenir expressif de la vie. C'est même, je crois, le but essentiel qu'il doit poursuivre. Une œuvre architecturale doit faire naître un état d'âme en rapport avec sa destination. Il faut que l'ambiance contribue à produire cet état d'âme.

Pour mieux faire valoir le caractère d'un monument il serait donc légitime d'imposer, lors de la demande de bâtir, aux maisons qui en constituent l'entourage immédiat, une architecture qui soit en harmonie d'impression avec le monument, ou qui, au contraire, le mette en évidence par contraste, suivant le goût de l'artiste qui a créé l'édifice ou de celui qui est jugé capable de le remplacer. C'est par l'harmonie d'ensemble que sont si belles : la Grand'Place de Bruxelles, la Place Saint-Marc de Venise ; c'est par elle encore, que les constructions simples du Vieil Anvers et même du Vieux Bruxelles, à nos dernières expositions, ont charmé un si nombreux public.

L'administration communale a-t-elle actuellement le pouvoir de procurer la réalisation de ces principes et d'autres semblables dont l'adoption serait préconisée par le Congrès?

Incontestablement, d'après la Cour de cassation. L'arrêt de la cour suprême du 20 juin 1870 attribue au Collège échevinal le droit de modifier les plans de bâtisse qui lui sont soumis par les particuliers.

Il est donc maître absolu de l'aspect des rues, tout au moins le Collège apprécie souverainement, sous le contrôle de l'autorité administrative supérieure, l'étendue de l'intervention que le texte et l'esprit de la loi lui accorde en matière de bâtisse.

ble obligeance de l'honorable échevin de l'Instruction publique et des Beaux-Arts M. Léon Lepage.

Ce pouvoir paraît exorbitant. Il n'est cependant pas exceptionnel. Le législateur a eu confiance dans la sagesse de l'autorité communale. Il a acccordé au bourgmestre le droit plus grave encore d'ordonner la démolition des bâtiments menaçant ruines et de défendre l'habitation des maisons insalubres, lui laissant le soin d'apprécier quand ces mesures doivent être appliquées. (Voir Giron, *Droit administratif*, t. II, n° 679.) Pas plus que les bourgmestres n'ont fait un usage arbitraire du droit de faire démolir ou déguerpir, pas plus les collèges n'ont abusé de l'intervention en matière de bâtisse. Au contraire, ils se sont montrés fort timides et peu innovateurs. En fait, ils ne prennent en considération pour refuser ou admettre les plans que des motifs d'hygiène et de sécurité. On sait cependant que les paroles déjà citées du rapporteur de la loi communale, M. Dumortier, les autorise à tenir compte aussi des exigences de l'esthétique.

Une modification de la loi n'est donc pas nécessaire en ce qui concerne la voirie urbaine, du moins de la loi telle que la jurisprudence que j'ai citée l'interprète, mais l'usage que font de la loi les collèges échevinaux devrait devenir moins timide au service de l'embellissement des villes. Il est probable que le retentissement des travaux du Congrès exercera dans ce sens une influence bienfaisante.

Si, par réaction contre l'inertie du passé et poussées par leur zèle pour l'Art public, certaines administrations communales abusaient de leur droit d'intervention il serait encore temps pour le Gouvernement de proposer aux Chambres une loi précisant et limitant la compétence des administrations communales en matière esthétique.

D. **Aspect des vastes perspectives de vue dans les villes et les campagnes. Sites.** — Il est fréquent de rencontrer dans notre législation des servitudes imposées par utilité publique aux propriétés à cause de leur situation. En voici des exemples :

Le décret du 11 janvier 1811, soumettant les Polders à un droit spécial, affecte par privilège leurs revenus et même la valeur du fonds à toutes les dépenses d'entretien et de reconstruction de digues.

L'ordonnance de 1669, article 7, titre 28 (et C. C , art. 650), impose aux propriétés longeant les canaux et rivières navigables la servitude de halage.

La loi du 25 juillet 1891 limite le droit de plantation et soumet à l'autorisation du Gouvernement le droit de bâtir dans une zone déterminée le long de la voie ferrée. Chaque construction nouvelle d'une voie ferrée entraîne avec elle ces servitudes pour les terres qu'elle traverse.

Le Code forestier impose des restrictions semblables aux propriétés limitrophes des forêts du domaine public, en vue notamment d'éviter les incendies et les vols dans les bois (Marcotty, *Servitudes légales d'utilité publique*, pp. 413 et s.)

Le décret du 7 mars 1808 défend de bâtir à moins de 100 mètres des cimetières hors ville.

L'arrêté-loi du 4 février 1815 interdit toute construction dans la distance de 1,800 pieds de l'extrémité du glacis le plus avancé des places fortifiées.

La loi du 26 août 1822, article 177, soumet toutes les propriétés situées dans une certaine zone le long des frontières à la défense de servir de dépôt à des marchandises sujettes à des droits de douane ou d'accise (Dumortier, *Code des douanes et accises*, n° 1112).

Ces citations me permettent de dire qu'imposer, à cause de leur situation également, aux propriétés comprises dans un paysage de beauté remarquable, ou l'entourant, la servitude de ne pas enlaidir ou de ne pas masquer le panorama (non aedificandi), c'est non pas innover, mais simplement mettre un principe juridique admis et d'usage courant, au service d'un besoin humain d'ordre plus élevé et plus idéal. Il n'est pas douteux que cette application nouvelle soit légitime.

Une loi doit donc intervenir qui soumette à l'autorisation du Gouvernement le droit de bâtir dans les zones de campagne constituant un paysage ou un site jugé par lui digne de conservation après avis d'une commission compétente (1). Le Gouvernement doit pouvoir au besoin y interdire la construction et, en d'autres cas, imposer une architecture en harmonie avec le milieu. Il serait fait un atlas donnant le tracé précis des surfaces soumises à ce régime L'intervention du Gouvernement est inutile dans les villes où la police des bâtisses appartient au Collège : j'ai dit plus haut le droit des collèges échevinaux. Leur intervention pour la protection des vastes perspectives de vue dans les villes est d'autant plus à désirer qu'on peut invoquer en faveur de leur existence, en plus des considérations esthétiques, des motifs d'hygiène : les citadins devant, pour les nécessités de leurs travaux, fixer constamment les yeux sur des objets rapprochés, éprouvent un repos bienfaisant de la vue et par suite du système nerveux en ayant la faculté quand ils traversent la ville, de porter de temps à autre leurs regards dans le lointain des horizons sans obstacles.

(1) L'initiative privée a créé, en Belgique, une société pour la protection des sites.

Résumé et conclusion générale.

I. — Les objets d'art ou d'histoire qui se distinguent par leur excessive rareté, les souvenirs qu'ils rappellent, la révélation qu'ils procurent sur un état social disparu, l'extraordinaire excellence de leur exécution glorieuse pour toute une nation, doivent, s'ils n'appartiennent à l'État, être déclarés propriété privée d'intérêt public. Ce droit laisse à celui qui le possède, la faculté de jouir de son bien, il lui enlève celle de le détruire ou de le cacher.

II. — Les lois en vigueur sont suffisantes en ce qui concerne la conservation des monuments publics.

III. — Elles n'exigent non plus aucune modification actuelle en matière d'autorisation de bâtir, mais les collèges échevinaux doivent se montrer moins timides dans l'usage qu'il leur est permis de faire de leur intervention en faveur de l'embellissement des villes. Il importe que la jurisprudence, tenant compte des exigences légitimes de l'opinion de tous et spécialement du vœu unanime des administrateurs publics, puisse préciser les tendances favorables qu'elle a manifestées dans le sens de l'interprétation des lois existantes conformément aux exigences de l'Art public. Les règlements communaux et les autorisations ou refus d'autorisation des collèges doivent procurer l'occasion aux tribunaux de se prononcer.

Seulement, si la jurisprudence interprétait en sens défavorable à l'Art public les lois existantes, ou si une interprétation trop large donnait lieu à des abus, une loi nouvelle s'imposerait.

IV. — Le Gouvernement doit posséder le droit d'autoriser ou d'interdire les constructions, de contrôler et au besoin d'imposer l'architecture des bâtisses, dans les zones de campagne constituant un paysage ou un site digne d'être conservé.

V. — Enfin, il ne suffit pas que les administrateurs publics s'efforcent d'embellir les villes, il faut que les particuliers, afin de jouir pleinement des améliorations obtenues, aient conscience des efforts faits, que leur attention soit constamment en éveil. A cet effet il importe qu'un journal se consacrant exclusivement à l'esthétique, des villes, tel l'*Art Public*, puisse se répandre largement pour empêcher que les préoccupations ne se détournent de cet objet. Les colonnes de ce journal doivent être librement ouvertes à tous ceux qui s'intéressent à l'Art public, et le journal doit porter sous son titre une invitation permanente aux lecteurs de faire connaître toute idée, tout projet, toute critique concernant l'Art public.

F. HOLBACH.

Rapport de M. NAEF, Albert, architecte du château de Chillon, membre de la Commission de conservation des monuments historiques suisses, A. C. des antiquaires de France.

Les restaurations des monuments anciens, en particulier des monuments historiques, de quelque nature qu'ils soient, constituent un des champs d'activité de l'architecture moderne, donc de l'Art public.

Que l'on discute cette tendance moderne, qu'on la critique ou qu'on l'admire, on ne peut la nier; *elle s'impose* comme un besoin répondant aux aspirations de notre époque.

La nécessité pour les pouvoirs publics d'intervenir dans ce domaine, de guider et de contrôler les restaurations des monuments historiques, restaurations toujours bien intentionnées mais souvent désastreuses, a été reconnue dès longtemps et n'est plus à démontrer.

Il serait peut-être intéressant et utile de comparer ici les lois de chaque pays relatives à cette question, de discuter les différents modes de classement des monuments historiques, l'institution des commissions gouvernementales pour leur conservation, leur restauration et leur surveillance, les avantages ou les points faibles de ces différentes organisations. Ce travail sortirait du cadre d'une communication succincte, et pourra faire l'objet d'une étude spéciale. Qu'il suffise de constater que, dans l'Europe entière, les pouvoirs publics interviennent directement ou indirectement dans les restaurations des monuments historiques, et de baser sur ce fait *une proposition d'ordre pratique, dont l'acceptation très simple et facile, serait d'une utilité générale et considérable.*

Il n'arrive que trop souvent que les travaux de restauration exécutés à un monument historique et artistique, en modifient profondément le caractère général ou les détails. Ces modifications, adjonctions ou transformations sont parfois telles, qu'à moins d'un travail de recherches minutieux et de très longue haleine, il est presque impossible de reconnaître l'aspect primitif *réel* de telle ou telle partie restaurée.

Les restaurations sont tantôt la *reproduction exacte* d'un état primitif (ensemble ou détails), *donc un fac-simile;* — tantôt, trop souvent peut-être, *une composition moderne dans le style des parties voisines,* plus ou moins adroitement copiées, *donc une restauration libre;* — parfois, enfin, ce sont des adjonctions *entièrement modernes*, traitées de la même façon que les parties primitives reproduites, faites de la même pierre, avec les mêmes outils.

On reconnaîtra que la vérité artistique, architecturale et archéologique, que l'histoire de l'art, risquent de la sorte d'être singulièrement faussées. Comment distinguer plus tard les parties exactement reproduites de celles qui ont été plus ou moins librement composées, sans parler des adjonctions ou transformations entièrement modernes?

Voici la solution que j'ai l'honneur de proposer :

Adopter pour les monuments historiques, de quelque nature qu'ils soient, et que l'on restaure, les trois signes conventionnels et internationaux suivants : (Ces signes, très simples, seraient inscrits sur toutes les parties moulurées, sculptées, peintes, appareillées, etc., *qu'il est indispensable* de refaire, de restaurer ou de créer.)

1. — *La date* et le signe conventionnel : **R. F. S.** (Restauration en fac-simile), pour les parties remplacées, restituées et reproduites *exactement d'après le modèle original.* (Par exemple : **R. F. S. 1898.**)

2. — *La date* et le signe conventionnel : **R. L.** (Restauration libre), pour les parties *restaurées librement d'après des modèles analogues.* (Par exemple : **R. L. 1898**).

3. — *La date seule*, pour les parties de création *entièrement moderne.*

L'idée première de ce système avait été émise par M. H. de Geymüller, architecte, correspondant de l'Institut de France, membre honoraire et correspondant de l'Institut royal des architectes britanniques, etc., etc., au Congrès international pour la protection des monuments et des œuvres d'art, tenu à Paris en 1889.

M. le baron de Geymüller l'avait formulée comme rapporteur de la question des restaurations de monuments anciens; — je n'ai fait que reprendre et appliquer l'idée de mon honorable collègue.

Je me permets d'ajouter qu'aujourd'hui *ce mode et ces signes sont définitivement adoptés et sont de règle pour tous les monuments historiques que l'on restaure dans le canton de Vaud (Suisse)*, et qu'ils seront prochainement adoptés, il faut l'espérer, pour les monuments historiques restaurés sous la surveillance de la Commission de conservation des monuments historiques suisses. Inutile d'insister sur l'intérêt et l'importance artistiques et scientifiques que présenterait l'adoption internationale de ces signes conventionnels si simples; ils pourraient être les précurseurs d'une convention internationale plus complète relative au mode de restaurer les monuments historiques.

Rapport de M. P. BOVEROULLE, architecte provincial.

On doit rendre hommage aux administrations publiques pour les efforts qu'elles ont faits depuis un certain nombre d'années en vue d'améliorer et de donner à l'architecture de nos nouvelles rues un grand et beau caractère.

Rien n'a été négligé à ce sujet dans les grands centres; on y a institué des concours publics, réparti des primes, etc.

Est-ce à dire que tout a été fait et qu'il ne reste plus rien à faire?

Tout en désirant voir exister une très large liberté d'action, tout en étant éclectique dans le bon sens du mot et bien que respectant les idées de tous, j'estime qu'il conviendrait cependant que les administrations se montrassent encore plus sévères pour empêcher la réalisation de façades qui sont, de l'avis des connaisseurs, de pures fantaisies et du plus mauvais goût.

On doit bien avouer que trop souvent, sous prétexte de faire du nouveau, nous voyons des œuvres plus que médiocres s'étaler dans les plus beaux quartiers de nos villes et gâter entièrement l'aspect de nos belles rues, appelées cependant à refléter notre histoire.

Nous oublions souvent que ces rues sont et resteront l'âme de nos cités.

Je suis certain que tous mes confrères partageront ma manière de voir à ce sujet

La Presse aussi s'en occupe depuis longtemps; j'ai même sous les yeux le n° 37 de la *Chronique des Travaux publics*. Je crois bien faire de reproduire cet article, intitulé « l'Art plâtré » :

« Le quartier Nord-Est, qui compte aujourd'hui 16,000 habitants, est assurément fort joli, mais tout n'y est pas également beau.

» Certes, on ne peut exiger que tout le monde y fasse construire un petit palais, mais on devrait faire comprendre aux propriétaires qu'on peut bâtir économiquement tout en y mettant du goût, comme on peut dépenser aussi beaucoup d'argent à d'abominables fioritures.

» Il est, par exemple, telles maisons où la pierre de taille a été véritablement torturée pour en faire des soubassements, qui seraient mieux à leur place au cimetière d'Evere, tant ils ont l'aspect funèbre. Ailleurs, on a taillé dans la pierre bleue des anneaux, des plaques, de fausses boîtes à lettres, des ornements de tous genres qui n'ont aucune raison d'être.

» Des bâtiments sont couronnés de lucarnes à niches — sans doute pour y mettre la statue de l'architecte et du propriétaire — et le reste de la façade a été livré aux plafonneurs qui ont, à leur tour, prodigué des moulures, des consoles, des chapiteaux. Dès la première gelée, tout ce flatras ira éclabousser le trottoir.

» Il faut croire que ceux qui sont les auteurs de ces abominations en sont eux-mêmes très fiers, car plus les façades sont laides, plus le nom de l'architecte est mis en vedette. »

Je ne discute nullement le bien fondé de cet article; je n'ai pas même vu les œuvres critiquées, mais je conclus par expérience que ce tableau s'est vu et se voit malheureusement trop souvent. Dans ces récriminations il y a cependant quelque chose d'encourageant pour nous, on commence à bien se rendre compte du mal, et nous constatons avec un sensible plaisir qu'on est à la recherche du remède; donc il ne faut pas se décourager. J'ai le ferme espoir, qu'avec un peu de patience et le concours des autorités toutes puissantes nous arriverons à faire mieux encore.

Nous devons tous bien le reconnaître et l'avouer; on a certainement fait beaucoup de progrès dans l'art de bâtir depuis une vingtaine d'années.

Il est à remarquer que depuis quelque temps les constructeurs ont une certaine tendance à vouloir faire du neuf à tout prix. Ecueil dont le but en lui-même peut être très louable mais qui trop souvent n'a pour résultat qu'un enfantement de formes extravagantes, bizarres et mal pondérées. A la honte de notre histoire, les œuvres de ce genre resteront étalées dans nos rues.

Au point de vue esthétique, il faut réagir autant que possible et obtenir des administrations publiques que toutes les demandes de bâtir présentées à l'approbation du Conseil communal en vertu de l'article 90 de la loi communale soient minutieusement examinées afin de rejeter, si la loi le permet, toute œuvre dont l'exécution serait d'un mauvais effet.

Indépendamment des formes architecturales, il y a le polychromage des façades, soit par les matériaux naturels, soit par la peinture imitative.

L'administration communale devrait avoir aussi son mot à dire à ce sujet et pouvoir empêcher de peindre les façades dans des tons criards, faisant tache dans leur milieu.

Une autre question bien importante et qui mérite d'attirer tout particulièrement l'attention des autorités, c'est la question des saillies prescrites par les règlements de petite et de grande voirie.

Les saillies tolérées sur le nu du mur par les susdits règlements sont-elles suffisantes pour donner aux façades qui sont érigées le long de nos rues, le mouvement nécessaire afin d'obtenir un certain jeu d'ombre et de lumière?

Que de fois ai-je entendu les récriminations de mes confrères à ce sujet.

Aussi a-t-on fait, en partie, droit à leurs justes réclamations.

M. le Ministre des Travaux publics, à la suite d'un rapport de M. l'Ingénieur en chef Rycx en date du 15 février 1895, a bien voulu modifier les instructions antérieures au sujet des saillies permises sur le nu du mur des alignements de la grande voirie.

La saillie la plus forte que l'on puisse se permettre actuellement est la 100e partie de la largeur de la rue. Au delà de cette limite, une autorisation spéciale est exigée. C'est déjà mieux que précédemment, mais comme je le fais remarquer dans mes conclusions, j'étendrais encore davantage cette latitude toutes les fois que la question artistique l'exigerait et pour autant que les saillies demandées ne gêneraient ni la circulation des passants ni la vue des voisins.

Conclusions.

En résumé, je propose les conclusions suivantes :

Au point de vue de l'esthétique, il est indispensable d'armer davantage les pouvoirs publics, afin qu'ils puissent réagir sérieusement et efficacement contre le mauvais goût de constructeurs ou de bourgeois peu soucieux du beau en architecture et qui, par des constructions banales, sans aucun caractère ni style, déparent et gâtent l'aspect de nos rues.

Les plans de semblables constructions devraient être inévitablement rejetés par les autorités. Il y aurait également lieu d'armer davantage les pouvoirs publics relativement à la polychromie des façades à rue.

Pour ce qui concerne les règlements administratifs se rapportant uniquement aux alignements et aux différentes saillies sur le nu du mur, ils devraient donner à l'artiste, chaque fois que l'œuvre l'exige réellement et qu'aucun préjudice n'est porté à la circulation ni aux voisins, la liberté de s'écarter faiblement des prescriptions formulées à cet égard et actuellement en vigueur.

Chaque cas particulier dont l'importance serait constatée devrait être soumis par l'administration communale à une commission spéciale chargée de donner son avis au point de vue de l'Art et des saillies minimum exigées par l'œuvre projetée.

RAPPORTS

DEUXIÈME SECTION

L'INFLUENCE DE L'ART

SUR LES MŒURS ET L'ÉCOLE PRIMAIRE

Rapport de M. Pierre Tempels.

I

Tout homme a dans l'esprit un idéal de bonheur, un idéal moral et un idéal esthétique ou artistique.

Indépendamment de toute théorie et des opinions d'autrui, parfois en contrariété avec les idées qu'il professe, il a au fond de lui-même une poussée vers les choses qui lui plaisent, une manière de juger à sa façon l'honnête et l'obligatoire, une manière absolument personnelle de rêver le bonheur.

Ces trois objets de l'idéal sont solidaires et décident de la conduite. Si on influence un d'eux, on les influence tous. Si on élève l'idéal esthétique, on élève l'idéal moral; on met des poids dans le bon plateau de la balance où la volonté pèse ses motifs.

II

C'est une erreur de dire que l'amour du beau, la poésie et l'art corrompent les mœurs.

La corruption des mœurs a des causes complexes; la corruption de l'idéal en est une conséquence. On trouve dans l'histoire des époques aux mœurs dissolues, avec l'art florissant : en y regardant de près, on trouverait que mœurs et art tendaient ensemble à une élégance plus ou moins vicieuse, et que c'étaient les mœurs qui avaient commencé, et que le commencement avait eu des causes sans rapport avec l'art.

Dans notre état de civilisation, l'idéal honnête et l'autre sont en conflit. Dans un pays où l'autre a de grands succès, il y a décadence. Ses agents, poètes et artistes, avides d'argent ou de renommée, sont méprisables. Mais lorsqu'en un pays, fût-il voisin, les mœurs honnêtes sont restées en honneur et coïncident avec la culture intellectuelle et avec l'évolution normale du caractère ancestral, les forts font la poésie réconfortante et l'art viril.

Quelqu'opinion qu'on ait sur la destinée de l'homme et les futures conditions sociales, il faudrait être aveugle pour ne pas apercevoir que l'homme n'a d'enthousiasme pour le vrai, que s'il en a pour le bon et le beau.

III

Dans les pays pittoresques et de population peu dense, la nature donne au peuple des impressions vives et constantes, un idéal grave, une poésie et un art à la fois honnêtes et originaux.

Dans les pays plats, très peuplés, très industriels, avec des villes grandes et nombreuses, la poésie et l'art procèdent des spéculations de la pensée plus que de la contemplation de la nature.

Alors il importe d'autant plus que l'idéal soit sollicité par des œuvres de bon aloi.

Quand le travail est dur et les besoins difficiles à satisfaire; quand les privations ou les convoitises excitent la haine; quand les conflits politiques sont violents; quand la conscience populaire est ballottée entre des conceptions religieuses trop hautes et des pratiques idolâtriques dont elle soupçonne le mensonge; quand il y a dans l'être humain ce défaut d'harmonie et dans l'ordre social cette menace d'instabilité, il faut que les hommes de bon sens et de volonté forte avisent.

Les discussions politiques et religieuses enveniment : on ne peut attendre d'elles, ni solutions, ni progrès.

Les institutions économiques, les conditions du travail, sont la passion de ce temps-ci, peut-être sa justice, peut-être son illusion : quelle que soit la bonne volonté qui les inspirera, ce serait folie de croire qu'elles ramèneront la satisfaction et l'équilibre.

La science des lois du monde physique est la souveraine qui gouverne le mouvement actuel des idées et des mœurs : mais elle-même proclame, plus impérieusement que jamais, qu'elle est impuissante à gouverner l'homme, parce que l'homme ne vit pas seulement dans le monde physique mais aussi dans un monde d'idées, aux uns la confiance religieuse, aux autres les libres impulsions de l'âme, à tous la foi dans une beauté et une vérité supérieures aux choses vues et comprises.

Voilà le côté humain qui souffre! Que ceux qui aspirent à le guérir par la restauration ou l'épuration du sentiment religieux fassent leur œuvre; avec ou sans eux, il faut que la vérité morale reprenne son empire sur la masse populaire et que cette œuvre-là soit poursuivie par tous ses aboutissants. Là est la grandeur de ce Congrès : son objet précis et restreint se rattache à une très juste conception des besoins de notre époque.

IV

L'art traduit l'état de culture d'un peuple. C'est par lui que le peuple cherche à augmenter cette culture. Il y met son plaisir et son orgueil.

Qu'elles excitent l'ardeur patriotique ou l'admiration pour des actions héroïques qu'elles visent les mœurs par la pitié, la tendresse ou le rire; qu'elles apprennent à discerner la beauté dans le corps humain ou dans la nature; qu'elles se réduisent même à charmer les yeux par l'harmonie des lignes ou des couleurs, toujours les œuvres d'art répandent un enseignement puissant. La beauté d'un édifice donne de la dignité aux choses qu'on y fait. La beauté de la rue donne du charme à la vie publique et appelle la sociabilité et la bonne humeur : c'est ce qui instinctivement et partout la fait décorer en temps de fête. La beauté de la maison réjouit la famille : si on fait abstraction du faste maladroit et de la misère découragée, on peut dire que tout homme trouve dans l'agrément de son habitation une raison de bien-être. Le cabaret même trouve dans ses dimensions et son ornementation un motif d'ordre : les ivrognes n'y vont pas.

V

L'art populaire mesure la prospérité industrielle. Des œuvres d'art abondantes font au public une sorte d'éducation dont la fabrication se ressent par le fait des producteurs et des consommateurs. Si les artistes principaux se sont inspirés d'un style ou manière spéciale et ont déterminé une tradition, le peuple ouvrier s'en inspire et acquiert une originalité locale, condition de succès.

Malgré la machine et le procédé mécanique, il est encore un grand nombre de métiers vivant du bon goût des ouvriers et des ouvrières. Ceux-là ont besoin de respirer une atmosphère imprégnée d'art et de recevoir une constante éducation dans le monument, dans la rue, dans leur maison, dans les objets usuels qui les entourent.

VI

L'art a toujours été en honneur chez nous, et l'artiste populaire. La paroisse était fière de son église, de son tableau, du son de sa cloche; la ville de sa tour; le métier de son local; le bourgeois de sa poutre sculptée et de sa façade en bois de Norvège; la gilde de son étendard, le marchand de son enseigne; la paysanne des belles assiettes d'étain qui luisaient sur sa cheminée et du rouet sculpté reçu en cadeau de noces. Tout était matière à cortège, à costume, à baudrier brodé, à tambours, à fête. Les buveurs demandaient de belles cruches, les jeunes filles une belle fontaine en fer forgé. Un bijou, une tapisserie, un hanap, un coffret d'ivoire, un verre de Venise étaient des trésors de famille, des présents à la manière des héros d'Homère. Nos archéologues croient inventer ces petits chefs-d'œuvre ignorés de nos pères : ceux de 1830, oui; mais non pas ceux qui les faisaient ou les commandaient : Ceux-là les montraient avec ravissement sous l'âtre du foyer, ou sur le banc de la maison où ils arrêtaient l'ami qui passait.

Dans ce milieu pittoresque et cette bonhomie intérieure, il y avait l'art naïvement compris et aimé, celui qu'il faut ramener dans nos rues, dans nos mœurs et dans nos cœurs.

VII

On dit que la solidarité moderne des peuples, les intérêts nouveaux, l'abondance de l'industrie, la multiplicité des relations, les applications scientifiques aux objets usuels, ont changé les mœurs irrémédiablement.

C'est vrai pour beaucoup de choses.

Mais on n'a pas changé le cœur de l'homme.

D'ailleurs ce n'est pas dans le mouvement puissant de la seconde moitié de ce siècle que le pittoresque, la tradition, le sentiment et l'art populaire ont sombré;

c'est dans le désarroi moral et l'aplatissement artistique qui ont marqué le sillon de la Révolution française.

La science n'est pas la fin de l'art : elle l'alimentera ; — les relations ne sont pas la fin de l'originalité : c'est précisément ce qu'il faut empêcher ; — la richesse répandue ne sera pas l'appauvrissement des âmes ; — elle est le triomphe de l'intelligence ; elle ne sera pas la fin de la poésie, du bien-être vrai, de l'amour et du plaisir sincère, sous peine d'être le commencement d'une barbarie nouvelle.

L'équilibre revient. Les bonnes choses nouvelles s'adapteront aux bonnes choses retrouvées : c'est ce qu'elles sont manifestement en train de faire. Que ce soit au nom des intérêts religieux ou libéraux, ou au nom de la démocratie, leurs défenseurs ne seront pas inattentifs à leurs meilleurs moyens d'action. L'art ira au peuple, peut-être plus que jamais. Le peuple sera encore sa force. Les artistes retourneront aux sources de leur inspiration. Les bourgeois d'une ville, ayant vu l'originalité des autres, voudront encore avoir la leur, comme jadis.

VIII

A un degré moindre que les arts décoratifs, mais important aussi, nous avons comme trait de notre caractère national : la musique.

Nos maîtres, compositeurs et virtuoses, occupent une grande place dans l'histoire de cet art.

Les touchants Noëls, avec les enfantsmages et l'étoile, la complainte au marché avec le tableau et des voix fortes, les chansons de dentellières, les carreaux alignés l'été dans la ruelle et les longs soirs d'hiver, les chansons mordantes, au dessert, et les chansons d'amour par les filles, entr'elles : tout cela c'était nous !

A vrai dire, il y a là des choses finies.

Cependant il n'eût pas fallu les oublier dans Bruxelles-Kermesse. Des Flamands et des Wallons eussent dû faire des choses dans le ton de notre gaîté à nous, pour tuer les platitudes des cafés-concerts.

L'art musical populaire de notre temps, c'est la société de chœurs, la société de fanfares ou d'harmonie.

Tout village devrait avoir sa société musicale.

Pour répandre le goût et l'influence de la musique, il suffit que le peuple connaisse et pratique de nombreux chants nationaux. Comme en peinture, nous avons un style ancestral. Des maîtres contemporains l'ont relevé. Plusieurs de leurs chants sont populaires, et le seraient davantage si on avait voulu.

Un chant populaire doit être ou patriotique ou héroïque, ou empreint d'un sentiment général ; ne blessant personne, attendrissant ou comique.

Dans l'opéra, l'oratorio, etc., les paroles peuvent n'être que des vocables sonores, l'idée fit-elle défaut : c'est même ce que les compositeurs et les artistes à grande voix préfèrent. Pour le chant populaire cela n'est pas permis : il faut qu'il soit d'abord d'une belle poésie, colorée et bien pensée, virile ou naïve, triste ou gaie, jamais dépourvue d'un caractère franc.

C'est à cette pensée que doit être adaptée une mélodie inspirée par le sentiment des paroles et, beaucoup plus encore, par le tempérament national lequel, comme idéal d'art, est grave, tendre, triste ou gai à sa façon.

Que les grandes écoles de musique et de peinture fassent des professionnels et, parmi eux, de grands artistes ! Pour l'art populaire il faut leurs œuvres nouvelles, mais surtout la chaîne atavique, les vieux sujets et les vieilles mélodies repoussant du sol, et ces chants répandus dans les fêtes, les écoles, les ateliers, les sociétés, les rues.

IX

Le théâtre, en principe et par son origine, est une œuvre populaire. Dans les pays de grande culture littéraire il devient un genre principal. Le théâtre français a une histoire glorieuse. Il fournit encore au monde des pièces d'une beauté universelle, quand il y a quelqu'un pour les faire.

Paris a eu aussi son théâtre populaire, merveilleux de bonne humeur et de bon sens, moins compris au dehors, précisément parce qu'il avait l'esprit local, comme le théâtre napolitain, anglais, flamand ou wallon.

C'est celui-là qui est maintenant dans un état désastreux. Il jouait les aventures comiques de la bourgeoisie et du peuple ; maintenant il emprunte ses sujets aux mœurs de la prostitution. Il avait le franc rire ; maintenant il a le rire cynique des chansons de beuglans. Il avait la gaîté française ; maintenant il a la vulgarité comprise partout et infectant sans peine.

Voilà de quoi s'alarment le sens artistique et le sens commun des honnêtes gens.

Pour combattre le mal, nous avons le vieux théâtre flamand et wallon. Il faut le ramener à ses sources, comme le pittoresque des rues, comme tous les aspects de l'art.

Chaque fois qu'une pièce a été bien faite dans ce sens, elle a eu un succès durable, parce qu'elle était sincère et réjouissait l'âme du peuple.

Il ne faudra pas que ce théâtre fasse défaut au prochain Bruxelles-Kermesse.

X

L'amour du costume national est un trait tellement significatif qu'on en peut conclure à l'orgueil de la liberté, à cette nationalité des volontés qui résiste aux événements politiques.

Les femmes d'Europe l'ont trahi pour les choses si souvent laides qui s'en vont des boulevards de Paris. La perversion du goût a gagné les bourgeoises folles de panaches. A présent ce sont les filles du peuple qui abandonnent les traditions presque toujours gracieuses qu'elles portaient avec aisance et qui les rendaient jolies, pour courir aux plates et impuissantes imitations qu'on leur fabrique à bon marché.

Il semble que résister serait d'une témérité folle : qui sait ?

Pourquoi faut-il que le costume moderne soit l'ennui du chapeau universel et de la même jupe ? Si la mode est la fantaisie du temps, pourquoi pas aussi la fantaisie du pays ?

En Belgique, nous n'avons rien de bien intéressant à évoquer ; mais pourquoi, dans les pays plus heureux, les femmes n'ont-elles pas la patriotique et artistique pensée d'être belles et riches à leur tour dans les nobles et enviés costumes de leurs mères ? Même chez nous, n'y a-t-il pas un effort à faire pour que, dans les fêtes, dans les établissements publics, dans certaines professions, les gens de service reprennent leurs pittoresques costumes d'autrefois? Ils appartiennent à la restauration de l'art, à la rue vivante. Serait-ce une mascarade? Cela dépend des idées qui seraient dans l'air. Bruxelles-Kermesse l'avait compris ainsi.

XI

Nous avons la bonne fortune de trouver dans nos traditions l'amour des cortèges, des cavalcades, des étendards, des chars, des arcs de triomphe.

Ce sont des manifestations de l'art populaire.

Dans certaines circonstances, peut-être trop rares, le Gouvernement a eu la sagesse de les évoquer, avec grand succès.

Ces mises en scène, avec les réunions et les actions auxquelles elles se rapportent, avec les monuments pavoisés et les rues décorées, avec les chants et les costumes nationaux, avec tout ce qui est sorti du sol et de l'âme populaire, avec tout ce qui procède du besoin de faire diversion aux souffrances de la vie, c'est ce qui fait chanter le pays, comme la montagne du montagnard.

La cohésion sociale et même l'indépendance politique n'ont pas de plus profonde assise. De tout temps les conquérants y ont cherché de quoi enguirlander la servitude, et les législateurs légitimes y ont trouvé des éléments de liberté.

Bien des usages sont à retrouver à cet égard : ainsi les amples drapeaux de soie légère, à la hampe courte, qu'on faisait voltiger d'une main exercée; les « fous »; les tambours hauts de forme, au son solennel; les fifres gamins; les rois emmédaillés, les massiers, les emblèmes des métiers et confréries, en bois sculpté, portés sur une hampe, etc.

Ces choses étaient la joie des villages et des villes. Elles faisaient la kermesse. Les tables encombraient la rue. On buvait beaucoup de bonne bière, mais pas de genièvre.

Empêcheraient-elles aujourd'hui les distributions de prix et les discours des échevins? Mais non : les discours en seraient plus gais.

XII

Dans l'âme des enfants est le sincère enthousiasme et le germe de l'idéal. Il faudrait ne pas les aimer pour n'avoir pas vu leurs petits grands yeux tendus vers ce qu'ils trouvent beau. Quand des idées sont venues, ce sont les questionnantes curiosités, les répulsions ou les convoitises sans gêne, et les hardies tendresses pour ce qu'ils aiment et le franc rire et la fine perception du grotesque.

La nature les fait honnêtes, observateurs et artistes.

Ensuite cela dépendra du milieu.

XIII

Naguère l'école primaire avait pour but d'apprendre aux enfants à lire, écrire et calculer, dans une atmosphère dévote.

Depuis vingt-huit ans, nous avons fait des progrès, grâce aux méthodes intuitives et à l'introduction de notions scientifiques élémentaires, véhicules d'idées.

L'écueil est encore dans l'erreur des instituteurs ne sachant pas se borner ni discerner les choses qui conviennent.

L'école ne sera bien conçue que lorsqu'on aura compris qu'il y a à faire l'*éducation nationale*.

Elle embrasse l'homme tout entier : son cerveau comme instrument de compréhension, ses forces physiques, l'élévation de ses sentiments.

La principale école est partout. Elle est dans la rue pittoresque, dans les monuments artistiques, dans les statues des hommes illustres, dans les gaies fontaines, dans le dessin du réverbère, des enseignes, des façades, dans les vitrines des marchands, dans les cavalcades historiques et les cortèges, dans le régiment qui passe, dans les musées et les fêtes, dans tout ce qui est représentation. Elle serait surtout dans des musées faits exprès pour les enfants, où l'instituteur donnerait sa leçon. On voudrait oser dire qu'elle serait dans des foires d'enfants où les baraques seraient sauvages savamment et enseigneraient dans le rire.

XIV

Comme il y a des gens qui trouvent l'art corrupteur, il en est qui estiment que l'éducation doit surtout préparer au travail résigné, et que lire et penser servent surtout à lire et penser le mal.

D'autres, mieux inspirés, estiment que l'enfant doit être laissé à la nature et que les programmes font du surmenage.

Les uns et les autres regimbent à toute proposition d'extension de l'enseignement.

La vérité est que l'école primaire est encore beaucoup trop dans la doctrine des premiers et qu'elle justifie trop souvent la critique des seconds.

Il est malheureusement vrai que le peuple ne va pas au livre utile et réconfortant, qu'à l'école on lui dit trop de choses et qu'il n'en retient pas assez.

C'est que le programme est un leurre. Les leçons sont perdues, si l'élève n'acquiert pas une connaissance définitive ou une augmentation de force. Le cerveau et la volonté, tout comme le corps, n'acquièrent de force nouvelle que par l'exercice personnel, par une gymnastique appropriée à chaque matière. La science et l'art du pédagogue consistent à combiner et pratiquer cette gymnastique.

XV

L'enseignement soulève beaucoup de questions. Une seule, l'éducation artistique, rentre dans l'objet de ce Congrès.

En 1870, on avait pensé que dans tout village la maison communale et la maison d'école, comme l'église, doivent, par un aspect convenable, inspirer le respect de ce qu'on y fait. On meubla la classe de tableaux scientifiques ou reproduisant des monuments et des scènes pittoresques, avec le buste du roi.

Un autre Parlement dit que cela coûtait trop cher, supprima l'architecture et d'autres choses encore.

Le sentiment artistique, comme la morale, n'est pas une matière à mettre au programme avec des leçons spéciales et des heures fixées. Il ressort de l'ensemble, des dispositions de l'instituteur, de l'ambiance. Après avoir reçu les révélations de tous les faits sociaux qu'il observe spontanément, l'élève doit trouver dans l'école l'explication ou la correction de ses impressions du dehors.

XVI

L'enseignement primaire possède cependant un moyen direct : le dessin.

Convenablement pratiqué et combiné avec le reste, le dessin est l'exercice le plus propre à cultiver l'intelligence d'une manière générale. Il apprend à regarder; il oblige à être attentif; il fait observer les détails et leurs rapports; il précise l'idée;

il raffermit le souvenir. Le dessin apprend à voir dans l'espace, à concevoir la direction d'un plan et la section idéale dans un corps. Il sert à comprendre la pensée d'autrui, les « planches » dans les livres, les « croquis » dans les métiers; il est ainsi l'auxiliaire presque obligé de toute étude scientifique ou industrielle.

Enfin le dessin provoque le jugement personnel, engage à faire œuvre et, comme la musique, donne l'essor au sentiment.

On devrait attendre plus d'une population qui dessinerait et chanterait sans lire, que d'une population qui lirait beaucoup sans propension à l'art. D'ailleurs la première hypothèse est impossible : un peuple dessinant et chantant lirait aussi, mais ses lectures seraient d'un goût plus haut.

XVII

Comment faut-il enseigner le dessin dans l'école primaire?

Il faut d'abord se garder de toute assimilation avec l'école de dessin. Là le dessin est l'objet spécial et exclusif. On s'adresse généralement à des jeunes gens de plus de douze ans. On a pour but d'arriver progressivement à la pleine possession de l'art. L'école primaire ne saurait faire cela : elle n'a ni le temps, ni les moyens, ni le professeur.

Dans l'école primaire on ne peut pratiquer que le trait alerte, la perspective sans théorie, la mesure des angles, la proportion des longueurs, les figures et les solides géométriques, la ligne courbe dans la silhouette d'objets simples, l'usage élémentaire de la règle et du compas, les éléments de l'édifice, de la colonne, de la moulure : tout cela avec le soin constant de faire voir les détails dans les monuments et les objets usuels analysés et observés comme beaux ou laids.

Un tel enseignement, vif et borné, n'en a pas moins besoin d'être méthodique; mais les méthodes demandent à être déterminées par des maîtres à la fois artistes et pédagogues : elles ont de quoi tenter les plus forts.

Les matières de l'enseignement primaire ont entre elles une heureuse solidarité. Outre la leçon spéciale, le dessin peut être pratiqué à propos de géométrie, de proportions arithmétiques, de géographie, d'engins mécaniques; il y a place pour l'observation esthétique dans l'histoire étudiée par les monuments, les costumes, dans la géographie étudiée par le pittoresque.

XVIII

L'écriture dévore un temps considérable, le long des années de l'école primaire. Les méthodes fort améliorées sont encore illogiques, énervantes et peu fructueuses. Si on accordait une heure par jour au dessin et un quart d'heure à l'écriture par la voie du dessin, on constaterait bientôt le progrès de l'écriture elle-même. D'ailleurs le peuple n'écrit pas. Il lui manque l'orthographe, ce fléau de l'école; il lui manque de s'être rien assimilé de la grammaire, cette science hautaine de l'âge adulte dont on torture vainement les enfants.

XIX

Le dessin doit être enseigné dans les écoles normales. Les instituteurs n'ont pas besoin d'être des professeurs : il suffit qu'ils comprennent et sachent pratiquer le dessin de l'école primaire.

Même les instituteurs actuels auraient bientôt fait de s'y disposer. Des inspecteurs spéciaux les y aideraient. Comme en toute chose, on attendrait du temps des améliorations progressives.

XX

C'est aussi du temps qu'il faudrait attendre les résultats de l'école.

Un effet immédiat serait de révéler souvent dans l'enfant des dispositions aujourd'hui ignorées, faute de culture. On en déterminerait beaucoup à fréquenter ensuite une école de dessin. On favoriserait les écoles professionnelles où des notions de dessin sont enseignées. On permettrait de relever mainte industrie relevant des arts graphiques.

L'industrie nationale a raison de se chercher de larges débouchés. Mais il serait désastreux de ne pas songer d'abord à une production bien faite et belle. Nous avons des professions qui dégénèrent par l'inhabileté des ouvriers. Les maîtres clairvoyants le disent depuis longtemps.

XXI

Dans notre situation industrielle, y compris la grande usine où l'ouvrier n'a besoin que de courage, il y a d'autres dangers : le mauvais raisonnement et l'alcool.

A cela l'école ne peut opposer que la culture du bon sens et son action générale. Sans préjudice à des considérations plus graves d'ordre économique ou moral, et restant dans le cercle que s'est tracé ce Congrès, on ne saurait contester l'influence d'une poussée de l'esprit public vers l'art.

Comme moyens, l'école n'a pas seulement le dessin; elle a aussi, moins important mais plus facile, l'art musical.

Chaque jour, dans les écoles, on devrait chanter un chœur.

Les élèves devraient savoir « par cœur » un grand nombre de chants.

Il faut que nous ayons un recueil de chants nationaux, variés, sérieusement beaux, dans notre style traditionnel, restaurant les vieilles mélodies, avec des paroles parfois conçues pour les enfants souvent propres à être chantés dans le peuple adulte. Dût-il coûter plusieurs millions, c'est un monument national nécessaire : sa non-existence est un des phénomènes significatifs de ce temps de myopie politique.

Il importe d'éviter les difficultés de la théorie. Avec un peu d'explication, les enfants s'exercent facilement à lire la musique simple.

XXII

J'ai l'honneur de proposer au Congrès d'émettre les vœux suivants :

a) Que le dessin soit enseigné dans les écoles primaires, parmi les matières principales;

b) Que l'étude soit faite des méthodes qui conviennent à cet enseignement;

c) Que des chœurs soient chantés dans les écoles primaires, de manière constante;

d) Qu'il soit fait un recueil de chants nationaux dans le style de nos vieux maîtres.

PIERRE TEMPELS.

Rapport de M. Jules SAUVENIÈRE, homme de lettres, délégué des sociétés artistiques de Liége.

—

La culture de l'art est socialement utile aux hommes; elle est aussi moralement et intellectuellement nécessaire à la jeunesse.

Comment justifier les sacrifices pécuniaires des Etats pour encourager les arts et s'approprier les meilleures productions des artistes en vue de populations dont la majorité est ignorante, incapable et désintéressée?

Au surplus, n'est-ce pas un devoir pour l'éducateur officiel ou privé de chercher aujourd'hui un antidote à la vie trop matérielle, trop utilitariste, trop affairée que l'avenir réserve à la jeunesse actuelle de nos écoles?

Développer les connaissances artistiques nous semble donc un devoir — un devoir impérieux — pour les États et les administrations chargés de l'enseignement du peuple : *l'Art dans l'Éducation*, telle est la pierre fondamentale du développement esthétique.

Comment arriver à ce résultat ?

1° En organisant l'étude de l'histoire des arts dans l'enseignement aux trois degrés : primaire, moyen, supérieur, et en mettant cette étude, au point de vue des certificats, des diplômes, etc., sur le même pied que les autres branches considérées comme principales.

Quant aux méthodes, il conviendra de laisser, dans les premiers temps, toute latitude aux professeurs; la pratique en dira bientôt plus long et mieux que tous les discours et toutes les pédagogies.

Toutefois, nous croyons pouvoir soumettre les prémices d'un programme qu'il sera facile de modifier ou de compléter selon l'intérêt général :

« Des deux classes supérieures des écoles primaires jusqu'en quatrième, exclusivement, des athénées : Histoire des arts chez les anciens (on pourrait utiliser ici les projections lumineuses).

» En quatrième et en troisième : Histoire de la renaissance, des époques romanes et gothiques, époques contemporaines.

» En deuxième et en rhétorique : Résumé général des matières vues; études comparatives des époques, premières notions d'esthétique. (Ces cours sont communs aux sections des humanités anciennes et modernes.)

» Université : Philosophie de l'art : Cours obligatoires aux première et deuxième années de toutes les facultés; »

2° En enrayant, par tous les moyens, la diffusion abominable de ces chromos ineptes qui empestent l'atmosphère des murs et des habitations, à la ville comme à la campagne.

Un excellent moyen d'enrayer ce mouvement pour l'avenir, serait d'utiliser les murs et les murailles de nos écoles à la propagation des chefs-d'œuvre par l'acquisition de reproductions telles qu'en font nos voisins de France et d'Allemagne, entre autres la Société de propagande artistique à Paris.

Les élèves, par là, habitueraient leurs yeux à bien voir ; or

Quiconque a beaucoup vu
Peut avoir beaucoup retenu.

En effet, bien voir c'est bien comprendre et comprendre c'est savoir.

Nous voudrions aussi que de telles reproductions fussent données en prix aux élèves.

Les parents se feraient un plaisir de les encadrer, d'en embellir leur demeure : résultat cent fois plus profitable et plus utile que celui produit par ces gros volumes dorés sur tranche — tout faits d'extérieur — mais dans lesquels il n'y a rien;

3° En créant dans chaque chef-lieu de province ou même d'arrondissement des musées de reproduction ouverts au public et auxquels seraient attachés des artistes capables qui donneraient certains jours et à certaines heures des explications esthétiques de nature à instruire et à intéresser les visiteurs;

4° On a créé à côté des bureaux des beaux-arts des administrations, la tutelle d'une commission spéciale chargée de veiller et de donner son avis. Semblable commission nous semble aussi bien à sa place auprès des bureaux des travaux publics de ces mêmes administrations. Sans doute arrêterait-elle — tardivement hélas, il est vrai ! — ces actes de vandalisme si souventes fois répétés par les démolisseurs impitoyables, malgré les protestations des artistes et de la presse; sans doute ne permettrait-elle plus également ces travaux précipités, exécutés sans souci d'art et sans intellectualité, comme si l'utile ne pouvait pas être agréable;

5° Le Gouvernement encourage la littérature dramatique nationale par des primes en argent; la généreuse initiative de M. le Ministre De Bruyn vient de créer les mêmes encouragements pour notre art musical. Ne pourrait-il en être ainsi, en faveur des associations particulières qui — comme les amis du Vieux-Liége, par exemple — travaillent à la formation de musées d'antiquités locales se rattachant aux us et coutumes de notre histoire publique ou privée, à l'organisation des anciens corps d'arts et métiers, à la restauration et à la conservation des vieux restes intéressants du passé, etc. ?

Rapport de M. Valère DUMORTIER, architecte provincial en chef du Brabant, Président délégué de la Société centrale d'architecture de Belgique.

Quel est le système qui doit prévaloir dans la répartition des travaux et encouragements artistiques? Convient-il d'organiser des concours?

Telle est, Messieurs, la question que le Comité organisateur du Congrès m'a chargé de traiter devant vous.

Poser cette question, Messieurs, c'est la résoudre.

Quoi de plus juste, de plus équitable et de plus favorable à l'éclosion de tous les talents, de toutes idées nouvelles, originales, que cet appel à toutes les inspirations, à tous les talents, que constitue le concours public?

Nous n'hésitons même pas à déclarer qu'à notre avis, au point de vue général de l'égalité pour tous, aucun travail exécuté pour compte des administrations publiques, c'est-à-dire aucun travail payé au moyen des finances de tous, ne devrait être exécuté sans qu'il soit fait appel à tous les artistes.

Le concours public, comme l'adjudication publique, devrait être la règle; il n'est malheureusement encore aujourd'hui chez nous, que l'exception.

Mais il est de toute évidence qu'il ne peut être question que de concours dont le jugement est entouré de toutes les garanties d'équité désirables dont le programme est clair, précis, ne permettant aucun doute sur son interprétation.

Quoi qu'en disent leurs détracteurs — il y en a paraît-il —, pareils concours sont possibles; nous pourrions en citer de nombreux exemples.

La Société centrale d'architecture de Belgique, dont nous sommes ici le délégué, a fait sienne depuis de longues années cette question des concours publics; elle en a organisé elle-même, elle a collaboré très souvent à l'organisation de ceux ouverts, sur ses instances, par des administrations publiques, elle a adressé le 16 février 1887 à la Chambre des Représentants de Belgique, une pétition dont le texte est reproduit dans l'annexe *C* de ce rapport; elle a publié sur leur origine, leur utilité, les avantages qu'ils présentent, de nombreux écrits, auxquels nous empruntons les renseignements historiques que voici :

Il ressort des travaux de quelques érudits sur l'histoire de nos cités, que des concours publics eurent lieu dès le XVIe siècle. Les expositions de l'art ancien que la Société centrale d'architecture organisa en 1883 et 1886 ont permis de juger plusieurs d'entre eux, notamment ceux qui furent ouverts à Ypres en 1575 pour le Nieuwerk et pour l'Escalier de la Halle aux Draps; une indemnité de 24 livres parisis y fut accordée aux concurrents. La ville de Mons possède de nombreux projets de son beffroi qui, tracés visiblement par des mains différentes, indiquent que là aussi le concours public fut en honneur.

Le principe du concours était du reste celui qui présidait dans les Chambres de Rhétorique de cette époque, « qui ne se bornaient pas, dit Henne dans son *Histoire sur Charles-Quint*, à donner des représentations dramatiques et à ouvrir des concours célèbres sous le nom de *Joyaux du pays* (Landjuweel); c'étaient elles généralement qui, de concert avec les métiers et les sections, organisaient les solennités publiques sous le patronage des administrations communales. Elles déployaient dans ces circonstances, comme dans leurs concours, une magnificence inouïe. »

Mais c'est surtout en Italie, où l'histoire de l'art est plus connue, que nous trouvons les exemples les plus nombreux des luttes que nous préconisons. Qui ne connaît le concours ouvert pour les portes du Baptistère de Florence, où Ghiberti, jeune encore, se révéla au moment où il luttait avec les hommes les plus fameux dans l'art, Della Robbia et Brunelleschi! Et celui pour le Dôme de Florence, où Brunelleschi, au dire de Michel-Ange, fit une œuvre si parfaite qu'il lui semblait impossible qu'on pût la surpasser. Et plus tard, le concours qu'organisa le pape Paul III, à Rome, pour le couronnement du palais Farnèse en 1554, où l'on vit se mesurer des maîtres comme Sangallo, Michel-Ange Buonarroti, Perino del Vaga, Fra Sebastiano del Piombo et d'autres encore.

De nos jours, nous pourrions dire que les concours publics sont des plus fréquents dans tous les pays d'Europe et même en Amérique, témoin ce concours monstre pour l'université de Californie ouvert en ce moment, si nous ne devions faire une exception pour notre pays.

Avons-nous besoin de vous citer ceux des musées de Berlin, de Hambourg, des hôtels de ville de Munich et de Vienne, de la gare centrale de Francfort, du palais de justice de Leipzig, de l'université de Strasbourg, où, parmi les lauréats, nous trouvons les noms des artistes les plus réputés, tels que Wallot, Ferstel, Smidt, etc.

En France, les architectes les plus célèbres prennent part aussi aux concours publics. En 1860, Duc et Violet-Le-Duc participent au concours de l'Opéra, et parmi les concurrents à celui de l'hôtel de ville de Paris, nous remarquons les noms de MM. Guadet,

Ballu, Deperthes, Baltard, de Baudot, Davioud, Magne et Vaudremer. En 1874 eut lieu le concours pour la maison de répression de Nanterre; quarante-cinq architectes y entrent en lutte, parmi lesquels nous notons MM. Davioud, Bourdais, Lheureux, Magne, Normand, Train, de Baudot.

Nous pouvons citer encore les concours pour l'église du Sacré-Cœur, pour le monument de Versailles, pour la reconstruction de la Sorbonne et récemment ceux pour l'Exposition universelle! Ce sont là les concours des plus importants, ceux d'un moindre intérêt sont si nombreux que nous ne pouvons vous les énumérer. Ils se répètent journellement, et il suffit, pour s'en convaincre, d'ouvrir n'importe quel journal d'architecture.

Mais non seulement la France, l'Italie, le Danemark, la Russie, la Hollande organisent des concours publics entre leurs artistes, mais ces différents pays ont même recours aux concours internationaux. Cela s'est fait notamment pour le Parlement de Berlin, pour le tombeau de Victor-Emmanuel, pour la Bourse d'Amsterdam, pour les façades des Dômes de Florence et de Milan. Et ce fait bizarre se produit, c'est que la grande majorité des architectes belges, systématiquement écartés dans leur pays, sont conviés à l'étranger, à coopérer à la rédaction de monuments à édifier.

Cette situation anormale pourrait certes nous décourager dans notre œuvre de propagation, si nous ne savions que l'état privilégié de nos voisins ne fut amené qu'après une lutte patiente et longue contre les adversaires des concours et l'indifférence des pouvoirs publics. Chez eux aussi, on a prétendu que les concours eussent été un mal, car ils auraient écarté, disait-on, tous les architectes de talent; leur âge, leur dignité et leur réputation ne leur permettant pas d'entrer en lice avec des jeunes gens, des *inconnus* qui pourraient les vaincre, et partant la lutte serait circonscrite entre ces derniers. C'est là, en effet, le principal argument qu'on a fait valoir contre l'adoption des concours publics.

Les quelques exemples que nous venons de remettre en lumière répondent victorieusement à pareille objection. Dans le passé, nous avons montré les plus grands artistes, les Michel-Ange, les Brunelleschi, luttant dans les concours. Dans le présent, grâce aux patientes recherches d'un de nos confrères, nous trouvons, dans une étude qu'a publiée la revue d'architecture, *L'Émulation*, les renseignements suivants sur la situation particulière et l'âge des architectes dont je viens de vous citer les noms.

Lors du concours de l'hôtel de ville de Paris, M. Vaudremer venait d'achever la prison de santé et l'église Saint-Pierre de Montrouge; il avait alors 45 ans.

M. Ballu avait construit les églises Saint-Ambroise, Saint-Joseph et la Trinité; il avait 56 ans.

M. Magne, le théâtre du Vaudeville et celui de la ville d'Angers, les églises Saint-Bernard et Saint-Illide; il avait 51 ans.

M. Baltard, l'église Saint-Augustin, le Timbre, les Halles centrales; il avait 67 ans.

M. Normand était l'auteur de la maison pompéienne du prince Napoléon à Paris et de la prison de Rennes; il avait 53 ans.

M. Train, architecte du collège Chaptal et, en collaboration avec M. Baltard, de l'église Saint-Augustin, avait 46 ans.

M. Abadie, architecte de l'église Saint-Ferdinand à Bordeaux, de l'hôtel de ville d'Angoulème et des églises Saint-Ausone et Saint-Martial dans la même ville, de l'église Saint-Georges, à Périgueux et d'un grand nombre d'autres églises, avait 63 ans.

M. Hermant approchait de la soixantaine, et MM. Guillaume et Hénard, qui prirent part au concours pour le monument de Versailles, avaient respectivement 55 et 66 ans.

La valeur de tous ces artistes est incontestable; elle est reconnue, pour plus d'un d'entre eux, même à l'étranger, et pas un cependant, malgré son âge et son talent, en participant aux concours publics, n'a cru déroger aux lois de la dignité, comme veulent le faire croire certains adversaires des concours en Belgique. Et comment auraient-ils pu le penser quand, chaque jour, ils voient dans les salons les peintres et les sculpteurs du plus grand mérite, exposant leurs œuvres à côté de celles de commençants, jeunes et inexpérimentés. Jamais aucun artiste ne s'est dérobé à ces luttes qui entretiennent chez lui le feu sacré, le fortifient, le préviennent de ses erreurs et le forcent à marcher dans la grande voie du progrès.

Nous croyons, du reste, que, même envisagé exclusivement au point de vue des architectes dont le talent est consacré par toute une vie de travail, il est de leur intérêt non seulement d'accepter le principe des concours, mais encore d'y prendre part. Il ne faut pas, en effet, oublier que les forces humaines ont des limites, et si parmi eux nous sommes heureux de rencontrer des hommes qui, arrivés à un âge où d'autres se reposent, sont encore des modèles de virilité et d'énergie, il en est d'autres cependant qui, doués d'une nature plus délicate, voient leurs forces décroître, leurs facultés s'amoindrir. Et, dans ce cas, ne serait-il pas préférable, tant dans l'intérêt des communes que pour leur mémoire, de n'avoir point à leur actif leur œuvre dernière!

Si encore les administrations publiques choisissaient toujours des hommes de savoir et de talent, nous ne craignons pas de le dire, nos réclamations, quelques justes qu'elles soient, seraient moins vives; mais, à côté des hommes dont notre art et notre pays ont le droit de s'enorgueillir, combien n'en est-il point qui n'ont à leur actif qu'une réputation usurpée et dont cependant les élucubrations s'étalent un peu partout.

Si l'institution des concours avait été généralement admise, pensez-vous que des monuments que nous ne voulons pas citer, mais que vous connaissez tous, eussent été édifiés comme ils le sont actuellement?

Nous pensons que les administrations publiques seraient enchantées de se débarrasser de ces entraves qui leur donnent une lourde responsabilité. C'est à nous de les éclairer, à leur démontrer l'inanité des préjugés élevés contre les concours publics. Jusqu'ici des gens en qui elles avaient confiance les ont circonvenues en leur faisant valoir tous les hasards d'un concours qui pourrait livrer, disent-ils, l'exécution d'un monument à un inconnu, tandis qu'il serait très bien compris et très bien exécuté par tel ou tel de leur entourage.

Ce grief ne tient pas plus à l'examen que les autres, car quelque talent que l'on ait, l'imagination a ses caprices et ses moments de lassitude, l'œuvre entier d'hommes, même de génie, est là pour le démontrer. Quant à l'exécution matérielle d'un monument, ne sera-t-elle pas contrôlée par les services techniques dont les administrations disposent à cet effet? Il n'y a donc pas là de hasard mais bien un élément avec lequel les plus grands artistes doivent compter.

On a aussi parlé de la liberté des communes, mais celle-ci est-elle amoindrie lorsqu'elles ont recours aux adjudications publiques qui ne sont en somme que les concours que nous demandons, mais sous une forme plus matérielle.

Nous pensons que c'est en vain qu'on amasse à grands frais d'imagination quelques griefs contre l'adoption des concours publics. Ces luttes courtoises gagnent de jour en jour des partisans, et elles sont en elles-mêmes si logiques que l'industrie même s'en empare.

Les avantages du système que nous préconisons sont multiples :

Il permet à tous les artistes de faire connaître leur talent.

Il anéantit le favoritisme; sous ce rapport, c'est une œuvre essentiellement morale, équitable, juste.

Il permet l'éclosion de toutes les idées nouvelles, à toutes les écoles, gothique, renaissance, classique et autres d'exprimer leur tendance, et au public d'en apprécier la valeur.

Il permet aux administrations, au lieu d'accepter une œuvre quelconque, de choisir la meilleure, tant au point de vue économique qu'artistique, parmi les plus étudiées. Il constitue une véritable consultation où les idées abondent, d'où jaillit la lumière.

Le peuple prendrait goût à visiter les expositions auxquelles donneraient lieu ces concours. Je n'en veux pour preuve que l'exposition organisée il y a quelques années, lors du concours pour la Bourse d'Amsterdam, qui fut visitée par plus de 25,000 personnes. Il y trouverait matière à la critique et à étendre son jugement. Ce serait pour lui une véritable école qui aurait pour effet de répandre dans les masses les principes du beau, d'où naîtrait peut-être cette renaissance si désirable dans l'industrie.

La presse s'en occuperait alors, et l'on ne verrait plus l'art architectural, par exemple, mis à l'index pour cette raison que nous donnait un jour, fort naïvement, un de nos meilleurs critiques, « qu'il n'est guère commode d'apprécier l'architecture... quand on ne la connaît pas ».

L'art surtout en profiterait, car une émulation constante animerait les artistes, les forcerait à travailler en donnant aux uns, le désir si légitime de sauvegarder leur réputation, aux autres, l'espérance de voir un jour leurs efforts couronnés et leur talent reconnu.

Voilà, Messieurs, quel est, non pas à notre humble avis seulement, mais à l'avis unanime des membres de la Société centrale d'architecture de Belgique et d'un très grand nombre d'artistes de tous les pays, le système qui doit prévaloir dans la répartition des travaux et des encouragements artistiques : le **concours public.**

En déposant sur le bureau du Congrès ce rapport écrit, sinon dans une forme très littéraire, avec une conviction profonde, j'y annexe, Messieurs, divers documents destinés à guider les administrations qui se rallieraient à ce principe **d'indéniable équité et si favorable au développement de l'art.**

ANNEXE *A*.

Principes à suivre dans l'organisation des concours publics, d'après la Société centrale d'Architecture de Belgique.

Depuis quelques années, le principe de la mise au concours des édifices publics semble avoir fait quelques progrès, et cependant bon nombre d'artistes montrent, pour cette idée, sinon de l'hostilité, tout au moins une indifférence absolue.

Nous n'entendons pas parler de quelques-uns d'entre eux qui, à cause de leur situation toute spéciale, se sont désintéressés de la question. Les administrations publiques leur confiant des travaux directement, il est tout naturel que les concours ne leur disent rien qui vaille.

A leur place, peut-être, ne penserions-nous pas autrement qu'eux. Mais, en dehors de ces privilégiés, peu nombreux en somme, un nombre considérable d'artistes d'expérience et de talent reconnu, préfèrent rester les bras croisés que de courir les risques des concours, tels qu'ils sont organisés actuellement. Quelle peut être la cause de cette abstention?

La question que nous nous sommes posée a été faite également au Congrès international des architectes, tenu à Paris en 1878, et M. Davioud y répondait ceci : « Tous les architectes ne prennent pas part au concours pour deux raisons : la première, c'est qu'il faut dépenser beaucoup de temps et d'argent pour faire un concours; la seconde, ce sont les injustices commises. »

Ces deux raisons admises à Paris, le seront également chez nous, car, plus peut-être, que nos voisins, avons-nous vu de ces concours organisés en dépit du sens commun et bien faits pour dégoûter à tout jamais ceux qui s'y étaient frottés.

Il faudrait beaucoup d'espace pour raconter en détail l'histoire des concours pendant ces dix dernières années, mais nous ne voulons pas trop étendre notre travail et d'ailleurs ce récit, par sa note drôle, serait mieux à sa place à la fin d'un banquet.

Nous nous contenterons de rappeler à nos auditeurs les concours de l'Hôtel communal de Schaerbeek, de l'Hospice de Liége et de l'Harmonie de Verviers. Le programme de ce dernier concours dépasse tout ce qui a été fait et nous ne croyons pas inutile de le résumer.

Les concurrents avaient à fournir : les plans du rez-de-chaussée, des étages et des caves; toutes les façades et deux coupes à l'échelle de 0.02; de plus, les détails demi-grandeur de toutes les moulures et ornements tant extérieurs qu'intérieurs, et enfin un devis détaillé en vue de l'adjudication. La construction pouvait coûter 350 mille francs et occuper une surface de 1,300 mètres carrés. Pour ce travail, il était offert une première prime de 2,500 francs au projet déclaré le meilleur par un jury à nommer par la Société, et une seconde prime de 500 francs au projet classé deuxième. En échange de la prime de 2,500 francs, l'heureux auteur du projet primé devait fournir les épures nécessaires à l'exécution des travaux sans nouvelle indemnité, de sorte que la Société d'Harmonie de Verviers, qui n'est pas pauvre puisqu'elle peut se faire construire un local valant 350,000 francs, offrait à son architecte moins d'un pour cent d'honoraires. C'est tout simplement scandaleux et cette façon d'agir a été caractérisée dans notre organe, *L'Émulation*, comme elle méritait de l'être.

On ne voit pas tous les jours des choses aussi fortes que celle-là, mais souvent des injustices ont été commises, des faits blâmables se sont passés. Nous pouvons donc accepter comme justes les réponses données par M. Davioud, et, partant de là, nous allons chercher ce qu'il y aurait à proposer pour remédier à l'état de choses existant.

Le Congrès de Paris, dans le même but que le nôtre, a proposé le concours à deux épreuves. Les partisans de ce système ont dit ceci en résumé : « Un architecte qui a une mauvaise idée, ne s'en rend pas compte toujours; il l'arrange, l'étudie et finit par croire qu'elle est bonne. L'exposition arrive et une minute suffit parfois pour ouvrir les yeux au concurrent; mais, malheureusement, pendant un mois ou deux, il a perdu son temps, son argent et négligé ses affaires courantes pour étudier une idée qu'il reconnaît défectueuse.

Une esquisse, au contraire, se trouve rapidement; elle est jugée, et on voit tout de suite si l'on a quelque chance de réussite. Il faut donc en arriver à faire un concours d'esquisses d'abord. Les auteurs des esquisses désignées par le jury seront alors appelés à faire le concours définitif. » Voilà ce qu'ont dit en substance les partisans du concours à deux épreuves.

M. Hermant, adversaire de ce système, tout en lui reconnaissant de grands avantages, n'a pas voulu s'y rallier cependant, et il a objecté ceci : « Le concours à deux degrés me gêne un peu. Il y aura deux programmes, et le deuxième programme paraît à tout le monde devoir être le développement du premier. Dès lors, le danger du concours à deux degrés, c'est qu'on s'est livré dans son esquisse, qu'on a donné son idée dont le voisin peut s'emparer et arriver ainsi à faire un projet rendu meilleur, tout en ayant eu une esquisse moins bonne. Si le deuxième programme n'est pas l'agrandissement du premier, à ce point que le projet rendu puisse s'appuyer sur la première esquisse, le danger est qu'on ne sera pas certain que le projet classé premier sera le premier! »

Les inconvénients signalés par M. Hermant sont sérieux; mais ne sont-ils pas compensés par l'avantage de ne faire perdre du temps à personne?

Le Congrès de Paris a cherché longtemps à obvier aux inconvénients signalés. Un seul système a été trouvé efficace, mais il n'a été défendu par personne. Il consistait à ne rendre publique l'exposition de la première esquisse que lors du jugement du concours définitif. Les auteurs des esquisses choisies seraient tenus de faire leur nouvelle étude d'après des calques pris avant l'envoi des dessins.

Finalement, les concours à deux épreuves ont été admis en section par 27 voix contre 19.

L'Assemblée générale, ne voulant pas entrer dans la discussion des détails, a voté les deux résolutions suivantes :

« Le Congrès émet le vœu que les concours publics soient l'objet d'une réglementation d'ordre public émanée de l'autorité supérieure.

» Le Congrès délègue son bureau pour suivre auprès du Gouvernement français les résolutions de cette question, en s'inspirant des discussions qui ont eu lieu devant lui, soit en Commission, soit en Assemblée générale. »

Le principe adopté par le Congrès de Paris a été admis par notre Société, dans sa séance du 30 octobre 1884. Nous espérons que vous le maintiendrez, Messieurs, et nous donnerons plus loin des détails sur sa mise en pratique.

M. Davioud, nous l'avons dit plus haut, donnait également pour motiver l'abstention de tant d'architectes aux concours publics, cette raison que de nombreuses injustices ont été commises. Ce dernier motif appelle l'examen de l'organisation des concours publics. Voyons donc ce qu'il y aurait à faire pour donner satisfaction aux architectes en ce qui concerne le programme, le concours à une ou deux épreuves, le jury et la question des primes.

LE PROGRAMME.

Les architectes, jusqu'ici, se sont peut-être trop exclusivement occupés de la composition du jury et ont négligé un point tout aussi important. Nous voulons parler de la rédaction du programme. A mauvais programme, mauvais concours, peut-on dire. Jusqu'à maintenant, les collèges échevinaux, les sections des travaux publics ou les administrations des hospices se sont occupés de la rédaction des programmes de concours. La façon dont ces documents sont généralement compris, atteste que l'on trouve rarement dans les administrations communales et celles des hospices, des hommes capables de préparer convenablement un concours d'architecture.

Les administrations, quelles qu'elles soient, doivent être représentées dans la commission du concours, c'est évident; ce sont leurs délégués qui ont à faire connaître leurs intentions et leurs désirs, qui peuvent seuls indiquer les locaux nécessaires aux différents services d'un édifice, choses qu'en certains cas les architectes ne sont pas tenus de savoir. Mais, à côté de ces délégués, il est de toute nécessité qu'au moins un architecte d'expérience fasse partie de la commission, afin qu'il puisse voir si les exigences des administrations sont en rapport avec la surface du terrain ou la somme destinée à la construction. Que de fois n'a-t-on pas vu des concours donner un mauvais résultat, parce que matériellement il n'y avait pas moyen de placer tous les locaux sur l'emplacement désigné. *Les commissions de concours ou de programmes devraient, à notre avis, être composées d'un certain nombre de délégués de l'administration qui ouvre le concours, deux ou trois au plus, et auxquels seraient adjoints un architecte et une personne dont les connaissances spéciales seraient en rapport avec le genre d'édifice à construire.*

Au sujet du programme, nous avons trouvé dans le *Building News* de 1884 un article intéressant de M. Tuxford Hallatt.

En voici un passage :

« Les désirs des administrations ne sauraient être trop clairement indiqués aux concurrents. Si les premiers connaissent une construction existante qui répond à leurs désirs, il feraient bien de le mentionner au programme. Si de même ils ont l'intention de préférer tel ou tel style ou une disposition quelconque, il serait injuste de ne pas le faire savoir, car il se pourrait que des concurrents obtinssent ces renseignements d'une façon détournée et eussent, de cette façon, un avantage illégal sur leurs confrères. Il est particulièrement désirable que le prix de la construction soit indiqué.

» Il doit être entendu que la somme fixée est un maximum et que tous les projets dépassant cette somme seront mis hors concours, ou bien que le chiffre n'est mis que pour indiquer aux concurrents le degré de luxe ou de confort que l'on demande.

» A notre point de vue, il faut mieux indiquer la limite de la dépense et dire, si les deux choses ne sont pas possibles, quelle est la plus importante des deux : ou de ne pas répondre complètement au programme, ou de dépasser le chiffre fixé. On oublie trop que généralement il faut prendre un de ces deux partis, et rien n'est plus ordinaire que des administrations demandant un tas de choses tout à fait impossibles à faire pour la somme allouée. »

Les idées de notre confrère anglais nous paraissent sensées et nous croyons avoir bien fait en les citant ici.

LES CONCOURS A UNE ÉPREUVE ET A DEUX ÉPREUVES.

Le concours à deux épreuves doit être recommandé lorsqu'il s'agit de constructions relativement importantes; lorsque le travail exigé menace, par la somme d'études qu'il demandera, d'écarter les architectes n'ayant pas tous leurs loisirs.

Jusqu'ici, en pays étranger, il n'y a guère eu de règle fixe qui détermine quand le concours aura lieu à une ou à deux épreuves.

En France, le concours de l'Hôtel de Ville, de la Maison de répression de Nanterre, de la Sorbonne ont été à une épreuve. Par contre, il y en a eu deux pour le concours de l'Opéra et celui du monument commémoratif de la Constituante en 1880.

Nous devons nous garder d'oublier, d'ailleurs, que nos confrères parisiens se trouvent dans une situation tout à fait exceptionnelle. S'ils ont besoin de dessinateurs de renfort, il leur suffit de s'adresser à l'École des Beaux-Arts. Ils y trouvent la quantité et la qualité. Il n'en est pas de même ici; les dessinateurs qu'à l'occasion on pourrait utiliser, seraient tout au surplus des copistes. Les concours à deux épreuves sont donc plus nécessaires en Belgique que partout ailleurs peut-être.

Nous pensons qu'on pourrait dire que, *sauf pour des cas exceptionnels, le concours sera à une épreuve s'il s'agit de constructions ne devant pas coûter plus de 100,000 francs. Pour les travaux au-dessus de cette somme, le concours se fera à deux épreuves.*

Pour la première épreuve, il devrait suffire de faire des esquisses. Les plans seraient faits à l'échelle de 0.005 ou 0.002 suivant les dimensions de l'édifice projeté.

Deux façades et une coupe seraient dessinées à 0.01 ou à 0.005. Un devis ne nous paraît pas nécessaire. Le chiffre de la dépense devrait cependant être donné comme guide.

Le jury verra bien vite si le projet a été étudié avec la préoccupation d'arriver au chiffre fixé ou si c'est simplement un projet en l'air qu'on lui a présenté.

Certains de nos confrères anglais demandent une chose que nous croyons bonne à signaler. Ils voudraient que pour le premier concours (1re épreuve) le nombre de dessins ne pût pas être augmenté par les concurrents et, de plus, que la dimension des châssis fût fixée d'avance. L'idée qui les guide est aisée à comprendre. Ils veulent éviter que certains concurrents n'en imposent par la masse de leurs dessins ou par l'exagération donnée à la dimension de certaines études. Quoi qu'on puisse dire, les membres du jury se laissent parfois aller à des influences qu'ils croient n'avoir plus à subir, et rien ne nous paraît plus équitable que de mettre tous les concurrents sur le même pied d'égalité.

Le jury, à la première épreuve, *désigne un certain nombre d'esquisses, dont les auteurs sont appelés au concours final. Le nombre des esquisses peut varier d'après la valeur artistique du concours ou son importance. Les auteurs des esquisses choisies recevraient chacun une indemnité, mais devraient être libres de participer ou de ne pas participer au deuxième concours.* Leur premier travail resterait, en tout cas, la propriété de l'administration.

Pour la seconde épreuve, les concurrents devraient faire les plans à 0.01 ou à 0.005 et toutes les façades et les coupes nécessaires à l'explication détaillée du projet à 0.01; de plus, un devis et une notice explicative.

Les concurrents devraient également être autorisés à donner des explications verbales sur leur œuvre.

Une question importante dans les concours à deux épreuves est celle relative au programme. Doit-il y avoir un seul programme pour les deux épreuves ou deux différents? La question a été discutée au Congrès de 1878; la Société des architectes de l'Aisne s'en est aussi occupée.

M. Davioud était partisan d'un programme extrêmement large, qui ne précise pas d'une façon absolue ce que l'on veut faire, de telle sorte que toutes les idées pussent se formuler librement. La Société de l'Aisne partage cette manière de voir, qui a été combattue vivement par M. Hermant. Le Congrès n'a pas pris de décision sur ce point-là.

Pour notre part, nous ne voyons pas pourquoi le premier programme ne serait pas celui du concours définitif. Si l'on ne cherche que des idées, comme semble le préconiser la Société de l'Aisne, on risque fort de ne choisir au premier concours que des esquisses d'architectes de talent, mais manquant peut-être totalement de l'expérience requise pour mener le travail à bonne fin. Il pourrait en résulter souvent un deuxième concours sans issue. C'est ce qu'il faut éviter à tout prix, et c'est pourquoi nous proposons un seul et même programme. Ce système ne lèse aucun intérêt.

Le programme vague que voudrait M. Davioud n'est guère admissible que lorsque l'administration ne sait pas au juste ce qu'elle veut. Nous ne badinons pas. Dans bien des cas, lorsqu'il s'agit par exemple de monuments à ériger en l'honneur d'hommes illustres, de fontaines monumentales ou d'autres constructions de ce genre, il est bien difficile de faire un programme autrement que vague, indécis.

Pour les concours à une épreuve, on suivrait les conditions indiquées pour le concours final de celui à deux degrés.

LE JURY.

Les différentes notices que nous avons consultées sont presque toutes d'accord sur ce point. Toutes admettent un premier jury, composé de délégués des administrations, auxquels seraient adjoints des architectes. Toutes insistent sur des jurys peu nombreux. Pour le deuxième concours, le jury devrait être entièrement composé d'architectes.

La composition du jury a une importance très grande. Un concours, quels que soient les avantages qu'il offre, ne réussira à attirer les concurrents sérieux, que si ceux-ci ont la garantie d'être jugés par des hommes compétents.

On ne pourrait trop répéter cela aux administrations.

Quoique l'idéal des architectes soit d'être jugés par leurs pairs, nous pensons que, par mesure transitoire, ils se rallieront à la rédaction suivante que nous proposons pour ce qui est relatif au jury :

Le jury est composé de sept membres : quatre délégués, dont au moins deux architectes, nommés par l'administration qui ouvre le concours, deux architectes nommés par les concurrents, et un délégué de la Société centrale d'architecture de Belgique.

Il serait à souhaiter que, pour les concours importants, il y eût au moins un architecte étranger parmi les membres du jury.

Pour l'importance des primes à attribuer aux concours à une et deux épreuves, nous nous en rapportons aux articles votés par notre Société, le 3 octobre 1884.

Nous arrivons à la fin de notre tâche. Nous pensons que, si les concours étaient organisés comme nous le proposons, il y aurait beaucoup moins d'injustices commises que par le présent. Toutes les irrégularités qu'on signale, toutes les vilénies qui nous indignent sont faites généralement par ces gens qui croient agir au mieux des intérêts de tout le monde et qui seraient étonnés et peinés si l'on parvenait à les persuader qu'ils agissent mal. Nous avons aussi peur de l'ignorance que de la mauvaise foi. Enlevons aux gens incapables le droit de se prononcer sur des questions qui sont vitales pour nous, et nous aurons beaucoup fait pour notre profession. Nous nous plaisons à croire que les gens de mauvaise foi ne forment qu'une infime minorité, et d'ailleurs quand ils ne pourront plus endosser leur responsabilité à d'autres, qui sont inconscients, il ne leur restera qu'à se tenir dans le droit chemin.

ANNEXE *B*.

Règlement des concours publics voté en séance du 4 mars 1887, par la Société centrale d'architecture de Belgique.

Les concours étant utiles pour la construction et la restauration de tous les édifices publics, et satisfaisant également les intérêts des administrations et de l'art, la Société centrale d'architecture de Belgique émet le vœu de voir adopter pour les concours futurs, les conditions suivantes :

Article Premier. — Le concours est ouvert à tous les architectes belges.

Art. 2. — Les projets seront exposés avant et après le jugement.

Art. 3. — Il sera adjoint à la Commission chargée d'élaborer le programme du concours, deux architectes et une personne dont les connaissances spéciales seraient en rapport avec le genre d'édifice qu'on se propose de construire.

Art. 4. — Le jury est composé de sept membres : quatre délégués, dont au moins deux architectes, nommés par l'administration qui ouvre le concours; deux architectes nommés par les concurrents et un délégué de la Société centrale d'architecture de Belgique.

Art. 5. — Les projets porteront une devise ou une marque qui sera répétée sur deux enveloppes cachetées jointes à l'envoi : l'une portant pour suscription, *nom du concurrent,* contiendra les nom, prénoms et adresse de l'auteur; l'autre portant pour suscription, *bulletin de vote,* contiendra les noms et prénoms des deux architectes que le concurrent désignera pour faire partie du jury. L'administration fera le dépouillement de ces votes; les deux architectes ayant obtenu le plus grand nombre de voix feront de droit partie du jury. En cas de ballottage, l'administration choisira parmi les candidats ayant obtenu le plus grand nombre de voix.

Art. 6. — Le rapport du jury motivera d'une manière précise et suffisamment étendue, le classement qu'il aura adopté et le jugement qu'il aura rendu. Ce rapport sera publié.

Art. 7. — Le nombre des projets à primer n'est pas fixé. Le total des primes sera au moins égal à 1 1/2 p. c. de la somme destinée au monument. Ce chiffre sera intégralement distribué par part proportionnée à leur mérite, entre les meilleurs projets.

Art. 8. — L'exécution sera confiée à l'auteur du projet désigné par le jury. Il lui sera alloué, comme honoraires, 5 p. c. de la dépense totale, défalcation faite de la prime qu'il aura touchée.

Art. 9. — Le jury n'ouvrira d'autre enveloppe que celle renfermant le nom de l'auteur du projet classé *premier*. L'administration fera connaître les devises des autres projets primés; les noms de leurs auteurs ne seront publiés que sur la demande expresse de ceux-ci.

Art. 10. — L'échelle des projets devra être indiquée au programme.

Lorsqu'il s'agit de constructions importantes ou dans des cas particuliers, il y aurait avantage à faire le *concours* à deux épreuves.

La première épreuve consistant en esquisses anonymes. La deuxième en projets complets d'après les meilleures esquisses que le jury désignera à cet effet.

Les projets devront être exposés avant et après chaque jugement.

Le total des primes sera au moins égal à 1 1/2 p. c. du montant de la somme destinée au monument.

Dans la deuxième épreuve, une

somme équivalente à la moitié du montant des primes et divisée en primes d'égale valeur, sera partagée entre les meilleurs projets, à titre d'indemnité pour frais d'étude.

A la deuxième épreuve, la moitié restante sera intégralement distribuée par parts proportionnées à leur mérite entre les meilleurs projets.

Il serait désirable que, dans les concours importants, il y eût au moins un architecte étranger parmi les membres du jury.

La Commission administrative de la Société centrale d'architecture se tient à la disposition des administrations pour l'étude de toutes les questions relatives aux concours publics, telles qu'élaboration de programmes, nomination de jurys, etc. Les communications et demandes de renseignements devront être adressées au Président de la Société, *Palais de la Bourse*, rue du Midi, Bruxelles.

ANNEXE C.

Pétition déposée le 16 février 1887, à la Chambre des Représentants, par la Société centrale d'architecture de Belgique.

MESSIEURS,

Les soussignés ont l'honneur de venir soumettre de nouveau à votre examen une question qui fut soulevée à la Chambre, le 27 janvier 1885, par l'honorable M. Delebecque, représentant de Bruxelles : « L'utilité de recourir au concours public entre les architectes belges pour la construction des édifices nouveaux. »

Le Gouvernement voulut bien promettre, à cette époque, d'examiner la question qui lui était signalée et de faire l'expérience du système que nous préconisons et dont l'honorable M. Delebecque a pris la défense en votre assemblée.

Depuis lors, aucun concours n'a été organisé par le Gouvernement quoique des occasions se soient présentées.

Mais l'institution généralisée des concours publics comporte en elle un sentiment d'égalité, de justice pour tous, trop évident pour qu'elle ne triomphe et ne s'impose pas dans un avenir rapproché.

Loin de nous, Messieurs, la pensée de vouloir critiquer ici le choix que le Gouvernement a fait parmi nos confrères, pendant ces derniers temps, pour l'édification des monuments qui embellissent nos villes. Mais à côté des maîtres, auxquels il a confié des œuvres importantes, se trouvent peut-être des talents ignorés, des talents naissants que les concours auraient mis en lumière.

L'Etat doit la même protection à tous.

Par quels moyens les jeunes talents pourraient-il s'affirmer s'ils ne trouvent l'occasion de se produire dans les concours publics.

L'intérêt du pays exige aussi qu'il soit fait appel aux connaissances de tous.

Les édifices, les monuments élevés par la nation doivent toujours être une réalisation parfaite. Si le Gouvernement n'a pas recours aux lumières de tous les artistes, il ne sera pas assuré d'avoir donné la meilleure solution au problème qu'il avait à résoudre, il n'aura pas fait tout ce qu'il pouvait faire.

Mais à côté des intérêts des artistes et de ceux de l'État, il y a les intérêts de l'art qui doivent être sauvegardés.

En ne recourant pas au concours, l'autorité supérieure se refuse à connaître les ressources artistiques dont elle pourrait disposer; elle ne permet pas la manifestation d'idées originales dont l'œuvre à édifier bénéficierait en premier lieu. N'est-ce pas là méconnaître les intérêts de l'art?

Renfermer toujours la construction des édifices entre un certain nombre d'artistes, c'est s'astreindre à voir se renouveler les mêmes productions, c'est imposer des limites à l'élan artistique, et n'est-ce pas surtout supprimer le bénéfice que procure l'émulation des concours, si éminemment utile aux progrès de l'architecture?

Sans vouloir entrer dans les développements que comporte l'organisation des concours, nous nous permettrons cependant d'insister sur un point de grande importance.

Un concours doit permettre, en grand nombre, la manifestation d'idées.

Pour qu'il produise tous les résultats que l'on est en droit d'en attendre, il faut qu'il soit facilement accessible à tous.

Des essais ont été tentés déjà par différentes administrations communales du pays, et partout les concurrents se présentent toujours relativement nombreux.

Mais toujours ce n'est qu'au prix d'un travail considérable que les architectes, désireux de participer au concours, parviennent à réaliser toutes les conditions des programmes.

En effet, nous voyons, dans tous les cas, les programmes exiger de nombreux dessins étudiés en vue de la construction et souvent les devis des constructions.

Pour remplir ces conditions, il faut toujours y consacrer beaucoup de temps, et combien d'artistes se voient par là forcés de s'abstenir.

Pour les rendre praticables à tous, il faut débarrasser les concours, pour la première épreuve, de la partie matérielle qui est toujours d'une exécution longue.

Tel artiste de grand mérite pourra facilement faire une esquisse qu'il ne pourra pas consacrer le temps nécessaire à un travail complet.

Cette première épreuve se ferait

d'après un programme qui indiquerait, dans ses grandes lignes, la destination de l'édifice et les services qu'il doit contenir, de manière que ceux qui croiraient avoir une solution au sujet mis au concours puissent l'exprimer sans grande perte de temps.

L'administration élaborerait alors le programme définitif, et le jury désignerait le nombre de concurrents de la première épreuve qui seraient appelés à prendre part à la seconde.

Dans ces conditions, nous sommes persuadés que les concours seraient profitables aux autorités et aux architectes et imprimeraient une impulsion nouvelle à l'art architectural dans notre pays.

Nous sommes assurés, Messieurs, que vous examinerez notre requête avec tout le soin, tout le dévouement que vous apportez dans l'étude des questions qui sont de nature à conserver à notre pays la place qu'il a su conquérir dans le monde artistique.

Nous espérons aussi que vous reconnaîtrez le bon droit de notre revendication et que vous voudrez bien décréter, par une loi, les concours d'utilité publique, en ordonnant qu'il y soit fait appel pour tous les édifices à élever par l'État.

Agréez, Messieurs, etc.

ANNEXE *D.*

Rapport de pétition déposé à la Chambre des Représentants de Belgique, en séance du 8 mars 1887.

MESSIEURS,

Par pétition en date du 17 février dernier, les président et secrétaire de la Société centrale d'architecture de Belgique font ressortir l'utilité qu'il y aurait de recourir au concours public entre les architectes belges pour la construction des édifices nouveaux à élever par l'État et prient la Chambre de décréter par une loi ces concours d'utilité publique, en ordonnant qu'il y sera fait appel pour tous les édifices à construire.

Les pétitionnaires, à l'appui de leur demande, démontrent que les intérêts des artistes, de l'Etat et de l'art sont également engagés dans cette mesure. Toutefois, à leur avis, son application ne réalisera pratiquement toute la somme d'utilité et de progrès qu'elle comporte qu'à la condition qu'une modification importante soit introduite dans l'organisation même des concours.

Les programmes, aujourd'hui, exigent, de la part des concurrents, un travail matériel immédiat trop considérable; il faudrait diviser le concours en deux épreuves. La première se ferait d'après un programme qui indiquerait dans ses grandes lignes la destination de l'édifice et les services qu'il doit contenir, de manière que ceux qui croiraient avoir une solution au sujet mis au concours puissent l'exprimer sans grande perte de temps. Pour la seconde épreuve, ceux des concurrents de la première admis par le jury, se conformeraient aux prescriptions d'un programme complet, définitif, qui serait élaboré par l'administration.

Votre Commission des pétitions a été frappée de la justesse des considérations developpées par les auteurs de la pétition.

Leur demande, au surplus, préconise un *système d'indéniable équité qui, grâce à l'émulation que ferait naître la concurrence, aurait pour heureuse conséquence le développement et le perfectionnement de l'art.*

Aussi, notre Commission, à l'unanimité de ses membres, vous propose-t-elle, Messieurs, de voter le renvoi de la pétition à M. le Ministre de l'Agriculture, de l'Industrie et des Travaux publics.

Le Président,
(*Signé*) A. VERCRUYSSE.
Le Rapporteur,
(*Signé*) V. BERGEREM.

Rapport de M. HYMANS, Henri, professeur à l'Institut supérieur des Beaux-Arts, membre de l'Académie royale de Belgique, correspondant de l'Institut de France, à Bruxelles.

Héritage d'un passé déjà lointain, le concours, dit de Rome, évoque, par son titre même, le souvenir d'un courant de vues peu semblables à celles de l'heure présente.

La chute de l'Empire avait brusquement privé les jeunes Belges du droit de se présenter à l'épreuve des grands concours de peinture, de sculpture, d'architecture ou de gravure.

Le Gouvernement des Pays-Bas, peut-être sous les inspirations de David, que l'exil avait fixé dans nos provinces, crut opportun de doter ses nationaux d'une institution similaire. La Belgique, après 1830, jugea devoir la reprendre, à son tour.

Bien que le temps ait fait apporter certaines modifications de pratique au fonctionnement du concours, l'institution, dans son principe, a résisté aux fluctuations du goût, passablement nombreuses depuis le jour de son introduction dans notre pays.

Des divergences d'opinion existent quant à la nature et la valeur de l'influence que peut exercer sur l'avenir d'un jeune artiste une présence même très écourtée, en des milieux où tout ce qui frappe son regard trahit des sources d'inspiration aussi dissemblables de celles où s'est alimentée sa conception de la nature, que le sont les œuvres qui en procèdent.

Il fut un temps où le public et l'artiste s'accordaient pour envisager comme nécessaires et bienfaisantes ces influences nouvelles. La suprême aspiration de quantité de ceux qui embrassaient la carrière des arts était alors de s'approprier l'esprit et la forme des sublimes créations dont resplendit l'école italienne et que Rome livre en si grande abondance à notre admiration.

Les œuvres nées de cette préoccupation exclusive n'ont que très particulièrement justifié l'excellence de la méthode et, force est d'en convenir, le prestige du concours dit « de Rome », en a souffert.

Jusqu'à quel point se justifie cette opinion défavorable; nous allons l'examiner brièvement.

Et tout d'abord, faisons justice d'une erreur assez commune que la supériorité dans l'art doive forcément dépendre d'un système d'enseignement plus ou moins bien coordonné, appliqué avec plus ou moins de rigueur.

Le propre des méthodes est de former des praticiens, rien au delà, soit dit sans vouloir les décrier.

L'exemple des maîtres établit avec quelle surprenante aisance une individualité se libère des influences, se dégage des entraves qui, au premier aperçu devraient pour jamais paralyser son essor.

Et si notre époque a le très grand honneur d'avoir vengé plus d'un génie méconnu des outrages de contemporains égarés, si elle professe un médiocre enthousiasme pour les œuvres où s'étale une science d'emprunt, trop facile refuge de la médiocrité, c'est bien, espérons-le, pour éviter de commettre à son tour des erreurs également déplorables.

Mais le concours de Rome n'a rien, à notre sens, qui doive aller à l'encontre d'une aussi louable ambition.

Nous ne voudrions certes point que laissant le lauréat insensible à la poésie qui se dégage des choses ambiantes, on l'expédie au loin en quête de types, d'effets ou d'exemples réputés supérieurs à ceux qu'il trouvera chez lui; mais nous croyons que précisément au moment où se rompent les liens qui le rattachaient à l'école, qui l'enchaînaient à la routine, pour parler plus nettement, rien ne viendra plus efficacement en aide à sa recherche du beau, sans nuire à son amour du vrai, que le voyage qu'il est admis à entreprendre.

Qu'il s'en aille, le jeune voyageur, l'âme ouverte à toutes les grandes aspirations, avide de tout voir, de tout connaître, contempler les merveilles de la nature non moins que celles de l'art semées sur sa route et que, parti écolier, il nous revienne homme fait, artiste déjà dans l'acception sérieuse du mot!

C'est déjà dans une forte mesure le but auquel on s'efforce d'atteindre en Belgique, où, depuis plusieurs années, les lauréats du concours de Rome sont admis à voyager dans tous les pays où l'art est digne de leur étude.

Les plans divers de réforme élaborés au cours des dernières années ne font, en dernière analyse, qu'étendre la somme de liberté du lauréat. Il en est qui vont même jusqu'à la dispense du voyage, particulièrement en Italie, forme nouvelle de réglementation à peine moins fâcheuse que l'ancienne.

Pour être efficaces, ces plans devraient porter plutôt sur les conditions d'admissibilité au concours, sur la nature des épreuves qu'il impose, chose essentiellement perfectible et parfaitement conciliable avec le principe de l'institution.

Un avantage précieux, sinon le principal de ceux attachés à la qualité de lauréat du grand concours, est de permettre à celui qui en dispose, de s'abstraire de toute influence immédiate d'école ou de milieu, d'être tout entier à ses études et de pouvoir laisser à l'avenir la solution des problèmes de toute nature que fatalement il soulève.

Il est, nous dira-t-on, des pays où l'institution des grands concours est inconnue et où l'art ne s'en porte pas plus mal. Rien de plus vrai. Mais nous ne voyons pas que l'exemple de ces pays soit de nature à autoriser les pouvoirs publics du nôtre à envisager le progrès comme appelé à être plus véritablement assuré par la suppression que par le maintien de ce que nous nous permettons d'envisager comme un de ses instruments les plus efficaces, alors, bien entendu, qu'on lui permettra de fonctionner d'une manière conforme aux nécessités du temps présent.

Rapport de M. V. TAMBURINI, adjoint au maire du XVIIe arrondissement de Paris.

M. Tamburini, a l'honneur de soumettre au Congrès les conclusions suivantes, données dans un document présenté par lui, l'année dernière, à « l'Union pour l'action morale ».

Familiariser la jeunesse avec le spectacle des plus fameuses actions morales qui font l'objet de l'enseignement civique à l'école; illustrer, en quelque sorte, les leçons d'enseignement moral.

Pour cela, remplacer les vitres transparentes des écoles, collèges ou lycées par des vitraux coloriés, à l'instar de ce qui se fait dans les églises.

Employer les procédés scientifiques modernes, permettant de fabriquer ces vitraux à bon compte.

M. V. Tamburini signale que les vitres colorées conviennent mieux à l'œil que les vitres transparentes. A l'appui de son assertion, il cite l'avis de M. le docteur Trousseau :

« Les écoliers ne devant pas recevoir la lumière directe du

soleil, celle-ci sera, au besoin, arrêtée par des rideaux gris clair. »

Il conclut que des vitraux en grisaille seraient préférables à tous points de vue.

Rapport de M. J. GRAND-VARLET, sculpteur, Ixelles, premier vice-président et délégué de l'Union des Arts décoratifs et industriels.

—

Il convient d'organiser des expositions annuelles de propagande et de vulgarisation d'art monumental décoratif et d'art appliqué à l'industrie; il serait annexé à ces exhibitions une section rétrospective, ce pour l'étude comparative.

Locaux et aménagements seraient fournis par l'Etat; l'exposant n'ayant à supporter d'autres frais que ceux de transport et de déplacement. L'exposition serait ouverte trente jours pleins, dont au moins vingt-deux gratuits.

L'exposant ne pourrait être que le créateur de l'œuvre exposée.

Un règlement, étudié par un Comité central, serait appliqué.

Un jury d'acceptation et de placement, nommé par les participants, fonctionnerait.

Il serait utile, à notre avis, que le budget des Beaux-Arts fût majoré de façon à permettre l'octroi d'un crédit spécial pour l'acquisition, à ces expositions, d'œuvres absolument méritantes. Ces œuvres originales resteraient au Musée dans le ressort duquel elles rentreraient. Pour ne pas engager trop de capitaux et ne pas grever les contribuables, l'Etat pourrait céder le droit de reproduction d'œuvres acquises. Ce droit serait un monopole pour l'acquéreur. Le consentement du créateur de l'œuvre serait obligatoire. La reproduction de la même œuvre ne pourrait être cédée qu'à un seul acquéreur.

En outre, à ces expositions, il serait décerné des récompenses honorifiques, mais d'après la valeur des objets exposés, sans tenir compte d'aucune autre considération. Les récompenses seraient décernées par l'Etat, représenté par le Jury d'admission et de placement.

Afin d'éviter l'encombrement éventuel et de récupérer les fonds mis en circulation par ce système, tous les cinq ans l'Etat pourrait vendre une partie ou la totalité des objets acquis.

Dans toutes les écoles publiques et privées, à tous les degrés il y aurait lieu d'initier les élèves des deux sexes à l'harmonie des lignes et des couleurs, en leur disant le pourquoi et en leur montrant, par des projections photographiques, les images de l'art monumental, décoratif et de l'art appliqué à l'industrie, les beautés des choses du passé et celles des choses du présent.

Il serait organisé, dans les écoles, des conférences comparatives, en tenant compte de la force de compréhension des auditeurs. Ces conférences pourraient être publiques et vulgarisées le plus possible.

Ces moyens, certainement, ne pourraient que développer les sentiments du beau et du vrai. Les diverses évolutions ou transformations artistiques ne seraient plus un livre fermé pour les trois quarts de la population. Les auditeurs pourraient, plus tard, avoir fruit de ces leçons pour la profession à laquelle ils se consacreraient.

On pourrait organiser des musées intercommunaux, formés par le rassemblement de reproductions par moulages, photos et autres moyens, des fragments décoratifs marquants existant dans la commune. Les ensembles, annexés, seraient en photo. L'on demanderait aux particuliers communication de leurs richesses artistiques, tant en art industriel qu'en art décoratif.

Par voie d'échanges de surmoulages ou d'épreuves photos, les musées, entre eux, pourraient s'enrichir des documents possédés par chacun; ainsi, avec peu de chose comme première mise de fonds, on aurait déjà un musée intéressant et surtout utile aux artisans, qui auraient sous les yeux, facilement, dans la plus petite agglomération, un choix d'exemples à utiliser. Ce système, les conférences locales aidant, aurait vite refait au pays son grand renom artistique de jadis.

Il serait à souhaiter qu'à chaque musée on adjoignît une section d'art décoratif et d'art appliqué à l'industrie. Ce en suivant, mais de plus près, les enseignements donnés au Musée du Luxembourg et à celui d'Amsterdam.

Quant aux expositions d'art, nous souhaitons qu'aux salons triennaux soit adjointe l'exposition préconisée plus haut; il est entendu qu'aux expositions triennales de Bruxelles, l'exposition ci-dessus y serait annexée.

Les travaux publics d'ordre artistique devraient toujours être l'objet de concours. Il nous semble que c'est la voie la plus juste et la plus équitable, permettant à tout artiste de se produire.

Le choix de l'œuvre à primer ou à couronner serait fait par un jury.

Ce jury se composerait comme suit :

Pour la partie artistique de l'œuvre, un tiers au moins des membres seraient nommés parmi des professionnels; les autres membres du jury seraient choisis dans l'ensemble des professions artistiques, dont les représentants composeraient le Comité central. Il serait désirable, au point de vue économique, que le jury comprît un représentant de l'administration à laquelle l'œuvre est destinée. Les membres seraient élus par les concurrents au choix d'une liste donnée. Cette liste indiquerait au moins le triple de noms nécessaires.

Cette liste serait formée en une assemblée *ad hoc* du Comité central et par vote secret.

Le concours, dans son ensemble, serait exposé publiquement : 1° à Bruxelles; 2° éventuellement dans la ville à laquelle l'œuvre, ne faisant l'objet, serait destinée en vue d'encourager la participation au concours. Les concurrents classés deuxième et troisième devraient être indemnisés en proportion des efforts produits et des dépenses faites. Il serait désirable que le jury fît un rapport critique complet de chaque concours.

Dans le cas où le lauréat ne pourrait lui-même exécuter l'œuvre par lui conçue, il serait fait de nouveaux concours pour l'exécution des différentes parties de l'ensemble.

Le ou les concurrents les plus méritants et offrant le plus de garantie, seraient chargés de l'exécution de l'œuvre, mais toujours sous le contrôle du créateur.

En cas de conflit entre ces divers intéressés, le Comité central interviendrait pour mettre fin au litige ou divergences de compréhension. Si cette intervention n'était pas concluante, les tribunaux compétents seraient saisis de la cause.

A cet effet, nous formons le vœu de voir, pour apaiser des conflits de cette nature, les tribunaux s'adresser à des experts absolument compétents et professionnels contrairement à ce qui se pratique actuellement.

L'art ayant une immense influence civilisatrice, il convient d'en tenir compte, par des récompenses honorifiques offertes aux artistes qui se distinguent, sans s'occuper d'école ou de tendance, pour leurs travaux, leurs études. Ce ne serait que justice.

Ces récompenses limitées quant au nombre (la profusion en amoindrirait la valeur), seraient décernées avec la plus parfaite équité, par un comité ou jury absolument compétent; ce serait un suprême encouragement en vue du but à atteindre.

Rapport de M. E. BONNAND, professeur de dessin à Privas.

L'art doit être encouragé dans un intérêt social :

1° Parce qu'il est un des plus puissants vulgarisateurs du sens moral, qui s'appelle aussi la conscience;

2° Parce que l'humanité ne vaut que ce que vaut la conscience humaine;

3° Parce que l'homme est un être perfectible, dont la conscience se développe par l'Education, la Réflexion et l'Étude ;

4° Parce que l'unité du Vrai, du Beau, du Bien, doit être de nos efforts le but suprême à la hauteur duquel la Science, la Morale, l'Art se confondent.

Paragraphe 1.

A. *L'Enseignement du dessin.* — B. *Le professeur de dessin.* — C. *Le Musée du Travail.* — D. *La Société artistique.*

A. L'enseignement du dessin, détourné de son véritable rôle dans tous les pays, n'a donné que des résultats équivoques.

Il faut, dès aujourd'hui, l'accepter dans l'enseignement sous deux jours différents : l'éducation professionnelle et l'éducation intellectuelle.

Le dessin enseigné à un jeune homme dont la destinée sera de juger, de critiquer, d'ordonner des manifestations artistiques n'est pas le même que celui enseigné à un ouvrier, tout en admettant l'unité des principes mêmes du dessin.

L'éducation du Producteur et celle du Consommateur ne peuvent se confondre.

De plus, dans chacune de ces directions de l'enseignement il faut distinguer nettement :

1° La Théorie;

2° La Nature.

Y a-t-il actuellement dans nos écoles une place pour l'étude du Beau?

Non! toutes les fois qu'on y étudie les corps, c'est uniquement pour le Réel.

Que de grandes œuvres deviendraient puissamment vulgarisatrices si elles étaient montrées, analysées, expliquées dans leur esthétique par les maîtres d'école!

Les professeurs de dessin ne devraient-ils pas considérer cela comme la grosse partie de leur rôle? Faire comprendre, aimer, éprouver les émotions du Beau; qu'il s'agisse d'un objet usuel, naturel ou antique.

Combien cela élargirait leur action éducatrice et bienfaisante!

B. Il y a dans chaque région un professeur chargé de l'enseignement du dessin dont les études, la compétence spéciale le désignent d'avance pour accomplir une mission que je n'hésite pas à qualifier de civilisatrice.

Dans cette région, combien n'y a-t-il pas de monuments ignorés, dont l'existence une fois connue les sauveraient de la destruction ou de la défiguration par les démolisseurs ou les restaurateurs inconscients!

Leur existence affirmée enrichirait précieusement l'histoire de l'art qui est aussi celle de la civilisation.

Que de tableaux, des fresques, des gravures, des livres ornés, des reliures anciennes relégués à jamais dans des coins obscurs, des bibliothèques inconnues ou invisibles? Et les sites merveilleux autant qu'ignorés par les guides classiques du touriste?

Pourquoi n'étendrait-on pas la mission du professeur de dessin comme cela se fait pour l'agriculture? Son rôle de centralisateur de documents de l'art ajouterait à l'élévation de sa tâche. Chaque pays se connaîtrait mieux et le goût public y gagnerait des richesses.

C. La création de musées du travail dans chaque région exercerait une influence très grande sur le goût du public : celui qui achète et celui qui produit.

Pourquoi chaque école de dessin ne serait-elle pas dotée d'une salle annexe, dite des beaux-arts, où l'on réunirait les portraits des grands hommes de la région, les œuvres d'art de circonstances, les reproductions vulgarisatrices de sociétés, telles que la Société populaire des Beaux-Arts, les travaux produits par des ouvriers d'art, etc., enfin tout ce qui pourrait contribuer à montrer à la fois et le Beau et l'Utile.

Dans les grandes villes, cette création serait utile, mais dans les petites villes, elle répondrait à une véritable nécessité, tant il y en a où la notion de l'art reste ignorée!

D. L'organisation dans chaque région d'une société artistique qui grouperait les artistes et les écrivains, voire même les savants, ajouterait par l'influence intellectuelle à l'exemple que montrerait le Musée du travail.

Un bulletin périodique ferait connaître les travaux de la société en faveur du goût public.

Cette publication serait soutenue par l'État.

Parmi les membres de cette société seraient choisis ceux de la commission de la censure pour le goût public.

PARAGRAPHE 2.

Si l'on veut que l'Art public ait des racines profondes dans la Société, il faut tourner les yeux vers nos écoles et y introduire beaucoup plus l'Éducation que l'Instruction.

Pour être vraiment vulgarisatrice, l'Éducation doit être artistique.

Il n'est pas un enseignement où l'art ou tout au moins le dessin n'ait un rôle à jouer soit directement, soit indirectement.

Lire de l'auteur la brochure : *Le Dessin*, un enseignement normal — opinion de nos ancêtres, 1792. — La sanction actuelle.

Lire dans le journal : la *Justice*, 10 juin 1897, l'article intitulé : « l'Art et l'Éducation » dans lequel on critique cet ouvrage.

Lire une plaquette : *Le Dessin par l'Écriture*, exposé d'une méthode artistique, éducative que l'auteur explique et développe ci-après sous une autre forme, manuscrite et inédite, 35 pages accompagnées de planches photographiques à l'appui de : « L'Écriture par le Dessin ».

Le but poursuivi par cette étude a été celui-ci :

1° Assouplir la main;

2° Perfectionner l'écriture;

3° Provoquer l'attention et l'observation;

4° Développer la sûreté du coup d'œil;

5° Provoquer le goût ornemental;

6° Dessiner.

Lire dans le *Moniteur du dessin* :

N° 6, septembre 1897. — Organisation d'une classe de dessin à la campagne (question mise au concours).

N° 3, juin 1898. — Le professeur de dessin d'autrefois.

N° 4, juillet. — Vœux au Congrès — de l'auteur.

PARAGRAPHE 3.

La presse. — Les universités. — Les municipalités et conseils généraux. — La censure du goût. — Les prix.

Organiser par la presse une ligue de l'Art public en y associant les écrivains les plus autorisés de tous les pays, afin de combattre sans merci, de mettre à l'index les auteurs d'œuvres glorifiant : la futilité, la niaiserie, la laideur, l'immoralité, qui sont la destruction du sens esthétique social, c'est-à-dire de l'art lui-même.

En invitant les universités à cesser d'envisager dans l'enseignement l'étude du dessin comme un exercice particulier de gymnastique manuelle mais plutôt uniquement comme un développateur de la pensée et du jugement.

En exhortant les municipalités et les conseils généraux à prendre au sérieux l'éducation artistique des apprentis et des ouvriers.

S'il est intéressant et moral d'instruire les adultes, n'est-il pas humain de leur aider à élever leurs conceptions dans le métier qui les nourrit?

Les conseils d'hygiène statuent sur la salubrité publique.

Les conseils qui auraient pour but dans chaque arrondissement : la censure du goût public rendraient des services importants pour la protection d'œuvres menacées ou pour la destruction des choses blessantes pour le bon goût ou la moralité; enfin, pour les avis qu'ils pourraient donner dans *l'embellissement d'une ville* ou dans les *manifestations publiques* de deuil, ou de réjouissances comme les *fêtes nationales et locales*.

Le goût, dans les récompenses accordées aux élèves de tous nos établissements d'éducation joue, généralement, un rôle bien méconnu.

C'est, le plus souvent la librairie à bon marché qui, de Paris, donne la note en imprimant le mouvement.

C'est quelquefois et presque toujours, un chef absolument réfractaire au sens artistique ou indifférent à la notion du Beau dans l'Éducation ou surtout un scrupuleux financier...

Pourquoi, dans ce cas, l'Université n'interviendrait-elle pas en recommandant l'intervention du Conseil de censure du goût public?

Et par la même occasion, pourquoi ne pas proposer une innovation précieuse? Les eaux-fortes de maîtres, les reproductions de tableaux, photogravure, phototypie, ou autres, ne présenteraient-elles pas, comme récompenses l'attrait de sujets épuisés que les librairies rééditeront encore longtemps après l'an 1900?

Rapport de M. ROUSSEAU, Henry, à propos des concours de Rome.

—

Est-il rien qui fasse une impression plus émouvante que la visite de ces villes, jadis opulentes, débordantes d'une vie intense, endormies aujourd'hui dans un sommeil dont on sent que rien, jamais plus, ne les éveillera!

Elles semblent couchées là comme des cadavres de femmes aimées, dont les amants, à la fois poètes et artistes, ont cherché le bonheur dans l'invention des plus merveilleux joyaux dignes d'accompagner leur beauté naturelle; elles ont inspiré les conceptions les plus grandioses, comme l'amour de certaines femmes d'élite a fait se révéler des hommes de génie; chacun de leurs monuments semble une strophe sublime offerte par le poète à l'aimée,— et les voilà gisantes, rappelant par les bijoux restés sur leurs cadavres les amours qu'elles ont excitées, les cœurs qu'elles ont fait battre, les grandes choses qu'elles ont fait concevoir — capables encore, dans leur beauté d'outre-tombe, d'inspirer l'infini regret de n'avoir pu les aimer dans l'épanouissement de leur splendeur passée — l'intense désir de devenir semblable à l'un de ces amants heureux, dont l'amour immense a fait naître des chefs-d'œuvre.

*
* *

Venise, jadis si grandiose, Venise dont le doge épousait l'Océan, est restée orgueilleuse dans la mort.

Reine de l'Adriatique, elle a un tombeau de reine. Sa basilique, ses palais, donnent l'impression d'une sépulture somptueuse, due à l'adulation de courtisans, d'amants plus épris du corps que de l'âme. On la sait morte On n'est pas tenté de la pleurer.

Toute autre est Pise : même sans son Campo Santo, elle ferait éprouver les tristesses que donnent les tombes d'êtres tendrement aimés. Trois monuments : sa tour penchée, son dôme, son baptistère, lui font une magistrale épitaphe.

Cette ville a vécu, non une vie de reine, mais une vie de mère; on ne peut y songer sans que montent aux lèvres, les noms de ses deux fils, Jean et Nicolas, ces deux grands coopérateurs à l'épanouissement de l'art, qui ont comme tant d'autres artistes, laissé tomber dans l'oubli le nom de l'auteur de leur vie matérielle pour n'illustrer que celui de la mère nourricière, au sein de laquelle ils ont puisé l'immortalité. Qu'importe leur désignation patronymique? Ils sont *de Pise*.

Athènes est essentiellement instructive; ses temples donnent la mesure mathématique de la beauté architecturale, comme ses statues donnent celle de la beauté humaine; temples élevés à des divinités mythologiques, qui excitent l'admiration sans donner d'émotion; statues d'une idéale beauté corporelle, visages qui n'ont point vécu.

Le Parthénon nous stupéfie et nous écrase par sa majesté; on n'y sent pas flotter d'âme.

Plus émouvante que l'immense Acropole nous apparaît Bruges, pareille à un vaste champ de repos dont chaque monument serait un tombeau somptueux, et, tout auprès, le petit village de Damme, modeste coin perdu de la Belgique, relique infime d'une grande vie.

Un canal aux eaux stagnantes les relie, comme un chemin envahi de grandes herbes conduirait à une tombe oubliée, dont il ne subsisterait que deux superbes débris : un hôtel de ville, emblème du corps; une église, emblème de l'âme, et un nom gravé, celui d'un poète : Van Maerlant.

Nous savons les noms d'Ictinus et de Callicrate, nous ignorons ceux de bien des architectes gothiques; mais nous sentons leur esprit inspiré, et nous donnons d'instinct à ces anonymes un hommage de reconnaissance et d'admiration.

*
* *

C'est dans ces cités mortes que l'artiste-poète trouve ses plus belles inspirations; c'est en songeant, non en mesurant, qu'il produit des « œuvres de la pensée ».

Or, l'art est avant tout l'œuvre de la pensée; mais hélas, bien peu de nos jeunes artistes peuvent entreprendre de coûteux voyages; bien moins encore, rencontrent, — ce qui serait l'idéal, — un Mécène disposé à les leur faciliter. Les concours ont, parfois, l'avantage de corriger une inégalité de la fortune, et, à cet égard, ils sont utiles, à la condition expresse d'être bien organisés.

Le sont-ils?

Les principaux, dits « Concours de Rome », imposent aux concurrents le travail en loge, le sujet à traiter et limitent l'itinéraire du vainqueur.

Est-il bien nécessaire, pour prouver que l'on est artiste, de passer quelques semaines en cellule, à s'acharner sur une œuvre que souvent quatre au moins des concurrents, sur six, ne *sentent* pas?

Comment n'être pas révolté par la seule idée de mesurer le talent d'un artiste à l'exécution d'un sujet imposé? N'est-ce pas demander à tous les concurrents de sentir de même, car un artiste ne peut évidemment se révéler que dans une œuvre qu'il a sentie.

Un esthète pourrait-il affirmer que, vivant de nos jours, Phidias réussirait un chemin de croix, ou Borremans un combat d'athlètes?

Nous figurons-nous, travaillant d'obligation sur un même thème, Gevaert et Benoit? Balat et Beyaert? Vinçotte et Lambeaux? Voyez-vous, forcés de traiter un même sujet biblique, Millet, le peintre des scènes champêtres, Detaille, le chanteur des épopées guerrières, Courbet, le poète des bois? Sans doute, chaque œuvre aurait ses beautés, mais devant une telle divergence de sentiments, de quel droit oserions-nous proclamer un vainqueur?

Laissons tous ces chantres du Beau nous donner ce qu'ils ont en eux de beau; le rossignol et l'aigle ont tous deux des ailes, une voix; ne leur demandons ni le même vol ni le même chant; admirons-les tous deux; tous deux nous émeuvent.

Parlant des concours de Rome, Portaels nous disait un jour : « Rien qu'en entendant lire le sujet, je sentis, que j'avais le prix! »

Cette phrase seule n'est-elle pas la condamnation de cette institution — au moins telle qu'elle existe actuellement? N'établit-elle pas péremptoirement que nombre d'artistes se trouvent écartés des prix par le seul fait du choix du sujet?

Et ce choix est-il toujours heureux? Certes, les grandes scènes de la bible, de l'histoire ancienne, sont bien faites pour inspirer des chefs-d'œuvre; mais ne trouverait-on rien, dans les faits contemporains, qui soit aussi suggestif?

Cette femme s'élançant dans une maison en flammes pour sauver un enfant, n'est-elle pas aussi intéressante que Mucius Scœvola, brûlant sa main, pour la punir de n'avoir pas accompli le meurtre de Porsenna?

Il est curieux — et regrettable — que cette idée de la nécessité de sujets bibliques ou historiques pour les concours paraisse tellement enracinée que même de jeunes artistes libres de cette entrave aient cru devoir y recourir, alors qu'ils ont prouvé plus tard que la peinture d'histoire ne répond nullement à leur vocation réelle; n'est-ce pas l'indice d'une routine, d'une aberration — à laquelle l'enseignement académique n'est pas étranger — et qu'il serait utile de combattre?

* * *

Pourquoi forcer des jeunes gens, dont l'esprit aspire à la vaste liberté qui peut seule permettre son complet épanouissement, à suivre dans leurs voyages une direction déterminée? leur imposer l'Italie, si la Grèce les attire? Pourquoi ne pas les laisser aller au gré de leurs aspirations, leur permettre de se laisser «empoigner» par les choses qu'ils sentent belles?

Ne vaudrait-il pas mieux être pour eux ce qu'est le guide pour le voyageur? Les renseigner, sans les forcer à rien? Ceux qui sont marqués du feu sacré s'arrêteront d'instinct aux choses capables d'aider leur inspiration, en produiront à leur tour; les autres sont des dévoyés dans le domaine de l'art; c'est leur rendre un mauvais service que de les contenir dans un chemin qui ne les mènera à aucun but.

Disons-leur que telles villes, tels musées contiennent des chefs-d'œuvre; ne les forçons point à les admirer, si cette admiration ne vient pas d'eux-mêmes, à s'éterniser dans leur contemplation, si celle-ci ne les inspire pas.

Qu'ils aillent au gré de leur fantaisie; le Beau est partout. Que partout ils s'isolent, se recueillent, se comprennent eux-mêmes; que nos avis, nos conseils ne leur servent qu'à trouver leur voie dans leur âme.

La liberté seule permet au génie de se révéler; toute chose forcée nuit à son expansion.

* * *

Qu'ils étudient, surtout : le génie est inné, et le plus ignorant peut en porter en soi; les études en permettent et en facilitent le développement.

Un artiste ne peut être dispensé d'instruction. Les sciences, les connaissances de l'histoire de l'humanité, font comprendre les choses actuelles. Il faut obliger les jeunes à de rudes travaux, non pour leur inculquer, malgré tout, une certaine dose de science, mais pour ne laisser arriver à la sublime pratique de l'art que la quintessence des aspirants; rien ne rebute celui dont le regard est tendu vers un but réel; ceux qui se lassent en route se sont trompés de chemin — ou ce sont des faibles dont rien n'est à attendre qui puisse illuminer la voie des autres.

* * *

Ne peut-on se demander aussi s'ils sont impeccables, ces quelques juges qui désignent, sans appel, l'heureux artiste auquel il sera donné, pendant plusieurs années, de voyager, d'admirer les chefs-d'œuvre de l'étranger, d'étudier son art — affranchi de ces mesquines préoccupations pécuniaires qui ont peut-être mis obstacle à la complète révélation de beaucoup de talents?

Leur loyauté, leur absolue bonne foi, les empêcheront-elles de juger dans un sens un peu personnel?

Leur profonde science même ne les incitera-t-elle pas à une sévérité dont pourraient souffrir de jeunes artistes, dignes, en tous points, de profiter des avantages que donne le prix?

Quel jury aurait décerné le prix de Rome à Millet? Incompris d'abord, discuté avec acharnement — et surtout par ceux-là même parmi lesquels les jurés sont choisis — son art a fini par s'imposer par sa sincérité, et son œuvre subsistera, alors que tant de lauréats des concours de Rome disparaîtront sans laisser aucune trace dans l'éternelle histoire de l'art.

Comment serait accueilli un tableau dans lequel un des personnages aurait un œil plus haut que l'autre — comme dans telle ravissante étude de Léonard de Vinci? On ne prétendra pas cependant que l'immortel auteur de la Joconde ignorait la forme.

Un grave défaut de perspective empêcherait un tableau d'être couronné; Lesueur est-il moins un grand artiste parce que son « Saint Bruno » pèche sur ce point? Et le talent de Wauters se révèle-t-il dans l'irréprochable perspective de sa « Folie d'Hugo van der Goes »?

Sans doute l'idéal serait que la science fut toujours unie au talent; mais la grandeur de l'art consiste surtout à élever les esprits; demandons aux artistes le plus d'instruction possible, mais tenons compte de leur génie plus que de leur science.

*
* *

Vox populi, vox Dei. Les œuvres devraient être exposées publiquement avant la proclamation du jugement, et chaque juré ferait bien, avant de rendre son arrêt, d'écouter les opinions diverses émises par les visiteurs, de les comparer consciencieusement avec les siennes, d'étudier, surtout, les émotions diverses montrées par le peuple; celui-là seul qui possède une véritable âme d'artiste pourra produire une œuvre qui émotionne vraiment les masses.

*
* *

En résumé : il faudrait que chaque concurrent puisse traiter un sujet de son choix et le traiter comme il l'entend, comme il le *sent;* qu'il choisisse les lieux où il travaille, fasse librement ce qu'il préfère, donne, sans contrainte aucune, l'indication de ses aspirations, de son sentiment particulier.

Craint-on que cette liberté ne permette au concurrent de glisser dans son œuvre des parties copiées? Qu'importe! S'il a plagié un chef-d'œuvre, on ne peut manquer de le reconnaître; et cet aveu d'incapacité suffira à le faire évincer; si l'œuvre copiée est médiocre, l'œuvre produite sera médiocre. Un seul point milite en faveur du concours en loge : la preuve que le concurrent a travaillé sans conseils, sans aides.

Chaque professeur désire naturellement le triomphe de son élève; mais ce sentiment d'amour-propre va-t-il jusqu'à lui faire commettre une action dont sa conscience doit lui faire sentir toute l'iniquité? C'est là une question d'honnêteté et, sous ce rapport, les lauréats des concours Godecharle sont-ils plus sujets à caution que ceux des concours de Rome?

Les parties du concours étrangères à la production de l'œuvre elle-même — les examens scientifiques, — devraient seules se faire en lieux clos : il ne s'agit plus ici, pour le concurrent, de montrer son talent, son génie, mais de donner la mesure de sa science. Celle-ci, il n'aura tenu qu'à lui de l'acquérir; toutes facilités lui sont données : les académies, les instituts sont là.

Que l'enseignement y soit solide, que les professeurs, loin de se glorifier du nombre de leurs élèves, s'appliquent à éliminer tous ceux qui n'ont point l'étincelle sacrée; qu'ils soient fiers de n'en avoir que deux ou trois, mais que ce soient des élèves d'élite; qu'ils renvoient impitoyablement, tous les dévoyés, tous ceux qui ne font pas preuve d'une vocation réelle, et ne seraient jamais que des déclassés.

Que ces professeurs sachent faire abstraction de leur propre individualité; qu'ils s'attachent à former, non des imitateurs, mais des jeunes gens capables de comprendre le grand art, et de concevoir de grandes choses; qu'ils ne cherchent pas à inspirer leurs élèves, mais à les rendre capables de *sentir* et *d'exprimer* leurs propres aspirations.

Que les études soient fortes; que les académies restent ouvertes à tous; mais qu'elles se dépeuplent de ces centaines de jeunes gens qui viennent y gaspiller un temps précieux, poussés par une vocation illusoire, et se dérobent devant les examens.

Que ces examens soient obligatoires et difficiles; ceux-là seuls se rebuteront qu'une vocation réelle n'entraîne pas à franchir tous les obstacles qui les séparent de la pratique du grand art.

Plus d'étudiants amateurs; rien que des âmes trempées, des artistes réels, n'aspirant à créer du beau que par amour du Beau; ceux-là seront capables un jour de créer des œuvres matérielles dignes de l'idéalité sublime.

Et quand ces artistes auront acquis tout ce que peut donner l'étude, quand leur intelligence sera ouverte, quand ils sauront « comprendre leur âme » qu'ils suivent à loisir le courant sympathique grâce auquel leur génie s'agrandira par un commerce intellectuel avec le génie des amants heureux des villes mortes.

H. Rousseau.

RAPPORTS

—

TROISIÈME SECTION.

—

Rapport de M. Marius VACHON, journaliste, à Paris, sur les mesures relatives à la création et au perfectionnement des écoles d'application pour les métiers d'art.

I

Dans le passé, la question de l'instruction des artistes et des ouvriers des métiers d'art avait été résolue par l'apprentissage, le compagnonnage et la maîtrise. Les corporations avaient créé l'organisme qui répondait à leurs besoins et à leurs intérêts. Les corporations ont disparu; après de plus ou moins longues tentatives de survivance sous d'autres noms et avec d'autres formes, leurs institutions sont allées les rejoindre dans l'histoire. Il n'y a plus de maîtrise depuis un siècle; George Sand a écrit le testament poétique du compagnonnage; et, l'on a beau étayer, par toutes sortes de lois et de règlements, l'apprentissage, il croule de toutes parts comme un vieux mur ruiné.

Les conditions de vie des industries contemporaines ne sont plus celles des industries anciennes. Il s'est opéré là, comme en tout, une évolution naturelle, l'évolution de la liberté, avec toutes ses conséquences, avec ses avantages et ses inconvénients. On ne doit pas songer à ressusciter ce qui est mort; la mort est la source de la vie; mais le passé peut servir à éclairer l'avenir par les exemples de logique et d'harmonie dans les œuvres sociales des ancêtres qui ont préparé le présent.

L'apprentissage, le compagnonnage et la maîtrise avaient pour but de fournir aux industries des ouvriers et des patrons, connaissant à fond leur métier, en ayant le respect, l'amour et l'orgueil: vertus qui leur inspiraient la solidarité. On ne contestera pas que ces ouvriers et ces patrons soient aussi nécessaires aujourd'hui qu'autrefois; et même, qui nierait que la diminution constante de leur nombre est une des principales causes des crises qui frappent si fréquemment, et d'une façon si cruelle, les industries du monde entier? Il a donc fallu se préoccuper de les former par un organisme d'instruction nouveau, remplaçant de tous points celui qui a été détruit. Cet organisme est l'école publique pour les métiers d'art.

L'école existait déjà, au temps des corporations, même avant elles; et, déjà, l'on y pratiquait l'application de l'art avec une netteté d'idées et de vues, avec des résultats qu'on ne saurait trop admirer. La célèbre abbaye de Cluny, en Bourgogne, n'était-elle pas au XIe siècle, une vaste et magnifique Ecole d'art et de métier, qui, par ses 314 succursales, alimentait abondamment l'Occident d'artistes et d'artisans, aussi bien que de papes et d'évêques? La Manufacture royale des Gobelins, fondée par Louis XIV, sur les conseils de Colbert, n'avait-elle pas un « séminaire », où de nombreux élèves recevaient une instruction artistique sérieuse, en même temps qu'ils faisaient un apprentissage de six années, complété par un service de quatre ans de compagnonnage, pour apprendre théoriquement et pratiquement les métiers d'art qu'on y exerçait, la tapisserie, l'ébénisterie, la serrurerie, le bronze, etc., sous la direction supérieure du plus grand artiste du temps, Lebrun, que le roi avait mis à la tête de l'institution pour honorer les métiers d'art?

Quand Bachelier fonda en 1765, à Paris, l'Ecole gratuite de dessin, — l'Ecole nationale des Arts décoratifs actuelle, — l'idée de cette œuvre lui avait été inspirée par la conscience qu'il avait de la nécessité de développer l'instruction spéciale des ouvriers, à l'heure où l'organisme d'enseignement des corps de métiers fléchissait déjà sous le souffle des idées nouvelles de liberté.

Par la suppression des corporations, par la création de l'enseignement officiel, public, destiné à remplacer l'enseignement privé, et relativement secret, que ces corporations donnaient, la Révolution française a été l'initiatrice d'un grand mouvement d'action et de propagande pour l'instruction des ouvriers des métiers d'art, qui a été suivi rapidement par toutes les nations industrielles de l'Europe. C'est le privilège historique et la gloire incontestée de la France qu'aucune de ses révolutions sociales, politiques, artistiques et littéraires, ne laisse le monde indifférent; qu'elles exercent sur les idées et sur les institutions une influence aussi profonde que durable. Les Ecoles centrales des départements, le Conservatoire et les Ecoles des arts et métiers, servent de types à de nombreuses institutions qui poursuivent le même but. Les Expositions universelles de 1851, de 1855, de 1867, en réunissant les éléments de comparaison des résultats obtenus partout, servent de points de départ à des conceptions nouvelles, plus vastes, qu'on s'efforce de mettre en rapport avec les industries, qui prennent de jour en jour un plus grand développement, qui transforment constamment leur outillage et leurs procédés par suite des progrès de la science, et auxquelles l'accroissement de la richesse publique, l'extension des chemins de fer et des bateaux à vapeur, créent en même temps qu'une puissance nouvelle de production, de nouveaux besoins plus variés et plus impérieux. L'Angleterre fonde ses « Mechanics Institutes », l'Ecole centrale de dessin de Somerset-house, berceau de son enseignement artistique industriel, le Département de l'Art pratique au Ministère du Commerce, qui deviendra quelques années plus tard le Département de Science et Art avec un budget de 6 millions de francs; l'Ecole spéciale de Marlborough-house, germe de son enseignement technique; et le Musée du South-Kensington, le futur arsenal d'art par lequel elle pourra armer un jour ses milliers d'écoles et de musées provinciaux.

Les grands événements de 1870-1871 doivent être considérés comme le début d'une ère nouvelle dans l'histoire des questions qui nous occupent. Avec la Commune, recommence, pour la France, en ce siècle, l'exode désastreux d'artistes et d'artisans, qui, à la suite de la révocation de l'Edit de Nantes, transporta à l'étranger, il y a deux cents ans, les secrets et les traditions de ses belles industries d'art. Les victoires militaires, qui créent son unité politique, inspirent à l'Allemagne l'ambition de la suprématie artistique et industrielle, destinée à l'affermir par une inébranlable prospérité. L'Italie rêve de faire revivre, avec son hégémonie nouvelle, la puissance et la gloire de la Rome antique qu'elle vient de reconquérir. Alors, la défense de leurs intérêts économiques contre tous ces concurrents nouveaux, que le succès rend audacieux et énergiques, pousse les autres nations à s'armer.

Un mouvement irrésistible d'opinions se manifeste partout pour le développement de l'instruction des ouvriers; il entraîne les Etats, les municipalités, les corporations et les particuliers, qui à l'envi, dans une émulation superbe d'activité, de générosité et de dévouement, créent des institutions, où toutes les découvertes de la science sont appliquées pour l'organisation de l'outillage, où les programmes sont inspirés des méthodes d'enseignement les plus perfectionnées, avec la préoccupation constante de fournir aux industries nationales les moyens les plus sûrs de lutter victorieusement, de maintenir sinon d'accroître la prospérité et la gloire du pays.

II.

L'énumération des écoles pour les métiers d'art, fondées, depuis 1870-1871, en Europe et aux Etats-Unis, entraînerait à de longues écritures, exigerait un volume; je me bornerai à signaler les plus importantes et les plus célèbres.

La France crée les grandes Écoles nationales des Arts décoratifs de Paris, de Limoges, de Nice et d'Aubusson, l'École nationale des Arts industriels de Roubaix, l'École nationale des Beaux-Arts de Bourges; reconstitue les écoles de ses Manufactures nationales de Sèvres, des Gobelins et de Beauvais. La ville de Paris fonde les Écoles municipales Boulle, Estienne, Bernard Palissy et Diderot, dont les spécialisations industrielles et le caractère d'éducation populaire sont affirmés hautement par les noms du créateur de *L'Encyclopédie*, et des artistes qui se sont illustrés par leur génie en ébénisterie, en céramique et en imprimerie. Lyon adjoint une section d'Art décoratif à sa séculaire et fameuse École des Beaux-Arts. Bordeaux, Toulouse, Marseille, Nîmes, Montpellier, Besançon, Tours, Lille, Tourcoing, Calais, Amiens, Rouen, Angers, Rennes, Nancy, Alger, etc., réorganisent leurs Écoles des Beaux-Arts, avec le concours de l'État, dans le sens de l'application de l'enseignement aux industries régionales et locales, et sous leurs titres anciens, conservés par la reconnaissance publique ou sous des dénominations nouvelles, qui indiquent nettement l'objectif nouveau poursuivi. L'État, des municipalités, des associations privées, des chambres syndicales, des sociétés industrielles, des chambres de commerce, dotent d'Écoles techniques, d'Écoles professionnelles, d'Écoles pratiques d'industrie, les centres manufacturiers de Saint-Etienne, Saint-Chamond, Roanne, Rouen, Armentières, Vierzon, Voiron, Nantes, Nancy, Épinal, Reims, Tarare, Saint-Quentin, Nîmes, Amiens. Paris, Besançon, Lyon, Elbeuf et Nîmes reçoivent des écoles spéciales pour leurs grandes industries artistiques locales : le tissage de la soie et de la laine, le bronze, l'orfèvrerie, la bijouterie et la joaillerie.

En Allemagne, on fonde les Écoles d'Art industriel de Munich, de Dusseldorf, de Pforzheim, de Dresde, de Cologne, de Francfort, les Écoles techniques de Reimscheid, d'Iserlohn, l'Institut technique pour les ouvriers des métiers de Brême; on réorganise les Écoles de dessin de Berlin, d'après des méthodes nouvelles; Créfeld réforme son École de tissage, Leipzig, son Ecole des Beaux-Arts, Hambourg, son Ecole industrielle pour les ouvriers; et, dans tous les grands centres de l'Empire, des associations puissantes d'industriels et de commerçants ouvrent des musées qui complètent l'enseignement des écoles, et constituent de merveilleux agents de propagande de progrès, par le système aussi ingénieux que pratique de la circulation, à domicile, des documents d'études qu'ils ont réunis.

En Angleterre, le Département de Science et Art donne à son influence une extension prodigieuse. Les écoles placées sous sa protection, et prenant part à ses concours nationaux pour obtenir les subventions du Parlement, qui n'étaient, en 1862, qu'au nombre de 70, formant un ensemble de 2,543 élèves, atteignent, en moins de vingt-cinq ans, le chiffre de 1,952, dont le contingent dépasse 112,000 jeunes gens; les subventions, fixées, en 1872, à 625 mille francs, s'élèvent aujourd'hui à 2 millions et demi. De formidables associations, le « People's Palace », et le « Polytechnic Institute », de Londres, le « Birmingham and Midland Institute », fournissent libéralement, chaque année, à plus de 20,000 ouvriers et employés, l'instruction artistique et scientifique. Les Corporations de Londres créent, avec un budget annuel de 750,000 francs, le « The City and Guilds of London Institute », qui sera à l'enseignement technique ce qu'est à l'enseignement artistique le « South-Kensington », subventionnant cet enseignement par des primes de concours annuels, le dotant d'une École normale, dont le chiffre des élèves, en dix ans, s'élève de 300 à 1,200. Les municipalités et les associations dotent les grands centres industriels de Birmingham, Nottingham, Manchester, Huddersfield, Bradford, Leeds, Derby, d'Écoles d'art et d'Écoles techniques, qui complètent l'organisme d'enseignement public pour les ouvriers, dont la nécessité a été proclamée successivement par les rapports des grandes enquêtes de la Chambre des Communes, en 1836, 1849 et 1863, et par les études comparatives faites par des commissions officielles aux Expositions de 1851, 1855 et 1867.

Dès 1872, le Gouvernement autrichien instituait une commission pour organiser l'enseignement du dessin dans les Écoles primaires supérieures, une commission chargée d'examiner les voies et moyens de créer des écoles industrielles dans tous les grands centres manufacturiers; et fondait l'Ecole du musée d'Art décoratif de Vienne. Prague, Insbruck, Linz reçoivent des Écoles d'art décoratif pour les industries artistiques de leur région. En 1878, le Gouvernement hongrois ouvre l'Ecole nationale de dessin et l'Ecole professionnelle de Budapest.

La Belgique, dont l'activité artistique et industrielle convertit en grande et riche nation un petit pays, littéralement couvert, il est vrai, d'usines, d'ateliers et de monuments, ne pouvait rester en arrière de qui que ce soit. En 1878, le Gouvernement crée l'Ecole normale de dessin. Depuis longtemps, Anvers et Bruxelles possédaient des Académies célèbres. Mais, leur organisation séculaire ne répond point aux conditions de la vie moderne; on les modifie habilement pour les faire servir aux industries nationales, tout en continuant à former des artistes, ambitieux de marcher sur les traces des ancêtres glorieux. Et, une Renaissance nouvelle sort immédiatement de cette reconstitution, donnant une fois de plus raison à ceux qui sont d'avis que le système de l'application de l'art aux métiers, loin d'étouffer les vocations artistiques véritables, les rend plus fermes et plus fécondes. Les Écoles de Saint-Luc développent leur influence bienfaisante sur l'art religieux, et impriment une impulsion vigoureuse à la décoration monumentale, par un retour décisif aux traditions léguées par les maîtres du passé.

La Hollande caractérisera aussi quelques-unes de ses créations scolaires, telles que l'Ecole Quellinus, d'Amsterdam, par une organisation originale et ingénieuse, qui en fait l'étude fort précieuse pour tous ceux qui s'intéressent à ces questions. A Amsterdam, on fonde une Ecole normale de dessin, une Ecole des Beaux-Arts et une Ecole des arts décoratifs; à Harlem, une Ecole d'art décoratif, annexe du musée de la « Société néerlandaise pour le progrès des industries nationales ».

Ce n'est qu'en 1880 que l'Italie entre dans le mouvement par l'envoi en Angleterre, en France et en Belgique, d'une mission chargée d'étudier les Écoles d'Art industriel et d'Art décoratif; la publication du rapport de cette mission provoque la création ou la transformation de 64 établissements d'instruction artistique pour les métiers.

Dès 1875, en présence de l'extension que prennent ses industries nationales, la Suisse se préoccupe d'assurer par des écoles le recrutement de leurs artistes et de leurs ouvriers. Les Écoles d'Art industriel de Genève et de Zurich, l'École de la soie de Wipkingen sont fondées; l'École de dessin pour les métiers de Saint-Gall est réformée. En 1883, le Département fédéral du commerce ordonne une enquête sur l'enseignement pour les ouvriers; et, l'année suivante, le Gouvernement fixe par un arrêté les subsides à accorder aux Ecoles artistiques et techniques, organisées par les cantons et par les municipalités.

Si les États-Unis, absorbés par la guerre civile, avaient tardé à organiser un enseignement pour leurs industries d'art, à partir de 1870-1871 ils regagnaient rapidement le temps perdu, grâce à l'apostolat de W. Smith, qu'on doit tenir pour le fondateur de cet enseignement. Des associations d'artistes et d'industriels, nées de sa foi, de richissimes commerçants conquis par son éloquence, créaient des Ecoles normales de dessin dans la plupart des centres manufacturiers, évangélisés par lui, de véritables Universités d'art à Boston, Chicago, New-York et Brooklyn. Il se fondait, en 1885 et 1886, à Baltimore et à Washington, des sociétés pour la propagation de l'instruction parmi les ouvriers. Aujourd'hui, il n'est pas de petite ville qui ne possède une école, richement dotée, outillée supérieurement, où les industries locales et régionales peuvent venir chercher le personnel d'élite qui leur est nécessaire.

La Russie, dernière venue à la vie industrielle et artistique, a fait là, comme en tout ce qu'elle entreprend, des pas de géant. Les institutions, créées depuis moins de vingt ans, dans le domaine de l'instruction professionnelle, sont presque innombrables : sociétés d'études et de propagande des principes et des méthodes d'enseignement, écoles de tous ordres, Ecoles des Beaux-Arts, Ecoles des Arts décoratifs, Ecoles techniques, Ecoles populaires d'ouvriers, Ecoles de paysans pour les métiers ruraux, Musées des Arts décoratifs. Pétersbourg ne possède pas moins de deux de ces musées, fort riches, et de trois Ecoles d'art : l'Académie, l'Ecole du musée Steeglitz, l'École de la Société impériale d'encouragement aux Beaux-Arts; et de trois grandes sociétés : cette dernière, admirablement organisée et d'une action très puissante sur les industries; la Société impériale polytechnique russe, qui a créé des écoles de dessin et des cours d'art et de science dans la ville et ses faubourgs; la Société pour l'amélioration du travail national, en mémoire du Tsar libérateur, qui poursuit la même mission, à la fois dans la capitale et dans l'Empire tout entier.

En résumé, convaincues, par leur propre expérience et par celle des autres, que l'instruction artistique et technique de tous ceux qui travaillent dans les usines et dans les ateliers, ouvriers, contremaitres et patrons, est la première condition pour triompher dans la bataille économique actuelle, toutes les nations industrielles du monde, les vieilles comme les jeunes, ont créé les institutions qui leur ont paru nécessaires, et les ont conformées à leur caractère, à leur tempérament et à leurs traditions.

III

Herbert Spencer a dit : « La meilleure éducation est celle qui prépare le mieux l'enfant à l'avenir qui l'attend. » Ce principe de pédagogie, formulé avec une éloquente précision, doit servir de base à l'étude de la question proposée par le Congrès : « Mesures relatives à la création et au fonctionnement des écoles d'application pour les métiers d'art. »

Que sont socialement les élèves de ces écoles? Des fils d'ouvriers, des fils de paysans. Il semble que le travail manuel, celui des champs et celui de l'atelier, tout de discipline, d'ordre et de fixité, qui donne à ceux qui l'exercent la joie et l'orgueil de la création, qui enseigne la grande vertu d'accepter stoïquement l'apparente iniquité des saisons et de la vie, accomplisse là son œuvre de moralisation; et, que, par une conséquence logique, dans ces milieux seuls, l'art, la plus haute expression du travail, soit envisagé au point de vue de son vrai caractère, de sa vraie mission, alors qu'ailleurs on le tient pour une simple distraction d'inutiles désœuvrés.

Que viennent chercher dans ces écoles ces fils d'ouvriers, ces fils de paysans? Les moyens de se perfectionner dans leurs métiers, par des connaissances artistiques et scientifiques, qui leur soient appropriées.

Quel est l'avenir qui les attend? La vie de l'ouvrier pour le plus grand nombre; la position de contremaîtres et de chefs d'ateliers pour les plus habiles et les plus hardis. Fort rares sont ceux qui, par une vocation irrésistible, s'éveillant devant les œuvres d'art des maîtres, réussissent, à force de sacrifices et d'énergie, à devenir un jour des artistes, architectes, peintres, sculpteurs, en état de gagner honorablement leur vie.

Ces écoles doivent donc avoir pour but unique de fournir aux futurs ouvriers, contremaîtres et patrons, ce qu'ils désirent, ce dont ils ont besoin ; et, leur organisation — règlements et programmes — doit être conçue exclusivement en vue de leur faire atteindre ce but.

Quelles sont les mesures qui assureront le mieux la réalisation de cet idéal d'institution pratique d'enseignement pour ceux qui sont destinés à vivre des métiers d'art, et qui, par une solide instruction professionnelle, les feront prospérer?

Ces mesures sont de différents ordres; elles touchent à la fois à l'organisation administrative des écoles, à leur direction scientifique et artistique, à l'élaboration des programmes et des règlements. Préalablement à leur étude, il est nécessaire de résumer rapidement les divers systèmes qui ont été appliqués, sur tous ces points, dans les pays, où l'enseignement pour les métiers d'art a été le plus développé, et paraît avoir donné les meilleurs résultats.

IV

En Allemagne, tous les systèmes fonctionnent. Il y a des écoles impériales et royales, dotées d'un budget voté par les Parlements, et qui ne relèvent que des ministères respectifs, exclusivement chargés d'en arrêter les règlements et les programmes; des écoles fondées par les municipalités ou par les gouvernements de provinces, avec des subventions fixes, accordées par l'État, qui fournit en même temps le plus souvent les collections, l'outillage et le mobilier; des écoles dues à l'initiative d'associations et de corporations, qui les administrent et les dirigent en toute autonomie, à tous les points de vue, même en recevant des subventions de l'État ou des municipalités. Ces dernières constituent le type le plus répandu.

En Angleterre, l'État jusqu'ici a laissé exclusivement la mission de créer les institutions d'enseignement d'art industriel et technique aux municipalités et aux associations; il ne possède qu'une école, l'École normale de South-Kensington, fondée pour donner une instruction artistique supérieure aux jeunes gens qui se destinent à l'enseignement du dessin ou qui désirent entrer dans les industries comme artistes. Les institutions municipales ne sont pas très nombreuses; quelques-unes, il est vrai, entr'autres celles de Nottingham et de Birmingham, ont une grande importance. En majeure partie, les écoles des villes manufacturières sont l'œuvre de sociétés qui les administrent, les font vivre avec leurs ressources, avec les cotisations de leurs élèves, avec les primes des concours nationaux annuels, et avec les dons des particuliers et des corporations des industries qu'elles concernent. Mais, l'organisation de toutes les écoles présente cette originalité qu'indistinctement, municipales, corporatives, ou privées, elles doivent, en vertu d'une loi, avoir à leur tête un comité d'administration responsable financièrement, et composé d'au moins cinq membres, habitants de la commune. Le Département de Science et Art, c'est-à-dire l'État, n'intervient en aucune façon dans l'administration et la direction des écoles; il n'impose d'autres conditions à la participation aux concours nationaux que la possession par le directeur et par les professeurs du diplôme de l'École normale de dessin de South Kensington.

En France, l'enseignement de l'art appliqué aux industries est donné par l'État directement, et effectivement, en toute autonomie, dans les Écoles nationales des Arts décoratifs de Paris, dans les Écoles des Manufactures nationales de Sèvres, des Gobelins et de Beauvais. Les Ecoles nationales des Arts décoratifs de Limoges, Nice et Aubusson, l'Ecole nationale des Arts industriels de Roubaix, les Ecoles nationales des Beaux-Arts de Lyon, Dijon, Toulouse, Bourges et Alger fonctionnent avec des commissions qui réunissent les attributions de comités administratifs et de conseils de perfectionnement, et qui sont chargées de toutes les propositions à faire à l'État décidant souverainement en dernier ressort, pour l'enseignement, les programmes, le choix du personnel des professeurs, les règlements et les budgets. Ces commissions ont pour présidents les préfets des départements dans lesquels les institutions sont installées; la nomination de leurs membres est laissée mi-partie à l'État et mi-partie aux préfets, aux chambres de commerce, et aux municipalités pour assurer la défense de leurs intérêts, car les communes contribuent pour une large part, généralement la moitié, aux charges financières, en dépit du titre de nationales que les écoles portent officiellement.

En dehors de ces établissements, ce même enseignement est donné, sous des formes et sous des titres divers, Écoles régionales ou municipales des Beaux-Arts, des Arts décoratifs, des Arts industriels, Écoles de dessin, etc., par des institutions que les municipalités ont fondées, et auxquelles l'État accorde son concours financier au moyen de subventions annuelles, permanentes ou temporaires, le plus souvent en vertu de conventions qui assurent à l'État une part importante d'influence, de contrôle ou de direction, et surtout le droit d'inspection périodique, et la nomination du corps enseignant, bien que les municipalités les administrent et les dirigent; ces conventions ordonnent en outre la constitution de comités de patronage choisis parmi les industriels et les artistes, de commissions de surveillance et de perfectionnement. Seule, la municipalité de Paris administre et dirige en toute indépendance de programmes, de méthodes et de règlements, sans même aucune inspection du Ministère des Beaux-Arts, ses écoles d'application de l'art aux métiers : Boulle, Diderot, Estienne et Bernard Palissy.

L'opinion officielle du Parlement français, d'après le dernier rapport de la Commission du budget, est que l'État doit mesurer son ingérence dans le domaine des écoles d'application, et que « les écoles purement professionnelles, si intéressantes et essentielles qu'elles soient, n'ont en principe rien à attendre de l'État; elles doivent rester en dehors des organisations scolaires établies, maintenues et subventionnées, grâce aux allocations budgétaires, car elles sont du ressort de l'initiative privée... C'est à la contribution des intéressés qu'il convient de laisser la charge des éducations propres, spéciales et essentiellement mobiles qui conviennent aux professionnels. Ces intéressés, ce sont les patrons, les syndicats patronaux et ouvriers, les chambres de commerce, et aussi les municipalités et les départements. »

En Autriche-Hongrie, toutes les écoles sont officielles et administrées soit par le Ministère de l'instruction publique, soit par le Ministère du commerce.

En Belgique, les municipalités sont à la tête de l'enseignement pour les métiers d'art. Ou elles ont pris elles-mêmes l'initiative de la création des écoles, ou elles ont reconnu comme établissements communaux celles qui ont été fondées par des associations, aussitôt qu'après la requête qui leur en est généralement adressée elles en ont constaté l'utilité publique. L'État n'intervient que par des subventions, laissant toujours aux institutions communales ou privées leur autonomie. Ces subventions, en outre, ne sont jamais l'objet de contrats; elles ont un caractère essentiellement temporaire, l'État se réservant le droit de les supprimer, si les résultats ne répondent pas à ses espérances. Tout en leur accordant la reconnaissance d'utilité publique, les municipalités laissent aux comités des sociétés qui les ont fondées l'administration des écoles; elles nomment les professeurs sur la présentation de ces comités; elles approuvent les budgets qu'ils proposent, et contrôlent purement et simplement les règlements et les programmes qu'ils ont rédigés d'après leurs idées. Les municipalités n'administrent directement que les écoles qu'elles ont fondées, mais en faisant toujours entrer en grand nombre les industriels et les négociants dans leurs conseils d'administration.

En Italie, toutes les écoles d'enseignement artistique et industriel pour les métiers d'art ont été l'œuvre d'associations d'artistes et d'industriels qui, à leurs débuts, eurent à lutter contre l'État et contre les municipalités. L'Etat ne pouvant les détruire ni les absorber, instituait, en 1884, près du Ministère de l'industrie et du commerce, une commission chargée d'exercer la haute surveillance sur l'administration de ces écoles et sur leurs programmes d'enseignement. Les municipalités, aujourd'hui, leur accordent des subventions et se font simplement représenter dans les conseils d'administration.

En Hollande, à part l'École normale de dessin, les Académies d'Amsterdam et de La Haye, et l'École des arts décoratifs d'Amsterdam, les écoles artistiques et industrielles appartiennent à des sociétés qui les administrent en toute indépendance, même lorsqu'elles reçoivent des subventions de l'État ou des municipalités.

En Suisse, les écoles sont presque partout des institutions municipales; le Gouvernement fédéral les subventionne suivant leur caractère plus ou moins national, mais sans aucune ingérence dans leur administration.

En Russie, l'organisation de l'enseignement est exclusiveme due à des sociétés qui ne réclament rien financièrement de l'État, dont l'ingérence administrative est fort platonique; par tradition, elles ont à leur tête, comme protecteurs, des membres de la famille impériale qui toujours laissent diriger effectivement les conseils d'administration.

En Danemark, en Suède et en Norwège, ce sont des associations qui ont créé les écoles; l'Etat et les municipalités les subventionnent généralement, mais sans aucune intervention administrative ni même de simple contrôle financier.

V

De toutes ces formes d'organisation, quelle est la meilleure? Je n'hésite pas à répondre : En général les institutions d'enseignement pour les métiers d'art qui paraissent les plus prospères et donnent les résultats les plus évidents, sont celles que les corporations ont créées, que les représentants de ces corporations administrent et dirigent, celles où la pratique est jointe à la théorie dans les études dont les programmes ont été rédigés par eux, celles où l'on se préoccupe exclusivement de donner aux futurs ouvriers et patrons une sévère instruction technique et une sérieuse éducation d'art. Les écoles dont les industriels sont écartés, celles qui n'ont que des illusions de conseils d'administration ou de perfectionnement, composés de représentants plus ou moins directs et autorisés des corporations, présentent au contraire, à fort peu d'exceptions, la physionomie sans originalité, sans caractère, de simples rouages administratifs, mus par la routine, et n'ont rien des organismes, actifs et féconds, répandant autour d'eux le mouvement et la vie.

Et, quand on analyse ces impressions différentes, elles apparaissent fort justifiées. Dans l'organisation et le fonctionnement des premières écoles, il est facile de constater qu'il y a tout ce qui constitue les éléments de la vie : l'autorité, la responsabilité, le goût de la lutte et la passion du progrès, en même temps que le sens pratique et l'esprit d'initiative qui sont les conditions des succès industriels. Il semble de la plus élémentaire logique qu'un enseignement pour les métiers d'art soit organisé et dirigé par ceux qui en vivent et en font vivre les ouvriers, qui donneront demain, si même ils ne le donnent déjà, du travail aux élèves de ces écoles, qui ont un intérêt personnel à ce qu'ils soient habiles et ingénieux, et, qui, par nécessité professionnelle, doivent connaître avec précision les besoins de l'industrie, en suivre les évolutions et les progrès à tous les points de vue. Dans les secondes écoles, au contraire, des programmes, uniformes pour tout le pays, enserrent étroitement un enseignement général, sans but positif, basé sur des théories non seulement indifférentes au mouvement économique et social, mais presque toujours en contradiction avec les intérêts de ceux qui viennent demander à ces institutions les moyens de se perfectionner dans leur métier, pour mieux gagner leur vie. Prenons, comme exemple, l'enseignement du dessin qui est la base de l'éducation nécessaire aux ouvriers qui exercent les métiers d'art. La théorie qui régit en beaucoup de pays cet enseignement est qu'il doit être le même pour tous, pour l'homme du monde, pour l'artiste et pour l'ouvrier. La théorie est séduisante par son apparence de simplicité, comme celle de l'unité de l'art, dont elle découle. Mais, l'expérience en démontre constamment la fausseté. Les preuves abondent, si nombreuses, si évidentes, qu'on peut déclarer que le succès relatif de cette théorie est l'exception et son échec la règle.

La statistique comparée de la fréquentation des institutions d'enseignement général du dessin, année par année, accuse partout une diminution constante du nombre des élèves, au fur et à mesure que les cours s'élèvent, diminution qui aboutit, dans la dernière partie du cycle des études, à la disparition des trois quarts, et même souvent plus encore. On motive cette disparition par l'insouciance, la légèreté et la mobilité d'esprit de l'enfance et de la jeunesse : c'est là de l'observation superficielle. Les apprentis et les ouvriers quittent les cours, parce que dès le début, ils n'ont pas la sensation de l'utilité de ce qu'on leur y enseigne, parce qu'ils sont découragés par des programmes qui ont été faits pour des élèves ayant les moyens de consacrer un très long temps à ces études générales, sans la préoccupation du présent, ni celle de l'avenir.

On a tenté de remédier à cette grave situation par le système des bourses, des prix, et des diplômes. C'était tomber de Charybde en Scylla. L'école devient elle-même une carrière, où les prix sont le but immédiat à atteindre, où la conquête du diplôme est le couronnement des efforts. Quelles cruelles déceptions ces prix et ces diplômes réservent à l'entrée dans la vie industrielle, où ils n'ont plus aucune valeur! Cet enseignement conduit, réglementairement et logiquement à ce que l'on dénomme l'art pur, c'est-à-dire aux professions de peintres, de sculpteurs et d'architectes, qui vident l'usine et l'atelier d'ouvriers et d'artisans, par le mirage de la fortune et de la gloire. Pour les atteindre, on va jusqu'au bout. Mais que deviennent ceux qui n'y réussissent pas? Des déracinés, des déclassés. Il y a une analogie frappante de conséquences désastreuses pour l'individu et pour la société entre cet enseignement artistique et l'enseignement universitaire. L'un et l'autre engendrent le prolétariat de la misère, et préparent l'anarchie.

La spécialisation de l'enseignement est seule capable de provoquer, chez les apprentis et les ouvriers, l'attention, l'observation et la réflexion, qui assurent la discipline intellectuelle et la discipline sociale, dont l'affaiblissement est une cause fatale de décadence, et qui constituent l'esprit scientifique, sans lequel on ne peut rien produire d'utile et de durable, dans n'importe quelle branche de l'activité humaine.

Quels sont les pays qui pratiquent le plus ce système de l'enseignement général du dessin? Les pays où l'industrie et le commerce paraissent en péril de décadence. Quels sont les pays qui, en cette matière, ont adopté résolument le régime de la spécialisation et de la liberté? Les pays les plus ardemment ambitieux de conquérir tous les marchés du monde.

En Allemagne, dans toutes les écoles rhénanes, l'organisation de l'enseignement du dessin avec les applications professionnelles immédiates a été décidée, à la suite d'une enquête démontrant que les études générales ne répondaient pas à la mission sociale des écoles d'art; à Berlin, à Hambourg, dans les villes industrielles de la Bavière, du Wurtemberg et de la Saxe, les grandes écoles populaires pour les métiers d'art ont pour base la spécialisation de l'enseignement artistique suivant ces métiers.

Dans une étude sur la méthode scientifique allemande en industrie, un écrivain, M. Schwob faisait tout récemment cette observation : « Du haut en bas de l'échelle, c'est l'école pratique que les allemands ont cherché à développer. La culture générale sans application immédiate doit être réservée à des individualités exceptionnelles, se destinant au professorat, aux études transcendantes; pour l'ensemble des élèves, il faut rapidement venir au fait, à la spécialisation, à l'enseignement technique, qui leur donne le goût et le respect du travail. »

En Belgique, toutes les Écoles d'art ont aujourd'hui un enseignement essentiellement professionnel. Le rapport de M. Buls, sur la réorganisation de l'Académie des Beaux-Arts de Bruxelles, contient cette déclaration : « Pour satisfaire à sa mission, notre Académie doit devenir une école populaire susceptible de donner aux artisans les connaissances qui leur permettront d'appliquer l'art à l'exercice de leur profession. »

L'auteur d'un mémoire sur l'enseignement du dessin aux États-Unis, M. Victor Champier, résume ainsi ses impressions sur le caractère de cet enseignement : « Dans les cerveaux américains, l'idée ne pouvait entrer que le dessin fît partie d'un programme d'éducation générale sans avoir un but précis, pratique, immédiat. Donner sans tarder une application positive au dessin, habituer l'enfant à l'utiliser dès l'école primaire, dans les travaux manuels, comme un élément certain, indispensable pour la plupart des carrières industrielles : voilà à quoi l'on visa. La seule raison d'être du dessin c'est de préparer la jeunesse aux emplois qui lui seront ouverts dans la vie. En Amérique, tout ce qui est pure théorie, tout ce qui échappe à la règle mathématique du « doit et avoir », tout enseignement qui ne répond pas à une profession nettement définie, tout effort intellectuel qui n'aboutit pas à un résultat bien formel et pouvant être instantanément monnayé, est considéré avec surprise comme une aberration. Cela ne paie pas ».

En Angleterre, dans l'organisation des Écoles techniques et des Écoles d'art, on ne paraît leur avoir voulu donner d'autre mission que celle de préparer pour les industries des jeunes gens dotés d'une solide instruction scientifique et artistique, à l'intelligence éveillée, à la main habile, qui se développeront ensuite et se formeront définitivement au contact des réalités de la vie industrielle et dans la pratique de leur métier; cette organisation est imposée par les mœurs et les traditions des industries anglaises réfractaires à toute ingérence de l'école dans l'atelier. Mais, dans toutes ces institutions, la préoccupation, inspirée par le sens pratique de la race, de donner à l'enseignement un but précis, afin de ne point égarer l'imagination des jeunes gens vers un idéal étranger à l'avenir qui les attend, est telle, que, dès la deuxième année de cours, on impose l'obligation du choix d'un métier; et, de plus, il se manifeste partout, à Nottingham, à Birmingham, à Manchester, par exemple, des tendances, de plus en plus décisives, séparer des grandes écoles l'enseignement général, en créant des succursales de quartier destinées à fournir aux élèves les éléments de la science et de l'art, afin de les mettre immédiatement à l'application de l'une et de l'autre au métier. L'enseignement même de l'École normale de South-Kensington, celui qui est donné par les professeurs qui en sont sortis, dans les écoles d'art de Birmingham, de Manchester, de Liverpool, de Glasgow, de Dublin, de Belfast, d'Édimbourg, etc., a un caractère industriel si pratique qu'en consultant la statistique des lauréats des premières médailles d'or des concours nationaux, de 1884 à 1889, au nombre de 38, on peut constater que 30 sont entrés dans les industries, comme dessinateurs, peintres décorateurs, sculpteurs sur pierre et sur bois, modeleurs, lithographes, bronziers, etc.; 7 ont choisi la carrière de professeurs dans ces mêmes écoles d'art; et un seul a dérivé vers la Royal Academy. On se fait un peu partout, sur le continent, une idée très fausse sur l'influence exercée par le South Kensington, qui tendrait à substituer un enseignement officiel centralisateur à l'enseignement particulariste des grands centres industriels. Le contraire seul est exact. Dans les rapports des concours nationaux, se manifeste constamment la volonté de pousser chaque institution à donner à l'enseignement un caractère conforme aux traditions artistiques de la cité et de la région; et les jurés n'hésitent pas à choisir, pour les plus hautes récompenses, les travaux qui affirment ce caractère très nettement.

En Belgique, la spécialisation, qui se fait tout naturellement dans les grandes écoles du soir fréquentées par les ouvriers exerçant leur métier dans la journée, a pénétré jusque dans les vieilles académies d'Anvers et de Bruxelles, réorganisées sur l'initiative d'administrateurs audacieux et énergiques, aussi dévoués aux intérêts matériels et moraux de la classe ouvrière qu'ardemment passionnés pour l'art. Pendant la première année des cours, les élèves reçoivent un enseignement primaire artistique commun à toutes les sections; mais, dès la deuxième, ils sont réglementairement obligés de faire entre les branches industrielles dérivant des trois grandes divisions générales du programme des études, la peinture, la sculpture et l'architecture, un choix conforme à la profession industrielle qu'ils veulent exercer. On a pensé fort justement qu'il était indispensable que les futurs ouvriers et artistes fussent constamment encouragés à persévérer dans l'étude de l'application industrielle de leurs connaissances artistiques, l'utilité de cet enseignement pour se perfectionner dans la profession leur étant ainsi démontrée à chaque instant.

L'enseignement général du dessin, sans spécialisation industrielle immédiate, a pour corollaire l'enseignement collectif, qui engendre cette plaie de nos civilisations centralisées, l'uniformité et la conformité; la conformité « jeu de colin-maillard » suivant la pittoresque définition du philosophe américain Emerson, où l'homme marche, les yeux fermés, à tâtons, s'en remettant au hasard pour trouver ce qu'il cherche; l'uniformité qui tue la personnalité, l'originalité, la hardiesse, en somme tout ce qui fait la vie des métiers d'art.

L'enseignement général, en outre, aggrave les conditions sociales si cruelles créées à l'artisan par la division infinie du travail industriel, alors que la spécialisation, expliquant l'acte par l'idée, précisant l'idée par l'acte, élève le travail au-dessus du pur machinisme, le fait comprendre et le fait aimer, en le rendant humain.

VI

Les écoles d'application pour les métiers d'art ne sauraient d'aucune façon, — organisation, administration, programme, — être assimilées aux autres institutions d'instruction publique, contrairement à la thèse officielle d'unité, par laquelle on s'efforce d'en justifier la centralisation. Elles ne peuvent vivre et prospérer, recruter des élèves et les former, faire sortir de leur enseignement toutes les conséquences économiques et sociales qui y sont enfermées, qu'à la condition absolue d'être en relations intimes et constantes avec les industries, d'en connaître avec précision la situation, les transformations, les désirs et les vœux. Comme tout organisme vivant, elles doivent avoir une vie interne active, une vie externe féconde; c'est-à-dire pour employer une expression physiologique, une vie de nutrition, de sensibilité et d'impulsion. En ce temps de progrès industriels, de conquêtes de la science, d'évolutions artistiques, l'école vieillit aussi vite que l'usine et l'atelier. Il faut donc en renouveler constamment les programmes et les règlements, comme l'usine et l'atelier renouvellent leur outillage et leurs procédés. Or, ce ne sont pas, on en conviendra, des fonctionnaires lointains qui peuvent être en mesure d'assurer aux écoles cette extériorisation, mieux que les chefs d'industrie, obligés de se tenir au courant de tout ce qui se passe, de tout ce qui se fait, de tout ce qui se projette, comme innovations, non seulement dans le centre où ils vivent, mais dans tous les pays où se produit une concurrence, d'autant plus active et plus dangereuse qu'elle est plus récente et qu'elle bénéficie ainsi des progrès réalisés partout. C'est par les hommes de métier seuls que les défauts de l'outillage et les vices des procédés peuvent être aperçus, démêlés et corrigés. Actuellement, les écoles qui n'ont pas cette organisation présentent une triste physionomie : aucune passion pour le développement des métiers ne pousse les directeurs et les professeurs à rechercher la société des industriels, à fréquenter les usines et les ateliers ; l'enseignement est une fonction intermittente qui ne s'étend point au delà des règlements et des programmes. De leur côté, les industriels n'ont aucune préoccupation de tenir l'école au courant de leurs tentatives, de leurs inventions. Et, par une suite toute naturelle d'idées et de sentiments, l'indifférence mutuelle conduit, sans même qu'on sans doute, au mépris et à l'hostilité. L'extériorisation de l'école établit entre les uns et les autres des habitudes de respect, d'estime et de confiance, la solidarité d'intérêts, la communion des idées et des ambitions. Etendant son influence bienfaisante hors de ses murs, continuant au delà du cycle scolaire des études son enseignement, accompagnant les futurs chefs d'atelier et ouvriers, à leur entrée dans la vie industrielle, au moment où les conseils et les encouragements de ceux qui ont acquis le savoir « avec les dents », comme disait fortement Bernard Palissy, doivent compléter l'initiation aux connaissances artistiques et scientifiques élémentaires, pour qu'ils puissent tirer parti de leur première instruction, l'école devient, dans la cité, le centre permanent d'activité intellectuelle, qui fait rayonner partout la lumière de la science et de l'art, fécondant les esprits, faisant germer une abondante moisson d'œuvres superbes.

La liberté des méthodes et des programmes, pour qu'ils soient toujours adaptés aux besoins nouveaux des industries, aux évolutions scientifiques et artistiques, s'impose par une autre considération non moins sérieuse que les précédentes. Le système actuel d'unification générale, basé sur une sorte d'infaillibilité administrative, est la négation de l'initiative de ceux qui dirigent et enseignent ; par conséquent constitue un obstacle au progrès. Hier, aussi, on avait des méthodes d'enseignement tenues pour bonnes, puisqu'on les employait et qu'elles ont formé des artistes et des ouvriers de mérite ; elles ont été remplacées par d'autres qu'on a jugé meilleures. Demain, on en trouvera, sans doute, qui vaudront mieux, car si la perfection n'est pas de ce bas monde, le progrès constitue l'excuse et la raison du mal qu'on doit s'y donner. Qu'importe d'ailleurs telle ou telle méthode, si les écoles produisent des résultats excellents? N'est-il pas préférable de guérir d'une maladie contrairement aux règles de la médecine, que de mourir en s'y conformant?

Par la pratique quotidienne des affaires, par la lutte ardente contre une concurrence féroce et tenace, par une expérience payée toujours fort chèrement, les industriels ont acquis la notion précise de la nécessité absolue dans toute entreprise, pour qu'elle produise, du cerveau dirigeant, du chef investi de l'autorité, qui, suivant l'étymologie du mot, augmente, et chargé de la responsabilité, qui donne l'initiative et provoque à l'action. Or, par tradition, comme par instinct, les administrations sont hostiles à toute autorité qu'elles n'exercent pas ; et c'est pour échapper à la responsabilité qu'elles ont élevé des montagnes de règlements, et institué les commissions et les comités qui, suivant l'expression de Louis-Philippe pour la royauté, règnent, mais ne gouvernent pas.

Une comparaison déterminera l'évolution naturelle du rôle et des droits de l'Etat et des municipalités en cette question.

Hier, nous étions dans la période de conquête, où il fallait, pas à pas, avec ténacité et énergie, lutter impitoyablement contre l'ignorance, contre l'incurie, contre les préjugés ; où l'on devait créer les écoles, pour ainsi dire, de force, envers et contre ceux dont elles allaient défendre les intérêts.

L'Etat seul, avec son influence sociale, avec ses arguments de conviction, avec ses moyens financiers, pouvait vaincre les résistances ; seul, il était en mesure de passer outre, et de réaliser immédiatement ses projets. Aujourd'hui, c'est la période d'organisation, pendant laquelle les conquérants cèdent la place aux administrateurs pacifiques, que la bonne politique conseille de choisir parmi les vaincus qui ont donné des preuves de leur adhésion sincère au régime nouveau, aux idées de progrès qu'il représente, parce que, en raison de leur connaissance profonde des besoins et des ressources du pays, ils sont capables, mieux que personne, de le rendre rapidement prospère. Ce transfert d'autorité et de responsabilité administratives n'est point de l'ingratitude à l'égard des conquérants; il est inspiré par l'idée supérieure que leur héroïsme produira tous les fruits, en faisant qu'ils aient augmenté le patrimoine national d'un domaine florissant.

L'Etat et les municipalités, qui paient ou subventionnent les institutions d'enseignement pour les métiers d'art, ont intérêt bien plus à se préoccuper des résultats qu'elles donnent, à contrôler le bon emploi des fonds publics par la justification des services rendus, qu'à se charger d'une administration et d'une direction, qui n'entraînent que des responsabilités d'insuccès presque inévitables, parce qu'exerçant à la fois l'exécution et le contrôle, étant juge et partie dans les enquêtes, ils ne peuvent avoir le stoïcisme et l'impartialité nécessaires pour reconnaître l'urgence et imposer l'application de réformes qui seraient leur propre condamnation.

L'Angleterre a su résoudre, d'une façon simple et pratique, le problème, par l'organisation des concours nationaux annuels de South Kensington, qui permettent de distribuer aux 1,952 Écoles d'Art et de Science du Royaume uni une somme de près de quatre millions de francs, en subventions proportionnelles à la valeur de l'instruction qu'ont reçue leurs élèves, de façon à ce que ces écoles soient tenues constamment en émulation, les primes variables constituant une partie de leur budget annuel, et servant de base à la rémunération du personnel administratif et enseignant. Que demain, dans une ville industrielle, une corporation, une société, fonde une nouvelle école, mieux organisée, dirigée par des administrateurs plus habiles, possédant des professeurs plus instruits, avec des méthodes plus perfectionnées, les subventions se reporteront sur elle; et, l'école ancienne sera obligée de se transformer, sous peine de périr d'inanition. Les exemples s'en présentent fréquemment. Avec le système des budgets fixes, des subventions déterminées par des contrats, les écoles officielles s'immobilisent impunément dans la somnolence fatale des institutions qui n'ont point à lutter contre la concurrence, qui sont assurées de vivre et de durer quels que soient leurs résultats, qu'aucune comparaison périodique, sévère, avec ceux des autres écoles, ne peut permettre d'apprécier avec précision. Il faut que des catastrophes surviennent pour qu'on se résolve à réagir; et, presque toujours, il n'est plus temps. En laissant aux corporations et aux associations la charge et la responsabilité de créer et de faire fonctionner les institutions d'enseignement, l'Etat et les municipalités s'épargneraient des expériences très couteuses, nullement décisives d'ailleurs, dont l'insuccès officiel, dans l'apparence des meilleures conditions de réussite, peut ruiner une idée excellente, alors que ces mêmes expériences infructueuses, faites par les corporations et par les associations, laisseraient toujours la porte ouverte à des tentatives nouvelles, assurées du concours de l'Etat et des municipalités, si elles présentent de sérieuses garanties.

VII

En résumé, le système de la direction et de l'administration des écoles pour les métiers d'art par les industriels paraît réunir toutes les conditions de succès, et présenter une supériorité incontestable, au point de vue social, sur le système qui les attribue à l'Etat et aux municipalités. C'est ce que des pays industriels, auxquels on ne peut dénier un sens pratique très développé, un instinct d'activité féconde, ont compris et réalisé. Aux Etats-Unis, toutes les institutions d'enseignement artistique et industriel sont administrées et dirigées par des comités de « Trustees », souverains maîtres de leurs décisions, et civilement responsables de leur gestion. En Angleterre, les écoles les plus florissantes des grands centres manufacturiers, Nottingham, Leeds, Bradford, Manchester, Birmingham, Glasgow, Edimbourg, etc., ont à leur tête des conseils autonomes, composés d'industriels, d'artistes et de commerçants. Presque toutes les écoles allemandes, créées d'ailleurs généralement par des corporations et des associations, sont dirigées par des conseils qui ne dépendent que d'eux-mêmes. Une loi récente, en date du 26 juillet 1897, concernant les corporations, les unions de corporations et les chambres de petites industries de l'Empire, a consacré le principe de l'utilité de la direction des institutions d'enseignement par ceux pour qui elles sont fondées : « Les corporations, y a-t-il dit, » doivent aussi porter leur activité sur d'autres intérêts communs à leur industrie : 1° Développement industriel, technique et moral des maîtres, compagnons et apprentis; et pour cela subventionner et provoquer l'organisation d'écoles dont elles réglementeront le fonctionnement; 2° institution d'examens professionnels pour ouvriers et maîtres, et délivrance de brevets. » La commission spéciale d'enquête décrétée en 1882, par le Gouvernement fédéral suisse, formulait ce vœu : « L'activité particulière des comités placés à la tête des institutions est un élément puissant pour en assurer le succès. Ceux-ci doivent avoir des rapports intimes et fréquents, et se réunir dans le

» but d'étudier et de discuter les » questions qui touchent aux in- » térêts qu'ils représentent. »

L'évidence des avantages que les institutions d'enseignement pour les métiers d'art retirent de l'administration et de la direction par les industriels est telle, que celles mêmes qui ont été créées par l'État ou par les municipalités sont presque toujours pourvues de conseils, dont les attributions diverses, selon les pays, répondent plus ou moins, il est vrai, à la préoccupation d'utiliser le dévouement et l'expérience des industriels. Mais, généralement ces attributions sont fictives ou tout au moins ne peuvent s'exercer dans leur plénitude, parce que ces conseils n'ont pas de responsabilité effective, et, par conséquent, n'ont pas de réelle autorité, étant chargés simplement, le plus souvent, de contrôler l'application de règlements et de programmes qu'ils n'ont point faits, et ne pouvant émettre que des avis d'un caractère consultatif.

A l'adoption du système de l'administration et de la direction des écoles par les industriels, patrons et ouvriers, on fait généralement une double objection : les premiers soit par ignorance, soit par cupidité, ont des tendances irrésistibles à faire dévier l'enseignement de l'art et l'enseignement de la science du côté qui favorisera le plus la production expéditive et inférieure; les seconds sont instinctivement hostiles à l'enseignement, par la crainte qu'il crée de dangereux concurrents aux ouvriers moins instruits. La réponse est aisée. C'est précisément parce que les uns et les autres ont été jusqu'ici tenus à l'écart de ces institutions, qu'ils ont sur leur compte des préjugés, des préventions et des ignorances, qui s'évanouiraient instantanément au contact des idées généreuses et des hommes dévoués, qu'elles ont groupés. Il en est de cela comme de la politique. Quand les oppositions sont appelées à exercer le pouvoir, leurs opinions et leurs vues changent avec leurs responsabilités.

On fait également le reproche aux industriels de n'apporter aucune contribution à l'entretien des écoles qui ont pour but d'assurer leur prospérité personnelle, d'en laisser toutes les charges à l'État, aux municipalités; et, c'est un argument de plus pour la justification de l'ostracisme dans lequel ils sont tenus. A l'appui de l'argument et comme explication du fait, on invoque de savantes considérations d'ethnographie, de traditions, de mœurs, etc., qui ne sont, le plus souvent, que des moyens d'excuser l'indifférence, le scepticisme, l'incurie; car l'éducation spéciale d'une génération peut suffire à modifier sensiblement le caractère de la nation. Ces considérations, en effet, semblent donner raison à ceux qui prétendent que, dans certains pays — particulièrement ceux de race latine —, il faut compter exclusivement sur l'État et sur les municipalités pour créer et faire vivre des institutions d'enseignement public, alors que dans d'autres, l'intervention officielle est considérée comme abusive et dangereuse. Une enquête un peu minutieuse infirme cet argument et ce fait. Là, où la centralisation passe pour avoir exercé le plus de ravages, être entrée le plus profondément dans l'organisme social, des institutions privées florissantes fonctionnent à côté d'institutions officielles, qui, malgré leurs très riches dotations, sont menacées de décadence, et luttent péniblement contre une concurrence plus active et mieux outillée; et il s'en crée tous les jours, de nouvelles, alimentées exclusivement par la coopération, qui, loin de faire appel au concours de l'État, repoussent jusqu'aux offres spontanées de subventions, pour garder leur indépendance.

Il se produit même, à ce propos, un fait fort intéressant, qui n'est pas une des moindres conséquences heureuses de cette évolution d'idées. On a souvent, dans les enquêtes sur les écoles d'application pour les métiers d'art, constaté, avec regrets, que les industriels et les négociants s'abstenaient d'y envoyer leurs fils, destinés à prendre leur succession dans le magasin, l'usine ou l'atelier. Rien n'était plus grave, tant au point de vue économique qu'au point de vue social. Or, aujourd'hui, beaucoup d'écoles fondées et administrées par les associations recrutent leurs élèves aussi bien dans la bourgeoisie industrielle et commerçante que dans la classe ouvrière. Les préventions et les préjugés qui faisaient obstacle à la réalisation de cet idéal social, que les coopérations d'autrefois pouvaient montrer : la communauté de vie industrielle entre le fils de maître et le fils de compagnon, pendant la période d'apprentissage, sont tombés du jour où les représentants des métiers ont conquis par leur initiative la direction et la responsabilité de l'enseignement donné à leurs futurs collaborateurs, où l'égalité des charges, par les contributions scolaires imposées indistinctement à tous les élèves, les a égalisés socialement.

VIII

Dans la constitution des conseils d'administration et de direction des écoles, par le terme de représentants des métiers d'art, il ne faut point entendre simplement des personnes privées, choisies à leur gré par l'État, par les municipalités, mais bien les délégués officiels, patrons et ouvriers, des collectivités : chambres de commerce, chambres syndicales, associations industrielles, artistiques, scientifiques, etc., reconnues officiellement. Et, ce n'est point seulement dans l'intention d'assurer à ces conseils l'autorité incontestée d'une délégation corporative que j'insiste sur l'importance de cette définition, mais avec le but d'intéresser, à ces graves, délicates et difficiles questions de l'enseignement, ces collectivités qui leur restent trop souvent étrangères ou indifférentes, parce qu'on les leur laisse ignorer; et de pousser ainsi au développement du principe de l'association.

Dans tous les pays, sans sortir du domaine de l'enseignement, ce sont les corporations, les sociétés, qui ont créé les plus belles institutions, qui ont fait les plus grandes choses. En Angleterre, l'instruction des ouvriers est due à l'initiative des « Mechanics Institutes »; presque toutes les Ecoles d'art et les Ecoles techniques ont été fondées par des corporations; et le « City and Guilds of London Institute » est le couronnement magnifique de cet organisme merveilleux d'amélioration sociale de l'ouvrier, un des plus beaux titres de cette nation à l'admiration universelle. En Suisse, tout le mouvement, si fécond, pour la propagation de l'instruction artistique et technique, provient de ses nombreuses associations d'industriels et de commerçants. Les écoles des grands centres manufacturiers de la Bohème ont été fondées par les mêmes groupements. En Russie, il est difficile de compter les associations qui ont pour but le développement des arts industriels; il en existe dans toutes les villes de l'immense empire. Aux Etats-Unis, il n'y a pour ainsi dire pas d'établissements d'instruction artistique qui n'aient été créés par des sociétés. Sachant qu'ils n'ont rien à attendre de l'Etat, qu'ils doivent compter sur eux-mêmes exclusivement, les artistes et les industriels ont développé en eux les sentiments de l'initiative et de l'indépendance qui sont le pouvoir de la vie; et, c'est grâce à leur organisation, basée sur l'autonomie absolue, que ces colossales et opulentes institutions échappent aux corruptions des partis politiques. La France a le droit de s'honorer de ses Associations philotechniques, polytechniques, philomatiques, de ses Sociétés industrielles, de ses Chambres syndicales, qui, à Paris et dans les départements, distribuent à pleines mains aux ouvriers la manne abondante d'un enseignement populaire, destiné non seulement à les perfectionner dans leurs métiers, mais à élever leur esprit et leur âme.

Et, le Congrès international qui va réunir, dans cette belle et hospitalière ville de Bruxelles, tant d'artistes, d'écrivains, d'administrateurs et d'hommes publics, éminents, célèbres, n'est-il pas l'éclatante manifestation de la vitalité d'une association nouvelle, fièrement ambitieuse de s'illustrer aux côtés de ses aînées, si nombreuses dans ce pays traditionnel des corporations de métiers, et de conquérir, dès ses premiers pas, la reconnaissance de tous ceux qui aiment passionnément leur pays et leur cité, en prenant comme programme d'action et de propagande la protection des monuments qui en font la beauté, et le développement du goût public qui créera, sur nos places et dans nos rues, l'harmonie des œuvres de l'art moderne, avec les créations de l'art du passé

Partout le principe de l'association a été le levier de la Renaissance artistique et industrielle. C'est lui qui groupe, en un faisceau indestructible, les grandes vertus sociales, la générosité, le dévouement et la foi, sans lesquelles aucune œuvre humaine n'a de vie, de puissance et de durée.

IX

Les idées et les faits exposés dans ce rapport, et qui m'ont été fournis par l'enquête sur l'enseignement artistique et industriel en Europe, que j'ai eu l'honneur de faire par ordre du Gouvernement français, conduisent à la conclusion suivante, qui répond à la question soumise aux délibérations du Congrès :

Les Ecoles d'application pour les métiers d'art doivent être administrées et dirigées par les délégués des associations corporatives, chambres de commerce, chambres syndicales, patronales et ouvrières, etc., qui représentent, devant les pouvoirs publics et devant la population, les métiers pour le développement desquels elles ont été créées.

MARIUS VACHON.

Rapport de M. Alfred CLUYSENAAR, artiste-peintre, professeur d'art monumental et décoratif à l'Institut supérieur des Beaux-Arts d'Anvers.

—

Le programme de l'enseignement de toutes les branches du dessin est arrêté et diffère fort peu d'une école à l'autre. Il ne peut être modifié par ceux qui sont chargés de l'exécuter.

Le temps complètement absorbé pour l'exécution de ce programme ne laisse aucune place pour une innovation quelconque.

La latitude laissée aux directeurs et au corps professoral des écoles de dessin et des académies ne leur permet aucune influence décisive sur l'ensemble et la marche des études.

Cette uniformité du but et des moyens employés identifie les résultats qui ne peuvent dépasser le niveau assigné et, conséquence plus grave, elle étouffe à sa naissance toute tendance d'originalité.

Les écoles de dessin et les académies sont les décalques d'un type unique, ce qui ne devrait pas être.

Entrant dans l'examen des cours, dans l'ordre où ils se succèdent nous ne voyons aucune critique à faire aux cours élémentaires des formes géométriques, des projections et du dessin des solides. Ces études sont la base de tout enseignement artistique. Elles sont indispensables.

Le cours de dessin de l'ornement devrait être lié à la connaissance de l'architecture dans ses caractères généraux.

A cet effet, un cours d'architecture devrait être donné aux élèves des trois sections d'architecture, de peinture, de sculpture. Ce cours s'adresserait ainsi à tous ceux qui comptent exercer un métier du bâtiment : décorateurs, menuisiers, ornemanistes, etc., leurs travaux faisant partie d'un tout dont ils doivent avoir la compréhension.

Le professeur, en montrant la marche de l'architecture depuis les temps les plus reculés, devrait s'attacher à caractériser, par le côté essentiel, les filiations des styles et leurs divergences, tant en architecture qu'en décoration.

Les élèves, dans presque tous les cours, travaillent trop machinalement. Ils copient ce qu'ils voient, sans s'en rendre compte. Ils acquièrent ainsi une habileté de coup d'œil et de main qui ne suffit pas. On devrait, de bonne heure, les exercer à imaginer, à créer et appliquer ce qu'ils apprennent.

Par des concours entre les élèves d'une même école, ou entre élèves de toutes les écoles, l'on devrait stimuler leur imagination ; ce serait là aussi un moyen de juger de la valeur intrinsèque de l'enseignement dans les différentes localités.

Passant aux deux cours supérieurs, nous voyons qu'il est d'usage, partout, de faire dessiner d'après l'antique avant de travailler d'après le modèle vivant. Le motif se comprend. Il est plus facile de copier un objet inerte que la nature mobile ; et l'élève, passant directement de la classe de tête antique, n'est pas assez habile pour dessiner et saisir tous les rapports de lignes d'un modèle dont il n'est pas possible d'obtenir une fixité absolue ; mais peut-il comprendre d'emblée la beauté et la raison d'être de l'antique qu'il copie ? L'on peut en douter.

Les modèles qu'il a sous les yeux sont choisis parmi les plus belles productions de l'antiquité. Elles demandent, pour être bien comprises, une éducation artistique déjà très avancée, étant le produit d'une sélection d'art qui a mis des siècles à se former et à s'épanouir et dont les origines se perdent dans la plus haute antiquité.

L'élève ne comprenant pas le sens, le pourquoi des formes mises sous ses yeux, s'en dégoûte et se décourage, et quand il passe à la classe de la nature, celle-ci forme avec les études qu'il vient de faire un si grand contraste que, ne pouvant fusionner dans son esprit la liaison qui existe entre les productions de l'antique et de la nature, il risque de pencher vers un idéalisme conventionnel ou vers un réalisme outré.

Les élèves devraient dessiner alternativement, d'une semaine à l'autre, l'antique et la nature. Le professeur donnant au modèle vivant la pose de la figure antique, pourrait ainsi expliquer plus aisément les exigences de l'art et les beautés de la nature.

Dans les cours supérieurs, les études sont les mêmes pour les élèves qui cherchent à acquérir les connaissances nécessaires à leur profession et pour ceux qui espèrent devenir artistes.

De là un encombrement nuisible, un enseignement mitigé, trop élevé pour les uns et insuffisant pour les autres.

Le cours de nature devrait être dédoublé, dans les académies.

Ne devraient être admis aux études purement artistiques, qu'un nombre très restreint d'élèves, à la suite d'un examen sévère ou d'un concours, et faisant preuve d'aptitudes réelles.

L'enseignement artistique pourrait ainsi être plus étendu, ce qui est fortement à désirer.

Les élèves de la classe de nature copient des modèles depuis le 1er octobre jusqu'au 30 juin. De temps à autre ils font une composition, qu'ils travaillent entièrement d'idée.

Cette composition, mal établie, est impossible à réaliser. Les mouvements en sont faux, et l'élève n'apprend aucunement comment il faut procéder pour donner un corps à l'idée, comment il faut l'exécuter, et s'il prend modèle pour y arriver, son projet s'anéantit complètement ou change du tout au tout.

De là vient que beaucoup de jeunes artistes, au sortir d'une école où ils ont obtenu tous les prix, sont incapables de mettre en scène deux personnages.

Ils connaissent les règles de la perspective et ne savent pas s'en servir. Ils savent peindre une figure et se trouvent arrêtés devant un pli de draperie.

L'enseignement devrait être plus pratique, de sorte que l'on ne verrait plus tant d'artistes suppléer par un appareil photographique aux connaissances qui leur manquent, ou faire fausse route par impuissance.

Pour la facilité des moyens d'instruction, l'on a scindé l'art en catégories, en sections, qui n'ont plus aucun rapport. L'on forme des architectes, des peintres, des sculpteurs sans qu'ils aient la moindre connaissance des autres branches de l'art, qui ne devraient faire qu'un tout avec celui qu'ils cultivent.

L'on fait des architectes incapables de compléter leurs édifices par une décoration heureusement appropriée, des peintres inaptes à concourir par leurs travaux à un ensemble architectonique, et des sculpteurs ne pouvant imaginer le socle de leur statue.

De là un manque d'homogénéité des édifices, qu'il est parfois impossible de décorer, ou dont la décoration est disparate, des piédestaux en désaccord de lignes avec les statues qu'ils supportent.

L'enseignement artistique est insuffisant et ne diffère guère de celui qui est nécessaire pour les applications à l'art industriel.

C'est sur ces considérations que j'appelle l'attention du Congrès international de l'œuvre de l'Art public, qui jugera s'il est nécessaire de les signaler aux différents pouvoirs.

En résumé, ces réformes devraient consister en une extension plus grande de l'enseignement artistique, au lieu de chercher, comme on l'a proposé, à diminuer le niveau des études indispensables aux professions, par la suppression des cours supérieurs.

Elles devraient également tendre à laisser une plus grande latitude aux directeurs, qui doivent être à même de juger ce qui convient en vue des intérêts locaux et des aptitudes spéciales.

L'art, ainsi fortifié, pourrait prendre un nouvel essor, et, affranchi dans une certaine mesure, il saurait dégager l'originalité créatrice qui le sauverait de l'immobilité.

DU

CHOIX DES MATÉRIAUX

POUR LES

ŒUVRES ARCHITECTURALES

—

Rapport de M. A. Vierendeel, architecte

MESSIEURS,

La question que j'ai à traiter devant vous est libellée comme suit au programme :

Du choix des matériaux à employer pour les constructions en plein air, suivant leur destination et leur situation, question très vaste, mais qui, immédiatement, se précise en se limitant, si je tiens compte du but de notre réunion : nous sommes un **Congrès de l'Art public**, j'ai donc à traiter des matériaux dans leurs rapports avec l'Art public, c'est-à-dire dans leurs rapports avec la partie apparente des œuvres d'architecture.

Pour qu'une façade produise l'effet artistique que comporte son style, il faut évidemment qu'elle soit établie avec une solidité suffisante, c'est-à-dire que les matériaux constituant ses fondations, son épaisseur et l'épaisseur des murs de refend qui la contrebutent, présentent les conditions de stabilité voulues, qui sont :

1° La stabilité chimique : résistance aux effets dislocateurs de l'humidité et intempéries diverses ;

2° La stabilité mécanique : résistance aux effets dislocateurs des charges et puissances diverses qui agissent dans et sur la construction.

Ces conditions multiples constituent la technique constructive, et je n'ai pas à m'en occuper ici ; au surplus, ce que j'en pourrais dire se trouve répété à satiété dans de nombreux ouvrages.

Je n'ai à m'occuper que des matériaux qui viennent se montrer à la surface de l'œuvre architecturale, qui en constituent l'épiderme, et à rechercher les conditions à remplir pour que l'effet esthétique imaginé par l'architecte et réalisé par lui le jour où l'œuvre toute neuve sort de ses mains, se maintienne avec le maximum de durée.

Et en cela je rentre dans l'objet de notre Congrès qui est l'*Art public*. S'il importe pour l'esthétique de nos villes que de belles œuvres soient réalisées, il importe encore bien plus qu'elles soient conservées, toute œuvre qui périclite prématurément enlaidit le site urbain.

L'idéal serait que tout monument présentât les conditions de durée des constructions égyptiennes.

Idéal, il est vrai, bien plus difficile à réaliser ici qu'en Egypte, à cause de notre climat et surtout à cause de nos styles d'architecture dont les lignes et les décors n'ont rien de la grandiose sobriété du style des Pharaons.

Les mécomptes, en ce qui concerne la façon de se conserver de nos monuments les plus beaux et les plus coûteux, sont malheureusement très nombreux.

Qui ne connaît notre *Colonne du Congrès*? très belle et très décorative œuvre d'architecture et même de bijouterie architecturale ; peu d'années après son érection, elle est devenue une pitoyable guénille, diaprée de toutes les lépreuses misères d'une précoce décrépitude.

L'*Opéra de Paris*, à peine vieux de trente ans et quoique très bien protégé, a déjà beaucoup perdu de sa splendeur et de son effet esthétique, à cause de la triste teinte noirâtre, irrégulière et sale, qu'a prise la pierre dans laquelle il est ciselé.

Et le *Palais de Westminster*, le principal monument de Londres, l'objet de tous les soins des deux célèbres architectes anglais, sir Ch. Barry et Welby Pugin, une œuvre nationale où rien n'a été épargné, où les millions ont été prodigués, à peine sorti des mains de ses constructeurs, a commencé à se détériorer ; sa pierre dolomitique, corrodée par l'atmosphère de Londres, s'est recouverte d'efflorescences et s'est effritée par place.

Et ces exemples sont loin d'être les seuls ! mais ce n'est pas ici le moment d'en donner un relevé complet.

***

La conservation de l'aspect artistique d'une façade architecturale dépend de trois conditions :

a) Les matériaux qui la constituent;
b) Le style de l'œuvre et son décor;
c) L'orientation de la façade.

Toute pierre, quelle qu'elle soit, subit infailliblement l'action du temps et des intempéries, c'est fatal et il faut s'y résigner; mais aussi il faut se préoccuper de choisir la pierre, le style et l'orientation, de façon que cette action des éléments se limite à une simple patine et n'aille pas jusqu'à la décrépitude précoce, n'aille pas jusque l'effritement, le délittement et la moisissure farineuse et bigarrée.

La patine ne diminue pas, ou guère, l'effet architectural d'une œuvre, quelquefois même elle l'augmente, car il y a des patines à tons chauds qui, à la façon d'effets d'ombre et de lumière, font mieux ressortir les masses et les détails en les soulignant de véritables traits de force.

La décrépitude, par contre, est toujours une diminution artistique de l'œuvre, c'est une ruine prématurée et sans grandeur qui n'a rien de la poésie des ruines dues à la longue lutte du monument contre l'action des siècles.

Trouver une bonne pierre, grave problème, objet des préoccupations de tous les architectes!

Pour leurs obélisques, leurs temples et les revêtements de leurs pyramides, les Egyptiens ne reculaient pas devant la difficulté énorme d'aller chercher les granits de Syéné dans la Haute-Egypte, à six cents kilomètres en amont; pour les amener au fleuve et du fleuve à pied d'œuvre, ils construisaient des routes spéciales; celle de la Grande Pyramide a, d'après Hérodote, pour son exécution, demandé un travail de dix ans; cependant, ils possédaient à portée de la main, là où les pyramides s'exécutaient, des calcaires grossiers très semblables à ceux dont on fait un si grand usage à Paris (1), mais ils n'avaient aucune confiance dans la durabilité de cette pierre et c'est pourquoi ils allaient s'approvisionner à six cents kilomètres de distance.

Connaître les pierres, savoir à priori apprécier avec certitude leur degré de résistance aux intempéries, science qui serait précieuse si elle existait! Malheureusement, elle n'existe pas et il importe de bien s'en pénétrer, afin de ne pas être dupe de la prétendue science qui s'étale dans les livres.

Les caractères physiques et chimiques les plus favorables ne donnent aucune garantie.

Les essais physiques et chimiques ne donnent que des indications absolument insuffisantes. Malgré les divers procédés préconisés, il nous est impossible de reconnaître à priori si une pierre est gélive ou non, donc si elle résistera aux intempéries ou non.

Pour le fût de la *Colonne du Congrès* on se décida, après de longues études, pour le grès blanc d'*Herzogenrath*, près d'Aix-la-Chapelle, grès presque entièrement composé de quartz pur; on le considérait comme absolument réfractaire aux intempéries et d'un blanc inaltérable à l'air (1). Combien grande et prompte fut la désillusion!

La durabilité constatée dans tel climat peut se trouver être absolument en défaut dans tel autre climat.

Les Américains ont, en 1880, importé un obélisque égyptien et l'ont installé dans le Parc central de New-York; cette pierre avait, pendant deux mille ans, résisté imperturbablement au climat de l'Egypte, et en 1885, après cinq ans de séjour dans New-York, elle présentait déjà des signes de dégénérescence (2).

Il est à remarquer que je dis dans New-York et non pas en Amérique, car il y a le climat des villes et le climat des campagnes : ainsi, la dolomie de *Bolsover*, employée au *Palais de Westminster*, était à même de résister parfaitement au climat anglais, elle avait fait ses preuves, et cependant n'a pu résister au climat spécial de Londres, à cause des vapeurs carboniques et sulfureuses qui chargent son atmosphère, vapeurs corrosives dues à la combustion de la houille, et qui, à dose plus ou moins forte, existent dans toutes les villes; c'est pourquoi d'ailleurs beaucoup de calcaires et de grès calcareux se comportent assez mal dans les monuments urbains.

Et se superposant à toutes ces difficultés quant au choix d'une bonne pierre, il y a encore celle-ci : dans une carrière d'excellente pierre, on rencontre quelquefois des variétés qui sont de qualité beaucoup moindre; la provenance elle-même n'est donc pas une garantie. Cette différence d'action de l'atmosphère sur des pierres de même provenance se constate avec une grande évidence sur les colonnes de l'entrée de *Hyde-Park*, à Londres, côté de Piccadilly.

A notre avis, les vraies règles pour le choix d'une pierre de construction peuvent se libeller comme suit :

1° Choisir une pierre qui a déjà fait ses preuves dans le climat et, autant que possible, dans le lieu où le monument doit être élevé;

2° Acheter les pierres en régie à la carrière même, en imposant la garantie dont il est question ci-après.

3° Approvisionner les pierres le plus tôt possible et les tailler immédiatement, tout au moins les ébaucher, puis les laisser sur le chantier, face orientée aux intempéries dominantes, cela le plus longtemps possible; s'il s'agit d'un monument un peu important, il ne sera pas difficile d'avoir une période d'épreuve de deux à trois ans et même plus, et après cette période, rebuter tous les blocs qui montrent la moindre trace de moisissure ou de dégénérescence quelconque.

VŒU. — Mais comme il peut se présenter des cas où la réalisation intégrale des trois conditions ci-dessus n'est pas possible, j'émettrai le vœu que l'Etat forme, au *Parc du Cinquantenaire*, un musée de pierres de construction, musée en plein air, constitué de colonnes travaillées ou d'édicules quelconques, à fournir gratis par les carrières de l'étranger ou du pays; si les pierres ainsi mises en œuvre résistent convenablement, elles seront inscrites sur une liste officielle des pierres admissibles pour les travaux publics. Bien entendu, l'inscription sur cette liste ne dispensera pas de l'observance des conditions 2° et 3° ci-dessus.

Il importe de ne pas perdre de vue que, si on a eu la malchance d'employer une mauvaise pierre, il n'y a plus de remède efficace; les procédés de durcissement et préservation par la silicatisation ou la phosphatisation ont fait un pitoyable fiasco partout où ils ont été employés.

(1) DELESSE : *Matériaux de construction de l'Exposition universelle de Paris*. 1855.

(1) MALÉCOT : *Notice sur les matériaux de construction employés en Belgique*. 1866.

(2) *La Nature*, n° 732 du 11 juin 1887.

Le moins mauvais des remèdes, dans ces malheureuses circonstances, est encore la peinture ordinaire, mais ce n'est qu'un pis aller.

C'est à ce parti qu'on s'est résigné pour la façade de la *Banque Nationale* à Bruxelles, construite en grès de la Moselle (pierre de Luxembourg). Cette pierre présentait après taille une chaude teinte jaunâtre du plus bel effet; malheureusement ce fut bien éphémère et après quelques années, la voyant s'épaufrer, se ternir, se diaprer de moisissures, on se décida à la recouvrir de peinture.

***

La première condition que doit s'imposer tout architecte est d'employer des matériaux non sujets à décrépitude : ces matériaux sont généralement coûteux, coûteux d'achat et coûteux de mise en œuvre, à cause de leur dûreté, qui rend les moulures et décors difficiles à tailler; si donc, le budget du monument ne permet pas la réalisation du décor prévu dans une pierre capable de le conserver intact à l'air, c'est le décor qui doit être sacrifié, jamais la qualité de la pierre; au besoin, il faut savoir se contenter de la simplicité des palais florentins, et l'œuvre artistique n'y perdra rien, tout du contraire.

Mon grand grief contre le style gothique est d'avoir abouti à une décoration qui ne peut tenir dans nos climats, quelle que soit la pierre que l'on emploie.

J'admire beaucoup la technique constructive des Gothiques, j'admire beaucoup moins leur esthétique décorative.

***

ORIENTATION. — Il est un facteur de la plus haute importance en ce qui concerne la conservation de l'esthétique d'un monument : c'est l'orientation.

Pour m'expliquer clairement, je prends un exemple, *Le Louvre*, à Paris. C'est un monument sensiblement orienté; si on se met dans les cours intérieures, on a sous les yeux quatre façades, qui regardent les quatre points cardinaux et qui, immédiatement, par leurs différences d'aspect, dévoilent l'influence de l'orientation.

Au milieu d'une de ces cours, celle intitulée *Place du Carrousel*, il y a un arc de triomphe datant de 1806, dont les quatre faces sont orientées comme l'indique la fig. 1 ci-contre; pour la facilité de notre exposé, nous les supposerons orientées ainsi que l'indique la figure 2.

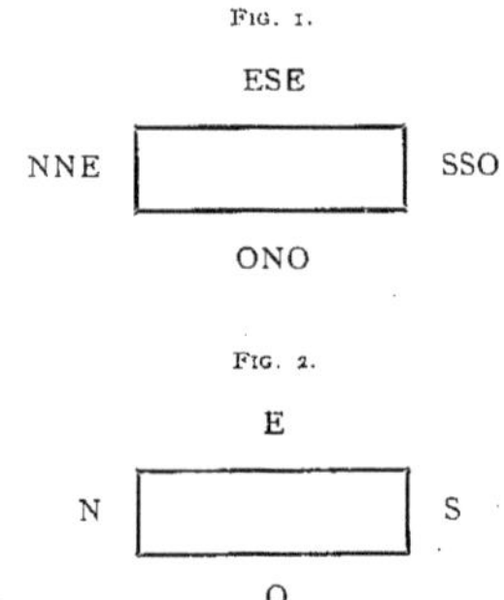

Le monument est construit en excellente pierre, aussi sur les quatre faces les lignes architecturales de même que les lignes décoratives des bas-reliefs se sont bien maintenues (toutefois moins bien sur la face Ouest que sur les autres) et cependant l'effet artistique est tout différent d'une face à l'autre.

La face Ouest, battue et lavée par les pluies fréquentes de cette région du ciel, présente de grandes surfaces très propres à côté d'autres très sales, protégées qu'elles sont par une saillie quelconque; ces taches blanches et noires, sans transition aucune et sans aucune relation architecturale (ainsi qu'il arrive entre l'ombre et la lumière) disloquent complètement l'effet décoratif des lignes, et comme d'autre part ces lignes sont quelque peu émoussées par les lavages répétés et aussi par l'usure des poussières chassées par les vents qui soufflent beaucoup plus souvent de la région Ouest que des autres, il en résulte que cette face du monument a perdu tout caractère et se présente à l'œil sans signification aucune; les moulures et les sculptures sont comme effacées, on ne distingue plus rien de précis, l'ensemble apparaît sous l'aspect d'une mosaïque désordonnée de taches blanches et noires.

Sur la face Nord l'aspect s'améliore beaucoup; là, l'action des pluies est nulle, pas de lavage, aussi toutes les moulures et tous les décors sont restés intacts, mais se sont estompés d'une poussière noirâtre qui en diminue le relief; cette face est d'un effet architectural bien supérieur à celui de la face Ouest, mais cependant encore très défectueux car, dans la teinte sombre de l'ensemble, les lignes ont perdu la majeure partie de leur valeur.

Sur la face Est on constate encore l'action de certaines pluies, toutefois on n'a pas les taches accentuées et irrégulières de la face Ouest, d'autre part on n'a pas la teinte sombre uniforme de la face Nord, en un mot les lignes se sont bien conservées et l'effet architectural est bon.

Mais, où il est absolument bon, c'est sur la face Sud, là aucune tache, aucune saleté, aucune poussière assombrissante, aucune dégradation à la pierre, elle a pris une légère patine dorée très chaude et très ferme de ton qui accentue l'effet des moulures et sculptures, et les fait apparaître sous un aspect et avec un relief très certainement meilleur que lorsque l'œuvre était toute neuve.

Et ces constatations faites sur *L'Arc de Triomphe* se retrouvent sur *Le Louvre* lui-même, les façades qui regardent le Sud ont un bien meilleur aspect architectural que celles qui regardent le Nord ou l'Est et surtout que celles qui regardent l'Ouest; se mettant au centre d'une des cours et embrassant d'un coup d'œil circulaire l'ensemble des quatre faces, on constate que l'effet architectural est resté intact sur celle qui regarde le Sud, et va en diminuant, se déformant et se disloquant de plus en plus, sur les faces qui regardent le Nord et l'Est et surtout sur celle orientée vers l'Ouest. Et ces différences iront en augmentant car, quelque bonne que soit la pierre, les arêtes du côté Ouest s'émousseront et se dégraderont de plus en plus sous l'effet des pluies et des vents chargés de poussières.

Les observations faites au *Louvre* se reproduisent un peu partout, elles sont intimement liées à la climatologie du lieu de situation du monument, nous devons nous arrêter un instant sur ce point et pour le développer nous prendrons la ville de *Bruxelles*, nous allons en étudier le climat et son influence sur les monuments, suivant l'orientation de ceux-ci.

***

Climatologie. — Les traits caractéristiques du climat de *Bruxelles* ont été exposés par M. Lancaster dans l'*Annuaire de l'Observatoire* de 1878; les seuls facteurs qui ont une influence accentuée sur la conservation des pierres exposées aux intempéries, sont la pluie et le vent : quantité de pluie, direction et intensité du vent et sa fréquence pendant les diverses saisons.

Des observations, poursuivies pendant quarante-trois ans, ont montré qu'il tombe en moyenne chaque année à Bruxelles 710 millimètres d'eau qui se subdivisent en 659 millimètres de pluie et 51 de neige.

Tous les mois de l'année sont à peu près également pluvieux, la moyenne mensuelle est de 60 millimètres, cette moyenne tombe à 50 millimètres pour les mois d'hiver et monte à 70 pour ceux d'été.

Si l'on cherche quelle est la quantité de pluie amenée par chacun des huit vents principaux, l'on trouve que le total de 710 millimètres se répartit comme suit :

Le vent du N amène 35 millim. de pluie.
» NE » 39 » »
» E » 27 » »
» SE » 28 » »
» S » 81 » »
» SO » 254 » »
» O » 171 » »
» NO » 75 » »
Total. 710 millim. de pluie.

Pour rendre ces résultats plus tangibles nous les représentons graphiquement.

La Pl. I. donne la rose des vents; suivant chaque rayon nous représentons les quantités ci-dessus à l'échelle de 2 pour 5, réunissant les points ainsi obtenus par un trait continu nous obtenons le diagramme bleu; nous voyons que le vent SO est celui qui amène le plus de pluie et le vent d'Est celui qui en amène le moins; si nous considérons l'ensemble du diagramme nous voyons que les vents de la région de l'O au SSO sont de beaucoup les plus pluvieux, tandis que ceux de la région du N par l'E au S sont de beaucoup les moins pluvieux.

Un autre facteur météorologique très important, c'est la fréquence des vents, car ce sont les vents qui chassent sur la pierre, et y font pénétrer, tous les éléments destructeurs : pluie, sables, poussières, graines, vapeurs corrosives, etc. Si nous représentons par le nombre 10,000 l'ensemble des indications de la girouette en une année, la fréquence des différents vents pendant le même espace de temps s'établit comme suit :

	Pendant toute l'année.	Pendant l'automne et l'hiver réunis (six mois).	Pendant l'été et le printemps réunis (six mois).
N	303	97	206
NNE	336	109	227
NE	437	165	272
ENE	531	280	251
E	603	318	285
ESE	434	232	201
SE	300	164	136
SSE	296	169	127
S	536	334	202
SSO	1000	653	347
SO	1724	1020	704
OSO	1552	743	809
O	675	297	378
ONO	511	204	307
NO	468	138	330
NNO	294	80	214

Nous donnons sur la Pl. I la représentation graphique de ces chiffres à l'échelle de 1 millimètre pour 20 unités, nous obtenons :

1° Le diagramme rouge, fréquence moyenne des vents pendant toute l'année;

2° Le diagramme noir en trait continu, fréquence pendant les six mois d'automne et d'hiver ;

3° Le diagramme noir en traits interrompus, fréquence pendant les six mois de printemps et d'été.

Ces trois diagrammes ont absolument la même allure, ils nous montrent qu'à Bruxelles les vents soufflent beaucoup plus fréquemment de la région SO, et que ceux de la région du N par l'E au S sont de beaucoup les moins fréquents.

L'observation démontre enfin que la pression des vents est maximum en hiver et minimum en été, et que les vents de la région OSO à SSO sont non seulement les plus fréquents et les plus humides, mais encore les plus intenses; or la pénétration de la pluie, des poussières et des graines dans la pierre, de même que l'usure exercée sur les moulures par les sables emportés par les vents, sont en raison directe de l'intensité de ceux-ci.

De cet ensemble de faits résumés graphiquement sur la Pl. I, il résulte qu'à Bruxelles l'orientation Sud-Ouest est celle des intempéries les plus intenses, celle suivant laquelle les causes de destruction des pierres agissent avec le plus d'énergie; or cette indication météréologique est parfaitement corroborée par l'observation des monuments, il suffit de les regarder; nous lisons dans l'ouvrage déjà cité de M. Malécot que le fût en pierres blanches de la *Colonne du Congrès* à Bruxelles se diaprait, très peu de temps après son érection, « de toutes sortes de tons, où le gris sale « dominait, s'écaillait aux parties sail- « lantes des sculptures et autour de ses « joints, prenait enfin une teinte de plus en « plus foncée, qui passe même complète- « ment au noir vers le Sud-Ouest », et cela moins de sept ans après l'achèvement du monument, c'est-à-dire en 1866 (1). On remarquera la parfaite concordance entre l'indication SO de la *Colonne du Congrès* (qui naturellement se constate encore aujourd'hui) et celle de notre Pl. I.

On constate encore à la *Colonne du Congrès* que les parties les mieux conservées sont celles orientées du NE à E, le maximum de conservation est à l'Est, ce qui est aussi en concordance avec les diagrammes de la Pl. I.

Les autres monuments de Bruxelles sont tous, ou très récents, ou nouvellement restaurés, ou peints, il est donc très difficile d'y faire une constatation un peu précise; au Palais de Justice l'effet des intempéries paraît être minimum du côté Est, mais c'est là une indication encore incertaine, car le monument est tout neuf et construit en excellents matériaux (petit granit, marbre de Comblanchien et pierre de Ravières), de sorte que les intempéries n'y ont guère mordu jusqu'ici.

* * *

De ces observations diverses nous concluons :

1° Pour les façades monumentales qui,

(1) Léo : Malécot. — *Notice sur les matériaux de construction employés en Belgique.* — 1866. p. 117.

dans nos climats, sont orientées vers la région SSO à O, il faut employer des matériaux de toute première qualité, et même, malgré cette excellence de qualité, recourir à un style très sobre de décor, car nous n'avons pas de pierre qui puisse conserver vers cette région du ciel un décor quelque peu fouillé. L'orientation la plus mauvaise à Bruxelles est celle du SO, la meilleure est à l'E. A Paris, la meilleure orientation est au S.

2° Si l'orientation O à SSO est imposée, et si en outre il faut un décor un peu riche, nous préconisons la polychromie, telle qu'aux monuments grecs, par exemple; cette peinture décorative constitue le préservatif le plus efficace contre les intempéries, bien entendu il faut l'appliquer dès l'origine et ne pas attendre qu'elles aient déjà mordu, car alors la peinture ne tient plus.

3° Si l'on a la liberté du choix, il faut pour la façade principale du monument prendre dans nos pays l'orientation de l'E au S. Pour Bruxelles, la meilleure des orientations est celle regardant l'E, pour Paris, celle regardant le S; de ces côtés l'action des intempéries sur la pierre est réduite au minimum, et pour peu que celle-ci soit de bonne qualité, cette action se limite à une simple patine, un hâle qui est plutôt favorable à l'aspect artistique de l'œuvre; pour ces orientations les bons calcaires se maintiennent très bien et conservent parfaitement tous les détails du décor le plus fouillé.

L'orientation du SE au S est encore excellente à cause de l'éclairage du soleil; il se fait obliquement le matin et l'après-midi, c'est-à-dire la majeure partie du temps, il ne se fait de face que pendant une faible partie de la journée, les effets d'ombre et de lumière se produisent donc dans les meilleures conditions pour la mise en valeur des lignes architecturales

***

Après cet exposé des principes généraux qui doivent guider dans le choix des matériaux entrant dans les constructions architecturales, nous estimons qu'il n'y a pas lieu d'entrer dans l'exposé des qualités des divers matériaux, naturels et artificiels, que l'on emploie dans ces constructions, c'est là de la science que tout le monde connaît, que d'ailleurs tous les livres donnent, et il est inutile que nous nous y arrêtions.

***

CONCLUSIONS. — En résumé, pour qu'un monument conserve sa valeur architecturale et décorative, ce qui est de la plus haute importance pour l'esthetique de nos villes, il faut :

1° Bien choisir les pierres, et pour cela n'avoir qu'une confiance très limitée dans les livres, et surtout dans des prospectus, n'avoir aucune confiance dans la durabilité constatée sous un autre climat, mais appliquer les trois conditions que nous détaillons ci-avant;

2° Si le budget de la construction ne permet pas de réaliser un décor luxueux taillé dans une pierre excellente, il faut sacrifier le décor et ne jamais sacrifier la qualité de la pierre. Il est mille fois préférable, au point de vue artistique (et même à tous les points de vue) d'avoir un monument d'aspect simple bien conservé, qu'un monument à décor riche frappé de vétusté prématurée.

3° Si l'orientation O à SO est imposée, il convient d'employer un style sobre de décor, car, de ce côté, quelle que soit l'excellence de la pierre, la conservation de lignes architecturales et décoratives fines et fouillées est chose très difficile si pas impossible.

Pour cette orientation, une architecture polychromée est à recommander comme préservatif de la pierre, les autres préservatifs, au silicate et au phosphate, n'ont donné aucun bon résultat.

4° Si on a le choix de l'orientation, il faut pour la façade principale du monument prendre la région allant de l'E au S, selon les localités.

5° Il conviendrait afin d'éviter, dans la mesure du possible, de nouveaux mécomptes dans l'avenir, tout en augmentant notre choix de pierres susceptibles d'emploi dans nos monuments, que le Gouvernement crée en plein air un *Musée de Pierres de construction*.

A. VIERENDEEL.

Rapport de M I. DE RUDDER, statuaire, sur la céramique de plein air.

—

L'art de construire entre depuis quelques années dans une voie toute rationnelle, celle qui se base sur la nature, sur la vérité; celle qui rejette les trompe-l'œil, le factice, pour ne plus employer dans la construction que des matériaux dont l'aspect peut servir à l'esthétique. Tels sont les marbres, les métaux, les granits, les pierres, et aussi les céramiques. Celles-ci, comme les premiers, sont aussi vieilles que l'humanité. Elles l'ont suivie dans ses progrès.

La céramique est née en Orient, où les intempéries la respectent, où une température constamment sereine lui a permis d'arriver à nous inaltérée, et de nous donner une idée de l'art splendide qui présidait à la construction des palais antiques, au temps des civilisations passées dont ils sont restés les seuls témoins.

On a le droit de la compter parmi les éléments fournis par la nature. Comme ceux-ci, elle vient du feu; de même que le feu des cataclysmes a fondu les éléments qui composent les marbres, le feu allumé par l'homme fond des matières analogues, à des températures aussi élevées, mais conduites par l'intelligence de l'artiste. Il a trouvé là un moyen, une ressource illimitée pour compléter avec art ce qui manquait aux produits bruts du sol.

La céramique fournira à l'architecte ou au statuaire les couleurs les plus riches ou les plus simples pour relever des formes créées par leur génie et les rendre en productions indéfiniment durables. Dans les travaux décoratifs, la céramique n'est-elle pas le complément tout indiqué du métal.

L'Orient nous offre des exemples nombreux de monuments d'une haute antiquité, où la céramique à elle seule a suffi comme élément de construction; et ceux-ci ont résisté aux siècles. Elle est la matière la plus docile à l'esprit créateur de l'artiste, celle qui offre le plus de ressources; elle est aussi la plus facile de toutes à manier. Elle est la moins coûteuse et la plus durable. Elle a un passé qui se perd dans la nuit des temps.

Dans nos climats, la porcelaine et le grès, sont les seules céramiques à employer pour les travaux de revêtements extérieurs, les seules qui puissent offrir une complète résistance à la gelée, à l'humidité, grâce à la cuisson au grand feu, qui vitrifie le corps de ces produits aussi bien que l'émail qui les recouvre.

Il n'en est pas de même pour la faïence : celle-ci présente plus de moyens au point de vue décoratif, peut-être; c'est-à-dire que la température plus faible à laquelle on la cuit, permet l'emploi d'un plus grand nombre de couleurs; mais le corps même de la faïence est poreux et ceci l'expose à la destruction lorsqu'elle est, par exemple, exposée à la gelée.

L'industrie de la porcelaine dans nos pays est relativement récente; elle date à peine de deux siècles. L'emploi du grès est plus moderne encore.

Les champs de cette belle et intéressante spécialité sont peu explorés; ses qualités sont incomparables. Que l'on s'en serve davantage et elle donnera des merveilles inconnues jusqu'à présent.

Toute matière artistique pour être pratiquée avec fruit dans un but de progrès et de perfection doit faire l'objet d'un encouragement efficace.

I. De Rudder.

Rapport de M. J. GRAND-VARLET, Vice-Président de l'Union des Arts décoratifs et industriels.

La direction des académies ou écoles de dessin ne devrait être qu'administrative.

Le professeur devrait être absolument maître de son cours. Le directeur pourrait être cependant un professeur. Tous les dix ans, le corps professoral en entier devrait être soumis à un examen complet, ce, pour ne pas éterniser des tendances, attendu qu'en enseignement comme dans la vie, il faut progresser. Le professeur peut être vieux, mais son enseignement doit toujours rester jeune.

Quant à l'enseignement, à notre avis, les arts décoratifs et industriels devraient être donnés d'une façon absolument professionnelle. L'enseignement de l'architecture devrait comprendre le modelage, afin de mettre les pratiquants à même de se rendre compte d'une conception par l'exécution d'une maquette suffisamment étudiée.

Pour le surplus, nous faisons nôtre le travail de M. Jean Baes : réponse aux questions posées par M. le Ministre de l'Agriculture, Industrie et Travaux publics, en janvier 1891.

Au point de vue des arts décoratifs et industriels, il faudrait un enseignement complet en cours théoriques et pratiques donnés par des spécialistes, autant que faire se peut, attendu qu'il s'agit, non de faire des artistes, mais des artisans d'art, maîtres dans leur spécialité, tant aux points de vue scientifique et artistique qu'à celui de la technique. Ces écoles devraient être d'apprentissage; nous pourrons donner comme exemple les écoles bruxelloises d'horlogerie, de typographie, des tailleurs, etc. Les méthodes adoptées pour ces institutions pourraient servir de modèles. On devrait surtout s'attacher à bien développer la partie élémentaire des cours, les principes logiques de construction et d'économie pratique, en vue de la destination des ouvrages d'application.

Conclusions. — Nous voudrions que toutes les expressions d'art fussent harmonisées, afin d'arriver au suprême du beau, sans arrière-pensée égoïste de classification; l'Art public, pour nous, résume tous les arts.

Les questions auxquelles nous avons cru pouvoir répondre, à notre avis, appartiennent à toutes les branches de l'activité artistique; ces questions très complexes indiquent un groupement de toutes les entités qu'elles évoquent. Nous sommes convaincus que les dévouements n'y manqueront pas, les intérêts généraux et particuliers étant ici en parfait accord.

Nous n'avons pas pu étendre nos réponses autant que nous l'eussions désiré, le temps faisant défaut.

Une proposition que nous voudrions voir accepter est celle qui tendrait à faire renoncer aux inspirations puisées dans le passé.

Pour nous consacrer entièrement à l'avenir, nous n'entendons pas renier nos devanciers, qui ont été des maîtres et ont produit des choses merveilleuses, la création artistique ne doit pas se perdre. L'art contemporain devrait surtout être contemporain et s'inspirer des besoins de nos mœurs. Tâchons d'éliminer la copie.

Notre époque est géniale dans l'art d'accommoder les restes, mais non dans celui de créer.

Un gâchis inexprimable de monuments, une cacophonie de styles ne s'accordant ni à leur destination ni à notre état social, s'est manifestée de nos temps.

Pour l'habitation particulière, les mêmes errements ont été suivis : construction, décors, ameublements sont illogiques et mal venus, le plus souvent.

L'art appliqué à l'industrie est chose dérisoire.

Il n'y a plus d'art individuel ou national; le maquillage et la camelotte dominent. Vieillir les ors, fausser les couleurs serait-ce faire du nouveau ? En arriverons-nous à imiter les taches ou les sillons laissés par les vers, voire même à donner un aspect de moisissure? Il faut que tout ceux qui ont le sentiment vraiment artistique cherchent à faire œuvre nouvelle. On ne peut ressusciter des morts.

Pour nous, le fait de chercher un art national dans les restes d'un passé brillant constitue une grave erreur. Toutes les époques ont suivi les mêmes lois, mais en les appliquant différemment. Les mœurs, les idées, les aspirations, en un mot, l'histoire d'un peuple par ses monuments se manifeste autrement que par la copie plus ou moins servile de productions antérieures.

Un art nouveau sera forcément national, car toujours il traduira l'esprit de milieu.

La génération artistique nouvelle semble vouloir évoluer vers le but que nous indiquons. Notre appui est acquis aux pionniers, accompagnons-les, soutenons-les dans leurs efforts. Mettons notre pierre à cet édifice commun, que l'on tend à construire, ne critiquons pas; s'ils n'arrivent pas à l'idéal, ils feront le déblai pour leurs continuateurs.

Il appartient à ceux qui gèrent les intérêts des nations de les soutenir et de récompenser leurs efforts.

Quant à l'art appliqué à l'industrie (qui semble pour d'aucuns un art secondaire), son rôle est nettement défini. Il accuse le degré de civilisation auquel un peuple est arrivé et porte sa caractéristique jusque dans les objets les plus élémentaires.

L'art industriel se répand partout, est aux mains de tous et enrichit la nation en lui ouvrant les débouchés nécessaires à son activité.

Écoles. — Les écoles d'art étant de la plus haute importance pour le peuple, son industrie, son commerce, sa force intellectuelle, sa civilisation, il est donc utile de créer des écoles dans les plus larges proportions.

A l'appui du bien-fondé de nos désirs, nous dirons que la fréquentation des écoles d'art en Belgique est absolument populaire. Les cours des écoles de l'agglomération bruxelloise (sauves celles de Saint-Luc et de Vilvorde qui n'ont pas cru devoir nous renseigner) ont été fréquentés par 3,606 élèves en 1897-1898. Tous les élèves fréquentant ces écoles se destinent aux métiers d'art.

Le système d'enseignement actuel donne un trop grand déchet de déclassés de l'art, ce qui est une plaie sociale. Il faudrait, au contraire, que l'enseignement donnât ou indiquât à chacun les moyens de vivre par une éducation rationnelle.

L'école, n'a jamais fait un artiste de génie; elle lui a donné ce que l'on peut apprendre. Elle l'a entraîné et c'est tout. Le génie n'est le propre que de quelques rares sujets. Les autres sont souvent médiocres. Cependant ces hommes médiocres en art, eussent peut-être été de bons sujets dans l'art industriel; non parce que c'est un art secondaire, mais parce que leurs aptitudes y convenaient mieux.

L'école doit avoir pour but d'entrainer chacun vers l'idéal qui l'attire et qu'il peut espérer atteindre au sortir de l'école, par sa force personnelle, autrement l'enseignement en est faux et sans raison d'être. Nous ne voulons pas dire que l'enseignement doit être arbitrairement réglé et que la valeur et les aspirations de chacun doivent être pesées administrativement. Non. Mais il faudrait s'attacher à enseigner surtout professionnellement et démontrer ainsi que si l'art majeur a ses splendeurs, les arts décoratifs et appliqués à l'industrie en ont aussi.

Prenons au hasard un exemple. Cellini a fait énormément d'art appliqué. Son talent était-il moindre en cela qu'en d'autres œuvres.

Craindre l'encombrement des carrières dépendant de l'art professionnel est une erreur. Au contraire les productions vraiment supérieures sont appréciées partout. Jadis Bruxelles était un centre d'exportation pour la dentelle, la carosserie, etc. En plus, partout on progresse, les efforts sont immenses, malheur à la nation stationnaire ou réactionnaire en matière d'art appliqué ou industriel.

Les écoles d'apprentissage d'art appliqué, dans le sens le plus large, seraient peut-être chose irréalisable en ce moment. Elles auraient cependant pour résultat immédiat la propagation de l'art dans l'industrie. Ce facteur aurait des résultats immenses et immédiats, tant au point de vue de la fabrication qu'au point de vue de la moralisation des masses. L'instruction en ces institutions serait en quelque sorte la continuation du système scolaire communal établi en Belgique. Les cours professionnels devraient être larges et étendus, en ce sens, par exemple, que l'élève se destinant à la profession de dessinateur pour l'application industrielle ait une connaissance suffisante de toutes les professions pour lesquelles il serait éventuellement obligé de fournir des dessins. Ces écoles d'apprentissage, bien entendu, devraient fournir à l'industrie des individualités prêtes à former de bons chefs compétents, patrons, dirigeants ou artisans de premier ordre.

Nous terminons l'exposé de nos conclusions en exprimant le désir de voir se liguer toutes les puissances artistiques, pour élever notre époque à un niveau artistique général, pareil à celui atteint par les sciences.

Rapport de M. Enrique FORT, professeur à l'École supérieure d'Architecture de Madrid.

Pour revêtir d'une forme artistique tout ce qui se rattache à la vie publique contemporaine, on doit commencer par faire l'étude de la rue, car c'est dans la rue que se produit la manifestation vraiment publique de l'art national de chaque peuple, tant dans les bâtiments publics et privés que dans les constructions pour les services urbains, les statues commémoratives et les décorations pour les fêtes populaires. Laissant de côté pour le moment, les voies dans lesquelles le fait ou le souvenir historique, l'ancien monument ou les ruines vénérables empêchent toute transformation et en nous rapportant seulement à toutes les autres rues où l'on peut imposer et où s'impose par les diverses municipalités le nouvel alignement, il est tout à fait certain que l'art exige la parfaite régularité de la rue contemporaine. Autrement elle n'aurait pas les conditions requises par l'art : beauté, qualité, vérité, utilité ou convenance, et c'est pour cela qu'il faut que la rue soit rectiligne en général, toujours de largeur uniforme et que la hauteur maxima des édifices soit aussi proportionnée à la largeur, selon les circonstances de la localité, et notamment les climatologiques.

La voie publique a, en effet, aujourd'hui une double fonction; elle sert, comme l'indique son nombre dérivé du premier concept, à la viabilité, et elle garde une relation très étroite avec l'édification qui la limite. Elle est, suivant l'heureuse expression d'un ingénieur espagnol, M. Cerdà, la cour ou avant-cour de la maison qui se sert de la rue d'une manière permanente d'elle et par elle tout ce qu'il faut pour la satisfaction des nombreux besoins de ses habitants.

Le problème donc, semble parfaitement défini ; et dès qu'une des dimensions de la section est adoptée et établie par la science et par la relation suivant laquelle on vient à déterminer l'autre dimension, reste seulement la résolution pratique de chaque cas sans sortir de la législation. C'est là précisément où les difficultés se dressent pour la transformation de la rue.

L'expropriation partielle des édifices pour établir un nouvel alignement dans les principes fondamentaux et dans les procédés d'exécution, est ordinairement réglée d'après la législation unique pour l'expropriation générale. On a ainsi établi une théorie qui, sinon tout à fait fausse, est absolument incompatible avec les règles du droit, parce que dans l'espèce les municipalités, depuis le moment de l'acquisition, grèvent les parcelles acquises avec plusieurs servitudes (de fondation de passage, d'aqueduc, de vue, d'égouts, de toits). En bons principes de droit, ces faits, malgré la constance de leur répétition ne sont pas admissibles, parce qu'il n'y a pas possibilité d'imposer de servitude sur la voie publique. C'est pour éluder cette inconséquence que l'architecte espagnol M. Fossas Picroit dit que le terrain pris pour l'élargissement de la rue, doit rester le domaine du propriétaire, étant donné que la municipalité qui impose la servitude du passage serait parfaitement conséquente avec l'exercice de tous les autres droits privés et en substituant ainsi le payement de la valeur de la partie expropriée par l'acquittement de l'indemnité correspondant à l'établissement de la servitude. Dans ce procédé, on trouverait beaucoup d'avantage et après on viendrait à perpétuer le système primitif suivi depuis l'origine de la rue pour parvenir à sa formation. L'ancienne législation espagnole nous montre qu'en effet on forma ainsi la voie publique, chaque propriétaire cédant pour elle autant de terrain que les voisins avaient laissé précédemment dans le même lieu, disposition légale qui, partant de la même idée, n'était suivie d'aucune règle qui s'opposait au principe qui lui servait de fondement. Quant à la hauteur maximum des maisons (qu'on ne peut fixer sans tenir compte de la largeur de la rue) un éminent architecte français, M. Trélat, a résolu la question pour tous les cas où il faut l'abaisser afin de la faire entrer dans la relation exigée par les conditions locales. Son ingénieux système consiste à proposer l'expropriation par couches ou zones horizontales de la construction dont la valeur serait une fraction du montant de celle-ci et du prix du terrain. De cette manière, on arriverait à peu de frais relativement, à la transformation de la section de plusieurs rues, surtout de celles dans lesquelles pour des raisons particulières, l'élargissement ne serait pas possible, et que l'on serait obligé cependant d'améliorer au point de vue des conditions hygiéniques.

En considérant ces précédents, et ayant en vue la notoriété des auteurs ci-devant cités, le rapporteur a l'honneur de proposer au Congrès ces conclusions :

Étant donné qu'il est nécessaire de donner des facilités pour la transformation de la voie publique, ses dimensions sectionnaires, le Congrès exprime le désir de voir modifier la législation actuelle des différentes nations sur cette importante matière d'après ces bases :

1° L'élargissement des rues sera réglé par des dispositions différentes de celles qui, ordinairement, s'appliquent au cas général d'expropriation ;

2° Parmi les nouvelles dispositions légales on comprendra le nécessaire pour exproprier les couches ou zônes horizontales ;

3° On tiendra aussi compte des exceptions relatives aux rues dans lesquelles se trouvent placés des monuments historiques ou artistiques et pour celles-ci des nouveaux alignements ne pourront être décrétés sans qu'il soit pris avis des Commissions ou Corps consultatifs chargés de leur conservation.

ENRIQUE FORT.
Professeur à l'École supérieure d'Architecture de Madrid.

Rapport de M. Paul SAINTENOY, architecte, professeur à l'Académie Royale des Beaux-Arts, à Bruxelles.

—

Y-a-t-il lieu d'apporter des réformes dans l'organisation des académies existantes?

La question qui nous est posée aura semblé quelque peu vague, peut-être même mystérieuse, à plusieurs d'entre vous, peu familiarisés, avec notre façon de désigner par académies, les établissements d'instruction artistique, les écoles des Beaux-Arts ou même simplement les écoles de dessin.

Certes, les honorables membres auxquels je fais allusion auront laissé leur pensée s'en aller au fil des souvenirs vers ce jardin d'Akademos où à l'ombre des oliviers et des platanes discourait le divin Platon, tandis que ses auditeurs vers le Mont sacré laissaient voyager doucement leurs regards enchantés par les immortels chefs-d'œuvre de l'art que l'Acropole devait au génie de l'attique. Ils auront songé aussi, nos collègues, à ces excellentes institutions dont Richelieu a doté la France, qui ont été imitées un peu partout, dans lesquelles à l'abri d'intrusions malavisées, « entre pairs », les artistes et les savants peuvent étudier les lois du Bien, du Beau, et du Vrai, les manifestations de l'Art à toutes les époques, distinguant entre les œuvres celles qui doivent servir de guide aux artistes de l'avenir, celles qui par ce fait deviennent *classiques*, vivifiants fanaux vers lesquels doivent tendre nos efforts, admirables chefs-d'œuvre qui font l'émulation du fort, le désespoir des impuissants!

Mais là n'étaient pas « *les académies existantes* », visées par les rédacteurs de notre question. Belges, ils ont entendu désigner nos multiples écoles de dessin qui les unes sous le titre « d'académies, » les autres sous de moins pompeuses enseignes reçoivent l' « espoir de notre patrie », et sont censées devoir les transformer en Phidias, en Mnésiclés ou en Appele.

Là, par la haute munificence de nos gouvernants, sous des règles solidement établies, digues réglementaires justement étudiées, murailles de la Chine élevées entre le laid, d'une part, et le beau, d'autre part, par de solennels personnages formant les non moins solennels conseils de perfectionnement, les conseils académiques, les commissions de patronage, toutes les herbes de la Saint-Jean administrative, nous nous étudions, nous les professeurs, à cultiver le culte de l'Art, le goût du beau dans les cervelles de nos jeunes concitoyens tâchant, de faire surgir en elles, l'étincelle sacrée, ce diable-au-corps qui fait qu'à un moment donné sans savoir ni pourquoi, ni comment, sans règles, sans méthodes, sans règlements et sans lois, par le seul effort du génie, l'œuvre surgit, est acquise à l'humanité heureuse de voir vibrer en elle, à nouveau, la sensation exquise du beau!

Mais, par contre, que de désillusions trouvent leur source dans ces écoles du beau; que de malheurs, de vies brisées, de désespoirs, leur origine; que de pygmées, y sont passés qui voyaient, eux aussi, leurs noms à côté de ces Phidias, de ces Mnésiclès, de ces Appele dont je viens d'évoquer le nom; que d'existences perdues se sont traînées misérablement dans la vie, perdues par les ambitions absurdes, par les illusions ridicules qu'ont fait naître en elles l'enseignement de ces asiles de l'Art que nous vaut la haute munificence de nos gouvernements, la sagesse de nos conseils de perfectionnement, les efforts de leurs professeurs!

Hélas, pour une élite de vrais artistes qui doivent leur science de l'art à ces écoles, quelle foule de dévoyés, de ratés en sortent, se ruent sur l'existence, y passent tristement en leurs illusions de génie méconnu, encombrante engeance, étouffant voisinage pour les artistes véritables.

Ceux-ci, doivent-ils quelque chose à nos *Alma-Mater* de l'art? Combien parmi les artistes véritablement dignes de ce nom y ont trouvé la manne réconfortante? C'est là une grave question!

Permettez-moi pour y répondre un souvenir personnel. Un jour, causant avec Henri Beyaert, en ses dernières années de vie, de l'enseignement de l'art, je venais d'opposer à l'enseignement académique, à mon avis trop enclin à étudier en architecture, la forme pour la forme en oubliant qu'une forme belle doit être la résultante de l'emploi rationnel et harmonique de la matière, je venais d'opposer, dis-je, l'enseignement académique à un autre, celui-là qui faisant trop large place à la matière oubliait que l'expression est la loi suprême de l'art, comme l'a si bien dit Victor Cousin, lorsqu'Henri Beyeart en une brusque boutade me dit ce mot émouvant : Monsieur, j'ai passé la moitié de ma vie à oublier ce qu'on m'avait appris dans l'autre!

Boutade, si vous le voulez, paradoxe aussi, mais il y a un fond de vérité en cette pensée tout au moins sévère.

En effet, l'enseignement académique s'est trop attaché à l'étude exclusive des formes harmoniques en oubliant que ce qui fait la perfection de ces œuvres, c'est le rationalisme de leur conception joint à la parfaite harmonie de leurs proportions, en oubliant aussi que c'est l'enseignement magistral qui a fait les grandes époques de l'Art, car, il n'y a pas à le nier, l'enseignement magistral est celui que l'on pratiquait alors, au siècle de Périclès, comme à celui d'Auguste, au siècle de saint Louis comme à celui de Médicis et à celui de François Ier, au siècle de nos communiers flamands comme à celui de Rubens et de Van Dyck.

Par conséquent, Viardot a eu raison d'en proclamer l'excellence et bien que la liberté moderne ait mis entre l'état de choses ancien et notre situation contemporaine, un abîme, le rôle de nos gouvernants est de ramener l'organisation de nos écoles d'art vers l'enseignement magistral, tel qu'il est compatible avec nos organismes sociaux actuels.

Certes nous ne pouvons plus exiger l'institution d'un stage pendant lequel nous verrions les manouvriers et les apprentis entrer dans l'atelier du maître, y suivre la voie qui doit les conduire à la maîtrise, guidés par le maître, l'aidant, dans de multiples besognes, l'initiant à la technique du métier, à ses secrets, car au moyen âge et à la renaissance, il en était ainsi. « L'enfant, dit Henri Taine, entrait à douze ou treize ans chez le peintre, l'orfèvre, l'architecte, le sculpteur, d'ordinaire le maître était tout cela à la fois et le jeune homme étudiait sous lui non pas un fragment de l'art, mais l'art tout entier. Il travaillait pour lui, faisant les choses faciles, les fonds de tableaux, les petits ornements, les personnages accessoires; il participait au chef-d'œuvre, s'y intéressait comme à son œuvre propre; il était le fils et le domestique de la maison; on l'appelait la créature, *il creato*, du maître; il mangeait à sa table, faisait ses commissions, couchait au-dessus de lui dans une soupente, recevait des bourrades et des taloches de sa femme! »

Mais en même temps, l'enfant s'imprégnait les principes de l'art, l'enfant guidé par son maître suivant les tendances des prémisses de son esprit et de son génie particulier, les promesses de son naissant talent, dégageait sa personnalité et bientôt acquérait lui-même la maîtrise.

Combien loin de tout cela, l'enseignement de nos écoles d'art. L'enfant y entre aussi à douze ou treize ans et alors passant de classe en classe, de division en division, guidé par d'inflexibles règlements, par de rigides traditions, son esprit passe par la filière, le laminoir, qui d'un professeur à l'autre, qui des « principes » à la « composition » le fait entrer ignorant et sortir soit-disant artiste après le passage par tous les maillons de la chaine, sans en manquer un!

Jamais, pendant des années, il ne sentira une pensée le guider, une main dégager en lui l'idée en germe dans son cerveau, faire éclore doucement la personnalité, donner à la chrysalide, les soins qui doivent amener un jour le papillon à étendre ses ailes et à s'envoler, n'ayant d'autres limites à son ambition, d'autres règles et d'autres lois à son essor, que le libre développement de ses facultés.

Tout au contraire, le règlement est là, rigide et de même que la légendaire machine fait ce que vous savez du compagnon de saint Antoine, de même l'académie nous prend l'enfant et nous le rend artiste sans se soucier de rechercher si ses moyens n'en feraient pas plutôt un architecte qu'un peintre, un ouvrier d'art qu'un artiste!

Pourquoi? Parce que nos écoles sont constituées par une série de classes où l'enfant entre successivement et graduellement, parce qu'elles ne sont pas composées d'ateliers dirigés chacun par un maître qui prenne l'enfant à ses débuts et le mène jusqu'à son complet développement.

Je crois en avoir assez dit, Messieurs, pour vous faire pressentir la conclusion logique de ce qui précède :

I. — Dans notre organisation sociale actuelle, l'enseignement de l'art doit être organisé par les pouvoirs publics.

II. — Le système d'enseignement magistral est préférable, soit dans des ateliers libres, soit dans des ateliers subventionnés à défaut des premiers.

III. — Des épreuves et concours généraux organisés avec une grande largeur de vues, de façon à favoriser le libre développement des talents, doivent servir de lien d'ensemble des différents ateliers.

IV. — Des cours généraux historiques, techniques ou scientifiques communs à tous les élèves doivent compléter l'enseignement.

V. — L'enseignement supérieur de l'art ne doit pas plus être gratuit que celui des universités ou des autres écoles supérieures; des bourses d'études doivent être créées.

Rapport de M. F. STÜBBEN, architecte, conseiller intime royal, échevin à Cologne.

Veuillez me permettre, de faire usage de la langue française bien qu'elle ne soit pas ma langue maternelle et bien que je ne saurai pas éviter des fautes et des erreurs.

Mais j'espère être compris par un plus grand nombre d'adhérents au Congrès en parlant le français avec des fautes qu'en parlant parfaitement l'allemand. Cependant je suis obligé de vous prier de m'accorder votre pleine indulgence.

Les projets de nouveaux quartiers de ville ne doivent pas seulement répondre aux exigences pratiques, mais tenir compte aussi de considérations artistiques.

Voilà un principe non suffisamment reconnu et encore moins

suivi par ceux qui projettent et arrêtent les plans de nouvelles rues et de nouveaux quartiers. A côté des exigences pratiques, qui se rapportent à la circulation, à l'hygiène et à l'exploitation du terrain, il y a des considérations artistiques à observer toutes les fois que l'on projette une rue, une place ou un quartier entier, soit dans l'intérieur, soit dans l'extérieur d'une ville grande ou petite. Il ne suffit pas d'agir parfaitement en ingénieur ou en géomètre, il faut être artiste ou sentir comme artiste pour produire de bons projets.

Les considérations artistiques se rapportent principalement à la configuration à donner à chaque rue et à l'aménagement des places libres et des terrains réservés aux constructions publiques, aux monuments et statues.

Une rue de ville est autre chose qu'une chaussée ou une ligne de chemin de fer. Au point de vue artistique, c'est l'ensemble qu'on voit en entrant dans la rue : c'est la longueur et la largeur, la pente, la montée, la distribution, l'ornementation et surtout l'encadrement de l'espace libre. Voilà ce que j'ai nommé « la configuration » à donner à chaque rue. Il y a des rues pittoresques, des rues monumentales, des rues ordinaires, des rues monotones, même de celles qui provoquent l'ennui. A mon avis, la plupart des rues dans nos quartiers nouveaux de ville, en Europe, ne sont pas du tout pittoresques ou monumentales.

Quant aux places libres, les prétentions artistiques augmentent encore. Ce n'est pas la figure géométrique qui fait l'impression décisive de la place, c'est l'aspect total de la surface et des façades fermant le vide, qui se présente comme place publique.

Celui qui projette un quartier de ville, doit penser soigneusement et de prime abord aux constructions publiques, aux bâtiments monumentaux, aux œuvres de sculpteur, aux statues, fontaines, etc., qui seront à établir aux rues, aux places, aux blocs du projet. Il est vrai, on ne sait pas cela précisément d'avance dans la plupart des cas. Mais il vaut mieux de faire des présuppositions qui ne se réalisent pas exactement que de renoncer à toute prévoyance. Précaution vaut mieux que souci. Après avoir arrêté et exécuté nonchalemment ou sommairement le plan d'un quartier, la recherche de places ou de blocs propres à ériger des constructions publiques ou des monuments de toute sorte, est un problème plein de difficultés et d'un succès toujours douteux, comme chaque bourgmestre et chaque municipalité le savent d'expérience.

Les considérations artistiques se rapportent aussi aux prescriptions de police pour la construction des habitations privées.

Variat. Delectat. Même le roi Henri IV n'aimait pas toujours des perdrix et moins encore toujours des choux. L'art est individuel. Les prescriptions de police, il est vrai, sont indispensables pour la bâtisse privée. Mais il faut éviter l'uniformité, l'égalité, la monotonie. Toujours des grands hôtels à quatre étages par exemple, à neuf fenêtres de façade, aux mansardes en haut et aux portiques en colonnes en bas, ne rendent pas gai l'aspect d'une rue. Les prescriptions de police doivent donc se guider d'après les exigences de l'habitation qui varient pour les différentes classes de la population; elles doivent favoriser la multiplicité des formes au lieu de les empêcher.

A côté des rues droites, les rues courbes et même les rues irrégulières méritent aussi une sérieuse attention.

Ni les rues droites ne sont belles ni les rues courbes ou irrégulières ne sont laides *en soi*. La beauté n'est pas une qualité exclusive soit des rues courbes soit des rues droites. Il y a des rues droites d'un aspect splendide et des rues sinueuses d'un effet vraiment artistique. J'estime qu'on fait bien de préférer les lignes droites pour les rues monumentales et celles du grand roulage. D'autre part, les alignements courbes et irréguliers se prêtent mieux pour obtenir des effets pittoresques. Les rues courbes des nouveaux quartiers peuvent suivre légèrement les petits chemins et sentiers à travers les champs, s'adaptant aux variétés du terrain et du paysage. Employer librement les courbes et les lignes droites conformément au but à atteindre, cela garantit un projet beau et pratique.

Une longueur et une largeur exagérées doivent être évitées. Largeur et longueur d'une rue doivent rester dans des proportions esthétiques. Les rues très larges sont à embellir par des rangées d'arbres, des plantations, des fontaines, des monuments.

Les rues droites d'une longueur d'un kilomètre ou plus ne sont pas belles à cause de cette longueur. Au contraire, la disparition de la fin où les objets ne peuvent plus être distingués, produit un sentiment d'incertitude, une espèce de vide ou de trou dans le tableau que l'on voit devant soi. De même manière la largeur d'une rue n'est pas une échelle de beauté. Il est vrai, qu'on peut embellir les rues larges, les avenues par exemple, les boulevards, les promenades, par des plantations, des rangées d'arbres, des jardins, des fontaines, etc., qui restreignent les surfaces libres à la circulation. Mais les rues vides dont la largeur outrepasse les besoins de la circulation et de l'hygiène, offensent le goût esthétique. Il y a des relations esthétiques entre la largeur et la longueur de l'espace libre et la hauteur des bâtiments qui le bornent. Il faut sentir ces relations, on ne peut pas les définir par des chiffres. La proportion de 20 à 1 entre la longueur et la largeur d'une rue droite et vide est souvent considérée comme maxima; cependant ce ne doit pas être une règle générale. L'effet esthétique produit par la rue dépend aussi de son ornementation, de ses bâtiments, de la circulation et du nivellement.

Le nivellement convexe est à éviter, le nivellement concave à favoriser.

Le regard le long d'une rue montant jusqu'à un sommet derrière lequel commence une pente, est toujours désagréable. On voit sur l'autre côte de la colline les têtes des objets, dont les pieds ne sont plus visibles; ils semblent s'être abimés. Au contraire, la rue concave attire notre attention; il est bien intéressant de regarder la rue et la circulation à l'autre côté de la vallée sur le versant remontant. Le nivellement par exemple de la forme d'une guirlande suspendue, comme on peut l'admirer à l'Avenue des Champs Élysées à Paris, présente un aspect merveilleux, surtout le soir en regardant les lignes charmantes des lumières. Aussi la longue rue de Lafayette à Paris nous montre ce nivellement de guirlande, et c'est pourquoi la longueur excessive de cette rue est supportable.

Chaque rue doit avoir un caractère individuel.

Les avenues larges et longues et plantées, les boulevards courbes avec le grand roulage et le bruit de la circulation, les promenades irrégulières avec des plantations et des lieux de repos plein de silence, les rues étroites de commerce avec des magasins brillants, les ruelles de jonction entre les grandes routes, les rues tranquilles des maisons privées, les rues de luxe avec des jardins devant les maisons, voilà quelques différences entre rue et rue. Celui qui projette un quartier de ville doit avoir clairement l'idée de la distinction de chaque rue qu'il propose, il doit s'éclairer sur tous les besoins à remplir pour chaque rue. Alors il lui sera facile, de donner à chacune la largeur, la configuration, la situation et l'ornementation convenables.

Il y a deux espèces différentes de places publiques : celles qui servent en entier à la circulation et celles dont la superficie principale est enlevée au roulage. Les premières, situées d'ordinaire à des carréfours de rue, peuvent être appelées *places de circulation* ou *places de dégagement*. Ces places ont souvent la forme d'un éventail, quand elles sont établies aux portes de ville, devant les gares ou à la tête des ponts; elles distribuent les mouvements de la circulation selon les branches de l'éventail. Quelquefois, notamment à Paris, les places de dégagement prennent la forme d'un cercle, ou la circulation se dégage selon les rayons d'une étoile. Le centre de ces places peut être orné par une fontaine, une plantation, un obélisque, une colonne, même par un arc de triomphe. Sans doute, une telle place, ouverte par principe sur plusieurs directions, peut se caractériser d'un cachet artistique, peut produire un grand effet esthétique, comme, par exemple, la Piazza del Popolo, à Rome. Mais qu'on prenne garde de ne poser ces places ouvertes que sur de tels points, où la circulation et le dégagement de la circulation sont exigés naturellement par les circonstances locales. Sans cela, les places ouvertes et surtout les places en forme d'étoile sont des points d'inquiétude ou d'incertitude qui découpent le quartier au lieu de l'embellir.

Les places publiques de la seconde espèce se prêtent mieux à l'installation de monuments et de constructions monumentales et peuvent s'appeler, pour cette raison, « places monumentales ». Elles sont, au point de vue de l'art, les parties les plus importantes de la ville. Les principales exigences qu'elles réclament sont : l'harmonie des proportions et un encadrement continu, aussi ferme que possible.

Les monuments peuvent être placés *sur* la place ou l'encadrer. Dans les deux cas, il faut prévoir des distances libres convenables pour pouvoir contempler les monuments ou bâtiments et, en même temps, il faut établir des proportions d'harmonie entre les dimensions de la surface libre et les dimensions de largeur et de hauteur des monuments. Une haute tour d'église, par exemple, exige une profondeur proportionnée de la place, tandis qu'une longue façade d'un musée réclame une avantplace moins profonde.

L'encadrement de la place monumentale doit être aussi continu et fermé que possible, les ouvertures des rues découpant l'ensemble. Les rues inévitables sont, autant que possible, à diriger de telle façon que celui qui regarde l'architecture ne soit pas obligé de voir dans le vide des rues. Un bel exemple est la Grand' Place, à Bruxelles. On peut compléter, fermer l'encadrement aux ouvertures des rues par des portes, des portiques ou des colonnades qui joignent les façades de la place sans laisser des interruptions. La période de la Renaissance et du baroc a créé beaucoup de modèles de telles places clôturées en Italie, en Espagne et en France, par exemple : la piazza Signoria, à Vérone, la Plaça Mayor, à Salamanca, la place Stanislas, à Nancy, la place des Vosges, à Paris. Les places de ce genre sont toutes modernes en Italie et en Portugal. Une variété de ces places sont celles qui sont fermées de trois côtés et ouvertes sur le quatrième, comme la scène d'un théâtre, par exemple : la place du Capitole, à Rome, la place San-Marco, à Venise.

Si le bâtiment est placé sur la place de manière qu'il est libre de trois côtés ou de tous les côtés (une église, un théâtre), on peut installer un groupe de places autour du bâtiment comme on le trouve autour de plusieurs cathédrales (par exemple : Cologne, Milan, Salzbourg), où une seule place publique est établie à la face principale du bâtiment. On aperçoit cet arrangement, par exemple, devant l'Opéra, à Paris et devant Saint-Pierre, à Rome.

Vous voyez, Messieurs, que les places monumentales peuvent être projetées et arrangées en beaucoup de formes et de variations, présentant une foule de problèmes esthétiques à résoudre.

Les projets de nouveaux quartiers doivent réserver de prime abord des terrains pour les édifices publics (églises, bâtiments d'administration, théâtres, musées) comme fond de perspective des rues, à l'alignement concave des rues, aux places monumentales.

J'ai déjà montré la nécessité pratique de prévoir dans le projet autant que possible les places pour l'établissement des édifices publics. C'est en même temps une nécessité esthétique, parce que la recherche postérieure de ces places à bâtir amène généralement une solution imparfaite.

Un bâtiment peut se présenter pompeusement au fond d'une rue où il est l'objet qui attire les regards de tous ceux qui s'en approchent. Mais des proportions esthétiques sont nécessaires entre la longueur de la ligne d'accès et la grandeur de l'objet. Un bâtiment, un monument quelconque, vu d'une distance trop grande, perd son importance; par exemple l'hôtel de ville à Louvain.

L'alignement concave d'une rue se prête mieux pour l'installation des édifices monumentaux que l'alignement convexe, parce que la concave est toujours en face du contemplateur, tandis que les maisons sur l'alignement convexe disparaissent à la vue.

Les endroits principaux pour établir les constructions artistiques sont les places dites monumentales, parce qu'ici toutes les conditions se trouvent réunies pour contempler et admirer l'architecture dans l'ensemble et en détail.

Les monuments seuls d'une hauteur extraordinaire peuvent clôturer la perspective d'une rue, c'est-à-dire des monuments d'architectures, des colonnes, des obélisques, etc. Les statues en pied ou les statues équestres, les fontaines, etc. ne sont pas propres à servir comme points de vue au bout de longues rues.

Le meilleur emplacement de monuments est celui sur les places monumentales ou dans les plantations. Le centre d'une place ne peut être occupé que par des monuments architecturaux tels que colonnes, fontaines, etc. Quant aux monument de sculpture, statues, etc., en règle générale, leur emplacecement est à préférer hors du centre ou à la bordure. Une statue a toujours une face d'avant et une face d'arrière; la place libre devant le front est plus importante que la partie de la place s'étendant derrière la statue. Donc, la statue ne peut pas occuper le centre. C'est un principe très simple, mais qui n'est pas du tout en usage général.

Des règlements sur la police des bâtisses prescrivant l'établissement des jardins devant les maisons; l'érection des maisons isolées, l'alignement fermé, la construction de maisons de famille ou de maisons pour locataires aux étages, l'interdiction de fabriques, sont de nature — pour autant que les conditions s'y prêtent — *à favoriser la création de quartiers d'aspect varié et satisfaisant le goût artistique.*

En Allemagne on a prescrit de tels règlements dans beaucoup de villes. Les règlements varient de zone à zone, et les plans des quartiers et des blocs sont projetés d'accord avec ces règlements. Par exemple, des rues étroites avec des petits jardins le long de l'alignement sont ordonnés là ou le règlement prescrit des maisons isolées ou des maisons de famille; des rues larges correspondent à des maisons à plusieurs étages pour locataires. Ce principe de variété — nommé Zonenbauordnung — n'est pas encore adopté partout en Allemagne. Autant que je sache, il n'existe pas encore en Belgique et en France. Son importance pour la beauté de la ville et le bon arrangement d'un quartier se comprend de soi-même.

La conservation des particularités locales, tant au point de vue du paysage que de l'architecture ou de l'histoire, doit rester une condition essentielle dans la création de nouveaux quartiers de ville comme dans la transformation de vieux quartiers.

Il est superflu de donner des explications et des illustrations à cet égard après que M. Buls, l'éminent bourgmestre de Bruxelles, a traité ce sujet d'une manière si excellente dans son mémoire sur l'« Esthétique des villes ». Vraiment, un architecte qui ne tire pas soigneusement profit des qualités spécifiques du terrain et du paysage en projetant un nouveau quartier de ville, n'est pas à la hauteur de son art. Et il en est de même avec celui qui prétend améliorer ou embellir un vieux quartier sans conserver fidèlement les monuments du passé et les vestiges de l'histoire.

Messieurs, la critique est facile, l'art est difficile. C'est pourquoi je réclame votre indulgence en présentant quelques uns de mes projets inventés dans les dernières années, projets pour la création de nouveaux quartiers à Altona, Darmstadt, Emden, Saarlouis, Wesel et Bruges. Ce ne sont assurément pas des chefs-d'œuvre, mais seulement des essais pour résoudre le problème complexe qui consiste dans la création des nouveaux quartiers de ville en même temps pratiques et artistiques.

La grande importance de ce problème est caractérisée par les mots que M. Félix Regamey a mis à la tête de son rapport :

« Le spectacle de la rue est un enseignement plus efficace que tous les cours et tous les musées. »

Rapport de M. Walter CRANE, artiste peintre et publiciste d'art, Directeur du « Royal Collège of Ard », à Londres.

—

PREMIÈRE SECTION

—

Première question. — Je pense que pour la protection des monuments anciens et historiques les autorités publiques devraient avoir le pouvoir, dans l'intérêt même du public en général, d'empêcher les particuliers de détruire des monuments qui sont en réalité le patrimoine héréditaire du peuple d'une ville ou d'un pays.

A. Ceci pourrait se faire avec les conseils d'un comité d'artistes et d'architectes distingués, nommés publiquement. L'entretien des monuments publics d'intérêt historique étant de l'intérêt des citoyens et constituant une plus-value pour la ville, les fonds et donations devraient provenir d'une imposition publique prélevée à cet effet.

B. Dans les cas d'améliorations ou de changements à faire dans les villes, plans de quartiers ou de jardins, travaux qui déjà incombent aux autorités communales, il faudrait que rien ne soit fait sans l'avis et le contrôle d'un comité d'artistes comme il est dit plus haut ; comité qui serait composé des meilleurs artistes de la ville ou du district.

De même que dans les questions de bâtisse et d'hygiène des spécialistes sont consultés, de même faudrait-il consulter des artistes dans les questions d'art, et garder ainsi les intérêts du public en général (intérêts distincts de ceux de chaque classe en particulier) pour les questions de goût, de beauté, pour *l'hygiène de l'œil.*

C. Des limites strictes devraient être assignées quant à l'usage et à la position de ces monuments.

Nos rues modernes sont rendues ridicules et positivement choquantes à la vue, par la concurrence que se font les commerçants au moyen des enseignes et des annonces le plus souvent du genre le plus vulgaire.

Je propose que le Gouvernement ou les autorités locales aient pleins pouvoirs pour frapper d'une taxe toutes les annonces et enseignes dépassant une certaine grandeur, à convenir ; et je serais d'avis ensuite de limiter les lieux d'affichages à quelques endroits publics et de ne permettre sous aucun prétexte l'utilisation à cet effet, des murs inoccupés ou des palissades entourant les bâtiments en construction — habitude qui détruit dans nos rues toute harmonie et toute beauté.

D. Je suis d'avis qu'il faut convaincre tous ceux que leurs fonctions appellent à prendre part à des délibérations officielles et tous les membres du Parlement, de la nécessité de voter une loi défendant absolument le placement d'annonces commerciales dans les champs et le long des lignes de chemins de fer, sous peine d'amendes et je procéderais par l'imposition de taxes ainsi qu'il est dit plus haut pour les annonces dans les villes, afin de limiter tout au moins les abus.

Il n'y a pas d'objection à faire quant à la pose au-dessus des vitrines, d'enseignes artistiques proportionnées à la taille et au genre du bâtiment qu'elles ornent, et symbolisant le métier de l'occupant. Il y aurait en peu de temps un grand nombre de créations artistiques en ce genre.

DEUXIÈME SECTION.

—

Première question. — Reconnaissance de l'importance sociale de l'Art dans l'éducation par l'exemple. De là l'utilité de la décoration des bâtiments publics par l'histoire du pays et de son peuple ; légendes locales, actions héroïques, portraits des grands hommes.

Chaque ville se ferait un point d'honneur de préserver et de perpétuer son histoire sous une forme artistique, sur ses monuments publics.

Une bienfaisante rivalité entre les grandes villes ou communes pourrait être provoquée dans cette voie, pour la possession de monuments artistiques. On entreprendrait la préservation et la production du Beau, plaisir des yeux, pour les objets publics, puisqu'ils présentent un intérêt social et général.

Deuxième question. — Dans les pensions anglaises (écoles subsidiées par le peuple) le dessin est une matière obligatoire. Beaucoup de progrès a été obtenu par une méthode d'enseignement appelée le lavis. Des enfants reproduisent des fleurs et des feuillages à l'aquarelle, sur du papier avec un pinceau ; on leur apprend à remplir des modèles composés dans ce but. M. E. Cook et M. Conard ont eu beaucoup de succès par cette méthode qui fut inventée par M. Cook. Elle paraît donner une facilité étonnante de main. Une autre méthode qui donne le même résultat est appelée « Exercice bi-manuel ». Cette dernière fut pratiquée à Philadelphie par M. Liberty Tadd avec succès. Elle est aussi enseignée par M. Blowfield Bare, à Liverpool.

Les enfants se trouvent devant un tableau noir et dessinent avec de la craie dans chaque main, commençant par des cercles et continuant par des formes ornementales. On peut alors leur enseigner à combiner les formes d'après leur propre initiative, et, plus tard, à les exécuter en terre glaise ou à les sculpter dans le bois.

Troisième question. — L'éducation dans les écoles ordinaires touchant ces matières doit être éventuellement cultivée. Cela concerne non seulement l'adresse manuelle, mais aussi la faculté de voir juste. On peut supposer que les enfants ainsi stylés grandiront en cherchant à améliorer le milieu dans lequel ils vivront et propageront leurs vues, car c'est en améliorant les conditions générales et en élevant l'idéal de la vie parmi les peuples que nous serons à même d'assurer l'avenir de l'Art qui, à peine compatible avec la pauvreté, ne l'est pas du tout avec la misère.

Quatrième question. — Il y a beaucoup à faire pour assurer aux musées et aux Expositions d'Art une organisation plus intelligente. Il faudrait que dans un musée, le citoyen le moins instruit puisse suivre l'histoire de l'Art, et en même temps celle du monde, depuis l'homme primitif jusqu'aux merveilles de la Renaissance européenne.

Rien ne doit être négligé et chaque chose disposée dans l'ordre historique, avec de grandes étiquettes donnant tous les détails, des photographies supplémentaires et tout ce qui peut aider à la compréhension du sens et de la beauté d'un objet, de sa place exacte et de sa relation artistique et historique avec d'autres œuvres.

Notre musée de South Kensington, par la richesse de ses exemplaires (bien que disposés d'une façon peu intelligente), a une influence des plus importantes sur le développement de l'Art dans le pays, dans ses applications à l'industrie.

Cinquième question. — Des concours dont les conditions seraient strictement réglées pourraient encore être un moyen efficace d'obtenir des projets pour les monuments ou édifices publics, mais il devrait être alloué une certaine somme aux concurrents pour les rémunérer du temps sacrifié et subvenir ainsi à leur entretien, puisque la plupart seraient des jeunes gens se destinant à la carrière artistique.

Le jury devrait être soigneusement choisi parmi des artistes de tout premier ordre.

Des concours nationaux annuels entre les élèves des écoles d'Art d'un pays (comme en Angleterre) sont nécessaires, et donnent l'occasion d'établir une comparaison entre les travaux des diverses écoles et provoquent entre les élèves une saine émulation.

Des experts choisissent dans le nombre total des travaux, ceux qui leur paraissent mériter une attention spéciale et, procédant par voie d'élimination arrivent enfin à faire choix d'un ouvrage exemplaire. Des médailles sont décernées pour les meilleurs travaux.

Sixième question. — Les bourses de voyages sont souvent très profitables aux étudiants en ce qu'elles leur procurent la possibilité d'étudier dans des pays étrangers où ils n'auraient pas autrement l'occasion d'aller.

Septième question. — Les médailles d'honneur comme distinction à accorder à une œuvre d'art valent mieux que les prix en argent mais ce qui serait préférable à ces deux genres de distinction — étant donné que toutes deux peuvent amener des abus — serait de donner à l'artiste primé le droit d'exécuter quelque monument public ou national — disons, par exemple, la décoration d'un monument public.

Huitième question. — Très important, comme étant le principal éducateur populaire pour la forme et la couleur, et par conséquent il serait nécessaire de les réglementer comme il est dit plus haut.

Si la moitié de cet argent avait servi à l'impression en couleur de modèles à pendre ou fixer sur les murs des écoles publiques (dans les classes) quel bien n'aurait pas été fait et combien de qualités artistiques auraient trouvé à s'employer.

Je ne vois pas d'autres moyens définitifs d'empêcher le mauvais goût et l'immoralité que de faire peu à peu monter le niveau de la vie dans le peuple, ce qui peut-être sera difficilement possible si le changement du système économique substitue la rivalité sociale à la rivalité commerciale.

TROISIÈME SECTION.

Première et deuxième questions. — Les écoles d'art et les académies devraient certainement être plus pratiques et envisager d'une façon plus compréhensive la question de l'éducation artistique; permettre d'abord un premier développement et des idées nouvelles.

Toutes les écoles de dessin devraient être à même de fournir à leurs élèves les principes spéciaux du dessin appliqué aux différents métiers et aux procédés manufacturiers et les mettre à même d'exécuter des travaux pratiques de dessinateurs.

Dans la plupart des écoles d'art

les différents sujets sont traités d'une façon trop isolée et l'élève finit par les considérer comme indépendants les uns des autres. Il devrait y avoir une relation évidente entre une branche d'étude et une autre et l'ensemble des études doit tendre constamment à l'apprentissage pratique de l'élève artiste et à la culture de son goût artistique.

Troisième et quatrième questions.

— Pour autant que je puisse comprendre ces questions en ce qu'elles s'appliquent au régime anglais, je dirai que les questions scientifiques ainsi que les questions pratiques et locales d'emplacement et de convenance y entrent pour une trop grande part pour pouvoir y donner une réponse; mais une école de préparation pratique pour dessinateurs et architectes doit pouvoir démontrer techniquement les méthodes en usage dans les différents arts industriels autant que la nature et les propriétés des matériaux.

WALTER CRANE.

La Musique envisagée au point de vue de l'Art public.

—

SES BIENFAITS POPULAIRES.

—

Je n'ai pas besoin d'insister sur le noble but que poursuivent les organisateurs de ce Congrès de l'Art public !

L'Art public! ce sont là deux mots que dans nos pays on n'était guère habitué à voir réunis.

Il semblait que l'Art et l'activité humaine ordinaire, dussent former deux mondes absolument distincts.

L'Art était une invention de luxe, considérée comme plutôt inutile, et par conséquent, réservée, à quelques personnes riches ne sachant que faire de leur argent et de leur temps.

L'application des arts à l'embellissement de l'existence et à l'élévation de l'âme d'un chacun était une conception à laquelle on n'avait pas le temps de s'arrêter.

Nous paraissions avoir perdu les traditions géniales des grandes époques artistiques durant lesquelles on cherchait à rendre beau tout objet utile.

L'œuvre de l'Art public dont les débuts doivent nécessairement rencontrer maints obstacles, s'est inspirée de cette vérité que l'Art n'est pas le monopole de quelques uns, que dérivant de l'admiration légitime de la nature il appartient à tous, qu'en embellissant la vie il offre pour le peuple le plus vif intérêt, parce qu'il élève son esprit et son cœur.

C'est la même idée qui guida, dans cette ville de Bruxelles, quelques amateurs de musique dont je suis heureux de vous faire connaître les efforts.

Il y a un Art qui mieux que n'importe quel autre est à la portée de tous parce que chacun de nous peut l'interpréter d'après ses sentiments et ses rêves; il vibre dans cette partie la plus personnelle et la plus élevée de notre âme. Cet Art, c'est la musique que les initiés peuvent peut-être seuls apprécier et analyser au point de vue technique, mais dont l'homme le plus ignorant peut jouir autant que le plus instruit; ce dernier devra même faire un instant abstraction de son érudition et se laisser aller à ses impressions s'il veut goûter réellement le charme d'une œuvre musicale. Comme je l'entendais dire en un langage énergique par un des grands musiciens les plus savants de l'Europe : « pour jouir de la musique il faut l'admirer comme une bête. »

Cet Art si puissant que momentanément il nivelle pour ainsi dire les intelligences, n'est pas, croyez-le, l'apanage de quelques uns. Il doit distraire, consoler, charmer, élever l'âme et l'enthousiasmer suivant les œuvres qu'interprète l'artiste, et les dispositions de l'auditeur.

Il doit donc aider puissamment, toute œuvre inspirée par un but social et moralisateur.

Seule parmi les arts la musique peut en agissant simultanément sur un nombre presqu'ilimité de personnes les entraîner toutes dans un élan de généreux enthousiasme qui supprime les dissentiments et crée une commune et bienfaisante sympathie.

Mille circonstances ont, semble-t-il, empêché la musique de rendre tous les services qu'on avait le droit d'en attendre. Quoique l'amour de la musique et les connaissances musicales se soient à notre époque étendus d'une façon prodigieuse.

Les auditions de vraie et bonne musique sont un plaisir forcément trop dispendieux pour le peuple; les concerts décorés de la qualification de « populaires » ont certainement étendu le rayon des amateurs, mais leur rareté, leur cherté et l'exiguïté de leurs salles les mettent hors d'atteinte du grand public.

Ce grand public, entraîné par une espèce de fatalité qui pousse vers la musique l'homme sauvage ou civilisé, n'a alors que la ressource des cafés concerts.

Ceux-ci hélas ! désireux d'augmenter leurs recettes en attirant les clients qui dépensent sans compter, ne cherchent que trop souvent à agrémenter l'intérêt musical de mille autres attraits plus coûteux.

Le boui-boui, puisqu'il faut l'appeler par son nom, est devenu ainsi une sorte de plaie qui chaque jour augmente ses ravages, par le besoin qu'ont une foule de gens de se distraire dans la soirée.

Ce besoin de distraction n'est du reste que légitime chez des hommes qui ont travaillé tout le jour et qui n'ont généralement pas assez d'instruction pour trouver chez eux l'occasion d'oublier leur labeur quotidien.

Le théâtre étant trop cher, ils vont passer au café concert une partie des soirées d'hiver.

Les meilleurs d'entre ces braves gens ne voulant pas abandonner leurs femmes et leurs enfants, s'imposent la dépense de les emmener et sous prétexte que les enfants ne comprendront pas, leur font entendre et voir parfois, avec l'accompagnement d'une musique sans art, des choses que garçons et fillettes devraient ignorer.

Ces considérations, que je viens d'esquisser rapidement, ont inspiré il y a trois ans à un enthousiaste de la musique, l'idée de la fondation de concerts quotidiens et populaires, gratuits.

Sachant combien l'élément germanique du peuple belge le prédispose à apprécier la musique sérieuse et bien exécutée, M. Ch. Mélant s'entoura de quelques jeunes artistes, et fonda, dans le cadre d'une salle soigneusement décorée en vieux style flamand, « les concerts artistiques du XVIe siècle ».

Lui même doué d'une fortune qui lui donnait des loisirs, consacra généreusement son temps et ses très sérieuses connaissances musicales à la préparation des concerts composés d'un choix de morceaux chaque jour variés, exécutés par un excellent quatuor d'élèves du conservatoire.

Malgré les ressources restreintes que pouvait donner la seule vente de quelques verres de bière, rien ne fut épargné pour augmenter l'attrait de ces auditions musicales vraiment extraordinaires.

Aussi le fondateur fut-il bientôt forcé de faire appel à quelques amis philanthropes et musiciens qui, pour alimenter l'institution, fondèrent une société de concerts à laquelle ils furent naturellement obligés de donner une des formes légales en usage.

Grâce aux fonds nouveaux ainsi consacrés à l'œuvre une extension nouvelle lui fût donnée.

On put recourir au talent d'artistes éminents ; on put surtout s'installer dans un local mieux situé et plus vaste qui contint le public chaque jour grandissant des concerts.

C'était en effet un spectacle vraiment surprenant que de voir l'intérêt avec lequel un auditoire de petits bourgeois, suit l'exécution d'œuvres de Bach, de Wagner, de Saint-Saens ou de Gevaert.

Ces travailleurs, ces femmes et ces enfants sans initiation musicale se surveillent réciproquement pour maintenir un religieux silence que l'on a souvent tant de peine à obtenir dans des salles de conservatoire remplies de dames du monde qui se piquent d'être musiciennes.

Et à la fin de l'exécution des morceaux, des applaudissements nourris montraient aux organisateurs combien ils avaient raison de croire que la musique est faite pour tous.

Un succès tout aussi grand était réservé à l'idée de M. Mélant de faire des « concerts artistiques du XVIe siècle » une sorte de cours historique musical en action, par l'exécution de musique ancienne sur des hautbois d'amour, des violes de gambe et des clavecins.

L'instrument qu'on n'était pas le moins surpris de trouver dans un café concert et qui, par sa seule présence montrait l'écart énorme existant entre les concerts artistiques du XVIe siècle et les bouisbouis qu'il était destiné à combattre, était un grand orgue d'église à trois claviers et quinze jeux.

A lui seul il suffisait à donner à cette salle un aspect à la fois intéressant, sérieux et artistique ; il complétait admirablement l'orchestre, et avait son mot à dire en faisant entendre suivant les morceaux sa voix céleste ou ses tons les plus graves.

La seule énumération des ressources artistiques de ce café concert montre le but des fondateurs qui loin de pouvoir compter jamais sur le moindre dividende, ont évidemment perdu dans cette entreprise leur capital tout entier.

La seule ressource restait en effet toujours la vente des consommations à un prix relativement modéré, car l'administration tint à maintenir à côté du caractère de moralité, celui de la gratuité des entrées aux concerts. L'auditoire d'habitués dépensait naturellement fort peu de chose.

Plusieurs bonnes œuvres accueillies sans distinction d'opinions, mirent à profit la réputation que s'étaient acquise « les concerts artistiques du XVIe siècle », en donnant dans leur salle quelques unes de leurs fêtes de charité.

Malgré les encouragements nombreux recueillis dans le public et chez les personnalités les plus éminentes, le Conseil d'administration ne pouvait s'attendre à trouver chez tous ceux avec lesquels il fut en relations d'affaires, la même bienveillance. Il arriva souvent hélas que les difficultés de cette exploitation désintéressée fussent augmentées par ceux qui ne songaient qu'à exploiter cette société dont on connaissait les véritables soutiens. Les ressourses ordinaires des cafés concerts sévèrement écartées n'étaiet pas là pour compenser les pertes en attirant une clientèle dépensière. Il arriva que certains, après lui avoir créé mille difficultés, usèrent, pour dépouiller la Société et la faire tomber, des moyens les moins scrupuleux. Cependant malgré la ruine de la première société, les fondateurs « des concerts artistiques du XVIe siècle » ont eu la consolation de voir leur œuvre continuée par un de leurs anciens employés auxquels ils ont cédé leur nom, et leur expérience, et qu'ils ont l'espoir très fondé de voir réussir mieux qu'ils ne l'ont fait eux-mêmes en présence des difficultés financières inséparables d'un début. L'idée semble donc devoir porter des fruits.

ALEXANDRE HALOT.

Les Travaux du Congrès

Le Congrès tient ses séances au Palais des Académies de Belgique, mis à la disposition du Comité organisateur par M. Fr. Schollaert, Ministre de l'Intérieur et de l'Instruction Publique.

Séance Générale d'Ouverture

La première séance générale est ouverte le samedi 24 septembre, à 10 1/2 heures du matin. Assistance nombreuse. Prennent place au bureau :

M. **Aug. Beernaert**, *Ministre d'Etat, Président de la Chambre des Représentants de Belgique, Président du Comité organisateur* ;

M. **Léon De Bruyn**, *Ministre des Beaux-Arts* ;

M. **Eug. Broerman**, *Fondateur de l'Œuvre de l'Art public, Secrétaire général du Comité organisateur.*

M. **Beernaert** :

Mesdames, Messieurs,

Je vous souhaite la bienvenue au nom de mon cher pays. Je déclare l'Assemblée installée. Il appartient maintenant au Congrès de constituer son Bureau.

M. **Charles Lucas**, *délégué de la Société Centrale des Architectes français et de la Commission du Vieux-Paris.* Nous n'avons pas à nommer de Bureau autre que celui du Comité organisateur, qu'on ne pourrait assez féliciter. Il a été à la peine ; il faut qu'il soit à l'honneur. Qui mieux que lui dirigerait nos travaux ? (*Applaudissements prolongés.*) Je vous propose donc d'acclamer comme Président et Membres du Bureau définitif les Président et Membres du Bureau provisoire. (*Acclamations.*)

M. **Beernaert** remercie en son nom et au nom des autres membres nommés, ajoutant qu'il convient qu'on adjoigne au Bureau, des Vice-Présidents pour les différentes nationalités officiellement représentées. (*Adhésion.*) Les groupes se concerteront à cet égard pour la séance de l'après-midi.

M. **le Président** s'exprime à peu près en ces termes :

« Mesdames et Messieurs,

« Je vous remercie du fond de mon cœur de l'honneur que vous me faites en m'appelant à la présidence de cette assemblée, et je tiens que c'est en effet un fort grand honneur.

» Grand honneur d'abord, à raison de la composition même de ce Congrès qui a eu l'heureuse fortune de réunir des adhésions si brillantes et si nombreuses. A côté de personnalités illustres, n'y voyons-nous pas siéger les délégués officiels de huit Etats, de la plupart des grandes villes qui se sont fait un nom dans le domaine des arts et de bon nombre de sociétés savantes ou artistiques de premier ordre ? Honneur plus grand encore à raison du but élevé que nous allons poursuivre ensemble et qui est de mieux assurer le culte de cette chose grande entre toutes, qui s'appelle l'art, l'art qui ne connaît pas de frontières et a le monde entier pour patrie et pour domaine.

» Le siècle étrange autant que grand dont voici le crépuscule semble comme pétri de contrastes. Jamais on n'a plus parlé d'art, plus écrit sur l'art, et jamais on n'en a moins tenu compte dans la pratique des choses. Au point de vue de la forme, nous vivons dans une atmosphère de terre à terre et de banalité.

» A nulle autre époque, on n'a mieux compris, plus vivement, plus sincèrement ressenti le charme de la nature sous ses aspects si variés et éternellement jeunes, et cependant jamais on n'a vu comme à présent mutiler, dénaturer, profaner ces beaux sites qui devraient former comme un patrimoine commun de l'humanité. L'industrialisme règne en maître, et à sa suite, la réclame, l'odieuse réclame se glisse partout et ne respecte rien.

» Jamais aussi on n'a plus étudié les monuments que nous a légués le passé ; on les admire, on les célèbre, on les restaure, — bien quelquefois, mal le plus souvent, — mais que cette génération qui rebâtit et bâtit tant, car elle est prodigieusement riche, — que notre génération, dis-je, bâtit donc déplorablement mal ! Que penseront de nous nos petits-enfants, s'ils prétendent nous juger d'après nos maisons, ou même d'après tant d'édifices publics d'une architecture incohérente et sans style...

» Cette situation, Messieurs, a frappé beaucoup d'esprits, et nous sommes réunis ici pour tenter de l'améliorer, pour lutter contre la banalité qui nous envahit, pour proclamer en l'honneur du Beau une sainte croisade.

» Il y a des constatations à faire, des conseils à donner, des mesures à proposer. Nous échangerons nos vues sur tout cela, nous mettrons en commun notre expérience et nos idées, et surtout nous tâcherons d'aboutir à des solutions pratiques, tant au point de vue technique qu'au point de vue législatif et social. Et comme nous sommes nombreux, ce que nous dirons fera plus de bruit que n'en peuvent faire des discours ou des articles isolés.

» Dans la vie moderne, c'est surtout l'opinion qui gouverne ; les parlements ont leurs fenêtres grandes ouvertes pour recueillir les bruits du dehors, et l'important est de parler assez haut pour qu'ils parviennent jusqu'à eux.

» Que l'on ne se trompe pas, Messieurs, sur l'importance de notre but. Il ne s'agit pas seulement de se préoccuper de ce qui fait le plaisir des yeux. Ce qui touche à l'art est de portée bien plus haute et plus complexe. A tous égards, l'art influe sur le développement des caractères et sur celui des nations.

» Et dans les temps de démocratie comme ceux où nous vivons, il est peut-être plus nécessaire encore que toutes choses soient comme imprégnées d'art. Il ne faut pas seulement qu'il y ait de grands artistes ; tout ouvrier doit être artiste à certain degré ; il faut que la rue, il faut que les moindres objets usuels procurent à chacun les jouissances exquises que donne le goût. Et le pays qui aura le mieux compris, le mieux réalisé tout cela, aura du même coup assuré sa prééminence économique et industrielle. L'art n'est pas seulement l'art, c'est aussi pour les nations une source de richesses.

» Messieurs, je disais tout à l'heure que la réunion que voici est un fait considérable, et c'est ce que je veux constater encore en finissant, pour céder la parole à M. le Ministre des Beaux-Arts de Belgique.

» Oui, c'est un fait considérable, et je crois pouvoir ajouter qu'il est sans précédent. Vous êtes accourus ici de tous les horizons du monde civilisé sans aucune vue d'intérêt personnel ou d'amour-propre national ; — nul de nous n'a aucun avantage à attendre de nos délibérations ; — nous ne nous y préoccuperons ni de quelque intérêt de classe, ni même de la patrie. — Non, le mobile qui nous réunit, le seul mobile qui nous anime et qui inspirera nos paroles, est au-delà de toute frontière ; il s'agit d'un intérêt supérieur, commun à toute l'humanité.

» N'avais-je pas raison de dire qu'un congrès assemblé dans un tel but constitue pour ainsi dire un fait sans précédent ?

» Qui donc jadis aurait eu la témérité de tenter une réunion internationale dans de semblables conditions ? Et si cet audacieux s'était trouvé, qui l'aurait écouté ?

» Et voici qu'aujourd'hui cela semble tout simple.

» C'est que si les frontières demeurent, elles s'abaissent. C'est que de plus en plus les intérêts se pénètrent et se confondent. C'est que les nations apprennent chaque jour à mieux se connaître et ressentent davantage les liens de l'universelle fraternité.

» Et voilà surtout, Messieurs, ce qui fera l'honneur, le grand honneur de notre temps, comme c'en est la nouveauté. — L'étude en commun à laquelle nous allons nous livrer est un pas de plus dans cette voie de progrès. Elle mérite de réussir comme toute œuvre de bonne foi, d'entente et de paix. » (*Applaudissements prolongés.*)

M. **Léon De Bruyn,** *Ministre des Beaux-Arts*, prend ensuite la parole :

MESDAMES, MESSIEURS,

« C'est avec bonheur que je souhaite, au nom du Gouvernement, la bienvenue aux Membres du premier Congrès de l'Art public et que j'exprime la plus haute sympathie pour l'Œuvre qui vous réunit à Bruxelles.

» Je rends hommage à votre éminent Président et aux idées si élevées qu'il vient de développer avec tant d'éloquence.

» Lors du Congrès de l'enseignement des arts du dessin, réuni à Bruxelles en 1868, congrès qui a exercé une influence si marquée sur la direction du mouvement artistique belge, la question de l'application des arts à l'industrie ainsi qu'à toutes les manifestations de la vie publique a fait l'objet de discussions approfondies.

» Dans l'un des discours qui ont été prononcés sur ce sujet, je relève cette phrase, intéressante à plus d'un titre : « Si, lorsqu'on établit dans les villes des » objets qui doivent être mis sous les yeux de tous, » par exemple une pompe, un candélabre, un balcon, » etc., l'on donnait à ces objets une forme artistique, » si l'on cherchait constamment, même dans les plus » petites localités, à donner à tous les objets une forme » artistique, on formerait le goût des ouvriers. »

» Cette idée, qui peut nous paraître aujourd'hui presque banale, à force d'être évidente, avait, au moment où elle fut exprimée, le mérite de la nouveauté. On n'était pas éloigné de croire, en effet, il y a trente ans, que l'art constituait un domaine très spécial, que ses manifestations ne devaient se produire qu'à certains moments et en certains endroits déterminés, notamment aux salons triennaux, et étaient réservées à la satisfaction exclusive de quelques privilégiés. L'art était considéré comme un luxe que l'on s'accordait à certaines heures et dont on se passait fort bien tout le reste du temps.

» Les idées formulées au Congrès de 1868 ont fait leur chemin ; elles ont triomphé lentement, mais sûrement. Aujourd'hui, elles sont depuis longtemps acceptées par tout le monde.

» Qui songerait encore à contester que l'art doit être non pas l'ornement accessoire et en quelque sorte facultatif, mais le caractère intime et obligé de toutes les manifestations de l'activité humaine ? Qu'il doit non seulement briller dans nos palais, nos cathédrales, nos objets de luxe, mais qu'on doit le retrouver dans nos habitations, dans la physionomie de nos rues, dans tous les objets usuels, jusque dans les produits exclusivement industriels ?

» Ces idées ne sont pas demeurées confinées dans la théorie. Pour ne parler que de l'aspect extérieur de nos rues, il suffit de jeter un coup d'œil sur les constructions élevées dans ces dernières années et de les comparer aux rues bâties vers 1860, pour mesurer les immenses progrès réalisés depuis trente ou quarante ans.

» Quelle différence entre ces rues de jadis, aux maisons alignées avec une monotonie désespérante, n'offrant que des façades sans style et sans caractère, et nos nouveaux boulevards, dont les constructions, par la variété et l'originalité de leurs plans, par l'emploi des matériaux apparents, donnent la sensation d'une renaissance de l'architecture ? Quelle révolution dans la conception des monuments publics, depuis les gares de chemins de fer jusqu'aux simples kiosques de tramways, jusqu'aux réverbères et aux mâts électriques, jadis types de laideur et de banalité, aujourd'hui ornements de nos villes !

» Si j'ai cru devoir évoquer ces souvenirs du Congrès de 1868, c'est parce que les idées qui ont été semées à cette époque et qui ont donné une aussi magnifique floraison contiennent en germe l'idée qui a groupé les organisateurs de l'Œuvre de l'art appliqué à la rue et a présidé à la réunion du Congrès de l'art public.

» Il ne s'agit plus aujourd'hui de combattre et de vaincre, mais de recueillir les fruits de la victoire. Le mouvement déjà ancien qui s'est produit en Belgique n'a pas été isolé. Dans presque tous les pays de l'Europe nous avons vu les mêmes principes défendus et appliqués avec les différences que comporte le tempérament de chaque race.

» Mais il était utile que tous ceux qui ont consacré leur talent à la diffusion de cette conception moderne de l'art se réunissent pour affirmer une fois de plus leurs tendances communes, constater solennellement les résultats obtenus et s'encourager à persévérer dans la voie où l'on s'est engagé. » (*Applaudissements prolongés.*)

M. **Eug. Broerman** :

Mesdames, Messieurs,

L'Œuvre de l'Art Public a été créée dans le but de réagir contre le mauvais goût et de propager le culte du Beau dans tous les domaines d'intérêt public.

Aucun homme de progrès n'ignore l'utilité sociale de l'art, mais les administrations réglant l'ordre public et régissant la vie sociale recèlent de faux principes d'intervention en matière artistique. Beaucoup de ceux qui dirigent les destinées des nations, imbus d'usages de décadence, se méprennent sur la nature des devoirs incombant à cet égard aux représentants du peuple.

Le caractère éminemment éducatif de l'art n'est que partiellement et exceptionnellement observé dans l'organisation administrative de la Société contemporaine.

Des administrateurs publics bien inspirés prouvent leur sollicitude esthétique dans un intérêt social, mais leurs généreux efforts sont limités par le cadre de leurs attributions et entravés par la loi et la routine.

Il faut élargir et généraliser leur action. Il faut convaincre l'opinion publique de la nécessité de réaliser des réformes efficaces pour la protection des intérêts de l'art dans les écoles, les académies, les musées, les expositions, de même que dans les rues, les monuments, les travaux publics, les sites, et dans les institutions civiles ou religieuses.

Ce n'est qu'à la condition de pouvoir étendre l'art à toutes les productions et manifestations courantes de l'humanité, qu'il sera vraiment d'utilité sociale, et c'est dans cette voie qu'il importe d'en faciliter la pratique. L'activité artistique s'attache surtout de nos jours à exprimer les poésies de la nature et de l'imagination, dans des cadres portatifs pour des salons privés. Elle ne se montre aux yeux de tous que dans des circonstances extraordinaires, quand il s'agit d'édifier un monument ou de commémorer des hommes et des actes historiques. Il fait généralement défaut à l'ordinaire de la vie.

Lorsque des administrations publiques éclairées décrètent des concours pour engager les propriétaires à faire construire de belles maisons et que des résultats remarquables compensent les sacrifices qu'elles s'imposent à cet effet, ceux-ci sont rendus inutiles par la continuelle déformation de l'architecture de ces maisons, au moyen d'enseignes disproportionnées et criardes, masquant les divisions d'étages, couvrant balcons et fenêtres, et surmontant même les pignons et les toits.

Les formes de lèse-esthétique s'accumulent du reste librement sur la voie publique, sous l'influence du mercantilisme et de la concurrence commerciale. Elles offusquent à leur apparition, provoquant même parfois des protestations indignées, mais bientôt leur vulgarité entre dans la tradition, faisant corps avec tous les enlaidissements qui ont droit de *cité* et de *site !*

Il est prouvé par là que l'éducation publique est saturée de mauvais goût.

Le spectacle hétéroclite que présente le patrimoine commun est en réalité la matérialisation de l'état d'âme de notre époque. Les splendeurs du passé, souvent profanées, loin d'excuser cet état de choses, le condamnent d'autant plus pour quiconque sait discerner.

De nobles aspirations s'élèvent néanmoins partout et leur concordance est le présage d'une ère nouvelle et réparatrice pour l'art dans la vie sociale.

C'est ainsi que, sous l'impulsion du sentiment de saine révolte éprouvé dans tous les centres d'activité par les amis du Beau et du Bien, nous avons en quelque sorte pressenti l'avenir, rêvant d'une fraternité artistique universellement défensive et offensive et constituant une force d'union pour préparer cet avenir par une action concertée.

La néfaste routine ne nous résistera que si elle conserve ses racines, faites de présomption et d'égoïsme.

Ces racines, qu'il faut détruire, sont engendrées et nourries par l'esprit de centralisation administrative qui, régnant depuis bientôt trois siècles, isole et asservit l'art en le soumettant à des encouragements déprimants !

Par une anomalie étrange autant que déplorable, le régime artistique conventionnel, autocratique et mondain, contre lequel nous nous insurgeons, instauré sous la domination de Louis XIV, est non seulement maintenu, mais renforcé par les Etats démocratiques de nos jours, alors qu'aux bonnes époques, l'art fut surtout une gloire utile et permanente pour les peuples !

Cela nous amène à dire que tout état social dans lequel les hommes ne sont pas assurés de trouver les éléments de travail nécessaires, non seulement à leur subsistance, mais aussi à leur progrès moral, est fatalement inférieur.

Le travail est fécond à raison du développement intellectuel qu'il produit. Celui-ci exige une saine éducation esthétique, affinant les sens, habituant à l'observation, élevant la pensée, et conduisant à la conception pratique de l'Art et du Bien.

L'esthétique est l'intuition de la morale.

Aujourd'hui cette éducation est réservée à des privilégiés ; le peuple en est privé, faute de ressources et de droits, sans doute, mais aussi parce que l'art est surtout l'apanage de la fortune privée et qu'il est une exception dans la vie commune.

Les humbles ne peuvent comprendre l'utile beauté de l'art s'il n'est appliqué à profusion dans les domaines où il a accès. Les musées d'art sont, il est vrai, des institutions populaires, mais il ne suffit pas qu'il y ait d'admirables expositions nationales de tableaux et de statues, médiocrement instructives pour les ouvriers et qu'ils ne peuvent, du reste, par défaut de loisirs, fréquenter assidûment. La rue doit être le grand musée fécondateur de l'intelligence, et les pauvres doivent pouvoir y puiser intuitivement les leçons dont tout homme à besoin pour se perfectionner et pour prospérer. Mais, nous l'avons dit, le patrimoine public est actuellement livré à l'industrialisme ; les beaux exemples y sont rares et les mauvais y sont abondants !

Comment mettre un terme à cette morbidité esthétique ?

Comment imprégner la vie moderne d'hygiène artistique ?

En élaborant un plan d'ensemble, nous avons eu pour objectif de voir se former une concordance d'action au triple point de vue juridique, psychique et technique. Les moyens à préconiser doivent viser les causes et les effets, définir le rôle des pouvoirs publics, et établir des règles pour l'éducation artistique des générations actives et naissantes. L'application de ces règles libérera l'art du régime qu'il subit sous l'influence de la protection officielle, et le replacera, enfin, dans les conditions nécessaires à sa mission civilisatrice.

L'art moderne aura ainsi son chantier social.

Les artistes seront alors des ouvriers exemplaires prospérant au profit de tous leurs contemporains, et les ouvriers seront des artistes.

L'art ne sera plus confiné alors dans une production partielle, limitée par le goût des amateurs, la spéculation des marchands et l'arbitraire de ses protecteurs de décadence à titre privé ou officiel. Les amateurs, les marchands et les protecteurs ont, du reste, méconnu de merveilleux artistes modernes, en leur refusant le pain et la justice, en les laissant mourir en miséreux. Il est vrai qu'ils ont prodigué les plus grands honneurs à leur mémoire !

Il y a pléthore de tableaux encadrés d'or et de statues de fantaisie, et néanmoins les expositions générales, officiellement organisées, en font produire annuellement des quantités énormes, dont les milliers d'auteurs, pour subsister, doivent se mettre à la remorque des malsaines et débiles aptitudes esthétiques qu'ils devraient pouvoir assainir et fortifier.

L'essence de l'art est d'être libre et utile.

Sur la voie publique et dans les monuments, où il y a tant à faire, à défaire et à refaire par les artistes, la technique d'art ne doit pas être de la virtuosité — don exceptionnel — mais bien une écriture appliquée de la forme qui, dans ses harmonies toujours vivantes et variées, réalise un enseignement fécond.

Le génie de l'art s'étendra ainsi à tous ceux qui peuvent l'utiliser ; il sera partout et en tout. Dans cette voie de logique humaine, tous les cerveaux seront ouverts à lui, comme il sera ouvert à tous les cerveaux.

La morale, la religion, le civisme, la charité, la fraternité, l'égalité, la justice, ainsi que la science, les industries et tous les éléments conducteurs de la pensée, lésés aujourd'hui par leur figuration de mauvais goût, seront régénérés par le fait d'être esthétiquement assainis et identifiés !

Tel est l'ordre d'idées qui nous a guidés dans notre initiative et tel est aussi, croyons-nous, celui qui préside au ralliement de vos volontés éclairées, et à l'union libre, à travers les frontières, des forces d'avenir qu'elles représentent en ces premières assises de l'Art public.

Née au moment où l'idéal philanthropique se manifeste avec tant de vigueur, en dépit des préjugés les plus invétérés, l'Œuvre prend sa signification et établira son influence dans l'évolution générale dont elle procède.

Le Congrès de l'Art Public, sans exemple dans l'histoire, instituera une fraternité internationale active, *contre* la barbarie mondaine et *pour* la pratique universelle du *Beau* uni à l'*Utile* dans le *Progrès* social !

(*Longs applaudissements.*)

DEUXIÈME ASSEMBLÉE PLÉNIÈRE

du samedi 24 septembre 1898.

Présidence de M. BEERNAERT.

M. **Broerman**, *Secrétaire général*, donne lecture de nombreuses lettres et télégrammes de sympathie, notamment de M. Romberg, ancien Directeur des Beaux-Arts ; du Comte Grimani, Syndic de la ville de Venise ; de M. Dupont, Vice-Président du Sénat et Vice-Président du Congrès, qu'un accident empêche d'assister aux travaux du Congrès ; de M. Ch. Normand, Membre de l'Institut, Président de la Société centrale des architectes français ; de M. le docteur Navarre, Président du Conseil Municipal de Paris ; de M. Gustave Larroumet, Secrétaire perpétuel de l'Académie des Beaux-Arts de l'Institut de France, etc., etc.

L'assemblée procède à la nomination des Vice-Président (voir la composition du Bureau du Congrès, à la page 8).

M. **le Président** invite les membres de l'Assemblée à se rendre dans les locaux réservés aux sections pour y constituer leurs Bureaux et commencer l'examen des questions qui leur sont soumises.

L'ART PUBLIC

AU POINT DE VUE LÉGISLATIF & RÉGLEMENTAIRE

PREMIÈRE SECTION

QUESTIONNAIRE

1. — *Y a-t-il lieu pour les pouvoirs publics d'intervenir en matière d'art public et en cas d'affirmative quelle doit être la nature de cette intervention ?*

A. — *Comment assurer la protection des œuvres d'art public et le respect des sites, les garantir contre les actes de mauvais goût et de vandalisme ; comment doit-on provoquer ou imposer la réparation des déformations existantes ?*

B. — *Y a-t-il lieu d'étendre les pouvoirs des autorités administratives au point de vue esthétique, en ce qui concerne notamment la voirie et les bâtisses ; et dans l'affirmative quels doivent être ces pouvoirs ?*

C. — *Quels sont les encouragements à donner à la production d'enseignes et d'affiches d'art ayant un caractère esthétique ?*

D. — *Comment faut-il combattre légalement les excès de la réclame de mauvais goût qui dépare l'aspect des villes et des campagnes.*

Séance du 24 septembre.

Présidence de M. Beernaert, *président du Congrès.*

Le bureau est constitué comme suit :

Président : M. **Aug. Beernaert**, *président du Congrès*; vice-présidents : M. **Fittler**, *architecte et délégué du Gouvernement Hongrois*, M. **Raepsaet**, *bourgmestre et député d'Audenarde* ; M. **Eug. Broerman**, *secrétaire général* ; secrétaire-rapporteur : M. **F. Holbach**, *avocat, conseiller communal.*

M. **Holbach**, rapporteur sur la question concernant l'extension éventuelle des pouvoirs administratifs en matière d'art public, développe *ses conclusions*, résumant ainsi le rapport imprimé qui a été distribué aux membres du Congrès. (*Voir Rapports*).

M. **Beernaert** cède la présidence à M. Fittler, délégué du Gouvernement Hongrois.

M. **Boveroulle**, *architecte provincial et délégué du Gouverneur de la province de Namur*, rapporteur sur la même question, donne lecture de son rapport. Ce rapport imprimé a également été distribué aux membres du Congrès. (*Voir Rapports*).

M. **Eug. Broerman**, *secrétaire général du Congrès*, appuie les conclusions de M. Boveroulle et rappelle les votes émis à ce sujet par le Conseil général de l'Œuvre de l'art public.

L'orateur estime que la législation est imprévoyante quant aux intérêts de l'art dans le domaine public ; ce sont cependant des intérêts sociaux que notre civilisation, si éprise d'émancipation intellectuelle, a négligé de définir et de protéger légalement.

La législation doit assurer aux administrations publiques le *droit* de remplir tous les *devoirs* inhérents à la mission dont elles sont investies. Mais le fait d'accorder aux fonctionnaires la faculté de défendre les intérêts de l'art dans toutes les matières qu'ils régissent et qui aujourd'hui sont imprégnées d'industrialisme, implique la généralisation des préoccupations d'art dans l'administration publique. Au lieu que ces préoccupations soient centralisées dans les seuls bureaux des Beaux-Arts, isolés des différentes attributions du pouvoir, elles devront être obligatoires et constantes pour tous les chefs et fonctionnaires publics quelle que soit leur sphère d'action. Rien de ce qui concerne l'ordre public ne peut rester étranger à ce souci, et tous les actes, tous les travaux, décrétés, exécutés ou réglés au nom et pour une communauté de citoyens, doivent en porter l'empreinte et concourir à l'assainissement et au perfectionnement de la figuration et de l'éducation sociales.

Les seuls offices officiels des Beaux-Arts qui fonctionnent actuellement tels qu'ils ont été institués sous un déplorable régime de centralisation administrative et de décadence artistique, ne peuvent, malgré la bonne volonté et l'intelligence de leurs chefs, satisfaire à ces exigences de civilisation.

Ce n'est qu'à la condition d'en faire bénéficier toutes les attributions officielles que l'intervention des pouvoirs en matière artistique est légitime et utile. Cette extension des droits et des devoirs administratifs devra être appuyée par les avis de Conseils compétents, et l'exercice de ces droits et de ces devoirs ne devra jamais porter atteinte à la libre émulation artistique qu'il provoquera dans tous les domaines d'intérêt public. (*Vive approbation*).

M. **Le Breton**, *membre correspondant de l'Institut de France, représentant la ville de Rouen*, prend la parole pour protester avec énergie contre l'industrialisme dont les manifestations tendent à profaner les plus belles villes d'Europe. Il précise sa pensée en signalant notamment la funeste habitude de couvrir d'affiches les monuments, et l'usage des câbles pour traction électrique des tramways, qui constituent une véritable profanation dans certaines villes belges de caractère si artistique.

Ce sont là des maux dont souffrent plus ou moins tous les pays; il faudrait recourir à une entente internationale pour les extirper.

Passant à un point de vue plus général, M. Le Breton fait ressortir que la source de tous progrès en matière d'art public, c'est l'enseignement de l'art généralisé. L'art comme la langue a ses règles essentielles qui peuvent et doivent s'enseigner. Ces règles dont l'observation s'impose ne nuisent ni à l'originalité, ni au génie créateur des artistes. L'orateur estime que l'enseignement du dessin doit être rendu obligatoire dans toutes les écoles. (*Vive approbation.*)

M. **Julien Vander Linden**, *avocat, député*, fait des réserves au sujet de la première des thèses soutenues par M. Holbach dans son rapport. Quelle sera la situation juridique des objets déclarés propriété privée d'intérêt public ? Cette conception est en contradiction avec celle de la propriété, telle qu'elle est admise par nos lois, et son application est dangereuse. C'est l'Etat qui jugera que tel objet se distingue par sa rareté, son intérêt au point de vue de l'histoire ou de l'art. Lui permettre de vinculer le droit privé dans un but si noble et si beau qu'il soit, c'est lui permettre aussi d'y porter la main pour d'autres motifs.

Il est choquant que celui qui a acquis par achat ou succession un droit de propriété sans réserves sur un objet, en puisse être privé plus tard par une loi. Il faut l'indemniser avant de l'exproprier. L'expropriation, telle est la solution. La jurisprudence administrative admet que l'expropriation peut être légitimée par une considération d'art; l'Etat décide souverainement quand il y a utilité publique à exproprier un immeuble. Il en a été ainsi pour les ruines de Villers. Pour la conservation des monuments, le contrôle des pouvoirs publics dans les cas de reconstruction ou de réparation faites aux immeubles, donne des garanties suffisantes. La question est plus délicate pour les meubles. J'estime que l'Etat pourrait aller jusqu'à l'expropriation. Mais à défaut de cela, je ne vois pas comment on limiterait le droit des particuliers de disposer des objets d'art qu'ils ont acquis. Il faudrait commencer par en prohiber la vente à l'étranger; or le rapporteur n'ose aller jusque là !

Il y a, en France, une assez bonne loi sur la conservation des œuvres d'art et des monuments. Elle repose sur le classement. Pour ceux de ces objets qui appartiennent à des particuliers, le classement est facultatif, sauf, en cas de refus, l'Etat a le droit de les exproprier. Une fois classés par la libre volonté des propriétaires, ils sont sous le contrôle et la protection de l'Etat.

Mais pour la conservation des monuments, les lois ne suffisent point. C'est une question d'éducation et d'enseignement dès l'école primaire. Il faut que les objets d'art et les monuments puissent être mis sous la sauvegarde de l'opinion publique. (*Vive approbation.*)

M. **Carton de Wiart**, *avocat, député*, met en évidence l'absolue nécessité de rendre l'opinion publique favorable aux efforts en matière d'art, et d'imposer à tous les représentants des pouvoirs publics des préoccupations artistiques. L'orateur signale spécialement à l'attention de la section, la protection des sites, et la conservation des forêts qui sont en même temps belles et saines. Le sentiment public doit s'opposer à ce que l'Etat puisse aliéner sans absolue nécessité une partie quelconque de son domaine forestier. En ce qui concerne les sites, l'Etat a pour devoir d'être le premier à les respecter contre leur enlaidissement par les particuliers, il doit avoir recours au besoin à l'expropriation pour utilité publique. (*Vive approbation.*)

M. **Holbach** répond aux objections de M. Van der Linden et fait notamment remarquer que loin de porter atteinte à la propriété privée, sa proposition ne fait qu'en assurer davantage le respect en la soustrayant à l'expropriation brutale par l'Etat, même quand elle est d'intérêt public, à condition que le propriétaire remplisse les conditions que l'humanité est en droit d'exiger de ceux qui détiennent les merveilles de l'activité humaine : qu'il conserve et qu'il ne cache pas.

M. **Raepsaet**, *député, bourgmestre d'Audenarde* :

Messieurs, les orateurs que vous venez d'entendre se sont divisés sur la question de savoir si nos lois existantes sont suffisantes pour protéger nos monuments anciens et nos œuvres d'art public. Mais il y a une autre pierre d'achoppement à leur conservation : c'est le vice de la répartition des subsides accordés par l'Etat Belge pour leur conservation. En effet, les villes, d'importance secondaire, qui possèdent des monuments anciens, se ruinent à les restaurer. L'Etat leur accorde des subsides à cette fin, mais, d'après le barême général qui n'atteint jamais plus, et encore par exception, que la moitié de la dépense justifiée.

Tel est notamment le cas pour la petite ville dont j'ai l'honneur d'être le bourgmestre. Audenarde, parmi ses monuments remarquables, possède un Hôtel de ville qui sera intégralement reproduit à la prochaine Exposition Universelle de Paris, où il fera l'admiration du monde entier. Son superbe beffroi menaçait ruine. Nous avons décidé de le restaurer, sur devis s'élevant à frs. 180,000.

Grâce au bienveillant concours de notre honorable président, M. Beernaert, et à la générosité de l'honorable M. De Bruyn, ministre des Beaux-Arts, l'Etat voulut bien, par extraordinaire, prendre à sa charge la moitié de cette somme, et la province consentit à intervenir pour frs. 20,000, une fois donnés. Restait donc pour compte d'Audenarde, ville sans ressources, de 6200 habitants, la somme de frs. 70,000 !

Est-ce admissible et n'avais-je pas raison de dire que, dans ces conditions, les monuments anciens, dans les localités secondaires, étaient fatalement destinés à tomber en ruines et à disparaître ?

Et cependant, tous ces chefs-d'œuvre ne font-ils pas également partie de notre patrimoine national ? Ne sont-ils pas autant de perles qui enrichissent la superbe couronne architectonique de la Belgique ?

Dans ces conditions, l'Etat devrait prendre à sa charge exclusive la restauration — qui n'en serait que mieux faite — de la catégorie de monuments que je viens de signaler, et j'ai l'honneur de proposer au Congrès d'emettre un vœu dans ce sens.

Un dernier mot. Notre honorable collègue, M. Le Breton, vient de patroner l'enseignement obligatoire du dessin dans nos écoles. En attendant la réalisation de ce vœu, j'estime qu'il y aurait lieu de commencer par y enseigner le respect de nos monuments et de nos œuvres d'art public ; c'est là une première impulsion à donner à l'éducation artistique de nos jeunes enfants. » (*Vive approbation.*)

M. **Le Breton** fait savoir à la section, qu'en France une situation comme celle dont se plaint à juste titre M. Raepsaet ne pourrait exister : l'Etat supporterait les frais. M. Le Breton fait connaître les principes appliqués en cette matière en son pays, et explique le fonctionnement de la Commission des Monuments.

Séance du Dimanche 25 Septembre.

Présidence de M. Fittler, Vice-Président pour la Hongrie.

M. **Broerman** donne lecture du rapport de M. Naef, membre de la commission du Conservatoire des monuments historiques suisses. Ce rapport a été imprimé et distribué. Il conclut à l'inscription sur toutes les parties des monuments qu'il est indispensable de refaire, restaurer, ou créer, de signes conventionnels indiquant la nature de la restauration.

M. **Boveroulle**, et après lui M. **Le Breton**, tout en reconnaissant la valeur de l'idée de M. Naef, en croient l'exécution difficile. Ces messieurs préconisent finalement la photographie et le contremoulage. Une inscription sur chaque pierre serait une besogne longue et coûteuse.

M. **Broerman** constate qu'il résulte de cette longue discussion qu'on ne saurait prendre assez de précautions pour assurer la fidélité des restaurations et que tous les moyens préconisés par MM. Naef, Boveroulle et Le Breton peuvent être recommandés s'ils répondent aux conditions spéciales qui sont à satisfaire ; mais il demande qu'on élargisse le débat.

M. **Boveroulle** et **Mignot** insistent pour que, dans les restaurations, on considère comme une chose essentielle la conservation du caractère des monuments.

M. **Broerman**. — Evidemment, les Congrès d'architecture ont du reste déjà émis des vœux dans ce sens.

M. **Le Breton**, à propos des restaurations, conseille d'éviter ces trois choses : le scellement des pierres par du fer, qui sous l'influence des changements de température exerce une traction ou une poussée et tend à désarticuler ; en second lieu l'emploi du ciment métallique qui se resserre et finit par tomber ; de plus, il noircit plus vite que la pierre et forme tache ; enfin il y a lieu de renoncer au lavage des bâtiments, qui enlève à la pierre son calcin, sorte d'émail, ou mieux, l'épiderme dont le temps recouvre les monuments comme d'une enveloppe protectrice.

M. **Broerman** croit que ces avis si intéressants devraient être soumis à la section technique, et, reprenant l'ordre du jour, il estime que la section doit répondre affirmativement à la première question relative à l'intervention des pouvoirs et, rappelant la motion qu'il a présenté la veille, en déclarer que cette intervention doit avoir un caractère logique et vraiment social, de telle sorte qu'elle puisse s'exercer au profit de la société tout entière et de l'éducation publique, et pas seulement au profit d'une fraction de la société.

M **Van Yperzele de Strihou**, *vice-président de l'Association conservatrice de Bruxelles*, dit que cette restriction lui semble inutile, elle va de soi ; l'exprimer pourrait donner à la réponse l'apparence d'un blâme.

M. **Broerman**. Si les pouvoirs publics étaient convaincus que leur intervention s'exerce aujourd'hui selon l'intérêt public, ils seraient blâmables, mais c'est parcequ'ils ne le sont pas qu'ils ont appuyé nos efforts pour créer un mouvement de l'opinion publique en faveur de réformes qu'il importe de réaliser ; la routine leur impose des obligations contraires à leur sentiment. Il ne s'agit donc pas de blâmer les pouvoirs publics qui tous, peut-on dire, patronnent le programme de l'Œuvre, mais de préciser, en dehors de tout esprit de coterie, le caractère de leur intervention, d'établir en quelque sorte un code des obligations légales en matière artistique, afin de faciliter leur mission publique. Ce sont les raisons pour lesquelles ils ont adhéré à l'Œuvre et au Congrès.

M. **Holbach** demande à la section de conserver à ses réponses la forme générale d'un vœu pouvant intéresser tous les pays participant au Congrès qui a un caractère international. Il estime qu'il y a lieu, étant donnée la généralité des débats, d'éviter toute note qui comporterait une critique précise des législations existantes surtout en pays étrangers, la section n'ayant pas fait de ces législations l'objet de ses investigations.

M. Destrée, *avocat, député*, estime que le Congrès doit cependant pouvoir formuler des réponses précises ; il propose de constater l'opinion unanime de la section quant au principe de l'intervention, sous cette forme qui évite de critiquer aucune législation : « Il y a lieu de donner aux administrations publiques des pouvoirs suffisants pour la conservation des monuments ». L'orateur demande qu'il soit acté qu'il a la haine des restaurateurs de monuments. Sous prétexte de restauration on transforme, on abîme le plus souvent. Tandis que l'artiste veut conserver l'aspect et l'impression esthétiques des monuments en ruine, les architectes visent à reconstruire. Il faut se borner à faire le minimum de ce qui est nécessaire pour que le monument ne tombe pas, ne vienne pas à disparaître.

M. **Van den Bussche**, *professeur à l'Institut supérieur des Beaux-Arts de Belgique*, estime également que l'on doit respecter les ruines, et non reconstruire. C'est ce qui a été fait à Rome, sous Pie VII, pour le Colysée et le Palais des Césars ; on a cherché à conserver, non à reconstruire.

M. **Mignot-Delstanche.** Ce que nous ont présenté les deux orateurs que nous venons d'entendre n'est qu'un paradoxe.

S'il fallait prendre l'avis qu'ils expriment, sans faire la part de l'exagération, pourquoi serions-nous ici ! à quoi bon ce Congrès ?

S'il fallait, par amour du pittoresque, par admiration poétique pour d'anciennes ruines, s'abstenir de donner à nos monuments, à nos vieilles constructions les soins qu'ils réclament, comme entretien, réparations et reconstruction au besoin, il ne serait pas nécessaire d'en appeler aux pouvoirs publics, de créer des commissions des monuments, ni de réunir des Congrès d'art public, etc. Il suffirait de laisser agir les forces destructives de la nature et du temps.

Et si ces dangereux conseils étaient partout suivis, notre Hôtel de Ville de Bruxelles, ceux d'Audenarde et de Louvain, comme nos belles cathédrales d'Anvers, de Malines et tant d'autres, ne seraient aujourd'hui aussi que des ruines, tout comme le Colysée à Rome, ou l'Acropole d'Athènes !

Mais loin de le désirer, c'est ce que nous voulons éviter ; et c'est notamment pour en rechercher et discuter les moyens que nous sommes réunis.

Puisque j'ai la parole, permettez-moi, Messieurs, de revenir plus directement à notre ordre du jour. J'applaudis au très intéressant et remarquable rapport de M. Holbach, auquel je ne fais guère qu'une réserve en ce qui concerne la « propriété privée d'intérêt public », innovation juridique qui me paraît une arme à deux tranchants, puisqu'elle tend à frapper les œuvres d'art d'une servitude contraire à nos lois et à nos mœurs, et que j'estime aussi contraire aux intérêts des artistes.

En ceci, comme en matières économiques, j'ai plus confiance en la liberté que dans les réglementations restrictives des droits de propriété.

Il y a, d'ailleurs, quand il s'agit d'œuvres présentant un intérêt supérieur et dont il faut sauvegarder la conservation, deux moyens d'en permettre l'acquisition par les autorités publiques : la voie amiable, et l'expropriation moyennant juste et préalable indemnité.

Notre pays en a fourni de récents exemples dignes d'être cités, notamment l'expropriation des ruines de l'Abbaye de Villers, et les conventions intervenues entre la ville de Bruxelles et les propriétaires des maisons de la Grand'Place.

En présence des résultats ainsi obtenus, il ne me paraît pas démontré qu'il soit nécessaire d'innover en cette matière.

Quant aux moyens d'action à employer pour agir sur l'opinion publique, et par contre coup sur les pouvoirs publics, je signale le très beau rapport présenté par M. Pierre Tempels à la 2e Section de ce Congrès, sur l'enseignement du dessin et de la musique à l'école primaire.

M. Pierre Tempels, — que ses hautes fonctions d'auditeur général à la Cour, qu'il vient seulement de quitter, ne semblaient pas appeler à s'occuper spécialement des questions d'enseignement populaire, — s'y est cependant attaché depuis un grand nombre d'années. Déjà précédemment il a publié, à ce sujet, un ouvrage important, plein d'idées originales. Son rapport actuel est non moins remarquable. Je suis assuré que tous les membres de notre section, bien que ce rapport ne leur soit pas directement adressé, le liront cependant avec le plus vif intérêt.

En effet, c'est par l'enfant qu'il faut commencer l'éducation artistique du peuple, dont les pouvoirs publics sont l'émanation légale, par voie d'élection.

M. **Van Yperzele** répond au discours de M. Destrée, qu'il faut distinguer les abus en matière de restauration, et les éviter. Le culte des ruines est fort louable, mais si les ruines sont belles en pleine campagne, on ne peut admettre qu'à l'intérieur des villes les monuments soient abandonnés à la ruine ; ils exigent, au contraire, un entretien constant, mais cet entretien doit être judicieux et toute restauration doit respecter le caractère du monument.

M. **Broerman** (*motion d'ordre*) demande le retour à la question. Il met l'Assemblée en garde contre toute déviation des débats ; le désir de tous les membres du Congrès étant de faire œuvre pratique, les sections doivent respectivement suivre la voie tracée dans ce but par leurs questionnaires respectifs. Il estime qu'il convient d'arrêter net la présente discussion, malgré son vif intérêt, afin d'éviter que les délibérations de la première section, qui doivent viser avant tout la définition des principes de législation et d'attributions des pouvoirs en matière artistique, ne dégénèrent en une conférence archéologique.

Il prie en conséquence la section de revenir à l'esprit du questionnaire qui lui est soumis et de se prononcer catégoriquement sur le principe et le caractère de l'intervention des pouvoirs publics en matière d'art, de manière à faire concorder les travaux de la première section avec ceux de la deuxième et de la troisième sections. (*Applaudissements.*)

M. **le Président** met au voix la question de principe de l'intervention des pouvoirs publics et constate que la section est unanime pour l'affirmative.

M. **Holbach**, répondant à M. Mignot, fait remarquer que la qualification de « propriété privée d'intérêt public » ne s'appliquerait qu'à de rares merveilles artistiques, intéressant la société entière, et non à la production journalière des artistes ; qu'il n'y a donc pas lieu de craindre un inconvénient quelconque pour les producteurs d'objets d'art, qui seront au contraire heureux du caractère sacré que la loi attribuerait aux plus belles de leurs œuvres.

L'orateur attire l'attention de l'Assemblée sur l'exposition des œuvres de Rembrandt qui a lieu en Hollande, et montre que de pareilles expositions, si le principe qu'il préconise était admis, deviendraient à la fois plus faciles, plus fréquentes et moins incomplètes. Quelle joie pour les hommes de haute culture artistique !

M. **Van Yperzele** estime que le système de la propriété privée d'intérêt public, avec les obligations de conservation et d'exhibition qu'il entraîne, ne pourrait être réalisé que pour des monuments ou des collections, mais non pour des objets isolés. Une famille déchue peut être en possession d'un seul ou de peu d'objets précieux et ne pourraît être astreinte aux frais qu'exige l'exhibition aux amateurs d'art ou au public en général.

M. **Van den Bussche** fait remarquer à la section qu'à Rome on n'a pas craint d'imposer des obligations encore plus sévères pour conserver les objets d'art à l'admiration des Romains. Les grandes familles ne peuvent aliéner leurs collections. Les objets d'art importants ne peuvent être exportés de Rome.

M. **Jules Destrée** formule cet ensemble de réponses au questionnaire :

Il y a lieu pour les pouvoirs publics d'intervenir en matière d'art public.

Cette intervention doit avoir pour but principal la conservation du patrimoine esthétique de la nation. Quant à l'accroissement de celui-ci, l'intervention officielle doit avoir lieu dans le sens de la liberté.

Il y a lieu de réclamer pour les autorités législatives et administratives, les pouvoirs nécessaires pour assurer le respect des sites, pour donner à la voirie et aux bâtisses un caractère esthétique, pour combattre les idées de la réclame de mauvais goût, etc.

On pourrait combattre les excès de la réclame qui dépare l'aspect des villes et des campagnes en soumettant celle-ci à des mesures fiscales, analogues aux timbres d'affiches.

La production d'enseignes ou affiches d'art pourrait être encouragée par des subsides pécuniaires accordés aux propriétaires qui les auraient fait exécuter, ou par voie de concours entre les artistes qui voudraient les exécuter.

Séance du Mardi 27 Septembre.

Présidence de M. Raepsaet, *Bourgmestre et Député de la ville d'Audenarde.*

La section, après avoir adopté en principe la motion de M. Broerman en ce qui concerne la première question, décide de scinder cette question. Elle discute longuement son ordre du jour et estime qu'il y a lieu de se borner à voter sur le premier paragraphe. Elle constate que son opinion est absolument unanime en ce qui concerne l'obligation pour les pouvoirs publics d'intervenir en matière d'art public. Considérant que de l'ensemble des travaux du Congrès pourra résulter une définition de la nature de cette intervention, elle décide de se borner à communiquer au Congrès sa décision de principe et à lui faire connaître les débats auxquels ont donné lieu le deuxième paragraphe de la première question et les questions subsidiaires.

M. **Taverne** prend la parole au sujet des abus en matière de réclame et d'affiches. Il estime que si le principe de l'intervention est juste également en cette matière, il serait prématuré pour la section d'indiquer dès à présent des solutions. D'ici au prochain Congrès d'Art public, la question aura été examinée, l'attention étant dès aujourd'hui fixée sur elle. L'orateur rappelle des faits prouvant chez certaines administrations publiques une complète conformité d'idées avec les membres du Congrès qui tous désirent mettre fin au déplorable état de choses actuel. C'est ainsi que la ville de Bruxelles a interdit de placer encore d'un côté à l'autre des rues des bandes de toile blanche portant une réclame ou l'annonce d'une liquidation, usage qui a été un instant bien près de se généraliser. L'orateur regrette aussi que l'on tolère la peinture des façades en annonces blessant la vue. (*Approbation*).

M. **Holbach** fait remarquer à la section que la Cour de cassation a déclaré nulle la disposition des règlements communaux, défendant ou imposant des couleurs déterminées pour la peinture des façades. Il signale l'existence à St-Josse-ten-Noode d'un règlement communal précis en matière d'affichage, dont il n'oserait cependant affirmer la légalité.

M. **Van Yperzele** estime que la propriété privée, en matière d'affichage également, doit être respectée. On ne peut interdire au propriétaire d'utiliser son mur.

M. **Broerman.** Oui, dans le cas où cette utilisation serait préjudiciable à l'intérêt public.

M. **Mignot** estime que le remède se trouve dans la proposition faite à la Chambre par M. Beernaert et consistant à créer un timbre de dimension, imposant les affiches. Quant au règlement de St-Josse, ne s'appliquant qu'au domaine public, il est légal.

M. **Wolff** préconise une taxe sur les enseignes autres que celles désignant le commerce fait dans l'établissement qui porte l'enseigne.

M. **Van Yperzele** prémunit contre un danger de contradiction : on veut encourager les affiches d'art et d'autre part on crée une taxe sur les affiches.

M. **Broerman.** Il faut distinguer l'affiche à placarder de l'enseigne permanente ; s'il faut encourager la production d'affiches d'art et d'enseignes combinées dans l'architecture des maisons de commerce et même d'enseignes artistiques bien proportionnées et appliquées sur des façades existantes, il faut aussi interdire celles dont les disproportions et les formes barbares enlaidissent les villes et les campagnes.

M. **Dubosc,** de Rouen. En France, l'affiche simple est taxée de façon prohibitive, 100 francs le mètre carré ; l'affiche d'art est exonérée. Les résultats sont excellents.

M. **Van Yperzele** exprime sa confiance dans la propagande et l'action persuasive du Congrès. Déjà les tendances s'améliorent. La Ville de Bruxelles a cherché récemment à recouvrer la libre disposition des murs qu'elle avait donnés en location à un homme d'affaires pour servir de porte-réclames.

M. **Broerman** constate également que certaines édilités et notamment celle de Bruxelles — qui est présidée par un magistrat-artiste, M. Charles Buls, Président d'honneur du Congrès, font ce qu'elles peuvent, mais leurs efforts sont forcément limités aux seuls cas, très rares, où elles ont le droit d'intervenir. La vérité est qu'elles sont désarmées devant tous les exces de mauvais goût qui se commettent en guise de réclame et qu'elles sont obligées de tolérer des insanités plastiques qui leur font honte. La solution complète du problème se trouve dans la suppression de toute réclame à demeure, du moment qu'elle constitue une nuisance esthétique.

Si cette solution, la seule efficace et qui dépend de la sollicitude de nos législateurs, paraissait trop radicale, M. Broerman recommanderait alors subsidiairement la taxe prohibitive. Il rappelle aussi le brillant discours fait par l'éminent président du Congrès, à la Chambre des Représentants de Belgique, dans le but d'appliquer le timbre de dimension aux réclames disproportionnées.

L'orateur demande néanmoins avec insistance que la loi accorde aux pouvoirs publics le droit de supprimer toutes les horreurs qui, sous prétexte de liberté commerciale, enlaidissent le domaine public.

Quant aux affiches illustrées, s'il est légitime d'en encourager la production, il ne l'est pas moins d'en défendre l'affichage lorsqu'elle est immorale.

D'autre part, on pourrait instituer des concours libres et permanents pour récompenser les auteurs d'affiches d'art.

Des comités compétents les feraient placarder sur des panneaux spécialement disposés à cet effet et qui deviendraient, en même temps qu'une grande publicité temporaire pour les intéressés, des tableaux pour l'éducation publique dont l'aspect original serait sans cesse renouvelé ; de plus, on devrait désormais interdire l'affichage sur les monuments publics et les façades des maisons ayant un caractère architectural. (*Approbation*).

M. **Taverne,** partant du principe que la liberté de mal faire doit être enrayée, aboutit aux mêmes conclusions pour les enseignes : jury d'examen, taxe prohibitive.

L'ART PUBLIC

AU POINT DE VUE LÉGISLATIF & RÉGLEMENTAIRE

(SUITE)

DISCUSSION GÉNÉRALE ET RÉSOLUTIONS

ASSEMBLÉE PLÉNIÈRE

du mardi 27 septembre 1898.

Comme la séance solennelle d'ouverture, les assemblées générales se tiennent dans la grande salle du Palais des Académies.

L'assemblée plénière du mardi 27 — la première consacrée à la discussion des conclusions des sections — est présidée par M. **Aug. Beernaert**, *Ministre d'Etat*, assisté de MM. les vice-présidents **Lampué** (France), **Lenci** (Italie), **J. Cuypers** (Hollande), **Möller** (Suède et Norwège); **Sir Purdon Clarke** (Angleterre), délégués officiels de leurs gouvernements respectifs et de MM. **Eug. Broerman**, *secrétaire général* et **E. Wetrems**, *secrétaire*.

COMMUNICATION.

M. **le Président** donne la parole à M. Clarke, pour une communication.

M. **Purdon Clarke**, *directeur du South-Kensington Museum*, soumet au Congrès une motion qui, espère-t-il, réunira l'approbation générale.

Les membres du Congrès, qui ont pris part à la magnifique excursion à Bruges, organisée par le Comité, ont été, dit-il, unanimes à admirer l'hôtel du Gruuthuis, qu'on leur a fait visiter. En conséquence, il propose au Congrès d'adresser au bourgmestre et aux échevins de la ville de Bruges des félicitations chaleureuses pour la sollicitude éclairée dont ils ont fait preuve, en cette circonstance particulière, pour l'art, en assurant la conservation d'un monument si intéressant et si précieux à tous les points de vue. Il estime qu'il est de toute justice d'exprimer en même temps la gratitude et les félicitations du Congrès, à l'égard de l'architecte, *M. Dela Cencerie*, auquel a été confiée cette restauration, pour avoir mené à bonne fin une œuvre aussi importante et aussi délicate, qui exigeait une grande science, une profonde érudition et un vif sentiment de l'art. (*Applaudissements*).

M. **Lampué** (France), *vice-président du Conseil Municipal de Paris*. — Il convient de féliciter toutes les municipalités belges en général, qui font un effort prodigieux pour la restauration et la reconstitution des merveilles du passé. (*Applaudissements*).

M. **le Président**. Nos édilités seront très sensibles à ce précieux hommage.

MOTION.

M. **Lampué** propose de décider qu'un Congrès international de l'art public se tiendra à Paris en 1900, à l'époque de l'Exposition universelle, et de charger le Bureau du présent Congrès — qui, dit-il, aurait charge d'âmes d'ici à 1900 — de préparer le second Congrès international, d'assurer le succès des assises de 1900, dont les décisions seront vraisemblablement mieux mûries, maintenant que tous les congressistes, venus à Bruxelles un peu sans savoir au juste ce qu'ils y allaient faire, connaissent le but et le caractère de l'Œuvre à laquelle ils ont été conviés à s'associer (*Applaudissements*).

M. **le Président** remercie pour la grande confiance que M. Lampué témoigne au Bureau.

Après les observations de M. **Le Breton** (Rouen), *Membre correspondant de l'Institut de France*, demandant au Bureau de se mettre en rapport, en vue du Congrès de 1900, notamment en ce qui concerne le choix d'une date, et avec les organismes artistiques de Paris et avec le Comité général des Congrès qui siégeront nombreux à Paris à l'occasion de l'Exposition, et de M. **Labusquière** (Paris) proposant au Congrès de ne pas s'ajourner à deux ans (*marques d'assentiment*) et de remettre toute décision à sa dernière séance.

M. **le Président** croit aussi qu'il serait imprudent de prendre d'ores et déjà une décision et qu'il conviendrait en effet que le Bureau se mît en relations avec le Comité général des Congrès à Paris.

M. **Marius Vachon** (Paris) estime que pour l'Œuvre naissante, si féconde de l'Art public, il importe de ne pas laisser s'écouler un temps aussi long et de ne pas rester dans l'inaction pendant deux ans. (*Approbation générale*).

M. **Broerman** partage cette opinion tout en se félicitant pour l'Œuvre de l'Art public d'un Congrès international à Paris, en 1900, car elle ne peut manquer de bénéficier du mouvement universel qui se concentrera dans la capitale de France représentée ici par de si nombreuses et puissantes collaborations. Il conclut en proposant l'organisation, en 1899, de Congrès nationaux dans les différents pays qui, profitant des délibérations de ce premier Congrès, serviraient en quelque sorte de préface au grand Congrès de 1900, à Paris.

(*Applaudissements unanimes*).

L'assemblée adhère à cette proposition.

L'ORDRE DU JOUR.

Elle aborde ensuite l'examen des questions qui ont été soumises à la **première section**.

1re question. — *Y a-t-il lieu pour les pouvoirs publics d'intervenir en matière d'art public et, en cas d'affirmative, quelle doit être la nature de cette intervention ?*

M. **F. Holbach**, *avocat et conseiller communal, rapporteur*. — La 1re section est d'avis qu'il y a lieu de répondre *affirmativement* à la première partie de cette question : oui, les pouvoirs publics doivent intervenir (*Applaudissements*). Elle croit devoir se borner à cette affirmation de principe. Elle a décidé de ne point présenter de conclusions quant à la seconde partie de la question et aux autres questions subsidiaires qui ont été soumises à ses délibérations.

Le rapporteur donne lecture d'un compte-rendu à la fois analytique et synthétique, très complet et fort bien présenté, des séances qu'a tenues la 1re section.

M. **le Président** félicite M. Holbach du rapport à la fois si complet, si succinct et si élégamment présenté qu'il vient de soumettre au Congrès. (*Applaudissements prolongés*).

M. **le Président**. — Le rapport de M. Holbach, si exact et si complet, reproduit des discussions, mais ne formule pas de conclusions.

Or, nous ne pouvons voter que sur des conclusions formulées par écrit.

M. **Raepsaet** (Audenarde). — La 1re section a décidé de ne pas conclure. (*Interruptions*).

L'assemblée, consultée, tranche *affirmativement et à l'unanimité* la première partie de la question en discussion :

« *Y a-t-il lieu pour les pouvoirs publics d'intervenir en matière d'art public?* » (*Applaudissements prolongés*).

M. **le Président** met en discussion la seconde partie de la question. *Quelle doit être la nature de cette intervention*

M. **Labusquière** (France). — Il y a malentendu, me semble-t-il. La 1re section avait décidé de ne formuler de conclusions que pour les points sur lesquels ses membres étaient unanimes. (*Interruption*).

M. **le Président**. — L'unanimité, c'est chose bien rare en ce monde.

M. **Le Breton** (France). — C'est par un sentiment de délicatesse internationale que la 1re section a pris semblable décision. Chaque pays a une législation spéciale. Nous avons tenu à ne froisser personne.

M. **le Président**. — Certes, la question telle qu'elle est posée ne comporte pas une réponse absolue. Nous vivons tous, en effet, dans un milieu différent. (*Marques d'assentiment*).

Je vous propose donc la formule que voici :

Le Congrès émet le vœu que dans chaque pays l'autorité arrête dans ce but les mesures les plus efficaces, en tenant compte des circonstances et de la législation locale. (*Applaudissements chaleureux et unanimes*).

M. **Broerman**. Je crois devoir appeler l'attention de l'assemblée sur la connexité qu'il y a entre la question à laquelle répond le vœu qu'elle vient d'émettre, et les premières questions soumises à la deuxième section. N'y a-t-il pas lieu de discuter ces questions en même temps ? Pour ma part, j'ai à vous soumettre des propositions qui tendent à préciser la nature de l'intervention des pouvoirs publics en matière d'art considéré au point de vue social.

M. **le Président**. Permettez-moi de vous faire remarquer que vous reprendrez d'autant plus utilement ces propositions lors de la discussion des conclusions de la deuxième section.

M. **Broerman**. Soit.

2e question. — *Comment assurer la protection des œuvres d'art public et le respect des sites, les garantir contre les actes de mauvais goût et de vandalisme ? — Comment doit-on provoquer ou imposer la réparation des déformations existantes.*

M. **F. Holbach** (Bruxelles) rappelle les mesures qui ont été prises à l'étranger, notamment en Italie, en France, en Roumanie, en Suède, etc., pour la protection soit des sites, soit des monuments. C'est en Tunisie qu'ont été édictées à cet égard les mesures les plus radicales.

J'ai, dit l'orateur, recherché dans ces différentes lois le principe juridique qui a fait agir partout les législateurs. Ce principe serait alors d'application générale. Ce serait un honneur pour nous de pouvoir proclamer, les premiers, le principe qui doit dominer en la matière. Notre petit pays a bien quelque titre à cet honneur, lui qui possède tant de trésors artistiques. Vous avez pu en juger au cours de nos excursions d'hier et d'avant-hier. Et qu'il me soit permis à ce propos de rendre à notre cher et vénéré président un hommage bien mérité. (*Applaudissements*).

C'est avec un charme d'érudition, de simplicité et de bienveillance que notre président, M. Beernaert, un de nos grands hommes d'Etat, a servi de cicerone au Congrès dans les excursions si intéressantes que nous avons faites ces jours-ci. (*Applaudissements prolongés*).

M. **le Président**. Je vous retirerai la parole si vous continuez à faire des personnalités. (*Rires*).

M. **Holbach**. Je reprends donc. Le principe qui semble avoir été vaguement dans la conscience de ceux qui ont fait ces lois protectrices, je le formule ainsi :

« Les objets d'art ou d'histoire qui se distinguent soit par leur extrême rareté, soit par les souvenirs qu'ils rappellent, la révélation qu'ils procurent sur un état social disparu ou l'extraordinaire excellence de leur exécution glorieuse pour toute une nation, doivent, s'ils n'appartiennent à l'Etat, être déclarés *propriété privée d'intérêt public*. Ce droit laisse à celui qui le possède la faculté de jouir de son bien, il lui enlève celle de le détruire ou de le cacher. »

L'orateur, passant alors en revue les différentes législations protectrices des œuvres d'art ou des monuments historiques, s'attache à montrer qu'on y retrouve la règle générale qu'il en a dégagée.

M. **le Président**. Peut-être la formule suivante conviendra-t-elle à l'assemblée : « Le remède peut se trouver, tout au moins en partie, dans une extension de la loi d'expropriation, notamment en matière de propriété mobilière. » (*Nombreuses marques d'assentiment*).

M. **Holbach**. Je ne puis me rallier à ce vœu. J'estime que s'il y a lieu de se soucier des droits de l'Etat, il importe tout autant de sauvegarder les droits des individus. Gardons-nous de toucher à la propriété individuelle.

M. **le Président**. Votre système me semble cependant comporter une sorte d'expropriation partielle ; il constitue sur les objets à conserver une sorte de servitude : telle, notamment, l'obligation de montrer......

M. **Holbach**.... à certains jours, en certaines circonstances. (*Interruptions*).

Il est des objets qui doivent être protégés contre le caprice des particuliers. Tel est le principe que je serais heureux de vous entendre proclamer.

M. **Pinart**. Il faut non seulement protéger, mais prévenir. Il faut, pour cela, étendre les prérogatives des pouvoirs publics. On ne peut admettre le droit de mal faire. Or, pour moi, le droit privé s'arrête là où commence l'intérêt public. J'appuie la proposition de M. le Président : extension de la loi d'expropriation.

M. **Van Bellinghen** (Bruxelles). — M. Holbach s'engage sur un terrain fort dangereux. Il veut exproprier en quelque sorte moralement les propriétaires d'œuvres d'art. C'est aller un peu loin ! (*Rumeurs*).

M. **Broerman**. Les mesures proposées par M. Holbach me semblent être très légitimes en raison du but élevé qu'elles doivent servir ; mais elles soulèvent des objections quant à l'atteinte qu'elles porteraient au droit exclusif de propriété. Ce droit est-il vraiment exclusif lorsqu'il s'agit d'œuvres d'art, et doit-il être toléré qu'on l'exerce de manière à détruire, à cacher ou à abîmer un chef-d'œuvre qui intéresse la société entière ? La question est posée et une solution s'imposera dans l'avenir.

En attendant, il importe de distinguer entre les œuvres d'art mobilières et immobilières.

Ces dernières, lorsqu'elles participent à l'aspect public, doivent pouvoir être mises d'office à l'abri du vandalisme.

L'expropriation est insuffisante parce qu'elle n'est qu'exceptionnelle et dépend du plus ou moins de souci d'art et de richesse des administrations publiques. Il faut décréter des mesures générales pour la conservation des immeubles d'art : on peut du reste les dégrever pour compenser les propriétaires d'une servitude artistique établie dans un intérêt social.

M. **Lucas** (*architecte à Paris*) préconise cette mesure : les municipalités pourraient commencer par dresser l'inventaire de toutes les œuvres d'art, des objets historiques, etc. Le premier Congrès d'art public peut se borner à exprimer ce vœu. Nos réunions ultérieures, après étude plus approfondie de la question, voteraient des mesures d'exécution. Ma proposition doit, me semble-t-il, rencontrer ici une approbation générale. (*Marques d'assentiment*).

M. **Boveroulle** (Belgique). — Cela se fait, dans une certaine mesure, dans notre pays.

M. **Lucas**. Mais cela n'existe pas ailleurs. Nous savons que nous avons à apprendre bien des choses de la petite Belgique.

M. **De Meuldre**. Aussi longtemps qu'il n'existera pas une loi spéciale, la mesure préconisée par M. Lucas restera impraticable. L'inventaire dont il parle ne fera que signaler les objets de valeur aux brocanteurs... (*Rires. - Signes d'approbation*). La mesure irait à l'encontre du but voulu par nous tous.

M. **Le Breton**. Au point de vue spécial des fouilles, les objets trouvés dans la terre, domaine de tous, ne devraient pas sortir du pays. Les documents historiques aussi sont le bien de tous...

M. **le Président** croit devoir interrompre l'orateur. Toutes ces questions, dit-il, fort graves, devraient être étudiées mûrement. Elles pourraient être inscrites à l'ordre du jour du prochain Congrès.

M. **Mignot-Delstanche** (Bruxelles) engage l'Assemblée à imiter l'exemple de la 1re section qui, dit-il, en refusant de se prononcer sur les questions subsidiaires, s'est montrée fort sage. Pouvons-nous porter atteinte à la propriété individuelle ? Pouvons-nous frapper d'une véritable servitude des propriétés privées ? Ces questions, et d'autres qui s'y rattachent, sont très graves. Je propose leur ajournement.

M. **Wetrems.** Puisque toutes les questions que nous effleurons aujourd'hui en un tout premier Congrès d'Art public seront reprises et puisque la matière qu'a eu à examiner la 1re section ne comporte pas encore de solutions pratiques, nous pourrions nous borner aujourd'hui aux résolutions prises et passer demain à l'examen des conclusions des 2e et 3e sections.

M. **Broerman**, n'est pas de l'avis des deux orateurs qui proposent l'ajournement. Le Congrès ne peut s'abstenir ; il doit se prononcer catégoriquement. Le mal est trop grave, et il faut y porter remède en accordant aux pouvoirs publics le droit de réprimer les abus et de prévenir les crimes de lèse-esthétique ! S'il n'est pas prouvé que l'industrialisme porte préjudice au domaine public, abstenons-nous, mais alors pourquoi ce Congrès ? Pour décider d'attendre que le mal se soit encore aggravé ? Non, il faut agir immédiatement ; il faut exprimer très nettement l'opinion que toute édification d'art sur la voie publique doit être légalement protégée, parce qu'elle contribue à la richesse et à l'éducation publiques, et qu'il importe de bannir tout ce qui vicie le goût artistique. (*Bravos*).

M. **le Président.** Je propose au Congrès de se prononcer sur une des questions subsidiaires et de déclarer séance tenante qu'il y a lieu de combattre légalement les excès de la réclame de mauvais goût qui dépare l'aspect des villes et des campagnes ! (*Applaud.*)

Nous nous abstenons d'indiquer le moyen, puisque nous ne sommes pas suffisamment préparés pour adopter des solutions définitives.

M. **le Président** propose à l'Assemblée de se prononcer sur le vœu qu'il a formulé au début de la séance (extension de la loi d'expropriation aux choses mobilières).

La majorité de l'Assemblée se prononce pour l'*ajournement* de cette question.

M. **le Président** donne lecture d'une proposition de M. Destrée, ainsi conçue :

« Il y a lieu pour les pouvoirs publics d'intervenir en matière d'art public. Cette intervention doit avoir pour but principal la conservation du patrimoine esthétique de la nation. Quant à l'accroissement de celui-ci, l'intervention officielle doit avoir lieu dans le sens de la liberté. » (*Interruption*).

Des voix. Cette proposition manque de clarté !

M. **le Président.** C'est aussi mon avis.

L'Assemblée *ajourne* cette proposition.

M. **le Président** serait heureux de voir le Congrès se prononcer en faveur de l'*application aux réclames du timbre de dimension.* Il rappelle avoir présenté une proposition dans ce sens à la Chambre Belge.

M. **Carlier** (Mons) se déclare hostile au droit de contrôle, véritable censure, dit-il, des affiches, par une Commission compétente, proposé à la 1re section par M. Broerman.

Nous pourrions, ajoute-t-il, nous borner aux mesures fiscales préconisées par M. Beernaert.

M. **Broerman**. M. Carlier se méprend sur le caractère de ma proposition qui a du reste été approuvée en section. Il ne s'agit pas d'affiches, lesquelles ne doivent être censurées que lorsqu'elles sont immorales ; bien au contraire, je considère que les affiches et surtout les grandes affiches sont frappées d'une taxe exorbitante, et qu'elles devraient être exemptées de cette taxe lorsqu'elles présentent un intérêt artistique dont jugeraient des commissions compétentes (*bruit*)... Craint-on de laisser juger ces choses alors qu'il y a des jurys officiels pour les expositions de tableaux et des commissions gouvernementales qui acceptent ou refusent des objets proposés pour les musées publics ? Alors que tout ce qui touche à l'intérêt matériel et moral du public est réglementé ! Il faudrait renoncer à protéger l'art dans ses libres manifestations contre le développement du mauvais goût si l'intervention des pouvoirs publics, laquelle vient d'être unanimement votée, ne pouvait s'appuyer sur des moyens d'appréciation, tels que l'avis de comités compétents.

Ma proposition de censure vise les enseignes disproportionnées et barbares, permanentes, qui abîment les voies urbaines et les sites. La production des affiches d'art, au lieu d'être encouragée, est enrayée par une taxe draconienne, alors que les enseignes-réclames de forme monstrueuse se multiplient librement à défaut de législation permettant aux autorités d'en préserver le domaine public. C'est une honte pour notre civilisation et il importe que les législateurs s'en préoccupent à bref délai. Ma proposition est radicale ; elle vise la suppression de toute déformation du domaine public. Si vous pensez que notre société n'est pas assez scandalisée pour approuver des mesures radicales, ajournez-les et provoquons l'indignation universelle qui les rendra opportunes.

Je me rallie pour le moment à l'application de la taxe prohibitive, mais je reste convaincu que ma proposition pourra être utilement discutée par la suite ! Nul ne devrait pouvoir acheter le droit d'enlaidir l'aspect d'une rue ; c'est cependant ce droit qui est admis par le fait d'établir une taxe sur les enseignes disproportionnées, taxe dont le produit sera vraisemblablement affecté à réparer d'autres outrages publics à l'art. (*Mouvements divers, nombreuses marques d'approbation*).

L'Assemblée se prononce en faveur de la proposition relative au droit de timbre. Elle réserve l'autre point (proposition Broerman) pour une dicussion ultérieure.

L'ART PUBLIC

AU POINT DE VUE SOCIAL

DEUXIÈME SECTION

QUESTIONNAIRE.

1. — *Par quels moyens peut-on encourager l'art dans un intérêt social ?*

2. — *Quel rôle doit remplir l'esthétique dans l'éducation et l'instruction ? Quelles méthodes convient-il éventuellement de recommander dans ce but?*

3. — *Y a-t-il des mesures à prendre pour les pouvoirs publics en vue du développement esthétique des populations ? Quelles sont ces mesures ?*

4. — *De l'organisation des musées et expositions d'art.*

5. — *Quel est le système qui doit prévaloir dans la répartition des travaux et encouragements artistiques. Convient-il d'organiser des concours ?*

6. — *L'institution des concours dits de Rome répond-elle aux exigences de l'art ?*

7. — *Les récompenses sont-elles utiles pour l'encouragement de l'art dans un intérêt social; dans l'affirmative, de quelle nature doivent être ces récompenses et comment faut-il les répartir ?*

8. — *Affiches d'art et publications illustrées dans un but d'éducation populaire.*

Moyens d'enrayer la production d'affiches illustrées et d'images de mauvais goût ou qui blessent la morale.

Première séance. — 24 Septembre.

L'Assemblée procède à la constitution de son bureau. Sont nommés : Président : M. **Lampué,** *Vice-Président du Conseil Municipal de Paris* ; Vice-Présidents : MM. **Ch. Moller,** *Architecte du service de l'Administration Royale des Edifices Publics*, à Stockholm, et **Valère Dumortier,** *Architecte en chef de la province de Brabant, Président et Délégué de la Société Centrale d'Architecture de Belgique* ; Rapporteur : M. **H. Rousseau,** *Secrétaire de la Section Artistique de la Commission Royale Belge des Echanges Internationaux.* Secrétaire : M. **Pinart,** *Fonctionnaire communal.*

M. Lampué, *Président*, donne lecture de son rapport.

Il constate l'influence civilisatrice des arts à travers les siècles et déplore le mauvais goût des images exécrables répandues dans le peuple et des statues religieuses fabriquées par milliers qui remplissent les églises.

Après avoir servi toutes les dominations, il faut que l'art devienne le tuteur de la démocratie, qu'il instruise le peuple et le glorifie.

Pour rendre à l'art sa mission sociale, l'orateur propose l'ordre du jour suivant :

« Tous les gouvernements sont invités à rendre obligatoire dans toutes les écoles l'étude du dessin et de la musique ; ils sont invités en outre à tenir tous les jours les portes des musées ouvertes au public. » (*Applaudissements.*)

Abordant la 1re question, **M. Loris,** délégué de l'Union des Arts décoratifs, donne lecture d'un rapport publié par cette Société, sur les moyens à mettre en œuvre pour l'encouragement et la diffusion de l'art.

M. **Lucas,** architecte-expert, délégué de la Société Centrale des Architectes Français et de la Commission du Vieux-Paris, demande que l'on étudie séparément les questions pour les mesures à préconiser et leur application. Il demande que, dans toute proposition, réserve soit faite de la propriété artistique. L'orateur se déclare partisan de l'adoption, dans les musées et expositions, du groupement des œuvres par artistes et par genres de production.

M. **Sauvenière** se déclare adversaire de l'individualisme tout autant que de la centralisation à outrance.

La rectitude du jugement dépend, surtout, de l'éducation première. Il estime qu'il y aurait lieu d'inscrire au programme des écoles primaires l'enseignement esthétique, mis à la portée des enfants, de continuer cet enseignement progressif dans les écoles moyennes et les Athénées jusqu'à la rhétorique ; de développer des études comparatives des différentes époques, en examinant les rapports entre l'expression de l'art et l'état de la civilisation.

Il y aurait lieu d'utiliser également les murailles des salles de classe. On les décorerait de peintures exécutées dans les meilleures conditions possibles pour l'art et pour le bon marché. Des reproductions, en bons chromos, de ces décorations pourraient être données en récompenses aux élèves et serviraient à décorer leurs habitations.

Il estime, d'autre part, qu'il y aurait lieu de faire appel, pour la formation des commissions artistiques, au dévouement personnel. Des comités formés de membres qui n'en feraient partie que par intérêt pour l'art rendraient plus de services que des bureaux administratifs.

M. **Sigogne** soutient et appuie les conclusions que l'on vient de développer. L'homme est attiré instinctivement par le laid ; des expériences faites et répétées dans certains établissements d'éducation l'ont prouvé. Il faut trancher le mal dans sa racine, c'est-à-dire entreprendre le développement du bon goût chez l'homme dès l'enfance, dès l'école primaire.

M. **Tempels** est d'avis qu'il importe, pour la réussite des travaux du Congrès, de formuler des propositions précises ; il développe les conclusions suivantes :

« Ne plus considérer l'enseignement primaire comme consistant uniquement dans l'étude de la lecture et de l'écriture ; y adjoindre l'enseignement du dessin, à la condition d'avoir de bonnes méthodes à la portée des élèves du premier âge. » L'un des grands avantages de cet enseignement serait de faciliter à nombre de jeunes gens l'accès des écoles professionnelles dans lesquelles la connaissance du dessin est exigée dès l'entrée.

M. **Lucas** est également d'avis que le dessin doit être enseigné, comme la lecture et l'écriture, dès le plus jeune âge. Il rappelle l'initiative prise par M. Dupuy, ancien Ministre de l'Instruction Publique en France, de publier un cours d'histoire illustré. Il importe de développer surtout l'histoire de l'art national.

Les excursions scolaires sont de la plus grande utilité ; on ne saurait trop les multiplier. Il faut aussi que les élèves en conservent un souvenir matériel : pour cela, il convient de leur distribuer le plus possible des petites brochures illustrées.

M. **Pinart**. Le dessin et le chant sont deux branches obligatoires dans les écoles primaires de Belgique. Quant aux écoles maternelles, le dessin y est enseigné depuis de longues années, conformément aux principes rationnels du célèbre pédagogue Fröebel.

L'orateur ajoute qu'au point de vue de la méthode d'enseignement du dessin dans les écoles primaires, la Belgique n'a rien à envier aux autres pays : c'est la méthode rationnelle et progressive du dessin d'après nature. La copie servile et le quadrillage, surtout les procédés artificiels, sont bannis de la méthode de dessin de nos écoles.

Ce qu'il y a de mieux à faire pour développer le goût du dessin chez l'enfant et même chez l'homme, c'est de lui donner l'intuition du Beau par le contraste de ce qui est laid et de ce qui est beau.

Et ces exemples ne doivent pas être donnés en paroles, le moins souvent en images et le plus possible *in natura*.

L'orateur préconise en outre la lecture ou la déclamation d'un beau morceau de littérature dans le milieu même décrit par l'auteur ou dans un milieu analogue. *(Applaudissements).*

M. **Hanno** (Anvers), délégué du « Scalden », ne se rallie pas à la proposition de donner des chromos comme récompenses. Il est, d'autre part, très partisan des projections lumineuses, qu'il faudrait multiplier autant que possible.

M. **Benoît-Lévy**, *Président de la Société Populaire des Beaux-Arts*, à Paris, se demande si l'on n'exigerait pas des instituteurs un véritable surmenage ?

Pouvons-nous les obliger à inculquer aux enfants des connaissances qu'eux-mêmes ne possèdent pas, c'est-à-dire les forcer à une étude de beaucoup de questions nouvelles ? L'orateur estime qu'il serait préférable de posséder des conférences toutes faites, émanant de personnes compétentes et dont l'instituteur n'aurait qu'à donner lecture.

L'orateur signale, à ce sujet, que la Société Populaire des Beaux-Arts de Paris a fait établir un certain nombre de conférences artistiques, textes et projections qu'elle expédie aux instituteurs qui n'auraient pas le temps de les préparer.

Il préconise, en outre, l'encouragement du dessin même en dehors de l'école, la distribution de récompenses pratiques aux enfants qui se distinguent dans cette étude et la formation, dans toutes les communes, de Sociétés des Beaux-Arts. Il existe, presque partout, des Fanfares ou des Orphéons ; on ne ferait donc qu'appliquer aux arts plastiques ou graphiques ce que l'on fait pour l'art musical.

M. **Sauvenière** pense qu'il faut surtout intéresser la foule. L'orateur résume ses conclusions : organiser l'étude de l'histoire de l'art dans les trois degrés de l'enseignement. Mettre cette étude sur le même pied que les branches considérées jusqu'ici comme principales. Utiliser les murs des écoles pour l'instruction intuitive en même temps que pour l'éducation artistique de l'enfant, en les revêtant d'illustrations dont les reproductions pourraient être données en prix.

M. **Régamey**, *Publiciste d'Art, Inspecteur de l'enseignement du dessin*, à Paris. La vue indéfiniment répétée de l'image produit une sorte de saturation, nuisant à l'impression première dont la vivacité si précieuse, loin de s'affermir par la répétition, arrive vite à s'évanouir, d'où la nécessité de renouveler le spectacle en opérant un roulement des images dans les écoles.

M. **John Labusquière**, *Conseiller Municipal*, de Paris, fait observer que s'il est important de rechercher les meilleurs procédés à employer pour l'éducation artistique de l'enfant, il y a aussi lieu de se préoccuper des moyens qui peuvent contribuer au développement du sens artistique de la masse. C'est un lien très étroit qui relie les générations qui viennent et celles qui sont en pleine activité et dont le développement peut et doit avoir une féconde répercussion sur l'éducation donnée aux enfants. Sans doute, l'éducation esthétique de ces *générations actives* est délicate, difficile, mais elle n'est pas impossible. C'est un problème fort intéressant qui se pose au Congrès et il y a une solution à trouver. *(Adhésion).*

L'orateur expose qu'il lui paraît impossible de s'associer à ceux de ses collègues qui proposent de passer, dès la première séance de la Section, à un vote ferme sur les questions complexes soumises à l'étude. Un pareil vote paraîtrait hâtif et le serait en réalité. Le public estimerait à juste titre que c'est procéder à la légère, sans discussion approfondie et, pour ainsi dire, avec des idées préconçues, un parti pris. Il propose, en conséquence, de surseoir à l'adoption immédiate de conclusions. *(Adhésion).*

M. **Pinart** estime que la gymnastique devrait figurer parmi les branches formant le programme de l'éducation artistique. *(Protestations).*

L'heure avancée ne permet pas à l'orateur de développer sa proposition.

Deuxième Séance. — 25 Septembre.

Présidence de M. Lampué.

M. **Hymans** demande qu'avant de passer à des questions nouvelles, la section continue la discussion sur les questions examinées au cours de la séance précédente et qui n'ont pas été complètement élucidées.

M. **Schumann** Dr., *Historien et critique d'art*, à Dresde.

Nous avons discuté hier le principe de l'enseignement de l'histoire de l'art dans les écoles primaires et dans les lycées ; parfait ; mais comment trouver le temps de les enseigner ? J'ignore la situation en Belgique et en France ; mais je la connais parfaitement en Allemagne et je sais que les élèves sont surchargés de matières diverses, au point de ne pouvoir en étudier de nouvelles. Cependant, le même enthousiasme pour l'enseignement de l'art règne dans les assemblées annuelles des professeurs des lycées et des écoles normales. Il y a, hélas, une différence entre l'enthousiasme des assemblées et le pouvoir de ceux qui ont à mettre leurs vœux en pratique, c'est-à-dire des professeurs qui auraient à enseigner l'histoire de l'art. Historien d'art par métier, je l'ai enseigné pendant une dizaine d'années, et je crois pouvoir dire qu'il n'y a pas un professeur sur quarante qui connaisse suffisamment l'histoire de l'art pour pouvoir l'enseigner. On dit qu'il faut instruire les professeurs et les maîtres par des cours spéciaux. Cela se fait déjà, en Allemagne, pour l'archéologie classique ; des cours pour les professeurs de lycées se donnent chaque année dans les universités pendant les vacances ; mais l'utilité de ces cours à grande vitesse est quelque peu problématique ; enfin, à mon avis, il importe plus d'*aimer* l'art, de se *réjouir* de ses productions dans toutes ses émanations, que de *savoir* les dates de l'histoire de l'art. Au moins faudrait-il restreindre le plus possible la matière à apprendre, et je suis tout à fait d'accord avec M. Lucas sur ce point : à l'école primaire et au lycée, il faut se borner à l'art national et peut-être à faire connaître les artistes de premier ordre des autres pays.

A l'école on a besoin plutôt d'images que de mots ; voilà une affaire qui concerne les éditeurs. En Allemagne, nous avons déjà quelques publications importantes ; par exemple, une centaine de reproductions de chefs-d'œuvre de l'art à toutes les époques (publiées par E. A. Seemann, Leipzig ; 1 mètre de hauteur ; prix, 1 fr. par feuille).

A Hambourg, nous avons eu l'an passé une exposition de toutes les reproductions aptes à être accrochées dans les salles d'école : photographies, photogravures, gravures sur bois, lithographies noires et coloriées, affiches, etc. Ces reproductions avaient été très bien choisies quant aux sujets aussi bien qu'au point de vue de leur prix ; un maître d'école, M. Spanier, a écrit une brochure très intéressante qui traite toute cette matière ; à cette brochure est joint un catalogue des reproductions allemandes, françaises ou anglaises, exposées.

De plus M. Lichtwark, directeur du Musée municipal (Kunsthalle) de Hambourg, a publié un petit livre avec illustrations intitulé, je crois, *L'art d'enseigner à voir des tableaux*. Ce livre donne de véritables leçons : en face d'un tableau, il questionne sur ses détails, sur le sujet, sur la représentation artistique, sur les couleurs, etc. Il n'est guère possible de faire mieux ; il faut que les enfants apprennent à voir, à regarder les tableaux de cette manière. Mais il faut, auparavant, regarder la nature ; il faut que l'on sache regarder et apprécier la nature pour savoir apprécier l'art.

Voilà le rôle du dessin d'après nature ; en outre il faudrait faire des excursions où l'on apprendrait aux élèves à voir les lignes, les couleurs, les tons différents. C'est assez difficile, car le sentiment du beau, des couleurs, etc., ne s'apprend pas en un jour; en avant, cependant ! En marchant lentement nous arriverons enfin à notre but.

M. **Weber**, *conseiller municipal de Paris.* — Ne perdons pas de vue que nous avons à envisager, non pas l'art pur, mais l'art au point de vue social.

Quand on parle de l'histoire de l'art à l'école primaire, il ne faut pas donner à ces mots une portée exagérée ; il ne s'agit pas, en effet, de faire de nos enfants de savants esthètes, mais simplement de s'adresser à leurs yeux en illustrant l'histoire proprement dite pour leur montrer et leur faire sentir instinctivement l'ensemble de l'évolution sociale, artistique et économique. A cette fin, il faut leur mettre sous les yeux, non des images d'Epinal quelconques, mais des reproductions de chefs-d'œuvre, capables de leur donner une idée exacte des conditions de la vie aux époques décrites.

M. **Sauvenière** pense que tous les membres de la section sont d'accord sur le principe de l'enseignement de l'art dès l'enfance.

Sans entrer dans l'étude approfondie des méthodes à adopter, nous pouvons, dès que nous reconnaissons la nécessité de cet enseignement, émettre le vœu qu'un spécialiste soit chargé de donner des conférences d'initiation.

M. **Benoît-Lévy** rappelle son observation précédente ; il estime qu'il n'y a pas à créer de nouveaux cours spéciaux d'histoire de l'art. Il existe depuis quelque temps déjà des manuels d'histoire illustrés, et il y a, en France, des professeurs de dessin bien préparés pour donner des conférences sur l'histoire de l'art.

De plus, ne perdons pas de vue que nous ne visons pas à faire de nos enfants des spécialistes ou des érudits.

M. **John Labusquière** expose qu'à son avis si de faibles résultats sont obtenus dans l'enseignement, au point de vue esthétique, ceci provient, pour une grande part, peut-être la plus grande, de la méthode employée. Pour ne prendre que l'histoire de l'art, qui doit jouer un rôle si important dans l'éducation de l'enfance et de la jeunesse, il faut reconnaître qu'une erreur fort grave se commet et qu'il importe de la redresser. Est-il possible, en effet, alors qu'on ne cherche pas et qu'on ne peut chercher à *spécialiser* ceux à qui l'on s'adresse, de détacher l'histoire de l'art, avec ses manifestations multiples, *publiques* ou *privées*, de l'histoire générale de l'humanité et, en particulier, de l'histoire spéciale de chaque collectivité humaine groupée comme nation ou même comme groupe d'un caractère spécial, d'une tradition marquée, dans une nation? Pour ne prendre qu'un exemple puisé dans cette Belgique, qui a pris la féconde initiative de ce Congrès et nous offre une si cordiale hospitalité, ne peut-on constater quel lien étroit rattache les merveilleuses manifestations de l'art flamand aux glorieux monuments des communes flamandes? (*Adhésion*). Et l'art grec ne surgit-il même pas, tout naturellement, de la vie publique et privée de ce peuple merveilleux, dont la gloire, malgré tant de siècles écoulés, brille encore d'un si vif éclat sur le monde ? (*Adhésion*).

C'est donc par l'enseignement bien compris de la vie des différents peuples, de la vie publique et privée, de la vie économique dont la vie politique n'est que le reflet, dont les manifestations artistiques ne sont, pour ainsi dire, que les résultantes, que peut se faire l'éducation artistique de l'enfance et de la jeunesse. Mais pour réaliser cet enseignement, qui doit s'adresser non à quelques-uns mais à tous, il faut rechercher la méthode la plus simple et la plus pratique.

En ce qui concerne les *générations actives*, c'est surtout dans le peuple que doit se tenter la propagande esthétique, car la majorité de la bourgeoisie me paraît irréductiblement réfractaire à l'éducation artistique. Elle est atteinte d'un *snobisme* incurable qui enlève tout caractère de sincérité à ses manifestations du goût. Elle ne ressent pas ouvertement; elle suit la mode... pour l'instant c'est tout ce qu'on peut lui demander.

L'éducation des générations actives offre de grandes difficultés, car elle reçoit une atteinte grave des querelles d'écoles qui se partagent le monde des arts et le monde des critiques d'art. Ces querelles sont naturellement fécondes pour l'art et ses progrès; mais elles ne vont pas sans troubler profondément la masse qui manque d'un criterium pour juger par elle-même et se faire une opinion personnelle.

Puis il faut aussi reconnaître que ceux qui ont le plus besoin d'une éducation esthétique sérieuse, sont précisément les professionnels de l'art, puisque, sans craindre d'être taxé d'exagération, on peut affirmer que la majeure partie des artistes produit des œuvres anti-esthétiques. Ce sont cependant leurs œuvres qui semblent destinées à former le goût public. (*Adhésion*).

Ce n'est pas tout que d'apprendre à un enfant ou à un jeune homme à manier un crayon, un ébauchoir, à voir la nature, il faut lui apprendre à aimer le *Beau,* de telle façon qu'au moment où il va devenir un *actif,* dans quelque sphère que s'exerce son activité, il soit capable d'apprécier le *Beau* par lui-même.

Pour atteindre ce but, il faut que l'enseignement porte sur ce que l'on peut appeler les chefs-d'œuvre incontestés de maîtres incontestés et, surtout, faire qu'il s'attache à l'exposé des œuvres qui sont les manifestations de la vie sociale dans son évolution et pour ainsi dire l'expression de la conscience collective. A ce titre l'histoire de l'art en Grèce est typique, de même que chez nous l'histoire de l'art au moyen-âge constitue une véritable manifestation de l'état d'esprit collectif. Puis ne faut-il pas indiquer le lien qui rattache ce que l'on peut appeler l'art public, l'art de plein air à l'art privé, à l'art intérieur, intime?

En résumé, l'histoire de l'art fait partie intégrante de l'histoire de l'humanité; voilà pourquoi, à l'école primaire, il faut qu'elle devienne l'illustration de l'histoire générale. Dans certains cas même, elle viendra rectifier l'enseignement de l'histoire proprement dite, trop souvent faussée encore aujourd'hui.

Nous sommes tous d'accord sur la nécessité de l'enseignement esthétique dès l'école primaire; n'exagérons pas les difficultés qu'offre l'organisation de cet enseignement qui constituera une des branches attrayantes du programme. Il aura les plus heureux effets, car c'est parmi les enfants du peuple qu'on trouve les natures neuves, vivaces, sincères et les meilleures aptitudes. (*Applaudissements*).

Si l'enseignement de l'histoire était réellement celui de la vie publique des nations, l'histoire de l'art se dégagerait d'elle-même de cet enseignement; il est évident qu'il y a une corrélation intime entre le mouvement communal flamand et l'art flamand.

Pour arriver à cet enseignement qui doit s'adresser, non à quelques-uns,mais à la grande masse il faut chercher la méthode la plus simple, la plus pratique.

C'est surtout dans le peuple que doit se faire la propagande pour l'esthétique, car je crois la bourgeoisie irréductiblement réfractaire à l'éducation artistique.

Le grand mal aujourd'hui réside dans les querelles d'écoles dans les Beaux-Arts. Ces querelles troublent ceux qui les lisent; elles vicient le goût artistique. *(Applaudissements).*

Il faudrait commencer par donner le sentiment artistique aux artistes eux-mêmes, car nonante-neuf sur cent d'entre eux produisent des œuvres anti-esthétiques.

M. **Le Breton,** *directeur des Musées d'antiquités et de Céramiques de Rouen, membre correspondant de l'Institut,* estime qu'il importe de modifier les méthodes actuelles d'enseignement de l'histoire, en prenant pour objectif de donner à l'enfant une notion plus exacte des faits réels, d'empêcher toute confusion, dans son esprit, entre les choses fausses et les choses vraies, entre l'histoire et la mythologie. Il faut lier l'enseignement par le dessin à l'enseignement par le récit; pour cela, il faudrait exiger que les aspirants-professeurs possèdent, parmi leurs diplômes, celui de professeur de dessin.

M. **Sigogne** constate que toute création rencontre immédiatement une hostilité; les lois naturelles ont été développées artificiellement par la société. Pour se dispenser de l'effort intellectuel qu'exige la compréhension de toute chose nouvelle, on en est arrivé à déclarer absurde, *a priori*, ce que l'on ne comprend pas. Bien des gens ne considèrent l'art que comme un luxe ou un amusement; c'est là une erreur contre laquelle il importe de réagir.

M. **Weber** insiste sur la nécessité d'apprendre aux enfants à voir et à réfléchir.

M. **Jaffé.** — L'éducation de l'œil est inséparable de l'éducation générale et doit commencer à l'école primaire elle-même. L'enseignement du dessin doit être obligatoire. Les notions d'histoire de l'art sont inséparables de l'enseignement de l'histoire.

L'éducation de l'oreille doit, dans la mesure du possible, faire partie de l'éducation primaire (chant et musique).

Tout doit concourir, dans l'enseignement, non seulement à savoir, mais à comprendre, c'est-à-dire à faire l'éducation du cerveau.

M. **le Président** résume les débats, et met aux voix les propositions suivantes :

« Le Congrès, persuadé que l'art est un élément de haute mentalité publique, que la vue et la compréhension du Beau contribuent au perfectionnement moral ;

Après avoir entendu les rapports présentés sur les première, deuxième et troisième questions et les discussions ;

Emet les vœux suivants :

1° Voir l'enseignement de l'évolution de l'art rendu obligatoire dans les écoles primaires, moyennes et supérieures, en même temps que celui du dessin, du chant et de la gymnastique callisthénique;

2° Accompagner cet enseignement de projections lumineuses ;

3° Recouvrir les murs des écoles de documents artistiques et les utiliser ainsi pour l'enseignement intuitif de l'art ;

4° Voir les municipalités s'entourer et requérir l'avis d'hommes compétents avant de prendre aucune décision en ce qui concerne tant la protection aussi bien des beaux sites que des œuvres que le passé nous a léguées, que les productions nouvelles.

Le § 3° est complété comme suit : Rendre l'enseignement artistique intuitif :

a) par des excursions, des visites de monuments, des conférences et des lectures sur place :

b) par des documents artistiques mobiles permettant d'établir un roulement d'échange entre les écoles ;

c) par des projections lumineuses faites dans un ordre méthodique et instructif.

Ces propositions sont adoptées.

M. **Pinart** demande à préciser la proposition qu'il a formulée au moment de la clôture de la séance précédente : en parlant d'inscrire la *gymnastique* parmi les branches formant le programme de l'éducation artistique, il a eu en vue surtout l'application de ce mot dans le sens de *callisthénie,* c'est-à-dire la gymnastique envisagée au point de vue de son influence sur la beauté du corps humain et de la représentation plastique ou graphique de cette beauté.

M. **Le Breton** reprend l'examen de la 4e question : Organisation des musées et expositions d'art.

Il estime que les musées devraient frapper l'attention des visiteurs en leur montrant tout d'abord, bien en évidence, des œuvres pouvant être considérées comme l'expression d'un art à son apogée. Ces pièces capitales seraient entourées d'œuvres permettant de suivre la marche du développement de l'art dans ses évolutions successives.

M. **John Labusquière** est d'avis que le meilleur moyen de propagande artistique est la création de centres de propagande. Mais il faut qu'un goût sûr et sévère préside à cette organisation. Il estime qu'il n'est pas nécessaire d'avoir à sa disposition des œuvres nombreuses, mais de remarquables œuvres ou des reproductions de chefs-d'œuvre. Une mesure s'imposerait : l'élimination des œuvres qui, dans les musées existants, ne peuvent servir qu'à fausser le goût public. Des conférences à la portée des plus simples devraient être faites et elles donneraient de bons résultats. L'éducation esthétique des enfants et des adultes comporterait aussi l'examen méthodique des témoins du passé, de ces monuments, de ces maisons, de ces objets précieusement conservés et qui nous disent les efforts, le goût de ceux qui vécurent avant nous et il y a quelques années et il y a plusieurs siècles (*Adhésion*).

L'orateur conclut à une organisation plus méthodique des musées de toute nature. Cette organisation doit tendre à donner pour but à ces établissements la démonstration des évolutions diverses de l'art. Il faut les organiser, les classer de telle façon que le visiteur en emporte l'impression d'une suite continue d'efforts artistiques, la sensation bien nette d'un enchaînement dans les transformations de l'expression artistique, sans solutions de continuité, car à bien les examiner et réfléchir on s'aperçoit que ce que l'on appelle les périodes de décadence ne sont que des périodes de repos et de gestation. (*Applaudissements*).

Troisième séance. — 27 septembre.

Présidence de M. Lampué.

M. **le Président** fait savoir que M. Dumortier, empêché d'assister à la réunion, s'excuse et demande que l'on donne lecture de son rapport.

M. **Régamey** lit un rapport relatif à la première question et concluant à ce que le Congrès émette le vœu suivant : « Création, dans chaque pays, d'un *office national* où seraient centralisés des programmes de monuments dont l'érection est réclamée par des Comités locaux ou même par des personnalités isolées — lesquels, sans prendre d'engagement d'aucune sorte, fourniraient ainsi aux artistes en peine de sujet un motif plausible de leur effort. » (*Adopté*).

M. **Hymans** reprend la discussion sur la quatrième question. M. Labusquière a formulé, dans la séance précédente, le vœu de voir exclure des musées un assez grand nombre d'œuvres. L'orateur ne pense pas qu'il y ait avantage, dans un Congrès, d'asseoir de ces principes de démolition. M. Labusquière n'a pas demandé un ordre de classement chronologique, systématique et complet ; on pourrait admettre l'isolement des chefs-d'œuvre incontestés ; quant aux œuvres plus contestables et de moindre valeur, elles prendraient place dans d'autres salles, suivant l'ordre historique des évolutions de l'art.

M. **John Labusquière** formule son vœu comme suit : Qu'un goût sévère préside au choix des œuvres exposées dans les musées ». (*Adhésion*).

M. **John Labusquière** propose d'ajouter aux conclusions de M. Régamey les mots « autant que possible ». (*Adhésion*).

M. **Pinart** ajoute qu'il serait nécessaire de fixer, sur chaque œuvre, une inscription indiquant son sujet, son auteur et son époque. (*Adhésion*). Il voudrait aussi que l'on place chaque chef-d'œuvre dans le cadre que son auteur avait en vue, dans l'entourage pour lequel il a été créé ; enfin, ouvrir les musées au public tous les jours et gratuitement.

M. **Ducatillon** demande également des conditions de lumière équivalentes.

M. **Van den Bussche** pense que cela est impossible à appliquer : tel tableau fait pour être placé à dix mètres de hauteur, par exemple, dans un vaste monument, ne pourra être mis à cette hauteur dans un musée. De même, un tableau fait sous le ciel de Venise ne pourra recevoir la même lumière en Belgique.

M. **Pinart** propose de voter, en principe, le vœu que chaque chef-d'œuvre soit placé, autant que possible, dans les conditions d'entourage et de lumière prévues par son auteur. (*Adhésion*).

M. **Régamey** donne lecture d'un second rapport, concluant à la proposition ci-après : La maquette, grandeur d'exécution, de tout monument public ayant un caractère décoratif, sera érigée sur l'emplacement destiné à le recevoir et soumis à l'appréciation d'une commission compétente.

M. **Weber** appuie ces conclusions. Il est nécessaire d'ériger la maquette, grandeur naturelle, sur l'emplacement destiné à recevoir le monument, afin de se rendre exactement compte des proportions de celui-ci par rapport à son entourage. D'autre part, l'effet produit dans l'atelier ou dans une salle d'exposition n'est pas le même que celui produit par le monument mis en place.

M. **Tempels** cite à l'appui de la proposition une expérience faite à la Grand'Place de Bruxelles : le plan d'une maison à reconstituer avait semblé parfait ; mais une fois la maquette placée, on s'aperçut que le couronnement du bâtiment présenterait trop de lourdeur.

M. **le Président** exprime la crainte que l'exécution de maquettes, fort coûteuse, n'éloigne les concurrents peu fortunés.

M. **Hanno** dit à ce sujet qu'il serait désirable de voir toujours distribuer les primes annoncées, quand même le résultat obtenu ne répondrait pas à l'attente des organisateurs du concours ; dans ce dernier cas, il n'y aurait naturellement pas obligation de faire exécuter le projet primé.

M. **Hymans** partage la manière de voir de M. Régamey ; il importe de pouvoir se rendre un compte exact de l'effet d'un monument proportionnellement à son entourage. Il ne sera pas toujours possible d'exécuter une maquette grandeur d'exécution ; mais au moyen de toiles et de planches, on pourra toujours créer une reproduction réduite du milieu où le monument doit être placé, d'une échelle suffisante pour juger de l'effet qu'il produira.

M. **Labusquière** propose d'ajouter aux conclusions de M. Régamey les mots « autant que possible ». (*Adhésion*).

Sur la cinquième question, l'assemblée vote, en conséquence, le principe de l'utilité des concours publics, de la distribution des primes promises et de l'exécution, autant que possible, de maquettes en grandeur d'exécution.

M. **Pinart** demande que, dans les expositions et les musées, on donne au moins une idée du milieu où se trouve un objet ou un monument et de l'effet qu'il y produit ; il rappelle le compartiment de l'Art Public à l'Exposition de 1897 ; on y avait exposé, d'abord la reproduction réduite d'une place dans son entier ; puis l'ensemble d'une chaire qui s'y trouve, enfin un panneau de cette chaire en grandeur d'exécution. Il demande l'adoption du principe de ce système. (*Adhésion*).

Sur la sixième question, **M. Hymans** se déclare d'accord avec les conclusions du rapport de M. Rousseau, quant au maintien des concours dits de Rome, sauf à améliorer leur organisation. Il se déclare toutefois partisan du sujet imposé et du concours en loge.

M. **Rousseau** ne peut admettre que l'on impose un sujet ; il croit inutile de donner lecture du rapport imprimé qui développe ses conclusions ; il persiste à penser que le fait d'imposer un sujet est de nature à empêcher beaucoup de concurrents de donner l'expression de leur tempérament vrai.

M. **Pinart** parle dans le même sens et propose de donner deux sujets, l'un imposé, l'autre au choix. Ces deux épreuves se complètent.

M. **Rousseau**. — Ce serait étendre au concours de peinture et de sculpture ce que l'on fait déjà pour les concours des Conservatoires et des sociétés de musique. (*Adhésion*).

L'orateur considère également l'obligation du concours en loge comme de nature à faire tort à certains concurrents ; en général, le silence, le recueillement, l'isolement sont favorables au travail ; mais il est des tempéraments qui ont besoin de la vie, du mouvement et que cette claustration momentanée paralyse. Il ne peut l'admettre que si l'on considère cette mesure comme absolument indispensable pour la garantie du travail personnel des concurrents.

M. **Hymans** est d'avis qu'il est indispensable de prendre des mesures pour éviter toute fraude.

M. **Ducatillon** propose que, le cas échéant, les deux sujets soient traités en loge.

M. **Ostberg**, de Stockolm, se trouvait cette année à Rome, au moment de l'exposition de la villa Médicis. Ce qui l'a frappé dans les dessins exposés, et qui représentent quatre ans de travail d'hommes déjà mûrs, c'est, à côté d'une exécution admirable, l'absence de la fantaisie créatrice ; les artistes ne créent pas, ils prennent ; ils ne cherchent pas à dégager l'expression propre de leur personnalité ; ils imitent.

Revenant à l'enseignement de l'art dans les écoles, l'orateur dit qu'il ne faut pas en faire une branche de plus à étudier ; il ne faut pas en faire en quelque sorte l'étude de la grammaire d'une langue nouvelle, portant le nom d'Art, et qui sera pour le cerveau de l'enfant un nouvel effort, une nouvelle fatigue ; il faut le lui présenter comme une chose attrayante, il faut en quelque sorte le faire vivre dans une atmosphère d'art qu'il respire et absorbe tout naturellement, et développer ainsi dans le sens de la beauté ses naïves tendances naturelles. (*Applaudis.*).

M. **John Labusquière** est d'avis que certainement une instruction solide est souhaitable à tout artiste. Il ne faudrait pas, cependant, qu'un examen plus ou moins scientifique manqué pût empêcher un jeune candidat ayant une vocation marquée de prendre part aux concours dits de Rome. Aussi bien les épreuves de ce concours devraient-elles être moins exclusives, tant qu'on le maintiendra. — Il faudrait qu'il y eût une épreuve imposée et une épreuve au choix du candidat : en l'état actuel, il est impossible à un jeune peintre exclusivement paysagiste de concourir pour Rome. (*Adhésion*).

M. **Rousseau** fait remarquer que cela est conforme à l'une des conclusions de son rapport : « Demandons aux artistes le plus d'instruction possible, mais tenons compte de leur génie plus que de leur science. »

M. **le Président** est également d'avis qu'il faut être tolérant sur ce point.

M. **Van den Bussche** en arrivant à Rome après avoir obtenu le prix, s'y est trouvé seul, isolé ; il n'en est pas de même des lauréats français qui, en arrivant, se trouvent en famille à la villa Médicis. Il préconise la création, à Rome, d'une institution belge similaire, à la tête de laquelle serait placé un chef compétent, aux vues larges.

M. **John Labusquière** combat la proposition de M. Van den Bussche (création d'une Académie belge à

Rome) qui obligerait les lauréats à y séjourner. Sans doute le voyage de Rome n'est pas inutile, mais il faut laisser aux jeunes artistes la liberté de voyager, de chercher le pays, le ciel, les maîtres, le milieu qui conviennent le plus à leur tempérament. L'artiste pas plus que l'art ne doit être prisonnier. Le séjour obligatoire à Rome prend le caractère d'une véritable déportation artistique. (*Rires et applaudissements*).

M. **Hymans** et M. **Rousseau** sont également partisans de la liberté absolue du lauréat dans le choix de son itinéraire, mais l'obligation d'un voyage doit être maintenue.

M. **le Président** est d'avis qu'il ne faut plus recourir sans cesse aux sujets bibliques ou historiques ; on trouve dans la vie moderne des sujets tout aussi intéressants.

M. **Hymans** pense, au contraire, qu'il y a avantage à imposer des sujets tirés de la Bible ; c'est dans celle-ci que l'on trouve le plus grand choix de sujets répondant à des conventions généralement admises et de plus, offrant, au point de vue du costume, plus de facilité qu'aucun autre.

L'orateur préconise la suppression de la visite corporelle des candidats aux Prix de Rome, qui non seulement blesse la bienséance, mais encore expose aux risées de leurs concurrents et met dans une situation pénible les candidats atteints de tares physiques.

M. **Tempels** estime que M. Lampué n'a pas eu l'intention d'exclure systématiquement les sujets anciens. (*Adhésion*).

M. **Hanno** propose que les lauréats classés second et troisième reçoivent également une bourse de voyage.

M. **Rousseau** donne lecture des conclusions ci-après :

1° Maintenir en principe, mais modifier dans son application, l'institution des concours dits de Rome ;

2° Demander aux candidats le plus d'instruction possible, et les mettre en mesure de l'acquérir facilement ;

3° Supprimer des conditions actuelles de ces concours toutes les dispositions qui peuvent faire obstacle à la libre révélation du talent personnel du candidat ;

4° Apporter beaucoup de largeur dans le choix des sujets ; admettre tous les concurrents à traiter deux sujets, l'un imposé, l'autre au choix ; à la rigueur et si l'on estime que cette mesure soit indispensable pour donner toute garantie de sincérité, ces deux sujets pourront être traités en loges ;

5° De préférence, ne maintenir le travail dans un local déterminé que pour les examens scientifiques ; supprimer la visite corporelle ;

6° Maintenir l'obligation du voyage, mais donner toute latitude au lauréat quant au choix de l'itinéraire, en lui indiquant, toutefois, les buts de visite qui paraissent les plus utiles ;

7° Maintenir également l'obligation pour les lauréats de l'envoi de rapports et d'œuvres, permettant d'apprécier les profits qu'ils retirent des avantages que leur offre le prix ;

8° Enfin, étendre les avantages et les obligations attachés au prix aux 2e et 3e lauréats, proportionnellement aux résultats du concours.

Toutes ces conclusions sont votées.

La section estime que les conclusions qu'elle a votées sur les questions précédentes impliquent la réponse à la 7e question (utilité, nature et répartition des récompenses) et que la 8e question (affiches d'art et publications illustrées) est de la compétence de la 1re section (littera C. et D. du questionnaire).

M. **le Président** déclare terminés les travaux de la seconde section du Congrès International de l'Art public.

L'ART PUBLIC
AU POINT DE VUE SOCIAL
(SUITE)

DISCUSSION GÉNÉRALE ET RÉSOLUTIONS

ASSEMBLÉE PLÉNIÈRE
du 28 Septembre — Séance du matin.

Le bureau est composé de MM. **J. Cuypers** (Hollande), *président*; **Lampué** (France); **Moller** (Suède et Norwège); **Broerman**, *secrétaire-général* et **Wetrems**, *secrétaire*.

M. **Broerman** rappelle le vœu, exprimé par les congressistes qui ont pris part à l'excursion de Malines, de voir le Gouvernement aider cette ville à dégager le Palais du Grand Conseil qui est encombré de misérables boutiques et à restaurer et achever ce Palais.

L'édilité a fait exproprier l'une de ces boutiques afin de montrer à la population la richesse artistique qu'elles cachent; le succès de cette démonstration a été concluant et il convient d'en féliciter cette édilité dont le souci artistique pour la restauration de ses trésors d'architecture a fait l'objet des unanimes éloges des congressistes qui ont visité leur ville (*Applaudissements*).

Le Congrès *appuie* ce vœu, à l'unanimité de ses membres.

L'ORDRE DU JOUR.

M. **Henry Rousseau**, rapporteur de la 2ᵉ section, lit le rapport suivant résumant avec une clarté rare les discussions qui ont eu lieu dans sa section :

Rapport présenté, au nom de la 2me Section
Par M. **Henry Rousseau**.

MESDAMES, MESSIEURS,

Le but présenté aux délibérations de la seconde section du Congrès était résumé en ces mots : « *l'Art public au point de vue social.* »

Ces termes ouvraient à nos discussions de vastes horizons ; ils nous indiquaient — et les questions spécialisées précisaient — que nous avions à nous occuper de l'art au point de vue le plus élevé : à celui de ses influences sur l'état social de l'humanité, sur la culture intellectuelle des peuples.

Craignant de fatiguer votre attention et de nuire ainsi à la complète lucidité — partant, à l'utilité pratique — des débats, le bureau de la seconde section a été d'avis qu'il conviendrait, non pas de lire in extenso dans cette assemblée générale les procès-verbaux de ses délibérations, mais de vous donner connaissance des solutions qu'elle préconise pour chacune des questions posées, en vous exposant, de la façon la plus sincère et la plus succincte possible, les considérations qui l'ont amenée à adopter ces solutions.

* * *

L'Art, Mesdames et Messieurs, est l'expression la plus noble et la plus exacte de l'état moral d'une nation ; le principe de l'utilité de son enseignement est au-dessus de toute discussion ; aussi nous préoccuperons-nous, surtout, des moyens propres à vulgariser cet enseignement, à le répandre de la façon la plus pratique et la plus fructueuse à la fois.

* * *

« *Par quels moyens*, nous demandait-on, *peut-on encourager l'Art dans un intérêt social ?* »

On préconise, en réponse, « la création, dans chaque pays, d'un *Office National*, où seraient centralisés des programmes de monuments dont l'érection est réclamée, soit par des comités locaux, soit même par des personnes isolées — lesquels, sans prendre d'engagements d'aucune sorte, fourniraient ainsi aux artistes en peine de sujets un motif plausible de leurs efforts. » Les listes des monuments désirés, avec programmes des conditions de leur exécution, seraient publiées dans un annuaire ou un bulletin spécial répandu le plus possible parmi les artistes.

L'application de ce système aurait de plus pour effet de remplacer l'achat de hasard par la commande éclairée, de favoriser l'exécution d'œuvres adéquates aux milieux en vue desquels elles auront été conçues.

***

Il ne suffit pas d'encourager la production d'œuvres d'art : il faut encore que l'homme soit mis à même de les apprécier et d'en jouir. Par quels moyens ?

C'est l'étude de ceux-ci qu'appelle la seconde question, ainsi formulée : « *Quel rôle doit remplir l'esthétique dans l'éducation et l'instruction ? Quelles méthodes convient-il, éventuellement, de recommander dans ce but ?* »

Partant de cet axiome énoncé plus haut, que l'enseignement de l'art est utile, et de ce principe incontesté que les impressions premières sont les plus durables, que par le fait même de son inexpérience, de sa virginité intellectuelle, si je puis m'exprimer ainsi, les impressions sont plus profondes, s'incrustent mieux dans le cerveau de l'enfant que dans celui de l'adulte, nous estimons que les connaissances artistiques doivent être inculquées dès le premier âge, que l'enfant doit recevoir les rudiments du dessin et de l'histoire de l'Art en même temps que ceux de l'écriture et de la lecture.

Comme l'écriture, le dessin sert à exprimer une pensée, à raconter un fait, à faire partager une sensation ; il constitue la seule langue vraiment éternelle et universelle ; c'est le dessin, par les hiéroglyphes, qui non seulement nous a transmis l'histoire des générations passées, mais encore nous a mis à même de comprendre leur langue, de longtemps oubliée.

Les arts plastiques et graphiques, bien plus que les écrits, nous donnent la perception exacte des mœurs de nos ancêtres, de leur degré de civilisation, nous font connaître leurs vêtements, les instruments dont ils faisaient usage, nous révèlent, aussi bien que les faits les plus saillants de leur histoire, les détails les plus intimes de leur vie.

Nous devons donc considérer comme un devoir de mettre ce puissant moyen de transmission de la science et de la pensée à la portée de tous, et le plus tôt possible.

Les principes généraux à appliquer à l'enseignement du dessin sont identiques à ceux que l'on observe dans l'enseignement de l'écriture et de la lecture ; on ne se borne pas à faire former des caractères par l'élève, on lui enseigne la calligraphie ; on ne lui apprend pas seulement à déchiffrer des signes écrits ou imprimés, on lui met entre les mains, en même temps que des traités enseignant les règles fondamentales de la langue, des extraits empruntés aux meilleurs auteurs, et aussi intéressants par le fond que par la forme.

De même, appliquons-nous, par le choix des modèles que nous lui mettrons sous les yeux, à impressionner l'intelligence de l'enfant, simultanément, par les faits mêmes représentés et par la perfection de la représentation.

Quoi de plus logique que d'utiliser, dans ce but, et les murailles des écoles, et les manuels classiques ? Un cours d'histoire sera plus attrayant pour l'élève si son livre renferme des gravures qui lui mettent sous les yeux, font vivre dans son imagination, les personnages dont on lui parle, lui permettent de se figurer non seulement leurs traits, mais encore leur costume, leur habitation, leur entourage.

Ces illustrations seraient à l'enseignement de l'histoire ce que sont les cartes de l'atlas à celui de la géographie.

La même comparaison s'applique aux murailles des salles d'école : on les tapisse tantôt de cartes géographiques, tantôt de tableaux relatifs à l'enseignement du système métrique, des poids et mesures ou de l'histoire naturelle ; rien n'empêche l'adoption des mêmes moyens intuitifs pour l'étude de l'histoire nationale ou générale, combinée avec celle de l'esthétique.

Afin de tenir en éveil l'attention des élèves, la décoration des murailles devrait varier ; à cet effet, les autorités dans les attributions desquelles rentre la direction de l'enseignement public formeraient des collections de tableaux, gravures, photographies ou moulages, qui passeraient d'une école à l'autre suivant un ordre de roulement déterminé.

Nous ne ferions là, d'ailleurs, qu'imiter certains de nos voisins : en Angleterre, en Russie, peut-être dans d'autres pays encore, il existe des séries d'objets formant des *collections de circulation* et destinés à être prêtés pour un temps déterminé aux établissements officiels d'instruction, en même temps que des traités techniques relatifs à ces objets.

Dans le musée fondé par la Société Polytechnique de Moscou, dont la création remonte à 1872, des conférences populaires gratuites, d'une durée moyenne de quarante à quarante-cinq minutes, ainsi que des lectures accompagnées de projections lumineuses, sont données fréquemment par des spécialistes ; l'orateur donne un résumé succinct des notions scientifiques et pratiques relatives à la collection d'objets mis sous les yeux de son auditoire ; il évite autant que possible les définitions classiques et s'efforce, par la simplicité de son style en même temps que par des démonstrations graphiques, de rendre son exposé compréhensible à l'intelligence la moins développée ; en outre, des cours spéciaux d'enseignement du dessin sont ouverts aux instituteurs et institutrices.

Une observation importante a été faite à ce sujet : en demandant aux éducateurs actuels d'inculquer aux enfants des connaissances qu'eux-mêmes, en général, ne possèdent pas, nous les obligerons à se livrer, — pour acquérir ces connaissances et se mettre, par conséquent, en mesure de les transmettre à leurs élèves, — à des études nouvelles, à un véritable surmenage intellectuel.

Notre éminent collègue, M. Benoit-Lévy, nous a signalé, dans cet ordre d'idées, l'initiative prise par la Société populaire des Beaux-Arts de Paris, qu'il préside. Cette compagnie a fait exécuter une collection de clichés destinés aux projections lumineuses, accompagnés de conférences écrites par des spécialistes, et dont l'instituteur n'a plus qu'à donner lecture.

Ce mode de procéder, si bon qu'il soit, ne peut être considéré, dans sa seconde partie du moins, que comme une mesure transitoire. Le rôle de l'instituteur ne peut se borner à cette fonction de phonographe ; il importe à sa propre dignité et à la confiance que doivent avoir en lui ses élèves, que le professeur chargé d'enseigner l'histoire de l'art en même temps que celle de la civilisation, à laquelle elle est intimement liée, en possède lui-même des notions aussi étendues que possible, qu'il soit à même de répondre à toute question qui lui serait posée ; pour cela, il est nécessaire d'inscrire le diplôme de professeur d'histoire de l'art et de dessin parmi ceux dont la possession est exigée des aspirants éducateurs ; obligation nouvelle, mais à laquelle se conformeront sans peine ceux dont l'éducation première aura compris l'enseignement artistique. Si les vœux du Congrès, sur ce point, reçoivent une sanction pratique, vingt ans ne s'écouleront pas sans que tous les instituteurs soient à même d'enseigner, et l'histoire de l'art, et les principes du dessin.

***

Ces conclusions, Mesdames et Messieurs, répondent en même temps à la troisième question : « *Y a-t-il des mesures à prendre par les pouvoirs publics en vue du développement esthétique des populations ? Quelles sont ces mesures ?* »

Pour résumer et consacrer les considérations qui précèdent, nous proposons que le Congrès,

Considérant que l'art est un élément de haute mentalité publique ;

Que la vue et la compréhension du Beau contribuent puissamment au perfectionnement moral ;

Entendu les rapports présentés, et vu les délibérations de la deuxième Section,

Émette les vœux suivants :

1° Que l'on établisse, dans les écoles de tous les degrés, l'enseignement obligatoire du dessin, du chant, de la gymnastique callisthénique et de l'histoire de l'Art ;

2° Que ce dernier enseignement soit rendu foncièrement intuitif :

a) Par des excursions, des visites de monuments, des conférences et des lectures sur place, notamment de descriptions de lieux dont une première lecture aurait été faite en classe ;

b) Par des documents artistiques mobiles, permettant d'établir un roulement d'échanges entre les écoles ;

c) Par des projections lumineuses, constituant, en somme, des voyages peu coûteux et faites dans un ordre méthodique ;

3° Que l'on profite, dans toute la mesure du possible, des bonnes qualités de l'enfant et de ses tendances naturelles vers l'amour du Beau et du Bien ;

4° Que les autorités s'efforcent de ne mettre sous les yeux du peuple que des objets revêtant une forme artistique, et s'entourent des conseils d'hommes compétents, dans l'examen de toutes les questions intéressant tant la production d'œuvres nouvelles que la conservation des monuments ou des beaux sites qui existent ;

5° Que l'on favorise la création de musées cantonaux et celle de sociétés artistiques dans chaque centre ;

6° Que l'on fasse, par l'exécution fréquente de morceaux bien choisis, l'éducation musicale de l'oreille.

***

La quatrième question, Mesdames et Messieurs, bien que très brièvement formulée, a une très grande portée : « *De l'organisation des musées et expositions d'art.* »

En ce qui concerne les musées, elle a provoqué les vœux : qu'ils soient organisés d'une manière plus esthétique et méthodique, de façon qu'ils constituent, non des exhibitions, mais de véritables établissements d'éducation artistique populaire : que l'on y place en évidence, de façon à frapper la vue tout d'abord, — et autant que possible dans des conditions de lumière et d'entourage analogues à celles du milieu pour lequel elles ont été exécutées, — les œuvres les plus marquantes, celles que l'on peut considérer, à bon droit, comme l'expression la plus exacte de l'art de chaque époque à son apogée ; qu'à côté de ces pièces capitales soient formés des groupements d'autres œuvres, marquant les différentes étapes qui ont précédé cette expression, celles qui s'en sont successivement éloignées, pour aboutir à une expression nouvelle ; que chaque œuvre porte la mention du nom de son auteur, de la date de son exécution, du sujet qu'elle représente et du nom du donateur ou de l'endroit d'où elle provient ; en un mot, que les prolégomènes de la filiation des œuvres d'art y soient si clairement exposés que le visiteur emporte cette sensation nette : que l'histoire de l'Art, comme celle de la civilisation, présente une suite ininterrompue d'évolutions, un enchaînement de faits conséquents, sans solution de continuité.

Il faut, enfin, que ces musées soient largement ouverts au public, tous les jours et gratuitement.

Les expositions aussi devraient être modifiées dans le sens d'un groupement des objets par auteur et par genre d'œuvres. Il faut y réserver une place aux applications de l'art à l'industrie.

L'exposition de toutes reproductions d'œuvre d'art monumental devrait montrer, à côté de l'ensemble, des fragments permettant d'en étudier les détails, ainsi que des photographies donnant l'impression nette de l'objet dans son milieu réel.

* * *

La 5e question avait en vue la détermination du « *système qui doit prévaloir dans la répartition des travaux et encouragements artistiques. Convient-il d'organiser des concours ?* »

Oui, il est désirable, sous plus d'un rapport, de voir adopter le système des concours publics dans la répartition des travaux et des encouragements artistiques ; toutefois, l'utilité de ces concours dépend de leur organisation.

Le système exposé précédemment, de la publication de listes et de programmes des monuments dont l'érection est désirée, ainsi que l'exposition périodique d'esquisses exécutées dans le but de répondre à ces desiderata, constitue un concours public ; ces esquisses devraient, toutefois, être accompagnées d'un morceau achevé, permettant de juger du pouvoir d'exécution de l'auteur.

Il importerait, en outre, pour éviter les mécomptes qui suivent parfois — souvent même — l'érection définitive d'un monument, de stipuler que, chaque fois que ce sera possible, une maquette en grandeur d'exécution de tout monument public ayant un caractère décoratif, sera érigée sur l'emplacement destiné à le recevoir, et soumise à l'appréciation d'une commission compétente ; elle en permettra l'appréciation par le public et par l'auteur lui-même, qui sera mieux en mesure de juger de l'effet produit et de proportionner sûrement les dimensions de l'œuvre à celles de son entourage.

L'exécution d'une œuvre de concours, surtout si la maquette en grand est exigée, entraîne à des dépenses dont il importe que les concurrents soient au moins partiellement indemnisés, et l'équité la plus rigoureuse doit présider à la distribution de ces indemnités.

Le vœu a été émis en conséquence que, lors même que le résultat donné par un concours ne répondrait pas à l'attente, les primes annoncées soient distribuées aux concurrents dont le travail aurait paru le meilleur, sans obligation, toutefois, d'exécuter l'œuvre primée.

* * *

L'examen de la question relative aux concours publics amenait tout naturellement celui de la question des concours de Rome, et l'on nous demandait : « *L'institution des concours dits de Rome répond-elle aux exigences de l'art ?* »

Dans les conditions où cette institution fonctionne actuellement, non, certaines de ces conditions étant de nature à mettre obstacle à la libre démonstration des moyens de chaque concurrent — d'autres étant inutiles ou ne donnant pas de garanties suffisantes.

Après avoir examiné chacune de ces conditions, la section a voté les résolutions suivantes :

1. Maintenir en principe, mais modifier dans l'application, l'institution des concours dits de Rome ;

2. Demander aux candidats le plus d'instruction possible, et les mettre, par les établissements d'instruction, en mesure de l'acquérir facilement ; tenir compte plus largement, toutefois, du talent personnel des candidats que de leur science.

3. Retrancher des conditions actuelles des concours toutes les dispositions pouvant mettre obstacle à la libre révélation de la personnalité de chaque candidat ; apporter beaucoup de largeur dans le choix du sujet et admettre chaque concurrent à en traiter deux : l'un imposé, l'autre au choix ; à la rigueur, et s'il est reconnu que cette mesure soit indispensable pour donner toute garantie de sincérité, demander que ces deux sujets soient traités en loge.

4. De préférence pourtant, ne maintenir l'obligation du travail dans un lieu déterminé que pour les examens scientifiques.

5. Supprimer la visite corporelle dont les avantages, c'est-à-dire les garanties qu'elle donne au point de vue du travail personnel, ne prévalent pas contre les inconvénients qu'elle offre sous le rapport tant de la bienséance que de la position pénible dans laquelle elle place les candidats affligés de quelque tare physique.

6. Maintenir l'obligation du voyage, en laissant au lauréat toute latitude au sujet du choix de son itinéraire, mais en lui recommandant toutefois les buts de visite les plus utiles.

7. Maintenir l'obligation pour les lauréats de l'envoi de rapports et de travaux constituant un moyen d'appréciation constante des profits qu'ils retirent des avantages que leur offre le prix.

8. Etendre, enfin, les avantages aussi bien que les obligations attachés au prix, aux concurrents classés second et troisième, proportionnellement au résultat du concours.

Le plus discuté de ces points a été celui qui a provoqué la résolution énoncée sous le n° 3 ; les arguments portaient, d'une part sur la disproportion qu'établit, entre les chances de réussite, l'imposition du sujet, qui peut favoriser tel concurrent dans les aptitudes duquel rentre mieux que dans celles de tel autre le sujet choisi ; d'autre part, sur l'élément d'appréciation de la valeur proportionnelle des candidats et sur l'expérience établissant que la complète liberté ne donne pas toujours satisfaction entière en ce qui concerne la démonstration du talent de chacun. La section a jugé que les diverses objections se trouveraient conciliées dans l'application aux concours dits de Rome du système admis pour les concours des conservatoires ou des sociétés de musique, où l'on demande aux concurrents l'exécution de deux morceaux, l'un imposé, l'autre au choix.

* * *

Le premier membre de la septième question : « *Les récompenses sont-elles utiles pour l'encouragement de l'art dans un intérêt social* » a été résolu affirmativement ; le second : « *De quelle nature doivent être ces récompenses et comment faut-il les répartir* » trouvait sa réponse dans les vœux émis précédemment au sujet de l'organisation des expositions et des concours.

* * *

La huitième et dernière question : « *Affiches d'art et publications illustrées dans un but d'éducation populaire* » a été résolue en partie par les vœux émis au sujet de la décoration des murs, de l'illustration des manuels scolaires, de séances publiques avec projections faisant passer sous les yeux des spectateurs, en les leur expliquant, les chefs-d'œuvre du monde entier.

Quant au point relatif aux affiches d'art, il touche directement aux litteras C. et D. du questionnaire soumis à la première section et les vœux à émettre à ce sujet paraissent rentrer surtout dans les attributions de celle-ci. Le moyen le plus efficace de combattre le mauvais goût consiste principalement dans la bonne direction à donner au goût de l'homme, en le prenant dès son enfance.

Faisons de bonne heure l'éducation de l'œil et celle de l'oreille ; appliquons-nous à remédier à cette situation, si pénible à constater aujourd'hui, que le goût public paraît si peu éclairé qu'il va souvent, d'instinct, à l'admiration du laid. Par une éducation esthétique commencée de bonne heure et poursuivie sans relâche, mettons les hommes à même de jouir des chefs-d'œuvre qu'ils pourront contempler dans les musées ; efforçons-nous de diriger et d'étendre cette éducation esthétique de façon telle qu'un jour la création du laid disparaisse par la force même des choses.

* * *

M. le **Président** félicite chaleureusement le rapporteur dont le travail, à la fois complet, clair et concis, facilitera grandement les délibérations du Congrès. (*Applaudissements prolongés.*)

L'assemblée reprend alors une à une les questions qui ont été soumises à la 2e section.

1re **Question**. — « *Par quels moyens peut-on encourager l'art dans un intérêt social ?* »

La section répond : « Par la création, dans chaque pays, d'un *Office national* qui centraliserait tous renseignements et notamment les programmes de monuments à ériger, et qui fournirait ainsi aux artistes en peine de sujets un motif plausible de leurs efforts. » (*Adopté*).

M. **Broerman** rend hommage à la deuxième section et au rapporteur qui a si bien résumé ses travaux. Il propose de répondre également à la première question — qui intéresse la nature de l'intervention des pouvoirs publics — par un vœu tendant à la décentralisation administrative en matière artistique, par l'extension pratique du service des Beaux-Arts à tous les services publics, sans distinction aucune.

L'administration pour la protection officielle de l'art, tant nationale que locale, dans tous les pays, est isolée de toutes les administrations publiques auxquelles elle devrait appartenir dans l'intérêt social de l'art et de l'éducation publique. Il y a lieu de la décentraliser et de la rendre défensive, réparatrice et protectrice dans tous les domaines régis par les pouvoirs publics ; car partout il importe de combattre légalement l'industrialisme qui déforme l'aspect public, qui nuit à nos institutions et à nos mœurs.

Les pouvoirs publics devront cependant se garder de toute ingérence officielle incompatible avec la libre émulation artistique qu'ils doivent provoquer et soutenir et ils ne devront notamment prendre des mesures d'assainissement esthétique qu'après avoir consulté des comités compétents.

M. **Lampué**, qui a présidé la 2e section, s'oppose à la discussion, cette proposition n'ayant pas été examinée par la 2e section.

Je ne comprends au surplus, ajoute-t-il, ni la subtilité, ni la portée de cette proposition. (*Mouvements divers*).

M. **Broerman**, *insiste*, déclarant avoir soumis cette proposition à la 1re section qui l'a admise en principe. Hier, le président l'a invité à la reproduire lors de la discussion des conclusions de la 2e section, qu'il propose de compléter par une réponse relative à la *nature de l'intervention des pouvoirs publics*, paragraphe réservé, et aux *moyens d'encourager l'art dans un intérêt social* au sujet desquels un vœu vient d'être émis.

Nous désirons tous la diffusion du Beau pour l'éducation publique et il est naturel de proposer au Congrès d'émettre le vœu de voir tous les services publics organisés et administrés de manière à porter remède, dans le cadre de leurs attributions, à la situation générale qui a motivé la réunion du Congrès.

M. **Lampué**. Vous troublez la discussion (*Bruit*). Vous sortez de la question et vous abusez vraiment de l'attention de l'assemblée ; votre proposition ne peut être discutée. (*Interruptions*).

M. **Broerman.** Permettez-moi de vous exprimer mon étonnement, l'assemblée n'ayant manifesté aucune hostilité ; je propose simplement une réponse complémentaire à la question qui vient de lui être soumise, et je réclame formellement la discussion de ma proposition.

M. **Lucas** (Paris) estime que l'assemblée ne doit se prononcer que sur des amendements.

M. **Broerman.** Je me soumettrai à toutes les exigences de forme, mais j'insiste énergiquement pour que l'assemblée se prononce sur ma proposition.

Je prie le président de bien vouloir demander au Congrès s'il adhère ou non à ma pensée.

M. **le Président,** questionnant l'assemblée à ce sujet, elle se prononce en faveur de la proposition. M. Broerman déclare qu'il va la formuler sous forme d'amendement. (*Signes d'approbation*).

* * *

2e Question. — « *Quel rôle doit remplir l'esthétique dans l'éducation et l'instruction ? Quelles méthodes convient-il éventuellement de recommander dans ce but ?* »

M. **Rousseau,** *rapporteur*, lit les conclusions relatives à cette question.

M. **Lenci** (Italie), *échevin des Travaux Publics*, à Florence, veut voir conserver dans les rues les objets d'art qui appartiennent à la rue plutôt que de les conserver dans des musées.

Il cite l'exemple du Saint-Georges de Donatello qui, au lieu d'orner la voie publique, se trouve aujourd'hui au musée du Bargello. La niche architecturale pour laquelle ce chef-d'œuvre a été fait est vide !

M. **Lampué.** Il vaut mieux conserver les sculptures dans des musées plutôt que les laisser se détériorer, s'effriter par le temps !

M. **Broerman.** Nous pouvons donner raison au deux préopinants. Je profite de l'occasion qui m'est offerte pour rendre hommage au délégué de Florence, M. Lenci, son échevin des Travaux Publics. Certes, il serait odieux de songer à enlever de la place pour laquelle ils ont été conçus et exécutés les joyaux de sculpture dont elle est parée depuis plusieurs siècles sous la protection d'une température clémente; mais les rigueurs climatologiques et les brumes corrosives de nos pays détériorent et détruisent, au contraire, des œuvres qu'il faut restaurer continuellement et qui par ce fait sont souvent déformées ; or, dans notre cas, il vaut quelquefois mieux transporter un chef-d'œuvre d'application dans un musée, de l'y faire figurer, si possible, dans son cadre architectural, et de mettre à la place qu'il occupait un fac-simili d'une exactitude absolue, dans la même matière ; mais il ne faudrait recourir à ce moyen que lorsque l'œuvre originale est menacée de destruction ; les reproductions en plâtre suffisant pour l'enseignement comparatif dans les musées. (*Marques d'approbation*).

M. **Van Bellinghen** appuie la manière de voir du délégué italien. Les statues, dit-il, sont faites pour la rue. Il est absurde de les placer dans des musées. Les chefs-d'œuvre de la statuaire doivent servir à l'éducation esthétique permanente du peuple.

M. **Broerman.** D'accord, nous l'avons écrit maintes fois dans l'*Art Public*, mais il s'agit uniquement de sauver certains chefs-d'œuvre de la destruction.

Il serait du reste puéril de vouloir résoudre d'une manière générale cette question qui trouvera toujours une solution spéciale dans les considérations que comporte un cas déterminé. (*Adhésion*).

M. **Broerman** dépose l'amendement annoncé tantôt et se rapportant à la 1re question. En voici le texte :

« De plus, il est désirable que l'encouragement de l'art par les différents pouvoirs soit étendu pratiquement à tous les services publics. » (*Adopté à l'unanimité*).

* * *

3e Question. — « *Y a-t-il des mesures à prendre par les pouvoirs publics en vue du développement esthétique des populations ? Quelles sont ces mesures ?* »

L'Assemblée estime, avec la section, que cette question se confond avec la précédente. Les conclusions susdites sont *adoptées*.

* * *

4e Question. — « *De l'organisation des Musées et Expositions d'art.* »

L'assemblée adopte les conclusions de la section.

M. **Broerman** propose d'ajouter : « Il y a également lieu d'organiser selon ce système les musées d'antiquités. Là aussi doit s'établir un enseignement esthétique ; la considération de la rareté ne peut y rester dominante. » (*Adopté*).

M. **Broerman** préconise la création de musées intercommunaux d'échanges de reproductions d'exemples d'art public qui seraient pour les différentes villes de chaque pays civilisé non seulement des répertoires d'archéologie et d'histoire nationale, mais des écoles d'art ancestral dans lesquelles seraient pratiquement enseignés les principes logiques de l'art décoratif.

L'institution si ingénieuse et si belle des échanges internationaux réunit dans quelques capitales seulement des reproductions de chefs-d'œuvre de l'art monumental des nations contractantes. Ce qui s'est fait entre différents pays peut se faire d'autant plus utilement entre les villes de chaque pays.

Il y aurait même lieu, dans cet ordre d'idées, sinon de restituer des chefs-d'œuvre originaux figurant dans quelques musées ou dans des collections particulières, tout au moins de les faire revivre sous forme de reproductions dans leurs milieux primitifs ou de reconstituer si possible, dans les musées intercommunaux d'art public, les ensembles dans lesquels ils figuraient jadis. On y grouperait les originaux et les reproductions plastiques ou graphiques, méthodiquement, par ordre chronologique, de milieu, de genre et de sujet ; il en résulterait un tel enseignement de logique esthétique pour l'éducation des citoyens que le fait de le propager par des conférences s'adressant à toutes les intelligences, feraient de ces musées des écoles régénératrices de l'esprit artistique des milieux. Ce projet a été soumis précédemment à la Conférence Nationale de l'Art public qui l'a adopté; il a été développé dans *l'Art Public*. (*Voté à l'unanimité.*)

* * *

5e **Question.** — « *Quel est le système qui doit prévaloir dans la répartition des travaux et encouragements artistiques? Convient-il d'organiser des concours ?* »

M. **Rousseau,** *rapporteur,* donne lecture des conclusions qui sont adoptées sans débat.

* * *

6e **Question.** — « *L'institution des Concours dits de Rome répond-elle aux exigences de l'art?* ».

M. **Félix Régamey** (France), *inspecteur* de l'enseignement du dessin à Paris, estime que le rapport touche à bien des questions secondaires qui n'ont guère de rapport avec l'art public. Gardons-nous d'entrer dans des détails infinis.

MM. **Marius Vachon,** *publiciste d'art,* à Paris, et **La Busquière** (Paris) parlent dans le même sens.

M. **Van Bellinghen** demande des éclaircissements au sujet du passage du rapport relatif à la culture scientifique de l'artiste.

M. **John Labusquière** traite longuement et brillamment les conditions mises à la participation des concours dits de Rome ; il voudrait voir le Congrès conseiller aux artistes d'étendre toujours leurs connaissances scientifiques.

L'artiste doit connaître à fond son époque. Plus il sera instruit et mieux il saura traduire sa pensée à travers son tempérament. (*Vifs applaudissements.*)

M. **Van Bellinghen** se déclare satisfait des explications que l'assemblée entière vient d'approuver.

M. **Pinart.** Le discours de M. Labusquière montre qu'il n'y a rien à retrancher du rapport en ce qui concerne la 6e question.

Le Congrès *supprime* des conclusions le passage relatif à la *visite corporelle.*

Il les *adopte* pour le surplus, avec cette ajoute proposée par M. Broerman :

« L'organisation de ce concours devra du reste pouvoir être modifiée d'après les progrès de l'enseignement artistique dont il est en quelque sorte la consécration et les sujets d'application pour les rues et les monuments publics pourront aussi être choisis. »

* * *

7e **Question.** — « *Les récompenses sont-elles utiles pour l'encouragement de l'art dans un intérêt social ; dans l'affirmative, de quelle nature doivent être ces récompenses et comment faut-il les répartir ?* »

Les conclusions de la section sont *adoptées* sans débat (l'affirmative pour la première partie de la question ; — la seconde partie trouvant sa réponse dans les vœux émis précédemment, à propos de la 5e section.)

* * *

8e **Question.** — « *Affiches d'art et publications illustrées dans un but d'éducation populaire. Moyens d'enrayer la production d'affiches illustrées et d'images de mauvais goût ou qui blessent la morale.* »

M. **Broerman.**—L'affiche illustrée est devenue une des principales manifestations temporaires de l'art sur la voie publique et il y a lieu pour les pouvoirs publics d'en encourager la production artistique, mais ils ne devraient plus tolérer l'affichage sur les monuments publics. (*Marques d'assentiments.*)

M. **Lampué.** Sur certains monuments... (*Rires*).

M. **Broerman.** ... et sur toutes les maisons ayant un caractère architectural, qui devraient être protégées contre tout vandalisme, par une servitude artistique. (*Adhésion*).

M. **Broerman** estime qu'il ne faut pas perdre de vue l'encouragement à donner à la lithographie et qu'il y a lieu de la recommander à la sollicitude des pouvoirs publics.

Si l'on encourage la production des modèles d'affiches, il faut évidemment encourager la bonne reproduction de ces modèles. Cela engagera les artistes à lithographier eux-mêmes leurs croquis ou à les faire lithographier avec art.

M. **Lampué** combat vivement cette manière de voir et déclare qu'il suffit d'encourager la production de croquis.

M. **Broerman.** Le plus beau croquis ne donne pas toujours la meilleure affiche. La technique d'un croquis peut avoir un charme trompeur dans l'occurence.

Je répète qu'il est désirable que les artistes qui font des croquis sachent aussi les lithographier, et que les ouvriers lithographes soient vraiment les ouvriers d'art capables de comprendre et de reproduire des beaux modèles ; il ne faut pas oublier que c'est leur procédé technique qui donne à la composition l'aspect définitif sous lequel elle est exposée sur la voie publique ! La lithographie est trop accaparée par l'industrialisme, et la généralité des bons artistes la dédaignent ; en la relevant par des encouragements, on fera chose sensée.

M. **Lampué** repousse cette proposition avec animation, parce que, dit-il, la 2e section ne l'a pas examinée.

M. **Broerman** s'excuse de n'avoir pu suivre les travaux de deux sections qui siégeaient simultanément et constate que tantôt sa proposition était combattue par M. Lampué parce qu'il suffisait de faire produire des croquis et maintenant parce que la 2e section ne l'a pas examinée.

M. **Rousseau** *rapporteur,* signale que les votes émis sur les questions 2 et 3 répondent en partie à la question et qu'ils peuvent donner, dans une certaine mesure, satisfaction à M. Broerman.

Il propose de voter sur l'ensemble du rapport avant de discuter la proposition.

L'assemblée partage cet avis. Le rapport est adopté à l'unanimité.

M. **Lampué**. Vu l'heure avancée, la proposition ne peut être mise en discussion. (*Mouvement.*)

M. **Broerman** proteste contre les procédés de contradiction de M. Lampué qui provoquent la confusion et sont peu en rapport avec l'objet des délibérations du Congrès ; puisqu'il est trop tard pour discuter la proposition, elle sera reproduite et *adoptée* ultérieurement. (*Mouvement prolongé.*)

L'ART PUBLIC

AU POINT DE VUE TECHNIQUE

TROISIÈME SECTION

QUESTIONNAIRE.

1. — *N'y a-t-il pas lieu d'apporter des réformes dans l'organisation des académies et écoles d'art existantes ?*

2. — *N'y a-t-il pas lieu de créer ou d'améliorer pour les divers metiers d'art des écoles d'application et quel doit en être éventuellement le programme ?*

3. — *Quels sont, dans les conditions sociales modernes, les principes rationnels à suivre pour la création de quartiers et pour l'édification de monuments d'architecture ou de sculpture et des constructions tant publiques que privées ? (Produire dans la mesure du possible des maquettes ou des plans).*

4. — *Du choix des matériaux à employer pour les constructions en plein air suivant leur destination et leur situation.*

Samedi 24 Septembre.

L'assemblée procède à la nomination du bureau qui est composé comme suit :

Président :

Docteur P. Y. H. Cuypers, *architecte du gouvernement hollandais, à Amsterdam.*

Vice-Présidents :

Charles Lucas, *architecte, délegué de la Société centrale des architectes français et de la Commission du Vieux-Paris.*

Engels, *architecte des bâtiments civils, conservateur du Palais de Justice de Bruxelles.*

E. Purdon-Clack, *directeur du South-Kensington-Museum, Londres.*

E. Cluysenaar, *peintre d'histoire, professeur à l'Institut Supérieur des Beaux-Arts d'Anvers, directeur de l'Académie de Saint-Gilles.*

Y. Stübben, *architecte, conseiller intime Royal, échevin, à Cologne.*

Rapporteur :

Marius Vachon, *homme de lettres, à Paris.*

Secrétaires :

P. Saintenoy, *architecte de S. A. R. le Comte de Flandre, professeur à l'Academie Royale des Beaux-Arts, à Bruxelles.*

F. Van Ophem, *architecte et critique d'art, à Bruxelles.*

* * *

M. **Cuypers** (Amsterdam), en prenant possession du fauteuil de la présidence, remercie les membres de la IIIe Section et prie l'Assemblée de le seconder dans sa tâche.

La première question est mise en discussion.

M. **Saintenoy** (Bruxelles) lit son rapport et développe ses conclusions. Il émet l'avis que l'Etat doit organiser l'enseignement de l'Art dans des ateliers dirigés chacun par un professeur et non pas dans des classes d'enseignement général où successivement passent les élèves sans que les professeurs aient le temps de s'intéresser à eux et de les guider dans la voie rationnelle.

M. **E. Cluysenaar** (Bruxelles) donne connaissance de son rapport et conclut en préconisant une série de réformes à introduire dans l'organisation pratique des Beaux-Arts, spécifiant particulièrement qu'une plus grande latitude doit être laissée aux professeurs.

M. **Ch. Baes** (Bruxelles) appuie les conclusions de M. Cluysenaar. Il cite quelques extraits du rapport de M. J. Grandvarlet. — Ce dernier approuve les conclusions de M. Cluysenaar. Concernant la direction des Académies et Ecoles d'Art, dit-il, il serait désirable d'avoir à la tête un directeur administrateur.

Une trop grande autorité artistique accordée au directeur a pour effet inévitable de paralyser l'initiative personnelle de chaque professeur en particulier. Le professeur, étant artiste lui-même, doit pouvoir agir selon lui-même, la liberté étant un des facteurs essentiels à l'éclosion de l'Art.

M. **Paugoy** (Marseille) partage l'opinion de M. Saintenoy sur la première question.

En France, les écoles du pays n'ont pas la même organisation que l'Ecole des Beaux-Arts de Paris et il serait à désirer que dans chaque école, à côté du corps professoral, il soit créé un conseil supérieur de perfectionnement dans l'enseignement, car j'estime que les professeurs n'ont pas d'autorité suffisante.

M. **Cluysenaar** (Bruxelles) répond qu'en Belgique cela existe et il est également d'avis qu'il ne faut pas trop centraliser les pouvoirs de l'Art. Il demande, au contraire, plus de liberté pour les artistes et les professeurs, car l'Art trop unifié empêche toute éclosion originale. Latitude entière doit être laissée aux directeurs.

M. **Paugoy** (Marseille) déclare qu'en principe il est d'accord avec M. Cluysenaar, puisqu'il reconnaît la nécessité de décentraliser. Il est absolument nécessaire, dit-il, pour un grand pays, de créer des conseils de perfectionnement locaux.

M. **Winders** (Anvers) prend la parole en ces termes :

« Le Comité exécutif avait bien voulu me prier d'écrire un rapport sur la question qui nous occupe actuellement : mais des circonstances indépendantes de ma volonté m'ont empêché de satisfaire à ce désir ; aujourd'hui, après les excellents rapports que nous venons d'entendre, d'abord celui de M. Saintenoy, ensuite de M. Cluysenaar, je ne regrette plus mon abstention forcée. Je m'en féliciterais presque après la lecture du rapport de M. Cluysenaar, tellement la manière de voir de mon honorable collègue offre de similitude avec la mienne. Faisant double emploi, la lecture d'un troisième rapport sur cette même question n'aurait eu d'autre résultat que celui de vous faire perdre un temps précieux.

» Certainement, Messieurs, tel qu'il ressort tant du rapport de M. Cluysenaar que des explications verbales qu'il vient de nous donner, j'estime, moi aussi, que la base de notre éducation artistique est imparfaitement comprise dans la plupart de nos établissements d'instruction artistique de Belgique.

» Ainsi que l'a fort bien démontré mon honorable collègue, il est un défaut qui tout d'abord saute aux yeux de quiconque veut suivre les résultats obtenus dans nos écoles d'art : on renferme trop étroitement les élèves dans le cadre exclusif à la profession à laquelle ils se destinent. Par exemple, les jeunes artistes peintres, sculpteurs ou graveurs ne reçoivent que peu ou pas de notions architecturales ; — par contre, les élèves architectes, en dehors de leur expérience plus ou moins développée du tire-ligne, ne savent pas suffisamment dessiner une figure ou un ornement, et n'acquièrent que rarement des notions de modelage. M. Cluysenaar, que l'Institut supérieur des Beaux-Arts d'Anvers compte parmi ses plus distingués professeurs et qui y enseigne l'art décoratif monumental, a dû, sans aucun doute, s'apercevoir de toute l'aridité que présente l'enseignement de « *l'art monumental* » à tout jeune artiste qui n'a pas de notions suffisantes d'architecture. Autant vouloir enseigner la prosodie à un collégien qui ne connaîtrait pas les règles les plus élémentaires de la grammaire !

» Il est vrai de dire qu'à l'Académie Royale des Beaux-Arts d'Anvers, on donne depuis quelque temps, sous la dénomination de « Cours de Nomenclature architecturale », un enseignement architectural, cours auquel sont astreints de suivre tous les élèves de cet établissement, à quelque branche qu'ils se destinent. Ayant l'honneur d'occuper cette chaire, je suis à même de constater les résultats progressivement obtenus : parfois un peu indifférents au début, certains élèves-peintres ou sculpteurs ne tardent pas généralement, au fur et à mesure qu'on leur en démontre le côté utile et intéressant, à se lancer dans l'étude de l'architecture avec un véritable enthousiasme ! Mais le temps que le règlement permet d'accorder à ce cours, que jusqu'à présent on a peut-être considéré comme étant d'utilité secondaire, est malheureusement par trop limité. Ce n'est pas en une heure de leçon par semaine, en effet, qu'on peut inculquer à de jeunes dessinateurs, non seulement les règles générales de l'architecture, mais encore la pratique du dessin architectural.

» Comme le fait fort bien remarquer M. Cluysenaar, les connaissances de l'architecture chez les peintres, sculpteurs, graveurs, décorateurs, etc., ne devraient même pas se borner là : il serait très désirable encore que ces élèves puissent aussi recevoir des notions suffisantes concernant les divers styles qui se sont succédés dans l'évolution de l'art architectural.

» Dois-je vous faire ressortir davantage, Messieurs, combien il serait utile qu'à côté de la branche artistique spéciale à laquelle s'attachera le jeune artiste, il soit réservé une petite place à l'enseignement des autres manifestations de l'Art, puisque toutes évidemment ont entre elles des rapports étroits ? Les grands artistes de la Renaissance n'étaient-ils pas souvent peintre, architecte et même aussi parfois sculpteur, tout à la fois ?

» L'artiste peintre qui s'adonne à la peinture historique, à la peinture monumentale et qui aura à faire intervenir dans ses œuvres telles compositions architecturales — extérieurs ou intérieurs de monuments — le peintre de genre ayant à rendre un intérieur d'habitation, — le peintre de vues de villes qui, lui, doit pouvoir interpréter avec un sentiment pittoresque, sans doute, mais en toute sincérité, avec une scrupuleuse exactitude et sans altération du style qui leur est propre, les édifices qui s'offrent à ses regards, — eh bien, Messieurs, tous ces peintres de genres différents pourraient-ils sérieusement considérer leur instruction artistique comme suffisamment complète, si celle de l'architecture leur fait défaut ?

» En ce qui concerne le graveur, la pratique du dessin d'architecture et aussi la science des styles ne sont-elles pas pour lui d'une nécessité primordiale pour éviter la dénaturation des édifices, ou des fragments d'architecture, qu'ils sont éventuellement appelés à reproduire ?

» Et le sculpteur lui-même : son art n'est-il pas constamment en rapports intimes avec l'architecture ? et se peut-il, par quantité de petits détails intervenant dans l'exercice de son art, qu'il reste éternellement tributaire de la collaboration d'un architecte ? Sans doute, dans certains cas difficiles ou importants, le sculpteur est toujours obligé d'en appeler à l'intervention de l'architecte, mais encore faut-il qu'il soit suffisamment pénétré des lois rationnelles de l'architecture pour pouvoir du moins comprendre son collaborateur et marcher d'accord avec lui.

» Et combien d'autres cas analogues ne pourrions-nous encore citer, Messieurs, en ce qui concerne, par exemple, le peintre-décorateur, le peintre-verrier, le sculpteur-ornemaniste, etc., etc. ?

» Si j'envisage maintenant la lacune qu'on rencontre trop souvent dans l'éducation de l'architecte, il me suffira, Messieurs, de rappeler la plupart des projets que nous voyons sortir de nos Académies ; j'ai, pour ma part, souvent constaté que lorsque l'élève doit faire intervenir quelques éléments décoratifs et notamment la figure humaine dans sa composition, il ne s'en tire généralement qu'avec de grandes difficultés, voire très maladroitement.

» Je me résume : lorsqu'on apprendra à nos élèves-architectes à mieux pratiquer le dessin de la figure et de l'ornement, lorsque, d'autre part, on pourra donner à nos jeunes artistes-peintres, sculpteurs, graveurs, etc., des notions générales d'architecture et initier aussi ces derniers à une certaine pratique du dessin de cet art, à ce moment, je ne crains pas d'être contredit, l'éducation artistique aura fait un grand pas. »

M. **Stallaert** (Bruxelles), professeur et ancien directeur de l'Académie des Beaux-Arts de Bruxelles, appuie les conclusions de MM. Cluysenaar et Winders.

» On se plaint, — dit-il, — de ce que les Académies ne produisent pas d'artistes sérieux. A mon avis, ce n'est pas à un enseignement insuffisant qu'il faut l'attribuer, mais bien à la paresse des élèves, à leur peu d'application et leur indifférence pour les connaissances recommandées par le règlement.

» Pour les peintres, par exemple, peut-on les obliger à suivre les cours généraux d'anatomie, perspective, esquisses peintes, etc. ? En a-t-on le droit ?

» Peut-on arriver à changer cela et par quels moyens?

» On pourrait atteindre ce but au moyen de l'institution générale du Prix dit de Rome et qui, pour moi, est la continuation des études académiques.

» Il faudrait exiger des concurrents toutes les connaissances enseignées dans les Académies. La plupart des élèves ont l'intention d'y prendre part. Connaissant d'avance quelles sont les épreuves à subir, ils s'y prépareraient sans nul doute.

» Ce prix, comme celui du concours Godecharle, peut être d'une grande influence sur les études. C'est un stimulant précieux. Il faudrait en user, ce serait un grand bienfait, et l'Art deviendrait plus sérieux.

» Généralement aussi, critique-t-on l'étude de l'antique. On croit à l'excès — c'est tout le contraire. A mon avis, on dessine trop peu d'après les chefs-d'œuvre de l'antiquité dans les cours supérieurs. C'est alors seulement que l'élève commence à en comprendre les beautés.

» En même temps, on pourrait préconiser la lecture de la littérature grecque et romaine. L'idée de donner alternativement la figure antique et la nature est à préconiser, comme l'est aussi l'idée que la figure humaine doit être la base des études artistiques, même pour l'art décoratif. »

M. **Mayeux** (Paris) répond aux précédents orateurs en disant que l'idéal de l'enseignement artistique serait évidemment de *tout* apprendre aux artistes, c'est-à-dire les arts différents à l'art que l'artiste professe, soit l'architecture et la sculpture aux peintres, l'architecture et la peinture aux sculpteurs et la peinture et la sculpture aux architectes ; mais il faut constater que l'application en est difficile pour l'ensemble et même impossible pour quelques-uns, pour ceux surtout qui sont véritablement doués pour un art spécial. Les élèves sont en général rétifs à la diffusion de l'enseignement, ils aimeraient à savoir sans avoir la peine d'apprendre ; on peut, on doit même chercher à leur inculquer des généralités, mais on se heurtera toujours aux natures créées avec une aptitude pour un art spécial, sous peine de les rendre médiocres en toutes choses. Il en est de ceux-là qu'il faut laisser libres d'allure et quand ils ont le coup d'aile, les laisser voler.

Tout ceci, d'ailleurs, n'est nullement dit pour entraver les efforts dans le sens d'un enseignement général aux artistes, mais pour constater les difficultés et parfois même l'impossibilité de son application.

M. **Cluysenaar** (Bruxelles) n'abandonne pas sa proposition de donner des cours variés aux artistes. On pourrait enseigner d'autre façon qu'aux spécialistes de chaque art. Il serait au moins nécessaire que tous ceux qui ont une profession artistique aient la connaissance des styles.

M. **Cuypers**, *président*, (Amsterdam), demande de ne pas s'arrêter aux détails. On est d'accord qu'il y a lieu d'apporter des réformes. L'essentiel, c'est de faire revivre l'art dans la société, non seulement dans les écoles, mais partout. L'architecture est une, comme la peinture est une, comme la sculpture est une, mais la beauté doit être universelle.

L'assemblée ratifie ces paroles et décide qu'il y a lieu de faire des réformes.

M. **Alph. Gosset** (Reims) dit que les plaintes motivées par l'état de choses actuel et les critiques qu'il vient de soulever viennent de l'excès de centralisation, totalement uniforme, et de la substitution de la direction par l'Etat à celle des intéressés, les professionnels, qu'au point où en est arrivé la discussion, il faut se prononcer.

C'est-à-dire choisir entre : la direction administrative et bureaucratique, qu'elle vienne de l'Etat ou de la province, en un mot la centralisation — ou celle à donner par les professionnels, qui a fait autrefois la fortune des états, dans l'antiquité, au Moyen-Age, à la Renaissance et au XVIIIe siècle, alors que l'enseignement étant local, était adopté aux matériaux, aux besoins, aux usages de de chaque contrée et produisait des chefs-d'œuvre originaux dans tous les genres.

Tandis qu'aujourd'hui, avec la direction administrative centralisée, on force le naturel et on a la banalité. Il ajoute que l'art ne peut vivre que de liberté, qu'il faut respecter celle qui autrefois a permis l'originalité de Rubens, contemporain des Vénitiens, celle de Rembrandt qui vivait aux temps des Carrache, etc.; et ne pas imposer aux Flamands de copier la Vénus d'Arles comme les Provençaux.

Suivant lui, la liberté d'enseignement local s'impose, pour laisser aux naturels leur originalité propre et par conséquent la direction par les professionnels qui peuvent se grouper, se syndiquer pour la création et l'entretien d'écoles, leurs pépinières, comme l'ont fait certains fabricants de Paris.

Le reproche fait aux écoles gouvernementales, de faire des déclassés et des fruits de serres chaudes, tombera.

Les professionnels n'auront pas intérêt à faire des fruits secs.

En réponse à la question traitée tout à l'heure des études communes à tous les états, il dit qu'il existe un point de départ commun, formé par la Nature : les proportions du corps humain, le chef-d'œuvre de la création, dont il est la seule harmonie, le roulement du monde céleste étant intermittant. Base de toute beauté, il a été le point de départ de l'enseignement ; dans l'antiquité à laquelle il a fourni la première idée de la création des ordres, et à la Renaissance, d'où la supériorité de ses artistes de tous genres, non seulement les architectes, les peintres et les sculpteurs, mais encore les orfèvres, les tapissiers, les céramistes, les potiers, etc.

En résumé, M. Gosset démontre que toutes les divergences viennent de la différence des principes de base ; que par conséquent il faut opter entre la liberté féconde et la centralisation banale ; que les changements ou corrections de détails n'auront pas de résultats sensibles la méthode étant fausse.

Il faut revenir au régime de la liberté et laisser à chaque profession le soin de la direction de son enseignement. Nos professionnels ne seront pas plus maladroits que leurs prédécesseurs des temps anciens qui ont vu la prospérité de l'Art et de l'Industrie et créé les chefs-d'œuvre que se disputent aujourd'hui les Musées et les amateurs.

L'orateur demande au Congrès de se prononcer pour la centralisation ou la décentralisation avec la liberté.

M. **Saintenoy** (Bruxelles) propose d'amender ses conclusions de la première question comme suit :

« Dans notre organisation sociale actuelle, l'enseignement de l'Art doit être organisé par les pouvoirs publics *dans des écoles régionales ou locales, ayant des programmes distincts.* » Cet amendement est adopté sans observations, de même que les autres conclusions de MM. Saintenoy et Cluysenaar.

M. **Marius Vachon** (Paris) ayant demandé de ne pas se prononcer sur les 1re et 2e questions en ce qui concerne l'Art appliqué avant la lecture de son rapport, sur la 2e question, M. le Président prie M. Stübben de donner lecture de son travail sur la 3e question.

M. **Stübben** (Cologne), satisfaisant à ce désir, annonce qu'à la prochaine séance il exposera ses plans, en vue des problèmes à résoudre dans la construction des nouveaux quartiers.

Séance du 25 Septembre.

M. **Cuypers**, préside, assisté des membres du bureau.

M. **Lucas** (Paris) remercie l'Assemblée pour sa nomination à la vice-présidence.

3me **Question**. — *Quels sont, dans les conditions sociales modernes, les principes rationnels à suivre pour la création de quartiers nouveaux et pour l'édification de monuments d'architecture ou de sculpture et des constructions tant publiques que privées ?* (*Produire dans la mesure du possible des maquettes ou des plans*).

3e *Question* (suite). La discussion est continuée sur la 3e question.

M. **Stübben** (Cologne) expose ses plans de transformation des villes, à l'appui de son rapport communiqué à la première séance.

2me **Question.** — *N'y a-t-il pas lieu de créer ou d'améliorer pour les divers métiers d'art des écoles d'application et quel doit en être éventuellement le programme?*

M. **Marius Vachon** (Paris) résume son rapport et développe ses conclusions.

M. **Saintenoy** (Bruxelles) observe, à propos de l'enseignement par les syndicats professionnels préconisé par le rapporteur, qu'il y a des écoles de ce genre en Belgique. Il rappelle la loi sur les syndicats professionnels votée par les Chambres Belges en 1898 et prie M. Destrée, présent à la séance, de donner quelques renseignements sur les dispositions légales donnant personnalité civile à ces syndicats.

M. **Destrée** (Charleroi), à la prière du bureau, donne quelques explications sur la loi belge relative aux syndicats professionnels. Il conclut en disant que si le développement considérable des syndicats antérieurement à cette loi, permet de concevoir de brillantes espérances sur leur rôle, la loi elle-même est encore trop récente pour qu'on puisse apprécier son influence sur ces associations. Celles-ci pourront obtenir assez facilement la personnification civile, mais elles seront soumises à des mesures de contrôle et leur activité sera très réduite, si elles réclament la reconnaissance officielle. Cette activité pourra toutefois comprendre des efforts esthétiques, en tant qu'ils se rapporteront à la profession. La proposition du rapporteur pourra donc recevoir en Belgique une application pratique. Elle paraît, en tous cas, être le meilleur moyen pour assurer à l'art l'indépendance et la liberté qui lui sont indispensables. Il faut éviter que l'Etat intervienne pour régir et étouffer ; toutes les tendances doivent s'épanouir dans tous les sens et l'intervention pécuniaire publique doit être assurée comme en Angleterre, à toute entreprise présentant des garanties sérieuses, sans qu'il y ait à se préoccuper de sa tendance esthétique ou philosophique.

Un encouragement vraiment éclairé doit s'étendre même à des institutions anti-officielles.

M. **Ch. Lucas** (Paris) donne quelques détails sur la loi française des « Syndicats professionnels » de mars 1884, loi proposée par M. le sénateur Henri Tolain ; il pense que l'on peut beaucoup attendre de cette loi, si ceux que cela intéresse veulent bien s'en servir. Il votera les conclusions du rapport de M. Marius Vachon parce que, surtout, l'honorable rapporteur a fait, dans ces conclusions, place aux artistes pour la direction des Ecoles d'application des Métiers d'Art.

M. **Marius Vachon** (Paris). Ce sont les artistes qui font prospérer les écoles, dit-il. Comme on a joint les deux premières questions posées à la IIIe section, il était utile que j'ajoute à la direction des écoles industrielles un artiste. Il n'y a pas de différence entre les écoles d'Art et les écoles d'art appliqué à l'industrie.

M. **Mayeux** (Paris). « Il ne faut, dit-il, ni médire de l'enseignement donné par l'Etat, en ce qui concerne l'éducation artistique, ni en dédaigner les résultats ; l'Etat peut faire bien, mais il ne faut pas trop lui demander.

Son rôle est surtout celui de l'enseignement général, qui ouvre les idées des élèves et fait entrevoir la beauté à l'artisan et à l'ouvrier sans rien préciser encore. Ces notions d'ensemble resteront toujours dans l'esprit de ceux-ci et les empêcheront peut-être de considérer l'art à un point de vue mesquin et petit. Ce n'est qu'ensuite que l'intervention des écoles d'application peut être excellente en faisant envisager le côté spécial des métiers, en un mot, la technique de l'art, mais si l'élève ne débute que dans ce milieu, il est à craindre que son esprit, préoccupé tout d'abord, surtout en ce qui concerne l'ouvrier, du besoin de vivre, ne se développe pas aussi haut qu'il serait désirable. Le mieux, à mon avis, est donc d'abord une éducation générale, bien entendu mise à la portée des élèves, et que l'Etat indépendant peut seul bien donner, puis ensuite, une fois ces élèves bien décidés dans leur métier, les envoyer aux écoles spéciales d'application, qui les complètent et les mettent à même de profiter pratiquement de leur éducation.

La solution en est possible.

Aussi m'associerai-je au rapport de M. Marius Vachon, s'il lui était possible de glisser dans ce rapport quelques mots, indiquant que l'Etat ne doit pas être mis complètement de côté et que son enseignement, au début surtout, peut être profitable. »

M. **Marius Vachon** (Paris) ne s'est placé qu'au point de vue administratif et défend les conclusions de son rapport. « S'il ne s'agit, dit-il, que du grand Art, il est d'accord avec M. Mayeux pour l'intervention de l'Etat. Mais pour les arts industriels, les jeunes gens, dès le début, doivent avoir un enseignement donné par des professionnels. L'enseignement de l'Etat peut être utile, mais ne forme pas des artistes ouvriers. On ne doit pas enseigner de la même façon à un homme du monde qu'à un ouvrier. »

M. **Mayeux** (Paris), en réponse à une observation de M. P. Saintenoy parlant du peu de nombre d'auditeurs présents dans les cours des Ecoles de dessin des faubourgs de la Ville de Bruxelles, dit que l'indifférence ou l'absence des élèves peut avoir plusieurs causes, notamment celle d'un langage trop au-dessus de l'intelligence ou du savoir des auditeurs ; des professeurs éminents tombent parfois dans ce défaut et font le vide dans leurs cours. Il s'agit pour le professeur de l'Etat de se mettre à la portée de ses élèves et de savoir les intéresser en les instruisant.

M. **Marius Vachon** (Paris) demande l'avis des représentants des grandes villes de France et des écoles sur les conclusions de son rapport.

MM. **Paugoy** (Marseille) et **Saintenoy** (Bruxelles) s'y rallient.

M. **Ch. Baes** (Bruxelles) lit la partie du rapport Grandvarlet qui traite la deuxième question à l'appui du rapport Vachon.

Il ajoute, au nom de M. Grandvarlet, qu'il serait à souhaiter qu'un enseignement complet, théorique, pratique, artistique et professionnel soit donné par des spécialistes.

Il s'agit de faire des artisans maîtres de leur partie, donc ces études doivent être d'apprentissage.

Il fait prévaloir la beauté de la ligne plutôt que l'abondance de détails.

M. **Cluysenaar** (Bruxelles) estime que le rapport Vachon peut se résumer en cette phrase : « Vif désir de liberté. » Il dépose la proposition suivante :

« Une grande latitude doit être laissée au corps enseignant sous la responsabilité du directeur. »

Une discussion s'engage entre plusieurs membres à la suite de laquelle la majorité de l'assemblée approuve la définition du rôle de l'Etat donnée par M. Vachon.

M. **Cuypers** (Amsterdam). On ne distingue pas assez le grand art de l'art industriel, dit l'orateur. On devrait vulgariser l'art pour le mettre à la portée du peuple. Il faut décentraliser et l'essentiel, c'est qu'on enseigne à l'élève, dès la première enfance, les premières notions du dessin.

Le dessin doit être le moyen d'exprimer les idées : dessiner en est la parole et l'écriture et occupe en même temps l'ouïe, la vue et l'esprit. Le dessin est le moyen le plus universel d'exprimer ses idées, c'est la langue universelle. Le dessin doit servir à développer le goût et l'imagination ; — ainsi l'enfant apprend à voir et se rend compte de ce qu'il voit et en saisit la forme. Par l'observation juste et le raisonnement on parviendra à développer l'amour pour le beau, le vrai et le bon.

M. **Richez** (Valenciennes) dit qu'on ne peut qu'approuver chaleureusement les conclusions du rapport de M. Marius Vachon, tendant à dégager les écoles de dessin et d'art de toute immixtion étrangère aux localités où elles existent, et en laissant, comme par le passé, la sage direction de leur enseignement aux soins des corporations ou sociétés d'art, syndicats et municipalités ; l'influence de ces divers corps réunis ou isolés qui ont toujours su s'inspirer des fluctuations et des progrès utiles et applicables à leur région, produirait certainement de meilleurs résultats que ceux obtenus dans ces derniers temps avec l'enseignement officiel : il serait facile de le prouver par maints exemples.

L'Etat devrait se borner à subventionner largement chaque école suivant son importance et les progrès réalisés, ce qui amènerait enfin la décentralisation tant désirée et, à bref délai, rendrait l'indépendance d'autrefois aux écoles régionales, actuellement absorbées en partie par les écoles centrales ou départementales, mais toutefois en reconnaissant et sanctionnant officiellement les titres ou diplômes qui seraient délivrés par leur Conseil ou Comité de Direction, chose qui paraît de plus en plus indispensable à notre époque.

M. **Ch. Lucas** (Paris) est très ami de la décentralisation ; il demande cependant de bien insister sur les écoles à créer, tant pour les architectes et les ouvriers du bâtiment, que pour les artistes et les artisans d'art. Il rappelle qu'aux grandes époques de l'art, les études des uns et des autres étaient dirigées par les mêmes maîtres et que, en revanche, aux époques de décadence, on copiait les mêmes éléments, les mêmes moulures, les mêmes ornements, mais sans souci du traitement à donner à chaque nature spéciale des matériaux. Il cite, en terminant, la création déjà ancienne, à Amsterdam, de *l'Ambacht-School* (Ecole des Industries du Bâtiment).

L'Assemblée, sans se prononcer, décide de transmettre aux délibérations du Congrès le vœu de M. Cluysenaar. Une discussion s'engage entre MM. Cluysenaar et Vachon au sujet des conclusions du rapport de ce dernier qui, finalement, sont votées à l'unanimité moins trois abstentions, celles de MM. Purdon Clark, Mayeux et Cluysenaar.

M. **Cuypers**, *président*, soumet à nouveau l'étude de la troisième question aux Congressistes.

M. **Stübben** (Cologne) émet le vœu suivant :

« Le Congrès émet le vœu que les municipalités se laissent guider plus que jusqu'ici par des considérations artistiques en projetant et exécutant des nouveaux quartiers de villes. »

(*Adopté à l'unanimité*).

M. **Saintenoy** (Bruxelles) donne lecture des conclusions de M. Enrique Fort (Madrid).

M. **Stübben** (Cologne) appuie ces conclusions.

M. **Cuypers** (Amsterdam) aimerait qu'on ajoute aux dites conclusions : « qu'en agrandissant les quartiers on conserve les vieux monuments. »

M. **Vierendeel** (Bruges) voudrait voir l'aspect général des anciens quartiers conservés. « Il arrive, dit-il, que dans nos villes certaines rues doivent être élargies en vue de satisfaire à une circulation plus intense ; bien souvent on profite de ce travail d'élargissement pour en même temps rectifier la rue, on tire des alignements qui en font disparaître toutes les irrégularités d'allure. Nous croyons que cette pratique est à déconseiller ; elle n'offre aucun avantage en ce qui concerne la circulation des voitures et des piétons, car, pourvu que la largeur y soit, cette circulation se fait tout aussi bien dans une rue non droite que dans une rue droite. Par contre, la rue non droite présente pour l'habitant de la rue et pour le passant des avantages très appréciables : ils jouissent bien mieux l'un et l'autre du spectacle de la rue, les étalages se voient de plus loin, sollicitent mieux les regards, les architectures des maisons et des monuments se présentent dans de meilleures conditions pour être appréciées, elles ne se perdent pas dans la fuite de la ligne droite mais se dégagent dans les plans divers que présente la rue irrégulière ; en un mot, avantages pour tout le monde, le commerçant, le passant, le promeneur ; c'est pourquoi nous présentons la proposition suivante qui intéresse tout particulièrement le but d'art public que poursuit notre Congrès :

« Dans l'aménagement des quartiers anciens des villes, il convient, si on doit élargir certaines rues, de réaliser cet élargissement en respectant, dans toute la mesure du possible, les irrégularités de largeur et de direction de la rue. » (*Adopté*).

M. **Gottschalk** (Amsterdam) dit qu'en agrandissant une ville, il faut en garder l'aspect primitif dans ses grandes lignes. Ainsi, on en perpétuera le caractère primitif. Il cite plusieurs exemples, notamment la reconstruction d'Amsterdam.

Il appuie les conclusions du rapport de M. Stübben.

MM. **Cuypers** et **Stübben** se rallient aux paroles de M. Vierendeel.

M. **Saintenoy** amende les conclusions de M. Enrique Fort comme suit :

« Le Congrès émet le vœu de voir les expropriations pour le tracé des rues nouvelles, se faire le plus généralement possible *par zone* en ménageant toujours la conservation assurée des édifices du passé. » (*Adopté*).

Séance du 27 septembre.

Présidence de M. **Cuypers**, *Président*, assisté des membres du Bureau de la section.

M. **Ch. Baes** (Bruxelles) donne lecture de la partie du rapport Grandvarlet qui traite de la démolition ou de la transformation des quartiers de villes et constate que les conclusions en sont conformes à celles qui sont proposées par divers orateurs.

Avant d'en terminer avec la 2me question, M. **Cuypers** (Amsterdam) revient sur ses explications données au cours de la précédente séance sur l'emploi du dessin pour la vulgarisation de l'art.

Il spécifie que les moyens pour obtenir par l'éducation de l'enfant un enseignement rationnel sont :

L'enseignement du dessin obligatoire permettant d'exprimer, par des lignes, sa pensée.

De même que tout homme possède l'aptitude pour apprendre à écrire, de même il possède l'aptitude du dessin.

Tout le monde a le talent suffisant pour devenir un artiste, mais on doit bien expliquer l'enseignement rationnel du dessin et établir des principes généraux d'après lesquels chacun doit pouvoir travailler et étudier à remplir le rôle qui lui est assigné ou qu'il a choisi dans la société.

Il y a, dans la nature entière, des choses, des vérités que personne ne peut nier. Par exemple, si nous étudions la formation des plantes, leurs qualités, la forme, la couleur, nous devons constater que la forme et la couleur sont en rapport avec la conformation nécessaire à leur vitalité. De même chez les animaux, la forme de chaque animal est entièrement en rapport avec sa destination. Rien dans la nature n'est en contradiction avec cette loi générale. Dans la nature, dans l'univers entier, tout porte l'empreinte des trois grandes qualités que la Providence a imprégnées à toute la création. Ces qualités sont celles qui constituent la perfection, je dirais l'idéal, en toute chose : c'est la beauté, la vérité, la bonté. A Dieu même on ne saurait attribuer des qualités d'une autre nature que ces trois qualités que l'homme doit également tâcher d'obtenir dans tout ce qu'il fait. Je crois que personne ne pourra nier cela, qu'il soit artiste ou artisan. Si nous voulons tâcher d'améliorer l'éducation par rapport à l'avenir, nous devons non pas prescrire des lois, mais poser des principes : ces principes doivent avoir pour base les lois de la nature.

On doit donner à chaque objet la forme qui convient le plus à sa destination et cette forme doit être en rapport avec la matière dans laquelle l'objet est fait et répondre en même temps aux lois de la beauté. Dans l'enseignement rationnel on doit expliquer la différence qui existe dans la nature des différents matériaux pour prouver que la forme doit se conformer en raison de ces qualités ; négligeant ces principes, on agirait en contradiction.

Il faut encore que l'on donne quelques conseils pour former le goût. Ainsi : on peut construire des écoles ayant un aspect artistique ; on évite de prêcher le mauvais exemple en mettant le regard des enfants sur des objets dont la forme serait à condamner ; on doit rendre les locaux dans lesquels l'enseignement est donné aussi agréables que possible et exposer partout des objets qui méritent d'être regardés comme des modèles à suivre. En cela, il est nécessaire de faire un bon choix par rapport aux besoins des milieux dans lesquels on se trouve aussi bien que dans l'intérêt de l'histoire, mœurs ou usages du pays.

Non seulement dans les écoles des métiers, où je voudrais voir avant tout des modèles destinés aux branches propres aux localités dans lesquelles ces institutions se trouvent, mais encore dans les écoles élémentaires on devrait tâcher de montrer aux élèves, soit par des dessins, des photographies et des moulages, des objets qui sont aptes à former le goût et développer l'amour et l'intérêt de tout ce qui est beau.

M. L. **Genoud** (Fribourg) remercie et félicite

M. Marius Vachon pour son excellent rapport et donne quelques renseignements sur l'organisation des écoles professionnelles de certains cantons suisses :

1° Dans la plupart de ceux-ci, l'enseignement du dessin est obligatoire à l'école primaire. Il est l'objet de soins spéciaux et plusieurs cantons ont adopté la méthode naturelle dite analytico-synthétique et qui met toujours l'enfant en présence d'objets à lui connus, jusqu'à sa sortie de l'école primaire, où il est apte à dessiner un croquis coté d'un objet quelconque, avec coupe, plan, élévation.

C'est le résultat que l'école primaire doit atteindre.

Les estampes, modèles compliqués, sont bannis de l'école primaire. (Pour permettre au maître de donner cet enseignement avec intelligence, des cours normaux temporaires leur sont donnés aux frais de l'Etat.)

2° A sa sortie de l'école primaire (13 ans) à Genève, Fribourg et dans d'autres cantons, l'élève entre à l'école professionnelle. A Fribourg, la fréquentation de cette école est *obligatoire* pour tous les élèves qui ne se dirigent pas vers les études classiques. (L'école professionnelle n'est pas ce qu'est l'école professionnelle en France. C'est une préparation générale à l'apprentissage des métiers. Les cours hebdomadaires de travaux manuels ne sont donnés que comme complément à l'enseignement du dessin).

3° Les élèves sortis des écoles professionnelles entrent :

a) dans un atelier de patron pour faire un apprentissage de métier dont la durée est fixée par la loi sur la protection des apprentis et des ouvriers ;

b) à l'Ecole des Métiers où ils doivent faire un apprentissage de 3 à 4 ans suivant la branche qu'ils choisissent.

Les élèves en apprentissage auprès des patrons (des particuliers) sont astreints, dans les cantons de Fribourg, de Vaud et de Neuchatel, à suivre les cours professionnels qui se donnent le soir, 3 ou 4 fois par semaine. (S'ils ne fréquentent pas ces cours régulièrement, ils ne peuvent obtenir le diplôme de fin d'apprentissage qui est accordé aux bons apprentis après un examen sérieux dont la durée minimum est de trois jours).

Des instituteurs, formés dans des cours spéciaux subventionnés par la Confédération, sont chargés de cet enseignement dans les petites localités. A Fribourg, cet enseignement est donné par les maîtres des Ecoles des Métiers.

A leur sortie d'apprentissage, les apprentis formés à l'Ecole des Métiers sont placés par les soins de l'Ecole auprès de patrons, les meilleurs, qu'ils engagent comme ouvriers. Les commissions cantonales d'apprentissage placent aussi les apprentis formés chez les particuliers.

On attribue la plus grande importance à ce que les commissions de surveillance des apprentissages, celles des cours professionnels et d'écoles professionnelles soient composées d'hommes du métier, d'artisans, d'industriels.

Les résultats acquis répondent à ce que l'on en attend.

M. **Lucas** (Paris) dit, à propos des conclusions du rapport Grandvarlet, qu'elles doivent être rédigées plus simplement. Il faut que des attendus et considérants précèdent les vœux pour les appuyer. A l'assemblée générale, le rapporteur ne doit présenter que l'essence même des vœux.

M. **Van Ophem** (Bruxelles) fait observer que c'est là le travail du rapporteur qui aura à grouper tous les éléments pour présenter à l'assemblée générale un rapport concis.

On aborde la 4e question.

M. **Vierendeel** (Bruges) lit son rapport et supprime dans ses conclusions le paragraphe suivant qui, dans son esprit, pourrait donner lieu à une fausse interprétation de la part des architectes et ingénieurs :

« La science de la connaissance des matériaux de » construction n'existe guère ; l'art de les conserver » n'existe pas. »

L'orateur demande le vote sur ses conclusions.

M. **Saintenoy** (Bruxelles) désire voir amender les conclusions Vierendeel.

Il voudrait voir ajouter à la pierre spécialisée par le rapporteur, les matériaux de terre cuite. Il cite divers exemples d'application de ces matériaux à des édifices.

M. **Vierendeel** (Bruges) répond qu'il n'a pas tous ses apaisements sur les matériaux en terre cuite, ceux-ci n'ayant pas encore fait leurs preuves de résistance aux intempéries. Il donne son approbation aux conclusions présentées par M. **de Rudder** (voir le rapport).

M. **Van Ophem** (Bruxelles) fait observer que le rapport de M. Vierendeel est consacré à l'étude unique de la pierre. Si l'on entre dans les considérations émises par M. Saintenoy, dit-il, il faut parler de tous les matériaux, le fer, la brique, le bois, etc., car il n'est pas possible de présenter à un Congrès des conclusions sur une spécialité de la question posée. Il faut, ou rejeter le vœu de M. Vierendel ou le généraliser.

M. **Lucas** (Paris), à l'appui de sa déclaration au sujet de la concision des vœux, désirerait que l'on formulât une proposition où il ne soit fait aucune spécification et dans laquelle il ne s'agirait en général que des matériaux de construction et de décoration.

Il fait observer à M. Vierendeel qu'il n'est pas possible d'accepter ses conclusions traitant de l'achat en régie des pierres. On peut entourer le choix des matériaux de toutes les conditions possibles pour obtenir de bons résultats, mais l'architecte ou l'ingénieur ne peut acheter des matériaux en régie ; ce serait le meilleur moyen de jeter sur lui la suspicion.

M. **Vierendeel** (Bruges) se rallie à l'amendement de M. Lucas pour l'application de sa théorie aux matériaux de construction et de décoration, mais il déclare formellement qu'il ne peut considérer le fer comme apte à faire partie d'une architecture extérieure.

Reparlant des matériaux à acheter en régie, M. Vierendeel déclare qu'il a voulu dire que les propriétaires ou les administrations devraient se charger de l'achat.

M. **Lucas** (Paris) combat cette motion. Il a peur de voir le mot régie prêter à interprétations diverses et inexactes.

M. **Lenci** (Florence) déclare qu'il estime également qu'on ne peut accepter la proposition de M. Vierendeel. En Italie, la même loi qui règle les travaux publics, soit du Gouvernement, soit des Communes, etc., etc., permet une façon d'adjudication qui peut, dans le plus grand nombre des cas, éliminer les difficultés dont se préoccupe M. Vierendeel. C'est l'adjudication privée ou restreinte. On choisit des entrepreneurs qui sont à même d'accomplir le travail ou de fournir les matériaux voulus. On comprendra que ce système bien appliqué conduit aux résultats que M. Vierendeel espère obtenir par le système en régie et cela sans les inconvénients que M. Lucas citait principalement pour les architectes et ingénieurs des pays latins.

Une discussion s'engage entre M. Vierendeel et plusieurs membres au sujet des achats en régie.

M. **Paugoy** (Marseille) appuie M. Lucas et dit qu'il est inadmissible qu'un architecte ou ingénieur soit assimilé à un rôle de commerçant.

Au contraire, M. **Winders** (Anvers) estime qu'il est bon de pouvoir choisir quelquefois les matériaux de construction.

M. **Van Ophem** (Bruxelles) dit que les architectes ont toujours le droit, par le cahier des charges, de refuser les matériaux qui ne répondent pas entièrement aux prescriptions. Ils sont donc suffisamment armés. Il demande le vote sur les conclusions Vierendeel, amendées par M. Lucas. (*Adopté*).

Le paragraphe traitant de l'achat des matériaux en régie est rejeté.

M. **Cuypers**, *président*, donne lecture de la déclaration suivante, émanant de M. **Walter Crane** (Londres) :

1-2. « Des écoles d'art et des académies seraient très pratiques et provoqueraient une plus grande compréhension de l'éducation par l'art, en permettant le premier développement et les nouvelles idées.

» Toutes les écoles de dessin doivent être en état de former des élèves dans les principes et les conditions du dessin et de les préparer par des travaux pratiques. Dans la plupart des écoles d'art, les sujets semblent trop isolés et l'élève en arrive à les considérer comme séparés. Il devrait y avoir un rapport évident entre les différentes études et elles devraient être dirigées dans le sens de l'éducation pratique de l'artiste et de la culture du bon goût. »

3-4. « Pour autant que je conçois ces questions dans la forme sous laquelle elles se présentent dans le programme anglais, je dirai que les questions scientifiques et les questions pratiques et d'ordre pratique, y prennent une trop large part pour qu'il soit possible d'y donner une seule réponse, mais une école pour l'éducation pratique des dessinateurs devrait être à même de mettre en évidence, au point de vue technique, les méthodes en usage dans les différents arts industriels, aussi bien que la nature et les propriétés des matériaux employés habituellement. »

La séance est levée à 11 heures.

Séances du Comité.

Le Bureau de la IIIe Section s'est réuni deux fois après la séance de clôture des travaux, afin de prendre connaissance des procès-verbaux des délibérations et du rapport de M. Marius VACHON, préparé en vue de l'assemblée générale.

Ces documents ont été approuvés à l'unanimité.

Les Secrétaires,

PAUL SAINTENOY,

FRANZ VAN OPHEM.

L'ART PUBLIC

AU POINT DE VUE TECHNIQUE

(SUITE)

DISCUSSION GÉNÉRALE ET RESOLUTIONS

Séance Générale de Clôture

Mercredi 28 septembre.

Assistance particulièrement nombreuse.

M. **Bourgeois**, *ministre de l'instruction publique de France,* fait son entrée accompagné de MM. Beernaert, Broerman et des autres membres du Bureau.

Les congressistes, debout, l'acclament.

M. **Nyssens**, *ministre du Travail,* prend place au Bureau, ainsi que M. **Roujon**, *directeur des Beaux-Arts de France.*

M. **Beernaert**. M. Bourgeois, *ministre de l'Instruction publique et des Beaux-Arts de France,* a bien voulu s'arracher aux multiples et énormes charges de ses hautes fonctions pour venir présider une de nos séances. (*Applaudissements.*)

Je vous l'annonce presque avec orgueil. Ce sentiment, j'en ai la conviction, sera aussi le vôtre. (*Applaudissements prolongés.*)

M. **Bourgeois** remercie les organisateurs du Congrès pour l'accueil qui lui est fait et s'associe au but du Congrès. (*Applaudissements*).

Il rend hommage tout particulièrement au président, M. Beernaert, et au Comité promoteur de l'Œuvre de l'Art public.

Puis il ouvre la séance.

M. **Broerman** lit des chaleureuses lettres d'adhésion, notamment de la municipalité de Lyon et un télégramme d'ardente sympathie du président de l'Association des architectes de Russie.

La ville de Prague adhère également au Congrès, ainsi que la ville de Stuttgart.

L'ORDRE DU JOUR.

L'ordre du jour appelle la discussion des questions qui ont été présentées à la 3e *section.*

M. **Marius Vachon,** *publiciste d'art,* à Paris, présente le rapport qu'il a fait au nom de la 3e section (l'art public au point de vue *technique.*)

Voici ce remarquable document :

Rapport fait au nom de la 3e Section

Par M. **Marius Vachon**, Paris.

Le Bureau de la troisième section a pensé qu'il était nécessaire de donner aux travaux de ses membres une conclusion immédiate et pratique, sous forme de vœux formels, présentés à l'Assemblée générale du Congrès, pour être discutés, et approuvés, il l'espère, car ces vœux sont l'expression de la très grande majorité, et, même fort souvent, de l'unanimité des votants.

Cette décision lui a été dictée par des sentiments de gratitude et de déférence à l'égard des membres de la section. Ils ont apporté dans la rédaction de leurs rapports, et dans les discussions auxquelles ces rapports ont donné lieu, une netteté de vues, une précision d'arguments, une volonté d'aboutir à des résultats, qui ont rendu faciles et agréables les fonctions du Bureau, et ont permis au rapporteur d'écrire un résumé des travaux de la section qui, à défaut d'autres mérites, aura celui de la brièveté.

***

Les questions soumises aux délibérations de la troisième section étaient celles-ci, répondant à son titre général de Section de l'Art public au point de vue technique :

1. N'y a-t-il pas lieu d'apporter des réformes dans l'organisation des Académies et Ecoles d'art existantes ?

2. N'y a-t-il pas lieu de créer ou d'améliorer pour les divers métiers d'art des Ecoles d'application ; et quel doit en être éventuellement le programme ?

3. Quels sont, dans les conditions sociales modernes, les principes rationnels à suivre pour la création des quartiers nouveaux et pour l'édification des monuments

d'architecture ou de sculpture, et des constructions tant publiques que privées? (Produire dans la mesure du possible des maquettes ou des plans.)

4. Du choix des matériaux à employer pour les constructions en plein air suivant leur destination et leur situation.

Nous avons donc eu la bonne fortune, qu'ont peut-être enviée nos collègues des autres sections, de recevoir un programme qui a toutes les qualités et tous les avantages d'un programme technique : la simplicité et la clarté, un horizon limité, mais certain, très visible et par conséquent relativement facile à atteindre.

***

On a demandé aux membres de la section si, à leur avis, il y a lieu d'apporter des réformes dans l'organisation des Académies, des Ecoles des Beaux-Arts et des Ecoles d'application de l'art aux métiers. A l'unanimité, sans aucune hésitation, sans la moindre restriction, avec une singulière énergie même, ils ont répondu affirmativement. Ce n'était là pour eux qu'une constatation, assurément fort éloquente, et de nature à inspirer de profondes et salutaires réflexions à ceux à qui le Congrès s'adresse, mais une constatation un peu trop platonique, si elle devait rester sans un complément logique, qu'indiquait d'ailleurs formellement le programme des travaux de la section. Aussi, ont-ils pensé qu'ils devaient d'ores et déjà émettre au sujet de ces réformes reconnues nécessaires et urgentes, quelques propositions de principes contenant en germe des applications administratives, en conformité avec les idées, précises et pratiques, qui les ont inspirées.

Dès le début de la discussion, la troisième section s'est trouvée, ainsi que la première, en présence de la difficulté des législations et des réglementations des divers pays représentés au Congrès. Cette difficulté ne nous a pas arrêtés. On ne l'a point tournée cependant; ce n'aurait pas été une solution, car, en tournant une difficulté, on s'expose toujours à trouver un fossé par delà ; et, «au bout du fossé la culbute», dit la sagesse des nations. La difficulté a été supprimée, ou plutôt elle s'est évanouie. Comme première et, pour ainsi dire, comme unique réforme, la section proposait la liberté et la décentralisation. Par conséquent, loin de s'embarrasser de toutes les législations, et de se préoccuper de leur adapter péniblement ses propositions, elle a fait résolument tout le contraire. Nous désapprouverez-vous? Nous ne sommes pas un congrès de jurisconsultes, ni de conseillers d'Etat; nous sommes venus ici remuer des idées et non des textes de règlements, faire de la propagande d'action pour réformer des mœurs et non des lois. Si nous mettions ainsi la charrue devant les bœufs, la moisson magnifique, sur laquelle nous comptons, ne se ferait jamais.

La troisième section ne s'est pas contentée de répondre que la liberté et la décentralisation étaient la réforme la plus urgente à apporter dans l'administration et dans la direction des Académies, des Ecoles des Beaux-Arts, des Ecoles d'application pour les métiers d'art ; elle a voulu joindre à cette déclaration de principe des propositions positives, pratiques, qui lui donneront son vrai caractère, qui indiqueront bien le but poursuivi.

Relativement à la première catégorie des institutions visées dans le premier paragraphe de notre programme d'études, — les Académies et les Ecoles des Beaux-Arts —, trois de nos collègues, M. Mayeux, professeur à l'Ecole nationale des Beaux-Arts de Paris, Sir Purdon Clarke, Directeur du South Kensington-Museum de Londres et M. Cluysenaar, professeur d'art monumental et décoratif à l'Institut supérieur des Beaux-Arts d'Anvers, ont fait observer que s'ils n'étaient pas nettement définis dans leur expression et dans leur portée, ces deux termes de liberté et de décentralisation pourraient paraître impliquer l'intention de mettre systématiquement hors l'enseignement artistique l'Etat et les municipalités ; ce qui, à leur avis, n'est pas possible, en considération des droits de l'Etat et des municipalités à l'administration et à la direction des écoles, droits conférés par ce fait qu'ils en ont presque toujours exclusivement les charges financières. « D'ailleurs, ajoutait M. Cluysenaar, en Belgique, à côté de l'administrateur délégué par l'Etat ou par les municipalités, fonctionne un Conseil de perfectionnement composé d'artistes et de représentants des industries d'art, qui assure, dans une certaine mesure, l'application du principe de la décentralisation préconisé dans le vœu de la section. »

L'observation de M. Cluysenaar confirmait l'opportunité de ce vœu, destiné, d'une part, à faire reconnaître comme un principe ce qui n'est le plus souvent qu'une concession administrative, faite dans des conditions telles qu'il y a presque toujours beaucoup moins de réalité que d'illusion de liberté et de décentralisation ; de l'autre, à déterminer le rôle et les droits logiques de l'Etat et des municipalités, qui sont : assurer le développement de la prospérité artistique et industrielle de la nation au moyen d'institutions publiques d'enseignement de l'art, et contrôler l'emploi des fonds votés dans ce but par les représentants des contribuables.

C'est la question de principe formel que la section, sur le rapport de M. Marius Vachon, a voulu faire consacrer par le Congrès, en votant, à l'unanimité moins deux voix, deux vœux ainsi conçus :

« La troisième section émet le vœu que, dans l'administration et la direction des Académies, des Ecoles des Beaux-Arts et des Ecoles d'art, il y ait plus de liberté et plus de décentralisation.

En ce qui concerne particulièrement les Ecoles d'application pour les métiers d'art, la troisième section émet le vœu qu'elles soient administrées et dirigées par les délégués, — artistes et industriels, — des associations corporatives, chambres de commerce, chambres syndicales, patronales ou ouvrières, représentant, devant les pouvoirs publics et devant les populations, les métiers pour le développement desquels ces écoles ont été créées. »

Le principe adopté, il a paru utile et opportun à quelques membres de la section, MM. Mayeux, Charles Lucas, Cluysenaar, Saintenoy, Grandvarlet, Stallaert, Gosset, Winders et Richez, de présenter, sur les diverses formes de son application, dans les institutions d'enseignement artistique, des propositions, fort intéressantes, que le Bureau de la section a résumées dans ce vœu complémentaire :

« La troisième section émet le vœu que, dans les Ecoles d'art de tous les degrés, l'enseignement soit à la fois théorique et pratique; que cet enseignement ne soit pas, dès le début, trop spécialisé, suivant les diverses branches professionnelles, — la peinture, la sculpture et l'architecture, — choisies par les élèves; qu'il prenne au contraire un caractère d'enseignement général, répondant à ce qui a été dénommé, dans quelques pays, l'enseignement simultané. »

Les débats ont provoqué, sur les questions de pédagogie artistique, d'éducation sociale et morale dans les écoles, des déclarations de MM. Cuypers, Walter Crane et Mayeux, qu'on lira dans le compte-rendu des travaux de la section, ainsi que les rapports de MM. Saintenoy, Henry Rousseau, Cluysenaar et Winders. Ces documents vous intéresseront vivement, en même temps qu'ils vous charmeront, par l'élévation des pensées, par l'originalité des vues, par la sincérité et la fraîcheur des émotions d'art, exprimées avec l'éloquence du cœur et la clarté de l'esprit, que donnent la conviction et le dévouement.

Le programme des travaux de la troisième section comprenait deux autres questions :

***

« Quels sont, dans les conditions sociales modernes, les principes rationnels à suivre pour la création des quartiers nouveaux, et pour l'édification des monuments d'architecture ou de sculpture et des constructions tant publiques que privées ? »

« Du choix des matériaux à employer pour les constructions en plein air suivant leur destination et leur situation. »

Sur la première question, M. Stübben, architecte et échevin de Cologne, a donné lecture d'un rapport, dont la section approuve les idées ingénieuses et pratiques, présentées sous une forme originale, en adoptant à l'unanimité les conclusions proposées, auxquelles ont été annexées celles de deux autres rapports, très remarquables et d'un vif intérêt technique, rédigés par MM. Enrique Fort et Vierendeel, architectes.

« La troisième section émet le vœu que les municipalités se laissent guider, plus qu'elles ne l'ont fait jusqu'ici, par des considérations artistiques, en projetant et en exécutant de nouveaux quartiers de ville; que, dans leurs plans d'agrandissement de quartiers, elles conservent les monuments anciens. »

« Dans l'aménagement des quartiers anciens des villes, il convient, si l'on doit élargir certaines rues, de réaliser cet élargissement en respectant, dans toute la mesure du possible, les irrégularités de largeur et de direction des rues. »

« Les expropriations, pour le tracé des rues nouvelles, doivent se faire le plus généralement possible par zone, en assurant toujours la conservation des édifices du passé. »

Sur la seconde question, M. Vierendeel a exposé, dans un rapport d'une précision toute scientifique, et avec des considérations artistiques très élevées, des vues et des idées que le Bureau a résumées ainsi :

« La troisième section émet le vœu que les administrations se préoccupent, plus qu'elles ne le font en général aujourd'hui, dans la construction des édifices et des monuments publics, des questions d'orientation et de climatologie ; qu'il soit créé des musées-laboratoires de matériaux, de construction et de décoration, dans des conditions d'exposition en plein air, qui rendent décisives les expériences de résistance de ces matériaux aux intempéries et aux variations des climats ».

***

En résumé, voici le texte des vœux que la troisième section soumet à l'approbation de l'Assemblée générale du Congrès :

1° « La troisième section émet le vœu que, dans l'administration et la direction des Académies, des Ecoles des beaux-arts et des Ecoles d'art, il y ait plus de liberté et plus de décentralisation.

» En ce qui concerne particulièrement les Ecoles d'application pour les métiers d'art, elle émet le vœu qu'elles soient administrées et dirigées par les délégués, — artistes et industriels, — des associations corporatives, chambres de commerce, chambres syndicales, patronales et ouvrières, représentant, devant les pouvoirs publics et devant les populations, les métiers pour le développement desquels ces écoles ont été créées.

2° » La troisième section émet le vœu que, dans les Ecoles d'art de tous les degrés, l'enseignement soit à la fois théorique et pratique ; que cet enseignement ne soit pas, dès le début, trop spécialisé suivant les diverses branches professionnelles, — la peinture, la sculpture et l'architecture, — choisies par les élèves, qu'il prenne au contraire un caractère d'enseignement général, répondant à ce qui a été dénommé, dans quelques pays, l'enseignement simultané.

3° » La troisième section émet le vœu que les municipalités se laissent guider, plus qu'elles ne l'ont fait jusqu'ici, par des considérations artistiques, en projetant et en exécutant de nouveaux quartiers de villes ; que dans leurs plans d'agrandissement de quartiers, elles conservent les monuments anciens.

» Dans l'aménagement des quartiers anciens des villes, il convient, si l'on doit élargir certaines rues, de réaliser cet élargissement en respectant, dans toute la mesure du possible, les irrégularités de largeur et de direction des rues.

» Les expropriations, pour le tracé des rues nouvelles, doivent se faire le plus généralement possible par zone, en assurant toujours la conservation des édifices du passé.

4° « La troisième section émet le vœu que les administrations se préoccupent, plus qu'elles ne le font en général aujourd'hui, dans la construction des édifices et des monuments publics, des questions d'orientation et de climatologie ; qu'il soit créé des musées-laboratoires de matériaux de construction et de décoration dans des conditions d'exposition en plein air, qui rendent décisives les expériences de résistance de ces matériaux aux intempéries et aux variations des climats. »

* * *

M. **Marius Vachon**, après la lecture de son rapport, est longuement acclamé.

M. **Bourgeois**, *président*, après avoir félicité chaleureusement le rapporteur, met aux voix une à une les conclusions de la Section.

La **1re question** : « *N'y a-t-il pas lieu d'apporter des réformes dans l'organisation des académies et écoles d'art existantes ?* » donne lieu à un intéressant débat.

M. **Roujon**, *directeur des Beaux-Arts de France*, demande au rapporteur quelques explications au sujet de la direction pédagogique des écoles professionnelles établies dans certaines régions en raison d'une industrie spéciale à ces régions. D'après lui, l'enseignement général devrait être dirigé et contrôlé par l'Etat, et l'enseignement professionnel technique spécial, par des délégués des industries intéressées. L'orateur ajoute qu'il lui paraît indispensable de baser l'instruction artistique et industrielle pour les ouvriers sur un enseignement sévère du dessin, de l'écriture, de la forme. (*Applaudissements*).

M. **Marius Vachon** répond à M. le Directeur des Beaux-Arts de France que, sans aucun doute, tous les membres de la troisième section sont unanimes à approuver son éloquente déclaration sur la nécessité de mettre à la base de l'organisme d'instruction artistique et industrielle pour les ouvriers un enseignement sévère du dessin ; mais cet enseignement ne doit pas être donné, dans les écoles d'application pour les métiers d'art, sous la forme d'enseignement général adoptée dans les écoles de l'Université, primaires, secondaires, normales, etc. Et M. Marius Vachon cite, à ce propos, ce passage de son rapport adressé à la troisième section :

« La théorie qui régit en beaucoup de pays cet enseignement est qu'il doit être le même pour tous, pour l'homme du monde, pour l'artiste et pour l'ouvrier. La théorie est séduisante par son apparence de simplicité, comme celle de l'unité de l'art, dont elle découle. Mais, l'expérience en démontre constamment la fausseté. Les preuves abondent, si nombreuses, si évidentes, qu'on peut déclarer que le succès relatif de cette théorie est l'exception, et son échec la règle.

» La statistique comparée de la fréquentation des institutions d'enseignement général du dessin, année par année, accuse partout une diminution constante du nombre des élèves, au fur et à mesure que les cours s'élèvent ; diminution qui aboutit, dans la dernière partie du cycle des études, à la disparition des trois quarts, et même souvent plus encore. On motive cette disparition par l'insouciance, la légèreté et la mobilité d'esprit de l'enfance et de la jeunesse : c'est là de l'observation superficielle. Les apprentis et les ouvriers quittent les cours, parce que, dès le début, ils n'ont pas la sensation de l'utilité de ce qu'on leur y enseigne, parce qu'ils sont découragés par des programmes qui ont été faits pour des élèves ayant les moyens de consacrer un très long temps à ces études générales, sans la préoccupation du présent, ni celle de l'avenir. »

M. **Marius Vachon** ajoute que, dans presque tous les pays d'Europe, notamment en Angleterre, — et il fait appel, à ce propos, au témoignage de l'éminent directeur du South Kensington Museum, Sir Purdon Clarke, membre du Congrès et vice-président du Bureau de la troisième section, — l'enseignement du dessin, tel qu'il est donné par les Ecoles d'art et les Ecoles techniques, n'a point ce caractère d'enseignement général, mais exclusivement un caractère d'application aux métiers.

« Dans toutes les institutions anglaises, dit-il, la préoccupation, inspirée par le sens pratique de la race, de donner à l'enseignement un but précis, afin de ne point égarer l'imagination des jeunes gens vers un idéal étranger à l'avenir qui les attend, est telle que, dès la deuxième année de cours, on impose l'obligation du choix d'un métier ; et, de plus, il se manifeste partout, à Nottingham, à Birmingham, à Manchester, par exemple, des tendances, de plus en plus décisives, à séparer des grandes écoles l'enseignement général, en créant des succursales de quartier destinées à fournir aux élèves les éléments de la science et de l'art, afin de les mettre immédiatement à l'application de l'une et de l'autre au métier. L'enseignement même de l'Ecole normale du South Kensington Museum, celui qui est donné par les professeurs qui en sont sortis, dans les écoles d'art de Birmingham, de Manchester, de Liverpool, de Glasgow, de Dublin, de Belfast, d'Edimbourg, etc., a un caractère d'enseignement industriel pratique. »

M. **Marius Vachon** ajoute, en terminant : « C'est précisément dans le but de faire diriger vers les applications industrielles immédiates l'enseignement du dessin des écoles d'art pour les ouvriers, que, sur ma proposition et sur mon rapport, la troisième section du Congrès a voté à l'unanimité le vœu soumis à l'approbation de l'assemblée générale, demandant que la direction et l'administration des écoles d'application pour les métiers d'art soient confiées aux représentants — artistes et industriels — des corporations pour lesquelles ces écoles ont été créées. » (*Applaudissements.*)

M. **Lucas** (Paris). L'enseignement général, y compris l'enseignement du dessin — mode d'écriture — doit être donné par l'école primaire. L'Etat a préparé l'enfant jusqu'à son entrée à l'école professionnelle. La faute en est à lui si les choses ne marchent pas mieux. (*Rires.*)

M. **Roujon**. — L'enseignement professionnel doit reposer sur les principes généraux de l'éducation du goût ; il sera inopérant si l'élève n'a pas appris l'écriture de la forme.

Je ne crois pas aux écoles publiques de métiers d'art ; je crois que ceux-ci s'apprennent le mieux à l'atelier ; mais on les apprend plus facilement et mieux lorsqu'on a reçu une bonne culture générale. Il n'y a pas d'enseignement professionnel sérieux et fécond sans un solide enseignement préalable des arts du dessin. (*Applaudissements*).

M. **le Président**. Cet échange de vues très utile aura mis tout le monde d'accord, n'est-ce pas? (*Adhésion*).

***

2e **Question** : « *N'y a-t-il pas lieu de créer ou d'améliorer pour les divers métiers d'art des écoles d'application et quel doit en être éventuellement le programme ?* »

L'échange de vues ci-dessus se rattache à la fois à la 2e et à la 1re questions.

Les conclusions du rapporteur sur ces deux questions sont *adoptées*.

3e **Question** : « *Quels sont, dans les conditions sociales modernes, les principes rationnels à suivre pour la création de quartiers nouveaux et pour l'édification de monuments d'architecture ou de sculpture et des constructions tant publiques que privées ? (Produire dans la mesure du possible des maquettes ou des plans).* »

Les conclusions du rapporteur, voir ci-dessus, recommandent notamment l'expropriation par zones.

M. **Beernaert** estime que le Congrès de l'Art public ne doit pas se prononcer sur la question des expropriations par zone qui sont plutôt d'ordre fiscal.

Il propose ce texte : les plans de création de quartiers nouveaux dans les villes doivent être établis « de manière à satisfaire le plus possible aux nécessités de l'esthétique, notamment par l'étendue des terrains laissés en bordure, et à assurer la conservation des monuments anciens. » (*Adhésion générale*).

(*Adopté par acclamations.*)

Les mots : « notamment par l'étendue des terrains laissés en bordures » ont été intercalés dans le texte ci-dessus à la demande de M. Bourgeois.

Les conclusions du rapporteur sont adoptées avec l'amendement ci-dessus, après un échange d'observations au sujet du système des zones, entre MM. **Saintenoy, Clarke, Van Ophem** et **Lucas**.

M. **Broerman** appelle l'attention des membres du Congrès sur l'utilité de voir réserver dans toute la mesure du possible des emplacements pour l'établissement de plantations, si désirables au double point de vue hygiénique et esthétique. (*Marques d'approbation.*)

M. **Wetrems** Il entre évidemment dans l'esprit de tous que les édilités auront à avoir le souci exprimé par M. Broerman.

M. **Broerman**. Je ne demande pas au Congrès de formuler un vœu spécial. Ce qui vient d'être dit et approuvé attirera du reste suffisamment l'attention des pouvoirs publics et spécialement des édilités sur l'utilité des plantations dans les quartiers à créer ou à transformer. (*Approbation générale*).

M. **Beernaert**. Encore une observation. Rien n'est plus regrettable que l'alignement représenté comme une nécessité absolue et impérieuse. Je demande donc que l'on veille à la conservation d'édifices publics ou de maisons artistiques en justifiant ainsi les irrégularités de direction ou de largeur de certaines rues. (*Marques d'assentiment.*).

M. **le Président**. Votre pensée à tous est celle-ci : que les municipalités ne fassent pas prévaloir les alignements géométriques sur la cons vation d'édifices publics de maisons intéressantes, etc.. (*Adhésion*).

La modification proposée par M. Beernaert est *adoptée*.

***

4e **Question** : « *Du choix des matériaux à employer pour les constructions en plein air suivant leur destination et leur situation.* »

Les conclusions du rapport sont adoptées sans discussion.

L'ordre du jour du Congrès est épuisé.

***

M. **Bourgeois**, *président*, se félicite de l'unanimité qui s'est en quelque sorte établie sur les questions examinées au cours de cette séance. C'est fort probablement, dit-il, parce que des propositions précises et pratiques vous ont été présentées cette fois. (*Marques d'approbation*). Puisse-t-il en être toujours ainsi dans nos Congrès futurs ! (*Applaudissements*).

Puisque la capitale de la France a été désignée comme siège de vos assises en 1900, permettez-moi, au nom de mon successeur de cette époque (*rires*)... permettez-moi, dis-je, de vous souhaiter à l'avance la bienvenue à Paris. Nous nous souviendrons de vos exemples, sans pouvoir vous offrir, dans notre immense Paris, si vivant, le cadre artistique que vous avez rencontré ici et qui est si propice à vos travaux. (*Longs applaudissements*).

M. **Beernaert**. Nous ne pourrions être assez reconnaissants envers M. le Ministre de l'Instruction publique et des Beaux-Arts de France. Je vous demande de vouer un ban de chaleureux applaudissements au sympathique et éminent président de la séance actuelle. (*Acclamations*).

M. **Bourgeois**. La séance est levée et la session est close.

RÉSOLUTIONS DU CONGRÈS

L'ART PUBLIC AU POINT DE VUE LÉGISLATIF & RÉGLEMENTAIRE

Intervention des Pouvoirs Publics

Le Congrès estime que les Pouvoirs Publics doivent intervenir en matière d'art public et émet le vœu que dans chaque pays l'autorité arrête, dans ce but, les mesures *les plus efficaces* en tenant compte des circonstances et de la législation locales.

Protection des Œuvres d'Art Public. — Respect des sites. — Réclame de mauvais goût

Il y a lieu de combattre légalement la réclame de mauvais goût qui dépare l'aspect des villes et des campagnes. Le Congrès propose l'application aux enseignes-réclames d'une taxe proportionnelle à leur dimension.

L'ART PUBLIC AU POINT DE VUE SOCIAL

Moyens pour encourager l'Art dans un intérêt social

On peut encourager l'Art dans un intérêt social, par la création, dans chaque pays, d'un *Office national* où seraient centralisés les programmes de travaux publics et où serait dressé le catalogue des monuments dont l'érection est préconisée soit par des comités locaux, soit par des personnes isolées. Cet office, sans prendre d'engagement d'aucune sorte, fournirait ainsi aux artistes, en peine de sujets, des motifs de travail.

Les listes des monuments désirés, avec les conditions de leur exécution, seraient publiées dans un annuaire ou bulletin périodique spécial répandu le plus possible parmi les artistes.

Moyens d'encourager l'Art dans un intérêt social. — Nature de l'intervention des Pouvoirs Publics. — Mesures à prendre

Il est désirable que l'encouragement pour l'Art, par les différents pouvoirs, soit étendu pratiquement à tous les services publics indistinctement.

L'Administration pour la protection officielle de l'art, tant nationale que locale, dans tous les pays, étant isolée de toutes les administrations publiques auxquelles elle devrait appartenir dans l'intérêt social de l'art et de l'éducation publique, il y a lieu de la décentraliser et de la rendre réparatrice et protectrice dans tous les domaines régis par les pouvoirs publics ; car il importe aussi de combattre légalement le mauvais goût et l'industrialisme qui déforment l'aspect public, qui gâtent nos institutions et nos mœurs.

Les pouvoirs publics devront cependant se garder de toute ingérence officielle incompatible avec la libre émulation artistique qu'ils doivent provoquer et soutenir, et ils ne devront notamment prendre des mesures d'assainissement esthétique dans l'ordre public qu'après avoir consulté les comités compétents.

L'Esthétique dans l'éducation et l'instruction. — Méthodes préconisées

Le Congrès, considérant que l'Art est un élément de haute mentalité publique ;

Que la vue et la compréhension du Beau contribuent puissamment au perfectionnement moral ;

Émet les vœux suivants :

Établir dans les écoles de tous les degrés, l'enseignement obligatoire du dessin, du chant, de la gymnastique callisthénique et de l'histoire des évolutions de l'Art ;

Rendre ce dernier enseignement intuitif : *a)* par des excursions, des visites de monuments, des conférences et des lectures sur place, notamment de descriptions de lieux dont une première lecture aurait été faite en classe ; *b)* par un roulement d'échanges entre les écoles des documents artistiques qu'elles possèdent ; *c)* par des projections lumineuses, constituant, en somme, des voyages peu coûteux et faits dans un ordre méthodique ;

Profiter, dans toute la mesure du possible, des bonnes qualités de l'enfant et de ses tendances naturelles vers l'amour du Beau et du Bien ;

Voir les autorités ne mettre sous les yeux du peuple que des objets revêtant une forme artistique et s'entourer des conseils d'hommes compétents dans l'examen de toutes les questions intéressant tant la production d'œuvres nouvelles que la conservation des monuments ou des beaux sites existants ;

Favoriser la création de musées cantonaux et de sociétés artistiques dans chaque centre ;

Faire, par l'exécution fréquente de morceaux bien choisis, l'éducation musicale de l'oreille.

Organisation des Musées et Expositions d'Art

Les musées doivent être organisés d'une manière plus esthétique et plus méthodique et constituer, non des exhibitions, mais de véritables établissements d'éducation artistique populaire ; que l'on y place en évidence, de façon à frapper la vue tout d'abord, et autant que possible dans des conditions de lumière et d'entourage analogues à celles du milieu pour lequel elles ont été exécutées, les œuvres les plus marquantes, celles que l'on peut considérer, à bon droit, comme l'expression la plus exacte de l'Art de chaque époque à son apogée ; qu'à côté de ces pièces capitales soient formés des groupements d'autres œuvres marquant les différentes étapes qui ont précédé cette expression, celles qui s'en sont successivement éloignées pour aboutir à une expression nouvelle ; que chaque œuvre porte la mention du nom de son auteur, de la date de son exécution, du sujet qu'elle représente et, s'il y a lieu, du donateur ; en un mot, que les prolégomènes de la filiation des œuvres d'art y soient si clairement exposés que le visiteur emporte cette sensation nette : que l'histoire de l'Art, comme celle de la civilisation, présente une suite ininterrompue d'évolutions, un enchaînement de faits conséquents, sans solution de continuité.

Il faut enfin que ces musées soient ouverts au public, tous les jours et gratuitement.

Les expositions aussi devraient être modifiées, dans le sens d'un groupement des objets par auteur et par genre d'œuvres.

Il faut y réserver une large place aux applications de l'art à l'industrie.

L'exposition de toute reproduction d'objets d'art plastique devrait montrer, à côté de l'ensemble, des fragments permettant d'en étudier les détails, ainsi que des photographies donnant l'impression nette de l'objet dans son milieu réel.

Il y a également lieu d'organiser selon ce système les *Musées d'antiquités*.

Là aussi doit s'établir un enseignement esthétique ; la considération de la rareté ne peut rester dominante.

Musées intercommunaux d'Art public national

Le Congrès préconise la création de musées intercommunaux d'échanges d'Art public qui seraient pour les différentes villes de chaque pays civilisé non seulement des répertoires d'archéologie et d'histoire nationale, mais aussi des écoles d'art ancestral dans lesquelles seraient lumineusement enseignés les principes logiques de l'art décoratif.

L'institution si ingénieuse et si belle des échanges internationaux réunit dans quelques capitales seulement des reproductions de chefs-d'œuvre de l'art monumental des nations contractantes. Ce qui s'est fait entre différents pays peut se faire d'autant plus utilement entre les villes de chaque pays.

Il y aurait même lieu, dans cet ordre de choses, sinon de restituer des chefs-d'œuvre originaux figurant dans quelques musées et dans des collections particulières, tout au moins de les faire revivre sous forme de reproductions dans leurs milieux d'origine ou de reconstituer si possible, dans les musées intercommunaux d'art public, les ensembles dans lesquels ils figuraient jadis.

On y grouperait les originaux et les reproductions plastiques ou graphiques, méthodiquement, par ordre chronologique, de milieu, de genre et de sujet ; il en résulterait un tel enseignement de logique esthétique pour l'éducation des citoyens que le fait de le propager par des conférences s'adressant à toutes les intelligences, en feraient des écoles régénératrices de l'esprit artistique des milieux.

Répartition des Travaux et Encouragements artistiques. — Concours

Il est désirable, sous plus d'un rapport, de voir adopter le système des concours publics dans la répartition des travaux et des encouragements artistiques. Toutefois l'utilité de ces concours dépend de leur organisation.

Le système de la publication de listes et de programmes des monuments dont l'érection est désirée ainsi que l'exposition périodique d'esquisses exécutées dans le but de répondre à ces desiderata, constitue un concours public ; ces esquisses devraient, toutefois, être accompagnées d'un morceau achevé, permettant de juger du pouvoir d'exécution de l'auteur.

Il importerait, en outre, pour éviter les mécomptes qui suivent parfois — souvent même — l'érection définitive d'un monument, de stipuler que, chaque fois que ce sera possible, une maquette en grandeur d'exécution de tout monument public ayant un caractère décoratif, sera érigée sur l'emplacement destiné à le recevoir, et soumise à l'appréciation d'une commission compétente ; elle en permettra l'appréciation par le public et par l'auteur lui-même qui sera mieux en mesure de juger de l'effet produit et de proportionner sûrement les dimensions de l'œuvre à celles de son entourage.

L'exécution d'une œuvre de concours, surtout si la maquette en grand est exigée, entraînent à des dépenses dont il importe que les concurrents soient au moins partiellement indemnisés ; l'équité la plus rigoureuse doit présider à la distribution de ces indemnités.

Le vœu a été émis en conséquence que lors même que le résultat donné par un concours ne répondrait pas à l'attente, les primes annoncées soient distribuées aux concurrents dont les travaux ont paru les meilleurs, sans obligation toutefois d'exécuter l'œuvre primée.

Les concours dits de Rome considérés au point de vue des exigences de l'art

Maintenir en principe, mais modifier dans l'application, l'institution des concours dits «de Rome»;

Demander aux candidats le plus d'instruction possible et les mettre, par les établissements d'instruction, en mesure de l'acquérir facilement ; tenir compte plus largement, toutefois, du talent personnel des candidats que de leur science ;

Retrancher des conditions actuelles du concours toutes les dispositions pouvant mettre obstacle à la libre révélation de la personnalité de chaque candidat ; apporter beaucoup de largeur dans le choix du sujet et admettre chaque concurrent à en traiter deux : l'un imposé, l'autre au choix ; à la rigueur, et s'il est reconnu que cette mesure soit indispensable pour donner toute garantie de sincérité, demander que ces deux sujets soient traités en loge ;

De préférence pourtant, ne maintenir l'obligation du travail dans un lieu déterminé que pour les examens scientifiques ;

Maintenir l'obligation du voyage, en laissant au lauréat toute latitude au sujet du choix de son itinéraire, mais en lui recommandant toutefois les buts de visite les plus utiles ;

Maintenir l'obligation, pour les lauréats, de l'envoi de rapports et de travaux constituant un moyen d'appréciation constante des profits qu'ils retirent des avantages que leur offre le prix ;

Etendre, enfin, les avantages aussi bien que les obligations attachés au prix, aux concurrents classés second et troisième, proportionnellement au résultat du concours.

L'organisation de ce concours devra du reste pouvoir être modifiée d'après les progrès de l'enseignement artistique dont il est en quelque sorte la consécration, et les sujets d'application pour les rues et les monuments publics pourront être donnés également.

Affichage

Le Congrès estime que les autorités doivent défendre l'affichage sur les monuments publics et sur les maisons architecturales.

Affiches de mauvais goût

Il faut enrayer la production d'affiches illustrées et d'images qui blessent le bon goût ou la morale. Il importe du reste de combattre le mauvais goût par une éducation esthétique (éducation de l'œil et de l'oreille), commencée de bonne heure, dès la plus tendre enfance.

Enseignes et Affiches d'Art

Il y a lieu d'encourager la production d'enseignes et d'affiches d'art par le système des concours.

L'ART PUBLIC AU POINT DE VUE TECHNIQUE.

Enseignement artistique — Réformes dans l'organisation des Académies et Ecoles d'Art

Le Congrès émet le vœu que dans l'Administration et la Direction des Académies, des Ecoles des Beaux-Arts et des Ecoles d'Art, il y ait plus de liberté et plus de décentralisation.

Création ou Amélioration d'Ecoles d'application pour les Métiers d'Art

Les Ecoles d'application pour les métiers d'art devraient être administrées et dirigées par les délégués — artistes et industriels — des Associations corporatives, Chambres de commerce, Chambres syndicales, patronales et ouvrières représentant, devant les pouvoirs publics et devant les populations, les métiers pour le développement desquels ces Ecoles ont été créées.

Dans les Ecoles d'Art de tous les degrés, l'enseignement doit être à la fois théorique et pratique; cet enseignement ne doit pas être, dès le début, trop spécialisé suivant les diverses branches professionnelles, la peinture, la sculpture et l'architecture, choisies par les élèves, mais prendre au contraire un caractère d'enseignement général répondant à ce qui a été dénommé, dans quelques pays, l'enseignement simultané.

Principes rationnels pour la création de Quartiers conformes aux conditions sociales modernes

Le Congrès émet le vœu que, en projetant et en exécutant de nouveaux quartiers de villes, les municipalités se laissent guider, plus qu'elles ne l'ont fait jusqu'ici, par des considérations artistiques ; que dans leurs plans d'agrandissement de quartiers, elles conservent les monuments anciens et réservent autant que possible les emplacements nécessaires à des plantations si désirables pour l'hygiène et le pittoresque des villes.

Dans l'aménagement des quartiers anciens des villes, il convient, si l'on doit élargir certaines rues, de réaliser cet élargissement en respectant, dans toute la mesure du possible, les irrégularités de largeur et de direction des rues.

Les plans de création de quartiers nouveaux dans les villes doivent être établis de manière à satisfaire, le plus possible, aux nécessités de l'esthétique, notamment, par l'étendue des terrains laissés en bordure.

Que les municipalités ne se préoccupent plus qu'accessoirement des alignements géométriques, la conservation des édifices publics ou de maisons artistiques suffisant pour justifier les irrégularités de direction ou de largeur de certaines rues.

Choix des matériaux pour les constructions

Le Congrès émet le vœu que les Administrations se préoccupent plus qu'elles ne le font en général aujourd'hui, dans la construction des édifices et des monuments publics, des questions d'orientation et de climatologie ; qu'il soit créé des musées-laboratoires de matériaux de construction et de décoration, dans des conditions d'exposition en plein air, qui rendent décisives les expériences de résistance de ces matériaux aux intempéries et aux variations des climats.

Réceptions Excursions et Discours

BANQUET DU 28 SEPTEMBRE 1898

Discours de M. Beernaert, Président

Mesdames et Messieurs,

Jamais en Belgique nous ne nous réunissons dans une pensée d'intérêt général ou pour honorer quelqu'idée de progrès, sans que notre première parole soit pour le Roi qui, à tous égards, est pour nous la plus haute, la plus complète expression de la patrie et de son indépendance (*Applaudissements*). De même chacun de vous a des liens plus étroits avec la terre qui est la sienne et ce qui la symbolise.

Je crois ne pouvoir mieux répondre à ce sentiment à la fois si semblable et si divers, qu'en vous proposant de vider tout d'abord nos verres en l'honneur et de notre Souverain, et de tous les chefs des Etats qui dans l'une ou l'autre forme, ont eu des représentants à ce premier congrès de l'Art public. (*Applaudissements prolongés*).

Vous me permettrez maintenant de boire à M. le Ministre de l'Instruction publique de France qui a bien voulu s'arracher aux devoirs multiples de sa charge, pour assister à nos séances et en qui nous saluons un maître dans l'art si essentiellement français de bien dire. (*Applaudissements*).

Remercions aussi MM. les ministres Belges dont la présence ici est une marque nouvelle de l'intérêt qu'ils nous ont toujours témoigné, (*Applaudissements*) toutes les autorités, tous les corps savants de l'étranger qui ont bien voulu encourager notre initiative ; et vous tous, chers amis du dehors, qui êtes venus si cordialement nous apporter les concours de votre expérience et de votre talent. (*Applaudissements*).

Enfin, je vous propose de boire à notre Œuvre elle-même. Il ne s'agit que d'un premier effort et les sympathies qu'il a provoquées ont dépassé nos espérances. Mais on ne pouvait guère aboutir cette fois qu'à des vœux exprimés sous une forme générale et par là-même un peu vagues. La prochaine fois, dans ce milieu rayonnant de Paris, on fera plus et on fera mieux.

Peut-être, chers collègues, appartenait-il à la Belgique de donner cette première impulsion. Nous sommes une fort petite nation, mais en fait d'art, aucun pays n'a un passé plus brillant, aucun n'a été plus riche en monuments et en œuvres artistiques de tout genre. Sans parler de la peinture et de la sculpture, nulle part l'art industriel, l'art quotidien, n'avait atteint de plus haut sommet que chez nous. Nos vieux meubles, nos cuirs, notre ferronnerie, nos cuivres, nos tapisseries ne redoutaient aucune comparaison. Mais hélas, le goût s'est faussé, les grandes traditions artistiques se sont perdues au souffle de l'utilitarisme et du machinisme et au cours de dix invasions étrangères, dont chaque année la charrue ramène encore au jour quelque boulet, nous avons été dépouillés de la plupart des chefs-d'œuvre que le passé nous avait légués.

Eh bien, nous voulons renouer la chaîne des temps, mais nous le ferons dans un esprit plus moderne, d'accord avec vous en vue d'une haute et sainte émulation. (*Applaudissements*).

Je disais l'autre jour qu'il nous faut proclamer et prêcher la croisade du Beau. Je crois que tel était bien le mot juste. C'était naguère sous le puissant effort du sentiment religieux que se produisit cette première explosion du sentiment d'internationalisme. C'est encore une passion commune qui nous anime et nous mettrons à son service une même conviction et une même volonté, cimentés par l'union. (*Applaudissements*).

Il faut que tous nous reprenions les glorieuses traditions d'antan, — il faut élever les cœurs au-dessus des banalités de la vie, — il faut que dans tout ce qui frappe les yeux, le travail s'imprègne d'art, — il faut qu'au-dessus de l'œuvre inconsciente et froide de la machine, se dresse l'œuvre personnelle du travailleur, — il faut, je l'ai dit déjà, que, dans chaque poitrine d'ouvrier, batte un cœur d'artiste, et que son œuvre soit pétrie non seulement de ses doigts, mais de son âme. (*Longs applaudissements*).

Buvons donc au succès de nos efforts.

Buvons à l'art qui élève et anoblit tout, à l'art, cette grande chose, dans tous les temps et sous tous les régimes, vraiment royale et vraiment souveraine. (*Acclamations prolongées*).

Discours de M. Léon Bourgeois

Ministre de l'Instruction Publique et des Beaux-Arts de France

Je lève avec vous tous mon verre à la santé de S. M. le Roi des Belges. Ce toast, je le porte à la fois à S. M. Elle-même, si pleine de sollicitude pour les choses de l'Art public et au pays qui est au premier rang des nations par la trace lumineuse qu'il laisse dans le domaine de l'esprit et de l'Art. (*Appl.*)

Je bois à la Belgique, à toutes ses gloires, à toutes ses grandeurs. (*Acclamations*).

Je tiens aussi à porter un toast personnel à M. Beernaert, qui a parlé au Congrès en artiste et en homme d'Etat, et qui nous a prouvé ce soir encore qu'il défend de la façon la plus esthétique du monde les choses esthétiques. (*Longs applaudissements*).

Je bois enfin aux membres du Gouvernement Royal, ici représenté, aux promoteurs si hautement inspirés de l'Œuvre de l'Art public, aux organisateurs et aux membres du Congrès, qui ont réalisé une œuvre d'universelle fraternité. (*Acclamations*).

Il y a une manière de concevoir une vie sociale dans laquelle les esprits et les cœurs se rapprocheront dans le culte du Beau éternel.

Nous rêvons que le peuple humain tout entier soit bientôt analogue à celui que la Grèce antique a connu sous un ciel que nous n'avons pas, mais que nous pouvons nous imaginer. Montons ensemble vers les sommets les plus élevés et faisons en sorte que par notre Œuvre l'humanité tout entière y monte un jour! (*Acclamations prolongées. Triple salve d'applaudissements. Cris de vive Bourgeois, vive la France!*)

Discours de M. de Bruyn

Ministre des Beaux-Arts de Belgique.

Je remercie l'éminent Ministre, M. Bourgeois, du toast qu'il a bien voulu porter au Roi et au Gouvernement de Belgique.

Cette occasion m'est précieuse pour exprimer les sentiments de profonde sympathie qui anime le Gouvernement belge à l'égard de l'Œuvre de l'Art public, pour proclamer sa grandeur et lui assurer, en ma qualité de Ministre des Beaux-Arts, tout mon dévouement.

Depuis 1868, il y a eu dans notre pays un renouveau d'art : voyez nos gares, nos écoles. Mais l'Œuvre est venue à point pour éveiller le sentiment public, pour coordonner toutes les idées de progrès artistique, pour tracer aux uns et aux autres leurs devoirs esthétiques, pour réagir contre les défaillances et les erreurs, pour nous remplir enfin de cette noble idée que notre civilisation doit être tout entière imprégnée d'Art. Il reste beaucoup à faire. Je fais appel à l'union de toutes les convictions et de toutes les bonnes volontés pour que l'Œuvre puisse poursuivre sa généreuse mission. (*Longs applaudissements*).

Je me félicite que ce soit chez nous qu'est née l'Œuvre et que ce soit de cette terre hospitalière de la Belgique où vient de se tenir le premier Congrès de l'Art public, et qui enfanta tant d'artistes, que soit parti le mouvement de l'Art public.

Je bois à la santé de MM. Bourgeois et Beernaert dont la participation a jeté tant d'éclat sur le premier Congrès de l'Art public et a si largement contribué au grand et légitime succès de ses travaux. (*Acclam.*).

Mais il m'appartient aussi de rendre hommage à celui dont l'initiative et l'énergie pendant de longues années ont fait que l'Œuvre de l'Art public existe et prospère, que le premier Congrès de l'Art public a eu lieu, qu'il a réussi et que le mouvement de l'Art public est donné!

A M. Broerman, promoteur et fondateur de l'Œuvre, principal organisateur du Congrès! (*Longues acclamations, cris de vive Broerman*).

Grâce à sa foi, à sa tenacité; grâce aux sacrifices qu'il s'est imposés, se multipliant pour servir cette belle et généreuse cause, malgré toutes les oppositions et tous les antagonismes souvent cruels dont il a été abreuvé, il a réussi dans son intelligente obstination. (*Applaudissements*).

N'est-il pas étrange de constater qu'il est de ces confrères qui boudent à l'Œuvre uniquement parce que Broerman la personnifie par son intelligence et son dévouement.

Il faut espérer qu'ils reviendront à de meilleurs sentiments. Si Broerman excite certaines hostilités, c'est parce qu'il a le don d'émettre des idées originales et fécondes et surtout de s'employer corps et âme à les réaliser!

Je bois donc au passé et à l'avenir de l'Œuvre, en lui assurant l'appui le plus sincère du gouvernement, et à son fondateur, le laborieux et dévoué organisateur du Congrès. (*Acclamations prolongées. Une longue ovation est faite au Secrétaire général*).

Toast de M. Em. Dupont

Vice-Président du Sénat de Belgique, Vice-Président du Congrès

à S. M. le Roi des Belges

Au Roi protecteur des Arts et des Artistes!

Au Roi, qui a encouragé les efforts des promoteurs de l'Œuvre de l'Art public et des organisateurs du premier Congrès International;

Au Roi, qui leur a accordé son généreux patronage et a contribué à leur succès par son puissant concours.

Messieurs, nous pourrions acclamer ici, une fois de plus, le Souverain éclairé qui, depuis 33 ans, préside avec sagesse aux destinées de la Patrie;

Nous pourrions rappeler de nouveau ses constants efforts pour assurer et accroître la prospérité de notre chère Belgique; l'intérêt qu'il porte au développement de l'éducation des masses et à l'amélioration du sort matériel de notre peuple;

Nous pourrions encore mettre en relief l'éclatant succès de son œuvre africaine, entreprise grandiose qui sera une des gloires de son règne et une des plus merveilleuses conquêtes de la civilisation pendant le siècle qui va finir.

Mais ce que nous tenons, dans une sphère plus modeste, à proclamer aujourd'hui, c'est la reconnaissance profonde de notre Œuvre et du Congrès pour le Roi qui, dès le premier jour, a manifesté ses sympathies pour notre Association;

Pour le Roi qui, par des actes nombreux, a prouvé qu'il partageait nos sentiments;

Pour le Roi, qui nous a fait admettre à l'Exposition de 1897 et nous a permis ainsi, en gagnant de plus en plus le public à nos projets, d'organiser notre premier Congrès International;

Messieurs, le Roi veut avec nous que la Belgique ne soit pas grande seulement par son commerce et par son industrie, mais qu'elle se maintienne aussi, dans le domaine de l'Art, au rang élevé où l'a placée depuis des siècles le génie de ses peintres, de ses sculpteurs, de ses architectes;

Il veut, *avec nous*, que nos vieux monuments soient religieusement conservés, fidèlement respectés et restaurés, et qu'à côté d'eux s'élèvent des œuvres nouvelles, dignes de notre passé;

Comme nous, il désire que l'âme de notre peuple se familiarise avec ces glorieux exemples; qu'il se forme à l'amour du Beau et s'élève peu à peu à l'intuition des chefs-d'œuvre, à côté desquels il passe aujourd'hui trop souvent avec indifférence.

Nous pouvons compter sur l'appui du Roi pour réaliser notre but, qui est de propager le sentiment esthétique dans les masses et de rendre à l'Art, comme autrefois à Athènes, à Rome ou à Florence, sa mission sociale, en donnant une forme artistique aux manifestations publiques de la vie moderne.

Au Roi, Messieurs, qui a placé au premier rang de ses devoirs et de ses préoccupations, le développement artistique du pays, la conservation et l'extension du magnifique héritage que les siècles précédents nous ont légué.

Au Roi!

(Acclamations prolongées. On crie de toutes parts: Vive le Roi!)

Discours de M. Em. Dupont,

Vice-Président du Sénat de Belgique, Vice-Président du Congrès.

Toast à M. et Mme Beernaert

C'est pour moi un grand honneur de proposer à cette assemblée d'élite, où tous les dissentiments politiques s'effacent et se confondent dans un sentiment unique, le souci de l'avenir artistique de notre cher pays, un toast de reconnaissance au héros de cette fête, à l'homme éminent et désintéressé, qui a présidé, avec tant d'éclat, le premier Congrès international de l'Art public.

Messieurs, je crois pouvoir dire, en votre nom, que malgré de nombreux et honorables dévouements individuels, sans M. Beernaert, le succès brillant, dont vous êtes justement si fiers, n'aurait pu être obtenu.

Président d'honneur du Congrès, M. Beernaert a consenti à en devenir le Président effectif, malgré les charges lourdes et multiples dont il est honoré.

Dans l'exercice de ces fonctions, il n'a épargné ni le temps, ni la peine, pour faire réussir cette manifestation, sans précédent, de nos artistes, due à leur initiative hardie, et accueillie avec faveur par la Presse européenne tout entière.

M. Beernaert a dirigé, avec son expérience consommée en cette matière, l'organisation du Congrès. Il est entré même dans tous les détails d'administration, s'occupant de l'élaboration du questionnaire, en un mot préparant habilement le succès que nous fêtons aujourd'hui.

Plus tard, quand l'assemblée fut réunie, il a été, dans la forme comme au fond, le président qu'il fallait souhaiter au Congrès, le Président modèle de ces assises esthétiques, d'un caractère nouveau.

Son aménité, son tact, sa clairvoyance unis à son tempérament artistique, la largeur de ses vues, l'élévation de son langage, la forme élégante dont il sait revêtir sa pensée, ont gagné à notre cause les sympathies les plus précieuses, en Belgique et à l'étranger.

Par ce service inoubliable, il a bien mérité de notre Œuvre, et contribué puissamment à la rapprocher de l'idéal qu'elle poursuit.

Cet idéal, M. Beernaert veut en assurer la réalisation, et c'est pourquoi, *de toute son âme*, il s'est associé à vos efforts.

Et c'est, en vérité, une pensée bien haute que celle qui a guidé les fondateurs de notre Œuvre.

Ils en ont caractérisé le but dans les termes les plus élevés:

Créer une émulation entre les artistes, en traçant une voie pratique où leurs travaux s'inspirent de l'intérêt général;

Revêtir d'une forme artistique tout ce que les progrès ont acquis d'utile à la vie publique contemporaine;

Transformer les rues en Musées pittoresques instituant des éléments variés d'éducation pour le peuple;

Rendre à l'Art sa mission sociale d'autrefois, en l'appliquant à l'idée moderne, dans tous les domaines régis par les pouvoirs publics;

Tel est votre programme.

On ne saurait mieux dire et l'on comprend que votre Association se dévoue à l'accomplissement d'une aussi noble tâche.

L'Œuvre belge de l'Art public a pris l'iniative de ce mouvement civilisateur.

Le Congrès international a recherché les moyens d'atteindre le but proposé.

Il a préparé des solutions pratiques destinées à réveiller et à développer dans les masses l'amour du Beau et le sentiment esthétique.

La voie était ainsi ouverte. Il fallait continuer à y marcher d'un pas résolu.

Dans ce but, ayons confiance dans l'avenir.

Donnons-nous, dès à présent, rendez-vous au Congrès de Paris, en 1900.

Grâce au concours de nos amis, notre Œuvre participera avec éclat à ce Congrès dont le succès est assuré.

Ainsi sera définitivement consacrée cette institution nouvelle, l'*Œuvre de l'Art public*, née sur notre sol, et qui doit avoir sur l'éducation artistique de notre peuple la plus heureuse influence.

(S'adressant à Madame Beernaert, M. Dupont lui exprime en ces termes la respectueuse sympathie des Membres de l'Œuvre) :

Madame, permettez-moi de vous associer à l'hommage ému que nous rendons aujourd'hui à M. Beernaert.

Vous aimez l'Art et les Artistes. Les membres du Congrès, que vous avez charmés, auxquels vous avez offert une si gracieuse hospitalité, veulent avec raison que vos deux noms soient unis dans ce toast que j'ai l'honneur de porter :

A M. et à Mme Beernaert!

***

Nous ne pouvons reproduire tous les discours prononcés à l'occasion des deux banquets qui ont clôturé les travaux du Congrès. Le compte rendu en a été fait sommairement. Nous le regrettons surtout pour les amis absents à ces agapes et qui n'ont pu entendre le merveilleux discours de M. Léon Bourgeois, Ministre des Beaux-Arts de France.

Rappelons qu'au premier banquet l'éminent architecte Cuypers, d'Amsterdam, fit l'éloge des organisateurs du premier Congrès de l'Art Public, félicitant la Belgique pour cette initiative, au nom du Gouvernement Hollandais dont il était le représentant, constatant que l'entreprise était déjà couronnée du plus grand succès et remerciant les Belges pour le fraternel accueil qu'ils avaient fait aux étrangers, amis de l'Œuvre nouvelle.

Les nombreux participants aux banquets n'oublieront pas le toast si impressionnant que notre ami Henri Taverne, l'un de nos vigoureux soldats de la première heure, porta à la Presse belge ; ce fut une improvisation sensationnelle. Ils n'oublieront pas davantage celui que porta notre ami Jules Sauvenière, délégué des artistes liégeois, à la Presse universelle, toast dont la conception et la forme hautement inspirées, étaient dignes en tous points du poète, auteur de *Hildhylia* et de *Sangahall.*

M. Charles Buls, bourgmestre de Bruxelles, exprima, au deuxième banquet, le vif regret de s'être trouvé au Congo au moment de la réunion du Congrès.

M. Buls est, on le sait, le magistrat public qui, le premier, appuya notre initiative.

Le banquet auquel il assistait, offert aux Présidents d'Honneur de l'Œuvre ainsi qu'à Mme Beernaert, était présidé par M. Em. Dupont, Vice-Président du Sénat. Y assistaient aussi MM. Gérard, Ministre de France, Bellamy Storer, Ministre des Etats-Unis ; le Ministre de l'Industrie et du Travail et Mme Nyssens, le Ministre des Beaux-Arts, M. de Bruyn, M. le Baron Lambermont ; Ministre d'Etat; l'Echevin de Potter de la Ville de Bruxelles qui, en l'absence du Bourgmestre, avait reçu si gracieusement les Congressistes à l'Hôtel de Ville ; le Gouverneur du Brabant, M. A. Vergotte, qui fut toujours un grand protecteur de l'Œuvre, M. le Sénateur Vercruysse-Bracke et M. Amelin, Commissaire et Sécrétaire généraux de la Section belge à l'Exposition de 1900, le Bourgmestre de Gand, M Braun ; M. Aug. Smets, l'échevin qui le premier se consacra au succès de nos efforts ; les Echevins Jonas et Huart-Hamoir qui se joignirent à lui ; nombre de Sénateurs et de Représentants dont la sympathie s'est toujours manifestée effectivement ; des artistes en renom : MM. Robie, Cluysenaar, Dillens, Courtens, Lagae, Leempoels, J. Winders et la toute charmante Mme Amand, dont l'art de bien chanter a enthousiasmé cette assemblée d'élite. Le Bourgmestre de Bruxelles a fait un parallèle entre ses impressions dans les immenses pays civilisés de l'Afrique et dans notre petit pays débordant d'activité intellectuelle, riche et fier de sa gloire artistique et toujours voué au progrès. S'adressant aux Ministres de France et d'Amérique, il leur a rendu hommage et leur a dit combien la Nation belge est heureuse de l'estime des grandes nations qu'ils représentent. Après avoir constaté que le nouveau comme l'ancien monde avait répondu à notre appel, il s'en est félicité au nom de tous avec l'élévation de pensée et de langage qu'on lui connaît, et a remercié avec effusion toutes les autorités représentées au premier Congrès de l'Art public.

M. le Ministre Gérard répondit en félicitant et en remerciant en son nom et au nom du Ministre d'Amérique le Ministre des Beaux-Arts. M. Léon de Bruyn manifesta chaleureusement la sympathie du Gouvernement belge pour l'Œuvre, déclarant qu'il était fier de ce que l'Etat avait fait pour elle et promettant de la soutenir encore plus efficacement dans l'avenir en raison de son brillant développement, de son influence heureuse sur l'opinion et de l'excellence de son programme pour les années 1899 et 1900.

Des acclamations prolongées ont souligné la portée pratique de ces éloquentes promesses ministérielles et l'auditoire d'élite ne s'est pas fait faute d'en féliciter le Ministre.

Ensuite, M. Théo Hanon marqua de sa primesautière personnalité les remerciements aux toasts à la Presse. Le Gouverneur du Brabant avait bien voulu proposer la santé du fondateur de l'Œuvre, le secrétaire général du Congrès, grâce à l'intelligente et persévérante volonté duquel, disait-il, l'Œuvre s'était si utilement et si brillamment manifestée à la face du monde civilisé.

De longues acclamations interrompant l'éminent Gouverneur, il a terminé en constatant qu'il répondait à un vœu unanime en rendant un légitime tribut d'hommages à celui qui avait tout fait et tout sacrifié pour une chose noble et grande qui associe déjà tant de monde.

M. Broerman remercia et proposa la santé des premiers protecteurs de l'Œuvre et spécialement celle des Présidents et Membres d'honneur. Il a exprimé le bonheur qu'il éprouvait en les remerciant au nom de tous les adeptes de l'Œuvre répandus partout et qui ont vu se traduire leurs aspirations avec compétence par des hommes d'élite qui se retrouveront en 1900.

* * *

Il sera certainement agréable aux membres du Congrès de remettre ici en souvenir les festivités qui leur ont été offertes au cours des travaux du Congrès.

Ils se souviendront avec bonheur de la gracieuse réception faite par le Président du Congrès et Madame Beernaert, dans les salons du pittoresque Hôtel Ravenstein, réception à laquelle la musique du 1er régiment de guides, dirigée par le maëstro Julien Simar, prêtait son brillant concours.

Le raoût donné par le Collège échevinal de Bruxelles dans l'antique et merveilleux Hôtel de Ville de Bruxelles laissera parmi eux une profonde impression. L'échevin de Potter, ff. de Bourgmestre, exprima avec une grâce charmante les sentiments de bienvenue au nom du Collège échevinal, se félicitant pour la ville de Bruxelles que l'Œuvre soit née dans ses murs et s'honorant de voir réuni sous ses auspices le premier Congrès de l'Art Public. L'orateur rappela avec éloquence tout ce que la capitale de la Belgique avait déjà réalisé au point de vue des idées qui ont présidé à la réunion de tant de personnalités éminentes de l'Art et de l'esthétique, et il souhaita que leurs travaux fussent féconds et glorieux.

Les membres de l'Œuvre et du Congrès sont infiniment reconnaissants au Collège Echevinal de la splendide réception dont ils ont été l'objet et ils remercient vivement M. l'Echevin de Potter qui, en l'absence de M. le Bourgmestre Buls, leur a souhaité la bienvenue en un langage d'une éloquence élevée.

La musique municipale, si admirablement dirigée par M. Sennewald, animait de ses délicieux accents cette réception inoubliable.

* * *

Les membres du Congrès expriment aussi toute leur gratitude aux municipalités de Bruges, de Malines, de Gand, à l'Echevin des Beaux-Arts de Liège, ainsi qu'à la Société Liège-Attractions, pour les réceptions chaleureuses dont ils ont été honorés.

Vestige du Palais du Grand Conseil de Malines (A réédifier).

A MALINES

La visite à Malines fut féconde en surprises d'art. Nos amis de tous les pays y ont éprouvé des émotions certes imprévues, devant certains spectacles de l'ancien Malines : la majestueuse tour de St-Rombaut, les joyaux

La Cathédrale de St-Rombaut, à Malines.

d'architecture du Quai au Sel, le palais de Marguerite d'Autriche, l'Hôtel de Ruyslede, le plafond de la Chapelle du Grand Conseil, mais rien ne pouvait les impressionner plus profondément que le spectacle de vandalisme officiel que nous reproduisons ici :

Voici l'article que nous avons écrit a cet égard pour l'organe de l'Œuvre : *L'Art Public* :

TROIS SIÈCLES DE VANDALISME

Le Palais du Grand Conseil à Malines

Le premier Congrès de l'*Art Public* a émis le vœu de voir le Gouvernement seconder l'Administration Communale de la ville de Malines dans son projet de dégagement et d'achèvement du Palais du Grand Conseil.

Ce palais, de style gothique flamboyant, fut construit jusqu'à hauteur du deuxième étage, sous le règne de Charles-Quint, et les travaux furent *interrompus* à cause des troubles qui surgirent à cette époque.

Cette interruption donna prétexte à un acte de profanation qui fut successivement aggravé par tous les magistrats de cette ville, depuis la fin du XVIe siècle jusqu'à nos jours.

L'édifice fut encastré dans des constructions vulgaires qui massacrèrent son architecture élégamment proportionnée, vivante et opulente.

Certaines parties de cette richesse architecturale ne furent pas couvertes, par simple *raison d'économie*, et il paraît incroyable que la vue de ces vestiges n'ait déterminé aucun magistrat malinois, trois siècles durant, à réparer l'outrage à l'art qu'ils révélaient.

L'édilité malinoise actuelle a le mérite d'avoir su profiter du litige survenu entre l'un des occupants de ces masures et l'Administration Communale, pour mettre un terme à ce spectacle de barbarie!

Voulant associer la population malinoise à son acte de salubrité artistique, elle a fait exproprier l'une de ces

Palais du Grand Conseil, à Malines.
(Galeries encastrées).

boutiques afin de découvrir la partie de l'édifice qu'elle masquait.

Le succès de cette démonstration a été concluant; le plus profane des Malinois comprend aujourd'hui le tort fait à la ville par des magistrats ignorants de leurs devoirs esthétiques.

Quoi de plus édifiant que cette preuve tangible des effets néfastes résultant de l'incurie administrative pour l'art dans le domaine public!

Ce spectacle de vandalisme officiel démontre péremptoirement l'utilité de notre croisade.

La galerie de ce Palais s'étend le long de la rue de Beffer et est entièrement emmurée dans ces hideuses constructions.

Pour quelques écus, on a laissé ainsi profaner une richesse publique; car cette barbarie a rapporté annuellement une dizaine de florins par bicoque, ce qui pouvait bien valoir deux ou trois cents francs par an à la ville de Malines, alors qu'elle lui ravissait une caractéristique d'art!

Au XVIIIe siècle, un magistrat autorisa même un certain *Colibrant* à construire, en pierres de taille, la maison aujourd'hui expropriée, sans doute pour mieux marquer le caractère *momentané* de la concession! — refusant de lui laisser enlever un pilier et les voûtes qu'il supporte.

Or, ces voûtes devaient être percées pour l'escalier et pour la cheminée... ce qui fut fait.. et le pilier fut entaillé; bien qu'étant en pierre bleue, on en enleva plusieurs tranches, sur toute sa longueur!

On ne pourrait croire à de telles déprédations, si aujourd'hui elles n'étaient publiquement exposées; les vues reproduites ici, en donnent, du reste, une idée exacte.

Moyennant quelques florins de supplément, on autorisait des changements à ces vilaines constructions et il en est résulté que l'édifice d'art qu'elles encastraient était progressivement abîmé et détruit!

Les recettes réalisées du chef de cette barbarie ne pourraient même pas payer la réparation des dégâts!

Un mémoire publié par la ville de Malines, sur les faits du procès qu'elle a gagné contre l'un des occupants traite la question au point de vue de son droit de propriété. Il y est dit à cet égard que les actes des magistrats passés avec les pseudo-propriétaires *forment des anneaux d'une même chaîne et doivent s'interpréter les uns par les autres.* Hélas!

Nous, nous considérons la chose dans son intérêt principal, méconnu ou ignoré par des magistrats responsables qui ont privé leur ville, sous un prétexte dérisoire, de la vue d'une brillante œuvre d'architecture, au lieu d'en poursuivre l'achèvement.

Palais du Grand Conseil, à Malines.
(Partie dégagée des galeries).

S'il faut interpréter les uns par les autres les anneaux de cette chaîne, on ne peut être qu'indigné de cette confiscation d'art public, maintenue pendant trois siècles.

L'édilité malinoise d'aujourd'hui a ressenti cette indignation et a résolu de remédier aux effets du crime de lèse-esthétique qu'elle a très intelligemment dénoncé à ses administrés et au pays.

Cette histoire et les conclusions qu'elle impose signifient qu'il faut propager le culte du Beau par la diffusion rationnelle de l'esthétique, dans l'organisation publique toute entière.

De tels attentats doivent être non seulement rendus impossibles dans l'avenir, mais il faut imprégner de souci artistique l'opinion publique, afin que les autorités puissent s'appuyer sur elle pour prendre les mesures efficaces que comporte l'observation rigoureuse des intérêts sociaux de l'art.

En définissant cet ordre d'idées, l'Œuvre n'a-t-elle pas servi la cause du progrès, et sa propagande ne contribue-t-elle pas à mettre les justes revendications d'art en contact avec la conscience publique ?

Nous sommes heureux de pouvoir terminer cet article en disant que la vaillance de l'édilité malinoise est d'ores et déjà récompensée.

Le gouvernement, représenté par son ministre des chemins de fer et des postes, a résolu d'achever l'ancien édifice pour y installer un service des postes, s'engageant formellement à faire respecter les plans primitifs dans le travail de réparation et d'achèvement, qui sera entrepris bientôt.

Voilà le vœu du Congrès satisfait !

Nos bien vives félicitations à l'administration communale de Malines, à la population malinoise, ainsi qu'au ministre et à l'administration des postes.

EUG. BROERMAN.

Le Bas-Relief de la Brasserie du « Gapaard », à Bruges.

A BRUGES

La visite à Bruges a été une suite de ravissements. Les magnifiques restitutions dues à l'Administration actuelle et surtout au Bourgmestre, M. le Comte Visart de Bocarmé, à l'Echevin des Travaux publics, M. Ronse, à l'architecte communal, M. de Wulff et à l'architecte M. de la Censerie, ont provoqué l'unanime et enthousiaste admiration des amis de l'Œuvre.

Le délégué d'Angleterre, M. Purdon Clarke, a voulu marquer cette admiration par une motion toute spéciale, longuement acclamée en séance plénière du Congrès. Le distingué directeur du South Kensington Museum a formulé sa pensée comme suit :

« Les membres du Congrès qui ont pris part à la » magnifique excursion à Bruges, organisée par le » Comité, ont été, dit-il, unanimes à admirer l'hôtel du » Gruuthuuse, qu'on leur a fait visiter. En conséquence, » il propose au Congrès d'adresser au bourgmestre et » aux échevins de la ville de Bruges des félicitations » chaleureuses pour la sollicitude éclairée dont ils ont » fait preuve, en cette circonstance particulière, pour » l'art, en assurant la conservation d'un monument si » intéressant et si précieux à tous les points de vue. » Il estime qu'il est de toute justice d'exprimer en » même temps la gratitude et les félicitations du » Congrès, à l'égard de l'architecte, *M. de la Censerie,* auquel a été confiée cette restauration, pour » avoir mené à bonne fin une œuvre, aussi importante et aussi » délicate, qui » exigeait une » grande science, une profonde érudition, et un vif » sentiment de » l'art. »

L'Église du Saint-Sauveur, à Bruges.

Après ce légitime hommage, nous nous faisons un devoir de reproduire le discours du Bourgmestre de Bruges.

Ce discours évoque avec érudition et grandeur le plus profond souci d'art ; ceux qui le liront, éprouveront, comme ceux qui l'ont entendu, une bien réconfortante émotion.

L'Église Notre-Dame, à Bruges.

Discours de M. le Comte Am. Visart de Bocarmé,

Bourgmestre de Bruges.

MESDAMES, MESSIEURS,

Le Conseil communal s'est fait un devoir de se réunir aujourd'hui pour recevoir avec solennité le Congrès de l'Art Public, dont la visite est pour notre

L'Hôtel de Gruuthuuse, à Bruges.

ville un honneur réel et dont les observations et les études offrent pour nous un grand intérêt.

C'est donc avec les sentiments de la plus haute considération et de la plus vive sympathie que je vous souhaite la bienvenue au nom du Conseil communal et de la population qu'il représente.

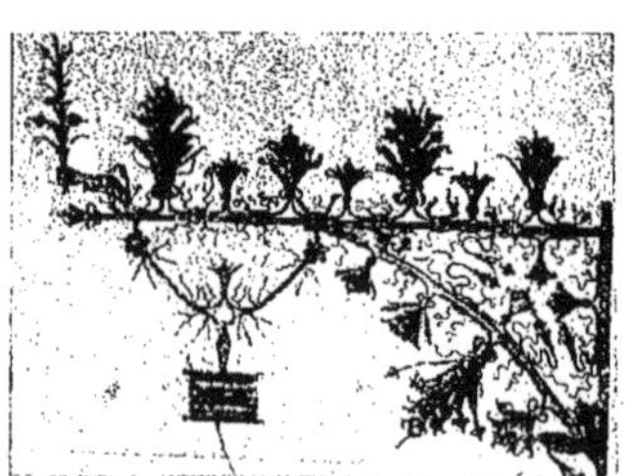

L'Enseigne du « Roskam », à Bruges.

Je ne puis pas manquer non plus de saisir cette occasion de rendre un hommage spécial à votre président qui, je le sais, est depuis longtemps un grand admirateur et un grand ami de Bruges et y jouit avec raison d'une grande popularité.

Notre respect et notre profonde reconnaissance sont bien dus à cet homme d'Etat si haut placé dans l'estime

Église et Tour de l'Hôpital St-Jean, à Bruges.

publique qui, après tant de luttes, de travaux et de services rendus au pays, trouve une jeunesse et une ardeur nouvelles pour toutes les nobles causes qui font appel à son dévouement et à son éloquence.

Vos instants sont mesurés, je ne puis dire que quelques mots.

Witte Saaihalle, à Bruges.

Messieurs, la grande et utile mission de votre institution a été parfaitement exposée dans le beau discours que votre président a prononcé à Bruxelles.

La Chapelle du St-Sang, à Bruges.

Peut-être cependant y êtes-vous venus quelques siècles trop tard ou quelques années trop tôt.

Au 14me ou au 15me siècle vous auriez trouvé ici une cité où tout était pur de style, plein d'unité et d'harmonie dans sa grâce simple et primitive. Le vandalisme et le mauvais goût plus barbare des époques suivantes n'avaient pas encore défiguré l'œuvre admirable de nos ancêtres.

Aujourd'hui et depuis vingt-cinq ans déjà, un travail de réparation, de restauration et aussi de création nouvelle se poursuit avec une activité incessante et tend à reconstituer un Bruges moderne digne du Bruges d'autrefois. Le zèle et la science archéologique et artistique de notre excellent échevin des travaux publics, le talent de nos architectes, la bonne volonté et le sentiment esthétique de nos concitoyens et enfin l'intervention généreuse des pouvoirs publics nous permettent d'espérer que, dans quelques années, quand vous reviendrez ici, vous trouverez Bruges tout à fait digne d'être parcouru et étudié par un Congrès d'art public.

Notre administration et notre population acceptent ce programme; nous applaudissons à vos efforts et, dans les limites restreintes de notre pouvoir et de notre influence, notre concours vous est acquis.

Mais pour nous vos travaux, vos conseils, votre appui seront d'une grande utilité et grâce à l'action que vous exercerez sur l'opinion et les pouvoirs publics, nous marcherons avec plus d'assurance et de succès dans la voie où nous sommes déjà entrés. Nous conserverons avec soin et nous restaurerons avec zèle et avec respect tout ce que le moyen âge et la renaissance nous ont légué d'intéressant, de beau et d'artistique. Nous nous efforcerons d'avoir du goût, du style, dans toutes nos œuvres, même les plus modernes et les plus utilitaires.

Nous nous associerons à votre énergique croisade contre l'invasion du laid et du banal, et nous croirons avoir fait une œuvre vraiment humaine et populaire, quand le plus modeste de nos concitoyens trouvera en parcourant nos rues et nos promenades publiques une facilité d'éducation artistique et des jouissances esthétiques que les millionnaires ne possèdent pas dans certaines grandes cités modernes.

Messieurs, j'espère que votre rapide visite de Bruges vous aura procuré quelque satisfaction et offert quelque intérêt.

L'Entrée de la Chapelle du St-Sang, à Bruges.

Messieurs, je n'ose pas vous retenir plus longtemps, mais en terminant, je vous demande la permission d'attirer votre attention sur une lacune de la législation qui, en Belgique et sans doute dans d'autres pays, entrave singulièrement les administrations qui se préoccupent des questions d'esthétique. Quand il s'agit de sécurité, de salubrité ou de police, les lois donnent aux administrations communales des pouvoirs parfois exorbitants ; s'il s'agit, au contraire, d'embellissement ou de répression du vandalisme, du mauvais goût de particuliers, en matière d'approbation de façade ou de construction, d'alignement ou de bâtisse en recul, pour créer des rues ou des boulevards ornés et plantés, nous sommes impuissants et nous devons recourir à des expédients plus ou moins arbitraires pour obtenir des résultats très incomplets.

L'Église de Jérusalem, à Bruges.

En 1836, quand la loi communale a été faite et en 1896, à propos d'une modification des dispositions relatives aux autorisations de bâtir, cette question a été soulevée à la Chambre des Représentants, mais rien n'a été fait dans ce sens jusqu'à présent. Il serait digne de votre Congrès, Messieurs, de soulever de nouveau cette question et d'en préparer la solution. Votre éminent président dont la compétence politique et juridique égale la compétence esthétique, pourrait nous apporter le concours le plus efficace.

Les Halles de Bruges.

Messieurs, je vous ai retenu trop longtemps.

Encore une fois, nous vous souhaitons la plus sympathique bienvenue et nous vous prions d'accepter le vin d'honneur que l'Administration communale vous offre pour porter un toast à la prospérité du Congrès !

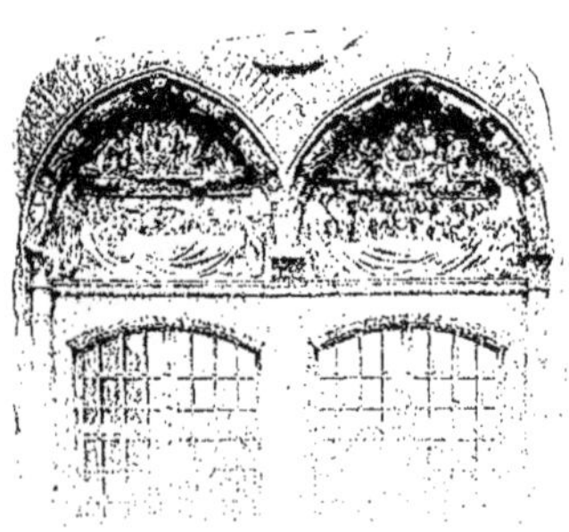

Haut-Relief de l'Hôpital St-Jean, à Bruges.

A GAND

La visite de Gand a révélé aux Congressistes un état d'âme si élevé chez son édilité et aussi une telle volonté de bien servir les grands intérêts de l'art, qu'ils ont acquis la certitude de les voir rétablir glorieusement dans la cité des Van Artevelde, son idéal artistique. La transformation du centre monumental de Gand est une œuvre d'époque qui rendra les Gantois d'aujourd'hui dignes de leurs ancêtres.

M. Braun, Bourgmestre de Gand, a modestement fait allusion à cette œuvre dans son discours de bienvenue :

Discours du Bourgmestre, M. A. Braun.

« Vous avez bien voulu choisir notre Ville comme but d'une de vos excursions ; l'administration communale vous en est reconnaissante.

La Maison des Bateliers, à Gand.

Le retentissement qu'aura cette visite, non seulement en Belgique mais encore à l'étranger, est de nature à attirer sur les richesses artistiques de notre ville l'attention de tous ceux qui s'intéressent à l'art ancien et à exciter leur curiosité.

D'autre part, vos travaux auront une influence salutaire sur l'éducation artistique du peuple ; quand notre population saura l'intérêt que des hommes de votre valeur portent à nos vieux monuments, quand elle saura en quelle estime vous les tenez, qu'elle apprendra que

Le Beffroi de Gand.

des savants, des artistes viennent de très loin pour les admirer, elle conservera avec un soin plus jaloux encore ces antiques témoins de la gloire de ses ancêtres.

Quelle main sacrilège oserait encore y toucher pour les détruire ou les dénaturer !

Nulle part du reste votre visite ne sera venue mieux à son heure. Elle témoigne de la sollicitude que vous inspirent tout à la fois le passé de notre ville et son avenir : l'un et l'autre nous sont également chers.

La Porte du Rabot, à Gand.

Longtemps le projet de dégager les monuments séculaires qui forment comme le cœur de la cité a paru chimérique ; aujourd'hui, comme vous avez pu le constater, la transformation est entamée et s'achèvera, j'en ai la conviction. Le moment est proche où le beffroi se dressera au centre d'une place merveilleuse encadrée d'une série de monuments communaux, entre les masses imposantes de nos deux plus vieilles basiliques rendues à la pureté de leur style primitif.

En quittant l'Hôtel de Ville, vous irez visiter le château des comtes. Du jour où ses ruines sortirent de la poussière des siècles et apparurent aux yeux étonnés de notre génération, de toutes parts nous arrivèrent des sympathies et des encouragements. Et, parmi ceux-ci, ceux du Gouvernement ne furent pas les moins précieux.

Qu'il me soit permis de rappeler que les premiers crédits pour l'acquisition du vieux Steen ont été votés sous le Ministère de M. Aug. Beernaert, votre Président d'honneur qui s'est toujours montré un des défenseurs les plus convaincus de la restauration du château. Il a acquis ainsi des droits impérissables à notre gratitude ; qu'il en reçoive ici l'expression sincère.

Soyez donc les bienvenus, vous, Messieurs les fidèles et les propagateurs de l'art sous toutes ses formes, de l'art qui contribue à nous faire mieux aimer la patrie en nous faisant mieux connaître et mieux admirer ses richesses et ses trésors. »

La modestie de M. Braun ne lui a pas permis d'exulter sa propre œuvre, car elle est bien sienne, cette œuvre de dégagement des imposants monuments historiques dont plusieurs siècles d'oubli des intérêts publics de l'art ont laissé masquer l'ensemble architectural. S'il n'a pas eu seul l'idée de cette restitution glorieuse, il a tout l'honneur de sa réalisation, déjà très avancée, et bientôt l'attention du monde entier sera fixée sur ce grand acte d'assainissement architectural.

Le Château des Comtes de Flandre, à Gand.

Un Quartier Vieux-Liège. Projet de l'architecte Paul Jaspar.

A LIÈGE

A Liège, les Congressistes eurent aussi la joie de constater combien la régénération artistique s'y manifeste avec force.

Le nouveau quartier de l'Ile de Commerce, largement et richement conçu et réalisé, avec ses squares bordés de beaux hôtels, fut vivement admiré L'originalité constructive et décorative de certaines de ses façades et ce joyau de sculpture — le « Taureau » — de feu Léon Mignon, impressionnèrent fortement nos amis.

Cour du Palais de Justice de Liège.

Avant d'être fraternellement fêtés par la Société Liège-Attractions et leur sympathique président, l'échevin des Beaux-Arts, M. Louis Fraigneux, les Congressistes sont allés se recueillir dans le merveilleux Palais des Princes-Évêques.

Cour du Palais de Justice de Liège.

L'échevin Fraigneux, dans sa vibrante allocution, a évoqué ce glorieux passé de la cité artistique et y a rattaché les valeureux efforts des artistes liégeois contemporains qui comprennent et qui aiment l'Œuvre de l'Art public, parce qu'elle résume, a-t-il dit, leurs plus chères espérances. La ville de Liège est fière, a ajouté l'échevin,

La Cathédrale de Liège.

Fontaine de la Samaritaine, à Liège.

de pouvoir dire aux promoteurs de l'Œuvre et aux membres du Congrès, combien elle admire leur propagande de régénération artistique ; elle congratule avec enthousiasme ces pionniers de l'idéal dans la vie publique ; elle leur promet de rester vaillante et de participer à l'action universelle qui se prépare; elle sera présente à toutes les futures manifestations de la noble Œuvre par laquelle s'annonce un grand avenir artistique et social !

La Maison Curtius, à Liège.

Bas-relief du Palais des Beaux-Arts de Bruxelles, par Thomas Vinçotte.

A BRUXELLES

Il nous reste à rémémorer le souvenir de la fête d'Art Public offerte par les organisateurs du Congrès aux membres étrangers, sur la Grand'Place de Bruxelles. Fête émouvante par la splendeur du décor et par la puissance d'expression musicale populaire qui s'y est manifestée.

L'Église Sainte-Gudule, à Bruxelles.

Cinq cents hommes du peuple, membres de trois chorales célèbres : *Les Artisans, L'Orphéon* et *L'Echo du Peuple*, accompagnés par l'admirable phalange instrumentale des Grenadiers, sous la direction respective de leurs chefs Goossens, Bauwens, Weyts et Lecail — ces cinq cents exécutants, noblement stimulés, ont donné une audition unique, pleine d'âme, traduisant avec force les aspirations populaires vers l'Art.

La Colonne du Congrès, à Bruxelles.

Quand cette masse chorale et instrumentale exécuta la martiale *Marche de Van Artevelde*, évocation du sublime héroïsme de nos ancêtres, elle produisit une impression indicible.

Le Puits de la Porte de Hal, à Bruxelles.

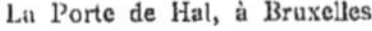

La Porte de Hal, à Bruxelles.

La Fontaine de Manneken-Pis, à Bruxelles.

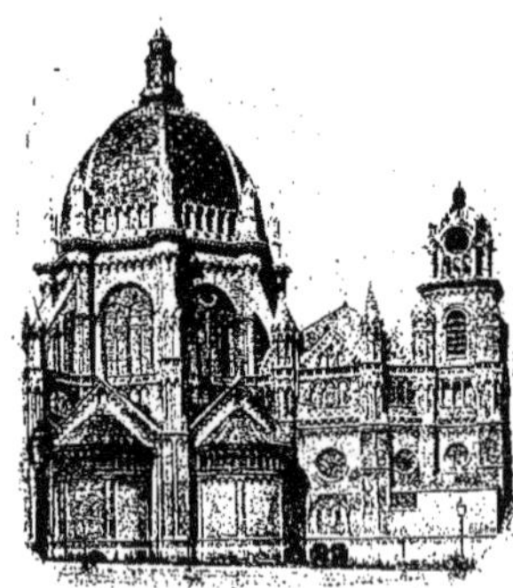

L'Église Sainte-Marie, à Bruxelles.

En quittant la Grand'Place, sous le coup d'une poignante émotion, nos serrements de mains avaient une bien belle signification : *Foi dans le peuple* !

***

Nous ne croyons pouvoir mieux terminer ce compte-rendu que par l'historique de la Grand-Place de Bruxelles, que nos amis voudront certes connaître par le détail.

Nous l'empruntons à une étude archéologique d'un savant archiviste de la capitale, feu Alphonse Wauters, éditée par M. Lyon-Claesen ; joignons-y l'hommage de nos sentiments d'admiration et de gratitude pour l'administration communale et particulièrement pour son Bourgmestre-artiste, M. Charles Buls, dont les efforts jamais lassés, dans cette entreprise de restitution citadine, sont aujourd'hui révélés par un résultat qui fait l'admiration universelle.

Le Palais de Justice de Bruxelles.

LA GRAND'PLACE A BRUXELLES

Dans presque toutes les villes, le marché principal forme le centre, le cœur de la cité; c'est là que se porte la population aux jours d'émotion, c'est là que s'élèvent ou se construisent les monuments les plus importants de la cité. Mais nulle ville de l'Europe n'est ornée d'une place dans laquelle se résument mieux son histoire et le caractère de ses habitants, aucune ne peut étaler, avec des souvenirs de tout genre, gais ou pénibles, joyeux ou lugubres, des richesses d'art comparables à celles qu'offre la Grand' Place de Bruxelles. Le vaste bâtiment de l'Hôtel de ville, avec sa tour «incomparable», y rappelle la grande époque de l'architecture ogivale; la Maison du Roi, ou Maison du Pain, étale sa forme charmante, chef-d'œuvre de l'époque de la Renaissance; enfin les maisons des métiers, groupées autour de ces deux édifices, montrent l'art du constructeur se réveillant à la fin du dix-septième siècle aussi varié, aussi original que jamais. Pour les compléter, sans les copier cependant, ni sans nuire en quelque façon à ces deux édifices, on entoura alors la Grand'Place d'une ceinture d'habitations devant lesquelles l'œil erre étonné et ravi. Ajoutons que, grâce aux sacrifices que la commune s'est imposés, grâce au concours d'une nouvelle génération d'artistes, une restauration patiente et attentive a cicatrisé les blessures apportées par le temps à ces productions du passé, et 1897 a vu la Grand'Place reparaître plus ornée et mieux entretenue qu'elle ne le fut jamais.

Ce vieil Hôtel de ville, où l'administration communale siège depuis plus de cinq siècles; cette Maison du Roi, où se sont réunis, pendant un terme non moins long, plusieurs tribunaux du domaine, tels que le Consistoire de la Trompe ou de la Vénerie, le tribunal de la Foresterie, etc.; ces maisons des métiers où les corporations entassaient leurs archives, leurs joyaux, leurs trésors d'art, — ont vu se dérouler la plupart des scènes marquantes de l'histoire de Bruxelles: c'est là qu'a été apporté Everard T'Serclaes blessé, là que la commune a puni les mauvais conseillers du duc Jean IV et de Charles le Téméraire, là que sont tombées la tête de d'Egmont et celle de de Hornes, là que Anneessens a péri victime de la tyrannie du marquis de Prié. Si les pierres de la place pouvaient parler, que de tristes scènes ne pourraient-elles nous raconter, de ces temps où l'on cherchait surtout à effrayer les coupables, à terroriser les esprits; où on s'ingéniait à créer des supplices plus affreux que ceux déjà en usage, afin d'arrêter les actes de violence ou de perversité! Mais aussi, dans d'autres occasions, que de splendeurs, que de fêtes prestigieuses, que de luxe! Tantôt un duc de Brabant ou de Bourgogne convoquait un tournoi et y combattait lui-même, entouré de ses parents et de sa chevalerie; tantôt la ville ou l'un de ses serments ou compagnies d'élite de la garde bourgeoise défiait à une lutte courtoise les archers, les arbalétriers ou les arquebusiers des autres villes en offrant aux vainqueurs un riche étalage de vaisselle. Alors c'était comme une fusion complète s'opérant entre les populations de nos pays. Les Hollandais, les Liégeois, etc., se faisaient une fête d'y accourir, de même que les Français du Nord; l'idiome wallon s'y mariait au tudesque; de plus on joignait aux concours de tir des luttes littéraires et l'on y représentait des moralités ou d'autres scènes dramatiques, de même que, lorsqu'il y avait un concours de rhétorique, les Chambres y venaient escortées par des détachements d'archers ou d'autres tireurs. Parfois, lorsqu'il s'agissait de la joyeuse entrée d'un prince ou d'un mariage de souverains, on poussait jusqu'à la prodigalité les préparatifs de fête: les maisons, sur le parcours du cortège, s'y paraient de tapisseries historiées; les rues et les places étaient garnies d'arcs de triomphe et de feux de joie. L'entrée à Bruxelles du roi Maximilien d'Autriche et de son père, l'empereur Frédéric III, en 1486; celle de Philippe II, en 1549; celle de Guillaume de Taciturne, en 1578, celle d'Albert et d'Isabelle en 1599 furent remarquablement belles, de même que le tournoi donné par Philippe de Bourgogne en 1441, les fêtes des arbalétriers de 1444 et de 1498, la fête des archers de 1531 et la fête de Rhétorique de 1562.

De nos jours, la réception des gardes nationaux français, celle du shah de Perse, celle du roi Guillaume III des Pays-Bas sont également restées dans la mémoire de ceux qui y ont assisté et qui ne peuvent oublier l'aspect de la place, inondée de monde, ornée de drapeaux, et, par moments, débordant pour ainsi dire d'enthousiasme et de gaieté.

Dans les temps ordinaires, la Grand'Place a toujours un aspect animé. La proximité du Marché-aux-Herbes, ce grand bazar de la capitale, et de la Bourse, ce centre actuel de la spéculation, y appelle de tout temps un grand concours de monde. Les jours de la semaine, surtout l'après-midi et lorsqu'il s'agit de célébrer l'anniversaire de quelque saint populaire, comme sainte Marie, saint Jean, saint Pierre, etc., elle se change en un immense parterre de fleurs de l'aspect le plus réjouissant; le dimanche au matin, il s'y tient un marché d'oiseaux, de chiens, etc., où l'on peut étudier, mieux que partout ailleurs, le langage, le caractère, les allures de la classe populaire.

Maisons de Corporations.

La Grand'Place de Bruxelles est assise, moitié sur le terrain d'alluvion de la vallée de la Senne, moitié sur un sol sablonneux qui monte légèrement vers le midi. Lorsque la rivière n'était pas voûtée, elle débordait quelquefois; en 1820, ses eaux ont encore inondé, mais faiblement, la partie basse du Marché. On prétend que l'on y voyait jadis des marais et que l'Hôtel de Ville, notamment, a dû être bâti sur pilotis, afin d'en assurer la solidité. Il y a évidemment erreur dans cette assertion, car lorsque le palais communal se construisit, l'emplacement était entièrement occupé par des maisons particulières, dont les titres d'acquisition se trouvent encore aux archives de la cité. C'est de temps immémorial que le Marché existe et l'on peut dire qu'il date de l'origine même de Bruxelles. On a prétendu que le Marché-aux-Herbes a d'abord servi de Grand'Place et que la Maison du Roi y avait son entrée principale ; c'est un pur racontar, dont on fournirait difficilement la preuve. Quant à la Grand'Place, on la désigne depuis le XIIe siècle sous le nom de *Marché inférieur*, *Forum inferius*, et une bulle du pape Alexandre III y place l'église Saint-Nicolas. De là vient le nom flamand de *Neder-Merkt*, sous lequel elle est désignée dans la plupart des actes où il est parlé d'elle. Pourquoi *Marché inférieur* ? Y avait-il un autre marché, un *Marché supérieur* ? Cela est probable et j'inclinerais à le placer à la Place de la Vieille-Halle-aux-Blés, où l'on vendait jadis des grains de toute espèce.

On arrive au Marché par sept rues qui sont de peu de largeur et fort anciennes :

La *rue de la Tête d'or*, à l'ouest de l'Hôtel de ville, qui va rejoindre le Marché-aux-Charbons. Elle n'a pris ce nom qu'au XVIIe siècle, et on la désignait auparavant par cette expression : « Par où on va à la Fontaine Bleue » (aujourd'hui la fontaine dite « Le Cracheur ») ;

La *rue Charles Buls*, jadis de l'*Etoile*, qui se dirige vers la rue de l'Etuve, à l'est de l'Hôtel de ville ;

La *rue des Chapeliers*, à l'angle S.-E. de la place, et qui conduit aussi au Marché-aux-Fromages ;

La *rue de la Colline*, à l'angle N.-O. ;

La *rue des Harengs*, où l'on vendait jadis cette espèce de poissons, au S. de la Maison du Roi ;

La *rue Chair et Pain*, qui s'appelait d'abord la *rue du Poivre*, au N. de la même Maison ;

La *rue au Beurre*, à l'angle N.-O., allant vers l'église Saint-Nicolas.

N'omettons pas de dire qu'outre ces voies anciennes il existe, à l'intérieur des massifs de maisons, sept passages ou impasses partiellement disparus. Ces passages donnaient accès aux maisons de la Grand'Place et permirent, en 1579, aux bourgeois d'apparaître tout à coup en armes et de menacer de leurs mousquets le régiment du jeune comte d'Egmont, qui était entré en ville, et avait occupé le Marché. Sur le point d'être accablé par la population armée, d'Egmont dut évacuer promptement Bruxelles.

L'Hôtel de Ville de Bruxelles.

Dès le XIIIe siècle, le Marché commença à se couvrir de bâtiments importants. La Halle au pain, qui se prolongeait jusqu'au Marché-aux-Herbes par deux autres halles appartenant au prince : la Halle aux draps, démolie en 1567, et la Halle à la viande ou Boucherie, rebâtie en 1696 et existant encore, — en occupait la partie centrale, vers l'O. On y voyait aussi des maisons particulières entièrement construites en pierre, et portant les noms de *Steenen* : le *Machiaenen Steen*, vers le S., et le *Ser Huyghs kindsteen* ou *Pierre des enfants du sire Hugues*, vers le N. Ces deux maisons, paraît-il, étaient du nombre de sept où se réunissaient alors les membres des familles patriciennes ou de l'aristocratie communale. En l'année 1301, on décida la construction d'une maison communale et l'on acheta, à cet effet, la Maison dite *de Meerte*, au coin de la rue Charles Buls. Puis les travaux continuèrent : dès 1302, la Commune plébéienne, triomphante de ses ennemis, érigea au centre du Marché une splendide fontaine qui ne fractions parfaitement distinctes : la première, placée à l'angle de la rue Charles Buls, a été commencée en 1402 et construite probablement sous la direction de Jacques Laureys, dit Van Thienen. La seconde, au coin de la rue de la Tête d'Or, date de 1444, époque où Charles, comte de Charolais, devenu depuis Charles le Téméraire, en posa la première pierre le 5 mars. Quant à la tour, elle a été construite en même temps que la première partie, mais on en édifia les étages supérieurs de 1449 à 1454, sous la direction de Jean Van den Berghe, dit Van Ruysbroek. L'Hôtel de ville est l'un des édifices les plus anciens où l'emploi du style gothique tertiaire ou flamboyant ait été appliqué. L'aile postérieure du monument a été reconstruite en 1706, après le bombardement. Quant à l'intérieur, res-

L'enseigne de la « Louve », Grand'Place, à Bruxelles.

fut démolie qu'en 1565, et, dans les dernières années du siècle, la ville acheta un grand nombre de propriétés et s'en servit pour agrandir la partie de la place qui avoisine la rue de la Colline et la rue des Chapeliers. La Grand'Place prit alors la forme qu'elle a conservée depuis presque sans modification. Le XVe siècle lui a donné son Hôtel de ville, le XVIe siècle la Maison au pain et une partie de la façade de l'ancienne Maison des peintres, le XVIIe siècle l'a enrichie de presque toutes ces maisons des métiers, dont quelques-unes seulement ont été bâties récemment, afin de remplacer des constructions dont l'extrême simplicité faisait tache au milieu de leurs voisines.

L'Hôtel de Ville est trop connu et a été trop souvent décrit pour que j'en parle longuement. Disons, simplement, que sa partie ancienne se compose de deux taurée avec le plus grand soin par MM. les bourgmestres Anspach et Buls, il est devenu, grâce à la sollicitude de l'administration communale pour sa décoration, une des merveilles de Bruxelles.

Les maisons s'étendant entre les rues Charles Buls et des Chapeliers sont au nombre de cinq. La première, dite l'*Etoile*, avait été démolie, il y a une trentaine d'années, pour améliorer la circulation des voitures dans la direction de la Station du Midi. Sa disparition laissant un vide énorme dans la silhouette élégante que dessinent les toits des maisons voisines, on s'est décidé à la reconstruire cet hiver, en maintenant entièrement libre le rez-de-chaussée de l'habitation. L'étage sert de dépendance à la maison du *Cygne*, dont l'origine est insuffisamment expliquée par le chronogramme que l'on y lit : HAEC DoMVs LANEA

EXALTATVR (cette maison s'élève grâce à la Laine). Cette inscription rappelle l'année 1720, époque de l'acquisition de la maison par le métier des Bouchers, dont nous ne voyons pas bien les relations avec la laine. La Maison des Brasseurs, qui est contiguë, rivalise avec le Cygne en beauté.

La Maison du Roi.

Rebâtie d'abord par l'architecte Guillaume De Bruyn, cette maison a reçu de notables embellissements en 1749. Elle portait d'abord à son sommet la statue de Maximilien-Emmanuel, électeur de Bavière, qui se distingua pendant le bombardement de 1695 par son zèle à arrêter le progrès des flammes, mais ses descendants s'étant posés en ennemis de la maison d'Autriche, on fit disparaître sa statue, et l'on mit en 1752, pour la remplacer, celle de Charles-Alexandre, duc de Lorraine, gouverneur général des Pays-Bas au nom de l'impératrice Marie-Thérèse d'Autriche. Cette statue, œuvre de l'orfèvre Simon, fut enlevée à son tour par les Français en 1793 ; on y a substitué vers 1850 une œuvre de Jacquet. Les deux habitations voisines, beaucoup plus simples, mais fort élégamment décorées, sont la *Rose* et le *Mont-Thabor* (aujourd'hui les *Colonnes tricolores*).

Le haut-côté de la place présente un grand bâtiment, dont l'aspect est imposant et que l'on appelle quelquefois la *Maison des ducs de Brabant*, parce qu'il est orné des bustes de ces princes. En réalité, il se compose de six habitations pour lesquelles on a adopté un plan uniforme, dû à l'architecte De Bruyn et qui n'a subi qu'une modification : le fronton qui en décore le centre, œuvre de l'architecte Dewez, et qui est orné de sculptures allégoriques, a été substitué, en 1772, à un fronton du même genre, mais beaucoup plus simple.

Avant le bombardement, il y avait déjà, en cet endroit, six habitations que la ville fit élever en 1441. En 1696, elle vendit ses droits sur ce terrain, en ordonnant aux architectes de suivre un plan uniforme. Alors s'élevèrent l'*Hermitage*, la *Fortune* ou *Ecrevisse*, le *Moulin à Vent*, qui devint la propriété du métier des meuniers, le *Pot d'étain* (*Tennenpot*), lieu de réunion des charpentiers, la *Colline*, propriété du métier des maçons, et la *Bourse*. Cet ensemble est complété d'un côté par la maison dite le *Duc de Bavière*, à l'entrée de la rue des Chapeliers, et par la *Balance* (*de Wage*), à l'entrée de la rue de la Colline. Cette dernière maison, avec sa charmante façade ornée d'un balcon que supportent deux nègres et que surmonte une légère aiguille en pierre, peut être citée comme un véritable bijou.

De la rue de la Colline à la Maison du Roi, les constructions sont plus simples. Elles ne manquent cependant pas de cachet ; citons les maisons du centre, qui ont formé : la première la *Maison des Tailleurs*, la seconde la *Maison des Peintres*. La première, que surmonte une statue de saint Boniface et dont l'entrée est ornée d'un buste de sainte Barbe, a été bâtie en 1697 sur les dessins de l'architecte De Bruyn. La seconde présente encore, dans la partie inférieure de la façade, des bossages en forte saillie, rappelant le seizième siècle. C'est alors, en 1553, que le métier des peintres la fit rebâtir et obtint de la ville la somme, considérable pour l'époque, de 200 florins carolus. Les autres habitations ont été restaurées récemment, et, comme on en avait modifié les façades afin de leur donner un aspect plus simple, on les a, cette année, restaurées en reproduisant l'aspect qu'elles présentaient au siècle dernier. Celle qui occupe le coin de la rue des Harengs et qui s'appelait la *Chambrette de l'amman* (*het Ammans Camerken*) a longtemps été précédée d'une façade en bois.

La *Maison du Roi*, autrefois *Maison du Duc* (*s'Hertogenhuis*), ainsi nommée de ce que l'on y trouvait le siège de plusieurs juridictions dépendantes du domaine, servit longtemps de halle au pain (*Domus panis* ou *Brodhuis*). Rebâtie en 1515 et années suivantes, sous la direction de Louis Van Bodeghem, architecte du roi en Brabant, puis sous celle de Henri Van Pede, architecte de la ville de Bruxelles, elle offre un bel

Groupe de Maisons de la Grand'Place, à Bruxelles.

exemple de l'architecture gothique flamboyante, mélangée de l'architecture de la Renaissance. Incendié en 1695, l'édifice a été entièrement démoli, puis reconstruit de 1880 à 1894, sous la direction de l'architecte de la ville Jamaer. Celui-ci a reproduit entièrement la construction primitive, sauf qu'il a modifié le rez-de-chaussée et la toiture. Les façades latérales avaient été, au siècle dernier, cachées par un mur en briques ; il leur a rendu leur charmante décoration, retrouvée intacte derrière ce revêtement barbare. La double galerie de la façade n'avait jamais existé ; il l'a édifiée d'après les indications fournies par une étude exacte de la construction. Le campanile, où l'on a placé un carillon, et les deux pignons latéraux sont aussi de son invention. L'intérieur, où l'on a placé, au second étage, le Musée Communal, a été entièrement remanié.

Il n'y a que peu de chose à dire des maisons qui vont de la Maison du Roi vers l'église Saint-Nicolas. On en remarque cependant de très jolies dans le nombre, mais elles sont fort simples. Mais le côté inférieur de la place mérite d'être étudié avec soin : jamais l'architecture n'a produit, ce me semble, dans un cadre plus resserré, un plus grande quantité de constructions, à la fois belles, originales et variées. Il semble que les architectes d'alors : Cosyns, Pastorana, Herbosch, Van Delen, etc., ont pris plaisir à étaler leur talent et à rivaliser entre eux de goût et d'imagination.

C'ést d'abord l'ancien *Serhuyghs Kindsteen,* placé au coin de la Grand'Place et de la rue au Beurre. Il forme aujourd'hui deux habitations d'un aspect ordinaire mais qui ne tarderont pas à redevenir aussi remarquables que les demeures voisines, lorsqu'on leur aura rendu le dôme qui en surmontait la toiture, les statues colossales qui en garnissaient l'entablement, le bas-relief et les autres ornements dont Cosyns en avait enrichi la façade pour le métier des boulangers. A côté, *La Brouette* et plus loin, *Le Sac,* rappelant le souvenir, ici des menuisiers et ébénistes, là des graissiers. En continuant on trouve *La Louve,* où se réunissait la corporation du Serment des Archers, œuvre de l'architecte Herbosch, qui la reconstruisit à deux reprises, en 1691 et en 1697. Toute la décoration y accuse un talent remarquable, relevé encore par l'ingéniosité et l'à-propos des allégories. Un groupe de Marc de Vos y représente une louve allaitant Rémus et Romulus. Vient ensuite *Le Cornet (Den Horen),* œuvre de l'ingénieur Pastorana, où l'on remarque une magnifique sculpture : Neptune entouré de chevaux marins montés par des enfants, et enfin *Le Renard (De Vos),* bâtie par l'architecte Van Delen, surmontée de la statue de saint Nicolas, patron du métier, et ornée d'autres sculptures par Marc de Vos, admirablement remplacées de nos jours, grâce au ciseau du sculpteur Dillens.

Ce court et excessivement incomplet exposé des richesses monumentales et artistiques de la Grand'Place vient aujourd'hui à son heure. Tant d'années, tant de soins et de travaux ont rendu à notre *forum* l'aspect qu'il avait autrefois, et Bruxelles peut se glorifier de posséder, presque intact, un de ses quartiers qui, après l'affreux bombardement de 1695, reparut plus splendide que jamais, grâce à l'énergie de la population et grâce aussi au concours qu'apportèrent à nos aïeux toute une génération d'artistes, désireux de doter leur patrie de richesses nouvelles.

ALPHONSE WAUTERS.

« Au Cygne » enseigne d'une maison de la Grand'Place.

Frise d'une maison du XVIe siècle, rue de la Liberté, à Audenaerde.

LE PATRIMOINE MONUMENTAL DE LA BELGIQUE

C'est merveille que de voir en notre Belgique autant de trésors d'art lorsque l'on sait ce que le temps, les guerres et le vandalisme artistique, la brutalité et la bêtise humaine en ont détruit!

C'est merveille de parcourir les moindres coins de notre terre patriale et d'y trouver presque partout des manifestations intéressantes des arts du passé.

Et c'est merveille encore que de pouvoir citer parmi les œuvres de notre temps, quelques monuments digne d'intérêt et pouvant figurer, eux aussi, au livre d'or de l'Art universel.

Tel est le patrimoine monumental sur lequel une étude d'ensemble est utile à insérer en ce compte rendu du premier Congrès de l'Art public.

* * *

L'architecture de la Gaule-Belgique peut être négligée ici. — Peu de choses en reste sur le sol de la Belgique actuelle et c'est plutôt intérêt d'archéologue que ces vestiges excitent.

Il faut arriver aux temps de période romane pour trouver des monuments importants à citer.

Un édifice s'impose d'emblée.

Dans l'antique *Civitas Tornacensium*, Tournai, se montre à nous la cathédrale N.-D. dont la nef (1070) et les transepts heureusement conservés furent remaniés au XIIe siècle (1171). Avec ses cinq clochers — les *chong clotiers*, sa belle nef, elle rappelle à la fois l'architecture romane de la Champagne.—Tournai était siège épiscopal suffrageant de Reims et fut longtemps uni à l'évêché de Noyon — et l'architecture rhénane.

Ce courant rhénan se montre aussi dans la belle église St-Vincent de Soignies, fondée en 965, dans le narthex de l'église de St-Germain à Tirlemont, qui date du

Vue de Dinant.

XIIe siècle, dans les curieuses églises de N.-D. et de St-Servais de Maestricht, de St-Ursmer de Lobbes, et de Ste-Gertrude à Nivelles (1022). Le type rhénan de la basilique à nef centrale charpentée et à double absides aux extrémités de cette nef se montre à peine modifiée dans cette dernière. Liège possède encore de ces temps l'église St-Denis, St-Barthélemy (1015), Ste-Croix et une partie de St-Paul, aujourd'hui cathédrale, depuis la disparition à jamais regrettable de St-Lambert, consacrée en 1015.

Nous n'avons plus l'église St-Donat, de Bruges, l'abbatiale de Stavelot, dont la reconstruction date de 1040, ni celle de Gembloux 1019-1022, mais les ruines de

Les Ruines de l'Abbaye de Villers-la-Ville.

l'abbaye de St-Bavon à Gand, que St-Erembert fit commencer en 1003, nous restent de même que l'abbatiale d'Hastière-par-de-là (1033-1035), les curieuses cryptes d'Anderlecht et de Renaix, les cloîtres de Nivelles et de Tongres, les églises St-Sauveur à Bruges, St-Jacques (1093), St-Nicolas (1051) et surtout les magnifiques vestiges du Château des Comtes de Flandre à Gand.

Mais l'Art se transforme, l'ogive apparaît avec ses merveilleuses combinaisons de l'arc-boutant et des voûtes nervées. Notre pays, s'il n'a pas été l'initiateur du mouvement, l'a bientôt adopté. — Les prestigieuses ruines de l'abbaye de Villers en sont la preuve (1197).

Puis ce sont l'église de N.-D. de Pamele (1234) qui immortalise Arnulphe de Binche, le chevet de l'église Ste-Gudule à Bruxelles (1220), l'église de la Madeleine (1251), celle de St-Jacques (entre 1219 et 1251) à Tournai, l'abside de St-Martin à Ypres (1221), le porche de St-Servais à Maestricht, la crypte de St-Bavon à Gand (1228).

L'église et le Château à Huy.

Puis l'Art ogival se développe et alors apparaissent l'abside de la belle église de St-Léonard à Léau (1237), la nef de Ste-Gudule à Bruxelles, celle de N.-D. de Tongres (1240), l'église des Dominicains de Louvain (1230-1251), l'église de la Vierge à Diest (1253), la nef et les transepts de St-Martin d'Ypres (1254), l'église N.-D. de Dinant qui nous font regretter la superbe cathédrale de St-Lambert à Liège et l'église des Dominicains à Gand (1240), abattues stupidement par le vandalisme.

Mais outre ces édifices, nous possédons encore de cet âge d'or de l'architecture ogivale l'hôpital de la Biloque à Gand, avec ses beaux pignons, la tour de l'église N.-D. à Bruges (entre 1230 et 1297) et à un rang très élevé l'admirable abside de la cathédrale de Tournai, élevée en 1402, sous l'épiscopat de Walter de Marvis.

L'Art ogival continue sa riche floraison d'œuvres architecturales qui a laissé l'église du grand Béguinage de Louvain (1305), celle de Diest, l'église N.-D. de Huy (1311) dont le célèbre « Rondia » est l'orgueil des habitants de la jolie cité mosane, la belle église d'Aerschot, si sévère d'aspect, celle de Hal (1341-1409), enfin la cathédrale de Malines, la superbe collégiale de St-Rombaut (XVIe siècle), dont il faut espérer voir la flèche altière s'élever un jour sur la jolie ville de « Op Signorke ! »

La Collégiale de Huy.

Mentionnons encore St-Sulpice à Diest (1416), St-Martin à Courtrai (1390-1439), la pittoresque chapelle de Jérusalem à Bruges, l'église Ste-Walburge à Furnes, qui nous amènent au début de la dernière période ogivale, la plus intéressante dans les Pays-Bas espagnols, car alors nos pères acquirent en architecture une véritable originalité et créèrent réellement un art autochtone.

Eglise de St-Waudru, à Mons.

Masque de Justice de Furnes.

Nous arrivons ainsi à la cathédrale d'Anvers et à sa flèche malheureusement déformée à son sommet par les influences romanistes.

Certes, c'est là un monument bien plus important que l'église St-Gommaire de Lierre, fondée en 1425, mais celle-ci est malgré ses dimensions une des plus intéressantes églises de notre pays.

Malheureusement abîmée par l'écroulement de sa façade, la collégiale de St-Pierre à Louvain est également un monument de premier rang.

Remarquable par l'unité de son style, on ne peut que regretter que Pieter Metsys n'ait pu y adjoindre la belle façade qu'il lui destinait (1507). Citons encore la flèche de Ste-Gertrude à Louvain, œuvre de Jean Van Ruysbroeck, l'auteur immortel de la tour de l'Hôtel de Ville de Bruxelles.

Plus remarquable encore que St-Pierre de Louvain est l'église de St-Waudru de Mons, dont la nef est admirable. Tout aussi importantes sont les églises de N.-D. des Victoires à Bruxelles, d'Anderlecht (1470-1482), St-Jacques d'Anvers, le portail de l'église N.-D. à Bruges, la cathédrale de St-Bavon à Gand et l'église St-Jacques à Liége.

A un rang moindre, citons encore la chapelle du St-Sang, l'église de l'hôpital à Bruges et l'église d'Hoogstraeten qui termineront ce rapide coup d'œil sur les monuments religieux du moyen-âge.

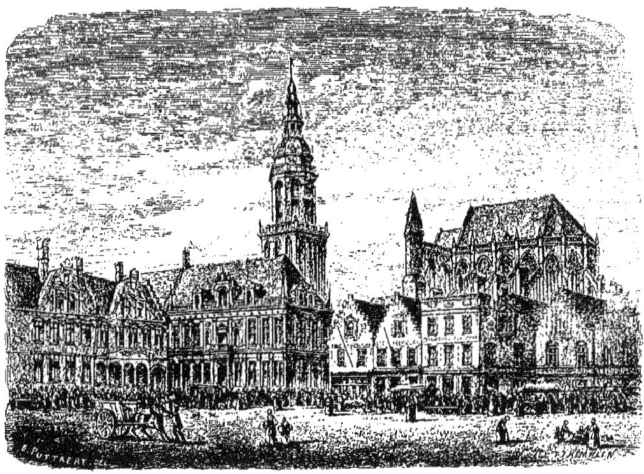

Le Beffroi et l'Eglise Ste-Walburge de Furnes.

Si nos pères surent consacrer à leur culte de si beaux monuments, ils surent aussi élever d'admirables édifices civils, témoignages précieux de leurs franchises et de leurs libertés que nous sommes fiers de posséder! En effet, quel pays peut montrer des hôtels de ville comme

Porte de Courtrai.

ceux de Bruxelles, de Louvain, de Gand, d'Audenaerde, de Bruges, de Termonde, d'Alost, de Damme et de Mons; des halles comme celles d'Ypres, de Nieuport, d'Anvers, de Louvain, de Malines ou surtout de Bruges; des beffrois comme ceux de Tournai, de Gand; des maisons de corporations comme la Maison du Roi à Bruxelles, la Maison des Bateliers à Gand ou celle dite de Charles-Quint à

L'Hôtel de Ville de Louvain.

Anvers; des Palais comme ceux des Princes-Evêques de Liège; des Seigneurs de la Gruuthuise à Bruges; du Franc de Bruges; une bourse comme celle d'Anvers et des palais de Justice comme celui de Furnes, enfin un puits comme celui dit de Quentin Metsys à Anvers?

Tous ces édifices sont des témoins éloquents de siècles de liberté chèrement acquise et d'une prospérité inouïe. Ils témoignent de la splendeur de l'Art de nos

L'Hôtel de Ville d'Audenaerde.

provinces à l'époque des Communes et à celle des Ducs de Bourgogne, alors que les Pays-Bas étaient maîtres du commerce et de l'industrie de l'Europe occidentale, que Bruges entretenait des relations suivies avec tous les

L'Hôtel de Ville de Termonde.

ports du monde. Alors affluaient de toutes parts chez nous les riches négociants, les produits industriels de l'Europe et de l'Asie.

Et les monuments se firent eux aussi somptueux, eux aussi magnifiques de splendeur, de richesse et de grandeur; c'est alors qu'on vit s'élever la Tonlieu de Bruges ou « l'on percevait les droits d'entrée sur les marchandises importées de l'étranger », ces mille et une merveilles de Bruges, ces maisons si curieuses d'Ypres dont on a poursuivi si longtemps la destruction par voie de subsides (!), ces quartiers anciens d'Anvers; ces

L'Hôtel de Ville de Mons.

monuments de Bruxelles, malheureusement détruits par l'insensé bombardement de 1693 ! ces charmantes maisons de Malines.

Puis vient la Renaissance, apportée par la Cour de Charles-Quint, de Marguerite d'Autriche et de Marie de Hongrie, amenée aussi par les incessantes relations de Bruges et d'Anvers avec Florence, Venise, Gênes et Pise.

C'est alors que se produisent le Palais de Marguerite d'Autriche, l'Hôtel de Busleyden et la Maison du Saumon à Malines (1530-1534), le beau tabernacle de Léau, l'ancien Greffe et la Cheminée du Franc à Bruges, le portail de l'Hôtel de Ville d'Audenaerde que sculpta Paul Vanderschelden en 1531, la Halle aux Draps de Tournai, etc.

Le Puits de Quentin Metsys, à Anvers.

Puis vinrent les romanistes Pieter Cœck, Vredeman de Vries, Pierre Lombard et surtout Franz Floris, dont l'Hôtel de Ville d'Anvers mérite une mention spéciale (1561-1565), de même que le curieux Hôtel Curtius que la ville de Liège ferait bien de sauver de la ruine et l'hôtel Plantin à Anvers, cette pittoresque évocation des siècles des romanisants et du grand Rubens.

L'Hôtel de Ville d'Anvers.

Enfin notre Art national donna ses dernières productions à la fin du XVIIe siècle dans les belles maisons de corporation de la Grande Place et le célèbre Mannekenpis de Bruxelles, l'église St-Charles d'Anvers, le beffroi de Mons, etc., puis ce fut tout.

La fermeture de l'Escaut par le traité de Munster, la séparation à jamais regrettable des Pays-Bas espagnols avec les provinces sœurs hollandaises et françaises, la domination autrichienne tarirent les sources de la prospérité publique.

La décadence vint. En place de l'Art national, les principes de l'Art classique étranger à nos traditions, à nos mœurs, à notre climat, à toutes nos tendances, s'implantèrent chez nous. Des étrangers vinrent élever des pastiches latins sur la terre des Arnold de Binche, des Van Ruysbroeck, des Keldermans, des Mathieu de Layens et des Jacques de Brœuc.

C'est ainsi que s'implanta chez nous la réaction classique qui a produit le quartier du Parc, le Jardin Botanique, le Palais des Beaux-Arts, l'Hôtel d'Assche néanmoins superbes, l'Hôtel Gœthals, les Galeries St-Hubert à Bruxelles, les Palais du Roi à Laeken et à Bruxelles, le Musée d'Anvers, l'Institut des Sciences à Gand, etc., etc.

La Cour du Musée Plantin, à Anvers.

Enfin avec notre siècle la réaction se fit, on réétudia les œuvres nationales et l'Art des provinces de la Belgique tend à reprendre leurs anciennes traditions. C'est à elles qu'il faut rattacher le Palais de Justice de Bruxelles, cette œuvre étrange et grandiose d'un vrai flamand obsédé par la vision de l'antiquité, le Château de Walzin, l'église de Spa, le théâtre flamand de Bruxelles, l'église Ste-Marie de Schaerbeek, la Banque Nationale et le square du Sablon de Bruxelles, les gares de Tournai et de Malines, l'abbaye de Maredsous, l'école normale de Bruges, le château de Wespelaer, l'Hôtel communal de Cureghem, la Bourse et l'Entrepôt Steenakers d'Anvers et *tutti quanti* des œuvres modernes de la patrie belge.

Le pignon de l'ancien Hospice des Orphelines, à Anvers.

L'Eglise de Spa.

Puisse celle-ci comprendre ses destinées et appuyée sur la tradition de ses siècles passés éclatants de lumière et de gloire marcher dans le sillon des grands artistes de la Flandre et de la Wallonie à la conquête des formules de l'Art futur qui ne sera grand dans l'avenir qu'à condition d'être national.

Cette tendance a été très bien comprise par nos peintres et nos sculpteurs lorsqu'ils ont eu à faire — occasions trop rares — de l'Art monumental.

A ce point de vue, nous pouvons citer avec éloges : comme sculptures monumentales à Bruxelles, le fronton de la Chambre des Représentants, la statue du général Belliard, les bas-reliefs du Palais des Beaux-Arts, construit

Château de Walzin.

par l'architecte Balat, l'enseigne de la Maison du Cygne, la statue de l'électeur de Bavière, le St-Michel de l'Hôtel de Ville par Van der Stappen et surtout les groupes du Palais des Beaux-Arts, le Fronton de l'Hospice d'Uccle et les sculptures de la Grand'Place par Julien Dillens et

Fontaine de Brabo, à Anvers.

les chevaux de M. Vinçotte à l'Avenue Louise ; à Anvers, la fontaine de Brabo, et le monument de Quentin Metsys ; à Liège, le taureau de Mignon et la Vierge de la rue Vinâve-d'Ile ; à Gand, le monument Van den Kerckoven, de Julien Dillens ; à Malines, le monument Van Beneden ; à Bruges, le Breydel et De Coninck, cette vivante apothéose du glorieux communier ; à Tournai, le monument Gallait et le *Travail* de Degroot.

Et nos peintres se sont, eux aussi, assurés des succès par leurs décorations picturales des Halles d'Ypres, dont

Maison du XVIe siècle, rue de la Liberté, à Audenaerde.

la salle Delbeke est à louer, de l'Université de Gand (fresques Cluysenaer), de l'Hôtel de Ville d'Anvers dont les fresques de Leys sont à glorifier, du Palais de Justice de la même ville par Vanderouderaa et enfin *at least but not the last* les décorations de de Vriendt à l'Hôtel de Ville de Bruges, de Cluysenaer, de de Lalaing et de Wauters dans l'Hôtel de Ville de Bruxelles.

Si le Moyen-âge et la Renaissance ne nous ont pas laissé de fresques importantes (celles de l'Hôtel de

Ruines d'Orval.

Busleyden à Malines sont en bien triste état), du moins nous ont-ils légué les belles verrières de Ste-Gudule à Bruxelles, de St-Martin et de St-Jacques à Liège, de St-Waudru à Mons qui sont toutes des œuvres de haute valeur que nous sommes heureux de posséder encore.

Elles nous consolent de la perte de tant de vitraux, notamment de ceux de l'abbaye d'Herckenrode actuellement dans la cathédrale de Lichtfield, en Angleterre, partis pour l'étranger comme tant d'autres œuvres de nos artistes.

Ce sont ces merveilles de l'Art national belge que l'œuvre de l'Art public avait comme en une apothéose

Barrage de la Gileppe.

réunies dans le compartiment de l'œuvre à l'exposition internationale de Bruxelles en 1897. C'est cette admirable efflorescence artistique qui proclame la grandeur de notre patrie et doit servir d'émulation et de guide à la visée de nos artistes.

Paul SAINTENOY.

Vue du Compartiment de l'Œuvre à l'Exposition de Bruxelles de 1897 (d'après une photographie de la maison Klary).

Le Palais du Franc de Bruges.

La Cheminée du Franc de Bruges.

Portail de l'Église Notre-Dame, à Bruges.

L'Hôtel de Ville de Bruges.

Escalier de l'Hôtel de Ville d'Audenaerde.

Portail en bois sculpté, de la Salle échevinale de l'Hôtel de Ville d'Audenaerde, XVIe siècle, par Paul Vanderschelden.

Couronnement de la Fontaine des Dauphins, à Audenaerde.

Vasistas-enseigne pour la Maison « der Handbooggilde », à Lierre, par Louis Van Boeckel.

La Tour de la Cathédrale d'Anvers.

La Vieille Boucherie, Anvers.

La Bourse d'Anvers.

Portail de la Cathédrale d'Anvers.

Entrée du *Steen* à Anvers.

Les Monuments de Gand (avant leur dégagement).

Orgue de l'Église Saint-Jacques, à Liège.

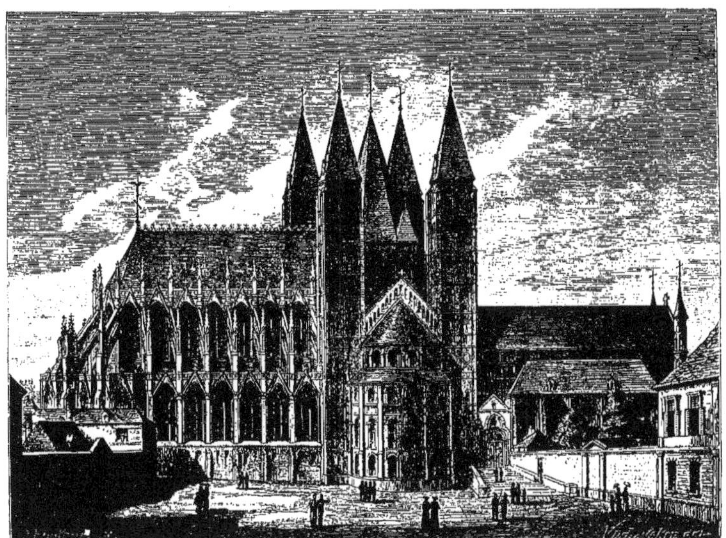

La Cathédrale de Tournay.

Porte de la Cathédrale de Tournay.

HOMMAGE

AUX

PROTECTEURS DE L'OEUVRE

ET DU

PREMIER CONGRÈS DE L'ART PUBLIC

HOMMAGE

AUX

Protecteurs de l'Œuvre et du Premier Congrès de l'Art Public

Tous les Protecteurs de l'Œuvre contribuent à la réalisation progressive de l'*idée* d'avenir qui les unit en une fraternité artistique universelle.

Les uns y consacrent le prestige de leur nom, l'appui de leur autorité, le concours de leurs influences ; les autres y sacrifient le fruit de leurs études, de leur compétence. Tous y sont voués par leur foi en l'amour de l'humanité pour le Beau et le Bien ici représentés par l'Art d'utilité sociale.

La popularité de l'Œuvre résulte de l'ensemble des dévouements et des collaborations qu'elle associe. Tous ses Protecteurs ont le droit d'être fiers de ce qu'ils ont fait pour elle, et parmi eux nous pouvons citer :

S. M. le Roi des Belges ;

Les Présidents et Membres d'Honneur ;

Les Nations et les Villes patronales ;

Les Corps Artistiques participants ;

Les Membres Protecteurs, les Organisateurs et les Rapporteurs.

Hommage au Roi Léopold II qui salua la naissance de l'Œuvre par ces paroles prophétiques :

« *L'idée de définir les intérêts publics de l'art et de fonder une association pour les défendre, est une idée d'avenir. Je souhaite vivement qu'elle résiste aux difficultés et aux épreuves qui attendent à l'action les organisateurs de l'Œuvre et je leur promets à cet effet tout mon dévouement. Qu'ils ne se découragent pas ; ils ne vaincront pas aisément ; c'est pour eux une Œuvre de sacrifice !* »

Le Roi, voulant donner une preuve publique de sa bienveillance, a parcouru les rues qui ont fait l'objet de nos premiers concours, encourageant et félicitant les concurrents, exprimant sa satisfaction au public qui l'entourait, déclarant que cet exemple serait suivi et ferait honneur à ceux qui l'ont donné dans le but de répandre des idées d'art pratiques et fécondes.

Les initiatives de Sa Majesté protectrice éclairée et prévoyante de l'Art public, ont doté le Pays de chefs-d'œuvre d'architecture et de considérables embellissements.

Au Souverain, qui daigna accorder Son haut Patronage au premier Congrès de l'Art Public, nous présentons respectueusement l'expression de la gratitude de tous les amis de l'Œuvre.

Hommage aussi à nos Présidents et Membres d'Honneur, spécialement au Président du Congrès, Monsieur le Ministre d'Etat Beernaert ; au Président de l'Œuvre Nationale, Monsieur Charles Buls et à Monsieur Léon Bourgeois, qui ont prodigué leur haute sollicitude en vertu de l'autorité dont ils sont investis.

Hommage encore aux Membres des Gouvernements et des Municipalités dont l'adhésion à l'Œuvre et la participation effective aux travaux du Congrès en ont signalé toute l'importance au monde civilisé.

Hommage aussi aux Corporations artistiques et à la Presse, qui ont appuyé avec enthousiasme notre action, ainsi qu'à nos éminents Protecteurs et Rapporteurs et à tous les organisateurs, qui prodiguèrent leur dévouement et leur érudition avec tant de largeur de vue.

Grâce à eux et à notre solidarité qui elle aussi mérite d'être signalée, l'Œuvre se manifeste actuellement dans l'ancien et nouveau monde, développant chaque jour l'initiative due à notre pays, évoquant partout l'antique renom artistique des Belges.

La dernière comme la première page de ce livre devait honorer nos collaborateurs.

Leurs noms y figurent sous les documents qui le composent et dont l'ensemble marque une étape vers la réhabilitation esthétique du monde.

D'autres avant eux ont fait le bien en ayant recours à la puissance morale de l'Art.

A toutes les époques d'émancipation intellectuelle, des princes, des philosophes et des artistes inspirés ont provoqué et glorifié par leurs actes et leurs œuvres, l'épanouissement des vertus.

L'Actualité, bien que pétrie de mauvais goût, est toute résonnante d'appels chaleureux et de cris d'admiration pour l'*art social* qui déjà a gagné devant le *Temps*, ce juge souverain des hommes et des choses, la cause que nous plaidons devant la *Conscience publique*. Nous la plaidons de manière à en faire bénéficier les masses ouvrières, pour l'ennoblissement de la vie de demain.

Notre fraternité est le gage de l'avenir; elle est le signe précurseur des futures victoires de l'Œuvre sur l'égoïsme, sur l'erreur, sur l'indifférence et sur l'ignorance en matière esthétique. Elle a résisté aux épreuves auxquelles sont soumises les entreprises opposées à la routine, et elle étendra sa bienfaisante influence en des congrès, en des démonstrations didactiques qui seront autant d'occasions pour renouveler le présent hommage de gratitude à ses premiers Protecteurs.

Eclose de la foi esthétique renaissante des ancêtres, l'Œuvre s'est levée pour secouer le joug de la vulgarité et pour propager efficacement son idéal d'humanité.

EUG. BROERMAN.

TABLE DES MATIÈRES

ILLUSTRATIONS

ILLUSTRATIONS HORS TEXTE :